KB040414

천황제 국가의 지배원리

국립중앙도서관 출판시도서목록(CIP)

천황제 국가의 지배원리 / 후지타 쇼조 지음 ; 김석근 옮김.
--서울 : 논형, 2009 (논형일본학 ; 16)

원표제: 天皇制國家の支配原理
원저자명: 藤田省三
색인 수록
일본어 원작을 한국어로 번역
ISBN 978-89-90618-87-0 94910 : ₩20000
ISBN 89-90618-50-9(세트)
천황제[天皇帝]
913-KDC4
952-DDC21   CIP2009000219

천황제 국가의 지배원리

후지타 쇼조 지음 · 김석근 옮김

논형

天皇制国家の支配原理　藤田省三 著, みすず書房

TENNOSEI KOKKA NO SHIHAIGENRI by FUJITA Shozo

© FUJITA Haruko 1997
Korean translation rights arranged with FUJITA Haruko and Misuzu Shobo, Ltd.
Translation copyright © Nonhyung 2009

이 책은 저작권법에 의해 한국 내에서 보호를 받는 저작물이므로 무단 전재와 복제를 금합니다.

천황제 국가의 지배원리

지은이 후지타 쇼조
옮긴이 김석근

초판 1쇄 발행 2009년 4월 20일
초판 2쇄 발행 2014년 11월 20일

펴낸이 소재두
펴낸곳 논형
편 집 김현경
표 지 김예나
홍 보 박은정

등록번호 제2003-000019호
등록일자 2003년 3월 5일
주 소 (151-805)서울시 관악구 봉천2동 7-78 한림토이프라자 5층
전 화 02-887-3561
팩 스 02-887-6690

ISBN 978-89-90618-87-0 94910
정가 20,000원

한국어판 서문

■ 이이다 다이조[1]

이번에 후지타 쇼조藤田省三의 『천황제 국가의 지배원리天皇制国家の支配原理』 한국어 번역이 나오게 된 것은, 나처럼 후지타 쇼조의 '불초한 제자'[II]라고 자임하는 사람에게는 참으로 기쁘기 짝이 없는 일이다.

책 내용에 대한 '해제'는 미스즈쇼보みすず書房 저작집판에 덧붙여 미야무라 하루오宮村治雄 교수[III]가 집필한 것이 아주 상세하게 다루고 있으며, 그 해제는 한국어판에도 번역·수록되어 있다. 또한 후지타 쇼조의 사상과 배

---

[1] 飯田泰三. 현재 호세이(法政)대학 교수. 『마루야마 마사오집(丸山眞男集)』, 『마루야마 마사오 강의록(丸山眞男講義錄)』, 『마루야마 마사오 서간집(丸山眞男書簡集)』 편집에 참여했으며, 『후지타 쇼조 저작집(藤田省三著作集)』(10권)과 『후지타 쇼조 대화집성(藤田省三対話集成)』(3권) 편집에 참여해 주도적인 역할을 했다. 쓴 책으로는 『비판정신의 항적: 근대일본정신사의 한 능선(批判精神の航跡: 近代日本精神史の一稜線)』(筑摩書房, 1997), 『전후정신의 광망: 마루야마 마사오와 후지타 쇼조를 읽기 위해서(戰後精神の光芒: 丸山眞男と藤田省三を讀むために)』(みすず書房, 2006) 등이 있다.

[II] '불초'란 어버이의 덕망이나 유업을 이어받지 못함, 혹은 그렇게 못하고 어리석은 사람이라는 뜻이다. 여기서는 '사제' 관계에 대해서 쓰고 있다.

[III] 이 책의 '해제' 부분의 필자 소개를 참조.

5

경에 대해서는, 내가 한글판 『전체주의의 시대경험』(이순애 엮음, 창작과 비평사, 1998)에 기고한 「후지타 쇼조의 시대와 사상」에서 자세하게 언급한 적이 있다. 따라서 여기서는 이 책의 성립에 관련된 약간의 외면적 사정만을 간략하게 소개하고자 한다.

후지타 쇼조의 논문 「천황제 국가의 지배원리」는 1956년 간행된 『호가쿠시린法学志林』(54권 1·2 합병호)에 게재되었다. 『호가쿠시린』은 호세이法政대학 법학부에서 내는 학술지다. 후지타는 1953년, 도쿄대학 법학부를 졸업한 후, 호세이대학 법학부 조수助手[1] 공모에 응모하여 채용되었다. 그 논문은 그 시대에, 이른바 조수 논문으로 쓴 것이다. 그에 힘입어 후지타는 1956년 법학부 전임강사, 이어서 1957년 법학부 조교수로 취임했다.

도쿄대학 법학부에 재학 중이던 후지타 쇼조는 마루야마 마사오[2]의 세미나에 참석하고 있었는데, 마루야마가 1953년 가을 폐결핵 재발로 인해서 입원하게 되었다. 그러자 마루야마는 『정치학사전』에 집필하기로 되어 있던 「천황제」 항목을 후지타에게 대신 쓰도록 의뢰했다. 후지타는 마쓰야마松山고등학교 시대에, 마루야마가 쓴 논문 「초국가주의의 논리와 심리超国家主義の論理と心理」(1946)와 「군국지배자의 정신형태軍国支配者の精神形態」(1949)를 읽고서,[3] 그 '정신구조로서의 천황제' 분석에 매료되어, 오로지

---

[1] '조수'란 한국의 대학에서 흔히 볼 수 있는 조교(助教)라기 보다는 '새내기 연구자'라는 라는 성격이 강하다. 대학을 졸업하고 바로 조수가 되기도 하며, 그 경력은 곧바로 '연구' 활동으로 간주된다. 그 기간 동안에 논문을 써서 평가받는다.

[2] 丸山眞男, 1914~1996. 정치학자, 사상사가. 전공은 일본 정치사상사 연구. 흔히 '마루야마 정치학' '마루야마 사상사학'으로 불리기도 한다. 그의 대표적인 저작 역시 한국어로 번역되어 있다. 그와 후지타 쇼조의 관계에 대해서는 '해제'와 '옮긴이의 말'을 참조할 것.

[3] 이들 논문은 『현대 정치의 사상과 행동』(마루야마 마사오 지음·김석근 옮김, 한길사, 1997)에 수록되어 있다.

마루야마의 세미나에 참가하기 위해 도쿄대학 법학부에 진학했었다. 그랬던 만큼 마루야마의 그런 의뢰에 기꺼이 응했다. 그리하여 단시일 내에 쓴 논고가, 이 책 첫머리에 실려 있는 「천황제란 무엇인가天皇制とは何か」다. 그 글을 출발점으로 해서 정치精緻한 논리를 전개해 이루어낸 것이 바로 논문 「천황제 국가의 지배원리」에 다름 아니었다.

원래 '천황제'라는 용어는 '군주제'를 의미하는 독일어 'Monarchie'를 일본어로 번역한 것으로,¹ 본래는 마르크스주의자들이 사용하던 조어造語였다. 1922년 일본공산당이 비밀리에 결성되어, '군주제 폐지'를 슬로건으로 내걸었다. 1932년 코민테른에 의한 '일본의 정세와 일본공산당의 임무에 관한 테제日本の情勢と日本共産党の任務に関するテーゼ'(이른바 '32년 테제')는, 일본에서 공산주의 혁명을 실행하기 위해 일본의 군주제를 러시아제국의 절대군주제인 차리즘tsarism에 견주어 '천황제'라 표기하고, 천황제와 자본계급(기생지주) 및 부르주아(독점자본)의 결합이 일본의 권력기구의 본질이라 규정했다. 2차 대전이 끝나자, 공산주의나 근대정치학(앞에서 말한 마루야마 마사오 등)의 입장에서 천황제 비판이 활발하게 이루어지기 시작했다. 1950년대에는 공산주의를 중심으로 '천황제' 폐지를 요구하는 의견도 있었다.

이 같은 상황에서 후지타의 논문이 쓰여진 것이다. 그것을 일관하는 문제의식은, 일본 고유의 어떤 '어쩔 수 없는' 형태로 군국주의와 파시즘으로만 덮어버릴 수 없게 된, 전쟁 이전과 전쟁 중의 '천황제 국가'의 본질을 어떻게든 찾아내어 그 전체구조를 대상화對象化함으로써, 그것을 근저에서

---

¹ 이전에도 물론 '천황(텐노)'이라는 단어는 존재했다. 하지만 그것이 체제나 정치제도로서의 의미를 새롭게 갖게 된 것이다. 이후 '천황제, 천황제 국가'라는 개념으로 굳어지게 되었다.

부터 부정해가는 논리를 발견하는 것이었다. 그러면서 ① '강좌파講座派'
마르크스주의의 역사분석의 방법, ② 독일 국가학을 비롯한 정치학의 이론
구조, ③ 독일의 정신사 연구를 비롯한 유럽 정치사상사 연구의 성과를 종
횡으로 그리고 자유롭게 조합해가는 방식이 저자 특유의 천황제론을 만들
어가는 양상을 보여주고 있다.

하지만 그렇게 해서 성립한 「천황제 국가의 지배원리」의 의의는, 당
시의 학계에서조차 충분히 이해되었다거나 받아들여졌다고 말하기는 어
려웠다. 뭐라고 하던 간에 역사학자들(특히 일본사학자)에게는 역시 정치
학의 소양이 부족했고, ② 정치학자들 또한 역사학의 소양이 부족했으며,
게다가 ③ 양쪽 모두 철학이나 국가학國家學, 정신사精神史의 소양이 부족하
다는 사정 때문이었다. 그런 경향은, 그 후 학문의 극단이라 할 수 있는 전
문분화專門分化(마루야마 마사오의 이른바 '문어항아리화タコツボ化')ǁ에 의
해 점점 더 강해지고 있었으므로, 오늘날에는 후지타의 논문을 읽고 그것
을 이해할 수 있는 사람이 과연 얼마나 있을지, 그야말로 괴이하다고 해야
할 상황에까지 이른 것이다.

그런데 "한 몸으로 두 삶을 살다―身にして二生を経る"라는 말이 있다. 후
쿠자와 유키치福沢諭吉, 1835~1901가 『문명론의 개략文明論之概略』 서문에서, 자
신의 1868년의 메이지유신 이전의 전반생前半生과 유신 이후의 후반생後半生

ǀ 1932년부터 이듬해에 걸쳐서, 노로 에이타로(野呂栄太郎)의 기획, 지도하에 간행된 『일본자본
주의발달사강좌(日本資本主義発達史講座)』를 집필하면서, 일본자본주의의 반봉건적 성격을
강조하여 노농파(労農派)와 논쟁을 전개한 마르크스주의 이론 집단.

ǁ 마치 문어가 각각 자신의 항아리에 틀어박혀 있는 것처럼 단편화, 개체화되어 있는 형태를
말한다. 그래서 공통된 기반 위에 펼쳐진 '부챗살유형'과 대비되고 있다. 이에 대해서는 『일본의
사상』(마루야마 마사오 지음·김석근 옮김, 한길사, 1998), 특히 제3장 「사상의 존재양태에 대하
여」 부분을 참조할 것.

을 대조시켜 한 말이다.[1] 후지타의 스승 마루야마 마사오를 예로 들면, 대일본제국이 패전으로 무너진 1945년을 경계로 해서 '두 삶'이 나뉜다고 할 수 있을 것이다.

그에 대해서 후지타의 경우는 오히려 1945년이 '첫 번째 삶'의 출발점을 이루었다고 해도 좋을 것이다. 그 점에서, 그는 '전중파戰中派' 세대가 아니라 '전후파戰後派'의 첫 세대였다(전쟁 중의 후지타에 대해서는, 한국어판 『전체주의의 시대경험』에도 수록된 「불량정신의 광채: 전쟁 중의 '비행'에 대하여不良精神の輝き: 戦争中の'非行'について」를 참조). 후지타에게 '두 번째 삶'은, 1960년 안보투쟁安保鬪爭과 1960년대의 '고도성장' 시기를 '전환기'로 삼아서(이 시기 후지타에 대해서는, 2006년 간행된 『후지타 쇼조 대화집성藤田省三対話集成』 1권 참조), 1970년대부터 시작된다고 해도 좋을 것이다. 그것은 바로 마루야마 마사오가 '침묵'의 시기에 들어갔을 무렵이다. 마치 그것을 교체라도 하듯이 후지타 쇼조 독자의 '정신사적 고찰'의 세계가 전개되어 가는 것이다.

그 언저리에 대해서, 후지타 쇼조 저작집 5권 『정신사적 고찰』에 내가 덧붙인 '해제'의 한 구절을 인용해두고자 한다.

'전후'의 혼돈과 비참과 결핍이 소용돌이치는 '야케아토(焼跡)와 야미이치(闇市)'[II] 상황하에서, '국가의 몰락(国家の没落)'에 '이상한 밝음(不思議な明るさ)'이 담겨 있는 것을 경험한 원초적 자유의 공간 안에서, 거기서 솟아난 다양한 '민주화'

---

[1] 이에 대해서는 『'문명론의 개략'을 읽는다』(마루야마 마사오 지음·김석근 옮김, 문학동네, 2007), 특히 766~768쪽을 참조할 것.

[II] 불탄 흔적(폐허)과 암시장. 2차 대전 직후의 일본 상황을 상징적으로 표현하는 말. 흔히 '야케아토 야미이치(焼跡闇市)'의 시대, '야케아토 야미이치'파(焼跡闇市派) 등으로 쓰기도 한다.

운동이나 반파시즘 운동과 공감, 연속하면서, 후지타 쇼조는 「천황제 국가의 지배원리」와 대치하는 일을 선택했으며, 그것을 근저에서부터 대상화함으로써 그것의 지양을 도모하려고 했다. 그의 정신 운동은 거기서부터 시작되었던 것이다. 하지만 1960년 안보투쟁의 '패배' 이후의 상황, 나아가 그 후의 '고도성장'에 의한 사회와 문화의 근본적 '변질'이 진행되는 과정에서, 그는 점차 '실망'과 '절망'을 심화시켜 간다. 그리고 그 결과, 1970년대 중반 이후, 이전 사람들이 미처 밟아보지 못한(前人未踏) 경지에 들어서게 된다. 그렇게 해서 하나의 정신의 운동이 극점에까지 도달한 끝에 열리게 된, 그야말로 '후지타 쇼조 세계'의 탄생을 각인시키는 기념비적 작품이 바로 『정신사적 고찰(精神史的考察)』이라 하겠다.

이 책을 번역한 김석근 씨는 「한국어판 서문」에 나와 후지타 쇼조의 개인적인 관계에 대해서도 조금 말해주었으면 좋겠다고 했다.[1] 그 부분에 대해서는, 잡지 『미스즈みすず』(2003년 10월호)의 「추도 후지타 쇼조追悼 藤田省三」에 「후지타 선생과의 만남藤田さんとの出会い」이라는 제목으로 쓴 것이 있으므로, 그 글을 아래에 덧붙여 두고자 한다(『전후정신의 광망: 마루야마 마사오와 후지타 쇼조를 읽기 위해서戰後精神の光芒: 丸山眞男と藤田省三を讀むために』에 수록). 그의 요망에 대한 나름대로의 답변이 될 수 있었으면 좋겠다.

---

[1] 필자(이이다 다이조 교수)는, 후지타 쇼조와 같은 대학(호세이대학)에 재직했으며, 후지타 쇼조의 저작집과 대화록 편집에 참여하고 있는데다가, 자신의 책에서도 비중있게 다루고 있는 만큼—그래서 '한글판 서문'을 써달라고 부탁한 것이다—옮긴이로서는 '개인적인' 관계도 조금은 알고 싶었다.

10

후지타 선생과의 만남

만약 마루야마 마사오와 후지타 쇼조라는 두 스승을 만나지 못했더라면, 나의 삶의 방식은 상당히 달라졌을 것이다. 아니, 그런 간단한 사안이 아니라, 지금 내가 이렇게 살아 있을 수 있을지 조차 의문스럽다. 말하자면 내가 나일 수 있는 것은, 그들 두 사람의 거인巨人과의 만난 것 자체가 말 그대로 결정적이었다.

마루야마 마사오와의 만남에 대해서는 간단하지만 쓴 것이 있으므로(『비판정신의 항적: 근대 일본 정신사의 한 능선批判精神の航跡: 近代日本精神史の一稜線』에 수록) 반복하지 않겠다. 후지타 쇼조라는 이름을 처음 알게 되고, 그 문장의 엄청난 자력磁力에 빨려 들어가는 것처럼 마구 끌렸던 것도, 마루야마 선생의 저작을—대부분 그것만을—닥치는 대로 마구 읽던 대학 시절의 일이다.

최초로 크게 울리는 듯한 느낌을 받은 것은, 아마도 「다이쇼 데모크라시 정신의 한 측면: 근대 일본에서의 보편자의 형성과 그 붕괴大正デモクラシー精神の一側面: 近代日本における普遍者の形成とその崩壊」였던 것으로 생각된다. 마루야마의 「개국開國」이라는 논문과 「일본에서의 위기의 특성日本における危機の特性」이라는 좌담회(다케우치 요시미,[I] 이시모타 쇼,[II] 쓰루미 슌스케,[III]

[I] 竹内好, 1910~1977. 중국문학자·평론가. 나가노(長野) 출생. 노신(魯迅) 연구·번역과 더불어 독자적인 시각으로 근대 일본문화를 비판했다. 쓴 책으로『노신(魯迅)』『국민문학론(国民文学論)』등이 있다.

[II] 石母田正, 1912~1986. 역사학자. 유물사관과 실증에 의해 전후의 일본 역사학계에 한 시기를 구획지었다. 주요 저서로『중세적 세계의 형성(中世的世界の形成)』『역사와 민족의 발견(歴史と民族の発見)』등이 있다.

[III] 鶴見俊輔, 1922~. 문예평론가·철학자.『사상의 과학(思想の科学)』을 창간하고,『공동연구

나카무라 미쓰오,^I 마루야마 마사오)가 게재되어 있던『강좌 현대윤리11. 전환기의 윤리사상(일본)講座 現代倫理11. 転換期の倫理思想(日本)』에 후지타의 그 논문도 들어 있었던 것이다.

"근대 일본에는 윤리학이 존재하지 않는다"라는 문장으로 시작하는 그 논문은, 우치무라 간조,^{II} 아리시마 다케오,^{III} 아베 지로^{IV} 등의 '정신'의 양 상을, 각각의 고절孤絶하고 준열한 윤리성―그것은, '보편자의 자각'과 '개 별적 실체'로서의 '나'의 자각 사이의 긴장관계로부터 생겨나게 되는, '규율' 관념을 전제로 한다―에서 파악하고, 그것을 다시 뒤집어 무샤노코지 사네 아쓰^V나 가가와 도요히코^{VI} 등에도 현저한 "모두 다같이 사이좋게"식의 부

전향(共同研究 転向)』등 사상사 연구에 많은 업적을 남겼다. 전후 언론계에 주도적인 역할을 했다.

I 中村光夫, 1911~1988. 평론가·극작가·소설가. 도쿄 출생. 본명은 고바 이치로(木庭一郎). 근대 사실주의의 역사를 더듬어 보면서, 일본 근대문학에 대해 예리한 비판을 가했다.

II 内村鑑三, 1861~1930. 무교회파 기독교 전도자. 평론가. 일고(一高) 교수 시절, 교육칙어(敎育勅語)에 대한 경례를 거부해서 면직 당했다. 러일전쟁에 즈음해서, 비전론(非戰論)을 주창했다. 잡지『성서지연구(聖書之研究)』를 창간했다. 저서로『나는 어떻게 해서 기독교도가 되었는가(余は如何にして基督(キリスト)信徒となりし乎(か))』『기독신도의 위안(基督信徒の慰)』『구안록(求安録)』등이 있다.

III 有島武郎, 1878~1923. 소설가. 도쿄 출생.『시라카와(白樺)』창간에 참여. 1923년「선언 하나(宣言一つ)」에 자신의 입장을 표명한 후, 애인(愛人)과 정사(情死)했다. 소설로「어떤 여자(或る女)」「카인의 후예(カインの末裔)」등이 있다.

IV 阿部次郎, 1883~1959. 철학자·평론가. 야마가타(山形) 출생. 나쓰메 소세키(夏目漱石)의 제 자. 개인주의적 이상주의를 추구했다. 쓴 책으로『산타로의 일기(三太郎の日記)』『윤리학의 근본문제(倫理學の根本問題)』『인격주의(人格主義)』등이 있다.

V 武者小路実篤, 1885~1976. 소설가·극작가. 도쿄 출생. 톨스토이에 경도되어 잡지『시라카와』를 창간했다. 나중에 인도주의 실천의 장으로 '새로운 마을(新しき村)'을 건설했다. 문화훈장을 수상했으며, 소설로「축하할만한 사람(お目出たき人)」,「행복자(幸福者)」,「우정(友情)」,「진리선생(真理先生)」이 있고, 희곡으로「인간만세(人間萬歳)」등이 있다.

VI 賀川豊彦, 1888~1960. 기독교 전도사·사회운동가. 효고(兵庫) 출생. 고베시(神戸市) 빈민촌에서 전도를 시작했다. 노동쟁의, 농민운동, 협동조합운동을 지도했다. 쓴 책으로『사선을 넘어서(死線を越えて)』등이 있다.

화뇌동적인 '데모크라시' 실천─그것을 떠받쳐주고 있는 것은 '이론' 내지 '사상'이라기보다도, 오히려 '분위기' 내지 '기분'이다─의 몰沒윤리성을 비판하는 것이었다.

뒤이어 「천황제와 파시즘天皇制とファシズム」, 「쇼와 8년을 중심으로 한 전향의 상황昭和八年を中心とする転向の状況」, 「체제의 구상体制の構想」 등을 마치 욕심이라도 부리듯이 계속해서 읽었다. 거기서 (특히 '전향' 연구논문) 받은 충격은, 조금 이상한 비유지만, 나의 정신의 뒷면의 가장 약한 급소─이른바 대기실의 뒷문I─부터 치고 들어오는 듯한 느낌을 받았다.

그러다 1966년 대학원에 진학해서 이토 야히코伊藤彌彦(현재 도시샤同志社대학 교수)와 같이, 그의 출신 대학인 국제기독교대학ICU에서 후지타 씨가 강사로 출강하고 있다는 소식을 듣고서, 둘이서 같이 '도강'을 했던 적이 있다. 그 전 해(1965)부터 후지타 씨가 『미스즈』에 연재를 시작했던 「유신의 정신維新の精神」 이야기를, 한층 알아듣기 쉬운 어투로 정열적으로 말하고 있었다. 그 때는 인사도 하지 않은 채 그저 후지타 쇼조의 실물을 볼 수 있었다는 것에 만족하고 그대로 돌아왔다.

1969년 연말에 미야무라 하루오, 와타나베 히로시,II 사토 신이치III 세 사람과 같이 나카노구中野区 에코다江古田에 있는 후지타 씨의 집을 처음 방문했던 일에 대해서는, 『후지타 쇼조 저작집 7』(미스즈쇼보 판)의 「해제를

I 여기서 '대기실(樂屋, 가쿠야)'이란 극장 등의 무대 뒷면에 있어, 출연자가 순서를 기다리거나 편하게 휴식하거나 하는 공간.

II 渡辺浩, 현재 도쿄대학 법학부 교수. 전공은 일본정치사상사. 쓴 책으로 『근세 일본사회와 송학(近世日本社會と宋學)』 『동아시아의 왕권과 사상(東アジアの王權と思想)』 등이 있다.

III 佐藤慎一, 현재 도쿄대학 문학부 교수. 전공은 근대 중국정치사상사이고 쓴 책으로 『근대 중국의 지식인과 문명(近代中國の知識人と文明)』 『근대 중국의 사색자들(近代中國の思索者たち)』 등이 있다.

대신해서解題に代えて」에서 서경식徐京植 씨의 인터뷰에 미야무라 하루오와 같이 답하는 형태로 말한 적이 있다. 그 방문이 결국 내가 호세이대학에 취직하게 되는 기연機緣이 되었다고 해도 좋을 것이다.

1969년 4월에 2년간의 영국 유학에서 돌아온 후지타 씨는, 당시 호세이대학의 격화된 대학분쟁 속에 있으면서 그 전 해(1968년)에 호세이대학 총장에 취임한 나카무라 아키라'(난바라 시게루" 문하로서 마루야마 선생의 선배) 보좌역으로 맹활약하고 있었다. 그 때 후지타 선생 집의 술을 모두 다 마셔버린 10시간 동안, 거의 대부분 그 이야기를 했던 것으로 기억한다. 당시 나의 주관적인 인상으로는, 도쿄대학 분쟁에서 '중심에 선 사람'의 한 사람이 되어, 과로한 나머지 병으로 쓰러진 마루야마 선생의 일을 멀리 영국에서 절치부심하면서 전해 듣고 돌아온 후지타 선생이, 말하자면 그 보복전을 호세이대학에서 치르고 있는 것은 아닐까 하고 느꼈다.

어쨌거나 1970년 8월, 호세이대학에서는 '가쿠마루파革マル派' 도쿄교육대학 학생이 '주카쿠파中核派'로부터 린치'''를 당해 구내에서 살해당하는 사건이 일어났다.'' 그러자 나카무라 총장이 학생들과 직접 만나서 대화하는 면담(이른바 '대중단교大衆団交') 등을 계속하면서, 어떻게 해서든 기동대 투입에 의한 바리케이드 제거라는 사태를 피하면서 겨우 수업을 재개할 수

I 中村哲, 1912~2003. 정치학자, 호세이대학 총장, 참의원 의원을 지냈다. 도쿄 출신. 호세이대학 총장 시절, 학생운동이 격렬해지자, 경찰이 학내에 들어오지 못하게 하면서도 슬기롭게 그 위기를 넘겼다.

II 南原繁, 1899~1974. 일본의 정치학자. 전공은 서양 정치사상. 도쿄 대학 총장과 명예교수를 지냈다. 마루야마 마사오와 나카무라 아키라의 직계 스승이기도 하다.

III lynch, 정당한 법적 수속에 의하지 아니하고 잔인한 폭력을 가하는 일.

IV '가쿠마루파'와 '주카쿠파' 두 파는 일본의 신좌익세력의 큰 당파였다. 그 파벌은 1963년까지는 '일본 혁명적 공산주의자동맹전국위원회'라는 같은 조직이었지만 노선의 차이로 인해 분열해서, 당시 서로 '반혁명(反革命)'이라 비난하면서 격렬하게 대립하고 있었다.

있었다. 하지만, 그때까지 어디서든지 들어갈 수 있던 캠퍼스를 철창으로 둘러싸고, 야간과 휴일은 학생들이 구내에 들어오는 것을 엄격하게 금지하는 등의 '3원칙 6조항' 체제를 만드는 등의 황당한 일도 수반하지 않을 수 없었다. 그 과정에서 후지타는 건강을 해쳤다는 이유를 들어 호세이대학을 사임하게 되었다(때마침 같은 1971년 3월부로 마루야마도 도쿄대학 교수직을, 정년을 기다리지 않고 병 때문에 사직했다).

그것은 후지타 씨에게 있어, 단순히 '분쟁'에 지쳤다든가, 호세이대학이라는 곳이 싫어졌다기 보다도, 그렇지 않아도 '고도성장'하에서의 지식인의 '지적 퇴폐知的頹廢'가 진행되는 상황 속에 있으면서, 무릇 '대학'이라는 허구의 특권적 제도 안에서 '교수'로서 생활해가는 것에, 이미 정신적으로 감내해낼 수 없게 되었던 것으로 생각된다.[1] 그리고 벤야민Benjamin, Walter이 말하는 "밑바닥까지 내려가는 몰락Zugrundegehen"을 경험함으로써, 사물의 근본—'이로하의 이'[2]부터 다시 공부하고, 다시 생각하려고 했던 것이다.

후지타 선생이 호세이대학을 그만두고 낭인浪人, 로닌으로 보낸 9년 동안 내 나름대로 일종의 배려로서 그다지 직접적으로 접촉하지 않았던 것은, 지금 생각해보면 후회스러운 일을 했다고 생각한다. 하지만 그가 쓰는 것은 한 구절 한 마디도 놓치지 않고 다 읽고 있었으며, 또한 후지타 선생이 호세이대학을 그만두던 해의 세미나 학생이었던 사람들과 정기적으로 하

---

[1] 다른 곳에서 필자(이이다 다이조)는 이렇게 말하고 있다. "후지타 씨는 대학이라는 '사회'에 대한 절망이랄까, 인연을 끊는다고나 할까, 그런 기분이 되어 호세이대학을 사직했던 것입니다. 대학이라는 '사회'에서의 특권적이기 때문에 누릴 수 있는 자유, 그 속의 퇴폐라는 것을 느꼈다고 생각합니다. 71년 3월이었습니다 …… 그로부터 10년간 낭인 생활에 들어갔습니다. 그런 형태로, 말하자면 온 몸으로 비평적으로 표현해왔다고 할 수 있겠습니다." 이이다 다이조, 『전후정신의 광망』 347쪽.

[2] 'イロハのイ'. '이로하'는 아이들에게 글자를 외우기 위해 가르치는 노래로, 그 '이로하' 노래의 첫 글자 '이'부터 다시 시작한다는 것.

15

고 있던 연구회를 통해서, 나아가서는 미야무라 하루오를 통해서 후지타 선생의 동정은 끊임없이 듣고 있었다. 그 시기 후지타 선생의 '거대한 족적 Giant Step'—후지타 선생이 한 때 열심히 들었던 존 콜트레인[I]을 빌어 말한다면—의 도달점을 보여주는 것이 『정신사적 고찰』과 『전체주의의 시대경험』 처음 부분이라 생각되는데, 거기에 나타난 정신의 궤적에서 나는 그야말로 결정적이라 할 수 있는 영향을 받았다.

1980년, 후지타 선생은 건강이 나빠지기도 해서, 야세가만[II]의 낭인 생활을 접고서 다시 호세이대학에 복귀하게 되었다. 그 이후의 후지타 선생에 대해서는, 어쨌든 몇 년 동안은 매주 한 번씩 야간부 강의를 같은 요일에 맡아서 강의가 끝난 후에 같이 술을 마시기도 했기 때문에, 생각나는 장면들이 너무 많아서 이루 다 쓸 수가 없다.

어느 날 저녁, 연구실에 있던 나에게 전화가 걸려 왔다. 후지타 선생의 전화였는데, 마침 재미있는 일이 있으니까 자기 방으로 오지 않겠는가 하는 것이었다. 그래서 가보았더니, 후지타 선생의 바지 안쪽에 기웠던 부분이 휜하게 터져버려 법학부의 여자 교수에게 실과 바늘을 빌려와 자신이 직접 꿰맸다고 했다. 그야말로 엉성하게 꿰맨 것으로, 여기저기 삐져나와 있기도 하고 울퉁불퉁하기도 해서 제대로 봐줄 수가 없을 정도였다. 후지타 선생의 세대는 우리처럼 가정과家庭科에서 바느질 훈련을 받은 경험이 전혀 없었다. 여자 교수는 자신이 꿰매드리겠다고 했지만, 바지를 벗어 여자 교수에게 건네주는 것이 부끄러워서 그러지 못했노라고 토로했다.

실은 그 무렵 오분샤旺文社문고에서 '아호열차阿呆列車' 시리즈를 비롯해

[I] John Coltrane, 1926~1967. 모던 재즈의 색소폰 연주자.
[II] やせ我慢, 강하게 버티는 것.

16

서, 우치다 핫켄'의 모든 작품이 간행 중이었다. 그런데 핫켄이 호세이대학과 관계가 있기도 해서, 후지타 선생과 그 '마법의 문장'으로 불리던 수필의 재미에 대해서, 더러 화제로 삼고는 했다. 그 수필 하나에, 핫켄이 홋카이도에 강연하러 가던 도중에 야간열차의 침대칸에서 양복을 벗으려고 하다가, 거리 가게에서 산 싸구려 면바지의 기운 데가 터져버렸기 때문에, 목욕가운에 벨트를 매고, 캉캉모"를 뒤집어쓰고, 두터운 고무 신발을 신고, 철제 우산을 지팡이 대신 짚고 다니는 꼬락서니로 삿포로 역에 내렸다는 이야기가 있었다. 마침 그 이야기와 겹쳐져서 후지타 선생은 그렇게 재미있어 했던 것이다.

나는 생각하다가, 학교에 일하는 사람들이 갈아입는 작업용 바지가 있을 것이니, 그것을 빌려 입는 쪽이 더 낫지 않겠는가 하고 제안했다. 재킷에다가 파란색 천으로 된 작업용 바지라는 모양새는, 아무리 좋게 말해도 괜찮다고 하기는 어려운 것이었다. 하지만 후지타 선생은, 그에 대한 감사 표시로 좋은 곳에 데려가겠다고 하면서, 신주쿠의 '후몬風紋'이라는 술집으로 안내했다.

들어가 보니 그 집은 단 가즈오''' 등이 자주 들르던 가게였는데, 일찍이 후지타 선생은 그곳의 마담에게 끌려서 가끔 찾아오기도 했다고 한다. 다만 어디까지나 플라토닉한 것으로, 그 이상의 것은 아무것도 없었다고 한다. 나중에 당시 헤이본샤 편집자였던 류사와 다케시龍沢武에게 들으니, 그가 '후

I 內田百閒, 1889~1971. 나쓰메 소세키(夏目漱石) 문하의 일본 소설가, 수필가. 본명은 內田榮造. 전후에 필명을 內田百間으로 바꾸었다.

II 밀집으로 짜서 만든 남성용 모자.

III 檀一雄, 1912~1976. 소설가. 야마나시(山梨) 출생. '일본낭만파'에 참여. 분방한 생활을 해서, 무뢰파(無賴派)로 불리기도 했다. 소설에 「리쓰코 그 사랑(リツ子 その愛)」 「리쓰코 그 죽음(リツ子 その死)」 「화택의 사람(火宅の人)」 등이 있다.

몬'에 갈 때에는 언제나 같이 갔는데 그렇게 위험하다는 느낌은 없었으며, 그래도 조금 열이 오른다 싶을 때에는 아무렇지도 않은 듯이 부인 하루코春子 씨의 이야기를 꺼내서 견제한 적도 있었다고 한다. 요컨대 후지타 선생은, 자신을 피에로로 만들어 보이면서 재미있어 하는 측면이 있었다.

그가 하루코 씨에게 프러포즈했을 때의 이야기를 들은 적이 있다. 그것은 어쩌면 후지타 선생이 만들어낸 이야기일는지도 모른다는 느낌이 들기도 한다. 어느 공원의 벤치에서 프러포즈한 후에 겸연쩍어진 그는, "나는 물구나무서기를 잘 한다"고 하면서 벤치 등 위에서 거꾸로 서는 걸 보여주었다. 하루코 씨가 "우와, 잘하네!" 하고 박수치면서 일어나자, 벤치는 균형을 잃고서 꽈당 하고 뒤로 넘어가버리고 말았다. 그렇게 부끄러운 일이 없었다고 했다.

버스타 키튼을 좋아했으며, 셰익스피어Shakespeare의 「리어왕」에 몰두해서 황야를 유랑하는 '도화道化'의 의미를 즐겨 논했으며, 그런 의미에서 바흐친[II]의 라브레[III]론에 묘사된 축제carnival의 공간에서, 어리석은 자가 왕으로 바뀌는 뒤집힌 세계 등에 주목하고 있었다. 「쇼인의 정신사적 의미에 관한 일고찰松陰の精神史的意味に関する一考察」을 요시다 쇼인[IV]에서의 '희극적 정

[I] Buster Keaton, 1895~1966. 미국의 영화배우. 미국의 키스톤(제작회사명) 희극에서 두각을 나타냈고, 채플린이나 로이드에 버금가는 인기배우가 되었다. 무표정과 얼빠진 듯한 익살이 특징으로 「둔갑하는 키턴」「무법자 키턴」「권투왕 키턴」 등의 영화에 출연했다.

[II] Mikhail Mikhailovich Bakhtin, 1895~1975. 소련의 문예학자. 형식주의 이론을 발전시켜 독자적인 대화이론을 제창했다. 저서에 『도스토예프스키론: 창작방법의 제 문제』『프랑수아 라블레의 작품과 중세·르네상스의 민중문화』 등이 있다.

[III] François Rabelais, 1494~1553. 프랑스의 작가. 연작 『가르강튀아 팡타그뤼엘(Gargantua Pantagruel)』은 프랑스 르네상스 문학 최대의 걸작으로 여겨지고 있다.

[IV] 吉田松陰, 1830~1859. 막부 말기의 사상가, 존왕론자(尊王論者). 조슈(長州)번의 사무라이. 구미 유학에 뜻을 두어 페리의 배로 밀항을 시도했지만 실패해 투옥되었다. 출옥한 후에, 마쓰시타 무라주쿠(松下村塾)를 열어, 다카스키 신사쿠(高杉晋作)·이토 히로부미(伊藤博文) 등의 많은

신'의 의의로 총괄하고 있던 것 등도 떠오른다.

1994년, 후지타 선생은 직장암 수술을 받았지만, 그 후에는 다시 그 왕성한 활동력을 회복할 수가 없었다.

후지타 선생에게 '살아 있다'는 것은, 생물학적인 신체가 살아 있는 것이 아니라, '정신'이 살아서 운동하고 있는 것이어야 했다. 그는 '사상사思想史' 보다는 '정신사精神史'라고 말하는 것을 좋아했다. 간단하게 학습하기도 하고, 수입하기도 하고, 바꾸어버리기도 하는 '사상'—그것은 '정보'의 일종에 지나지 않는다—이 아니라 각자가, 각 집단이, 각 시대가 갖는 고유한 '정신'이 운동하는 일회적인 '형태'나 '자세'야말로 문제 삼아야 한다는 것이었다.

그런 후지타 쇼조가 언제 어떻게 될지도 모르며, 끊임없는 '신체'적인 고통으로 인해 무려 10년 가까이나 강직한 정신의 운동을 봉쇄당해버렸던 것이다. 그야말로 아이러니라고나 할까, 아니면 부조리한 비극이라고 할 수밖에 없는 일이다. 운명은 때때로 정말 터무니없는 짓을 하기도 한다. 나는 욥Job은 아니지만, 하늘을 원망하고 싶다.

메이지유신 주역들을 길러냈다.

차례

'료안'의 사회적 구조_'쇼와 원년'의 신문에서

부록

후기

일러두기

1. 외래어 표기는 한글맞춤법 통일안의 외래어 표기법을 따랐다.
   예) 大正는 '타이쇼'가 아니라 '다이쇼'로 적었다.
2. 원문의 후지타 쇼조의 주는 미주로, 옮긴이 주는 각주로 처리했다.
   단, 한자나 간단한 옮긴이 주는 본문 내 작은 글씨로 처리했다.
3. 원문의 후지타 쇼조의 강조점은 본문 내 방점으로 처리했다.

천황제란 무엇인가

천황제는, 그 말의 쓰임새부터가 복잡, 다기하다. 게다가 그 용어의 다의성 자체가 천황제의 현저한 특질을 표현한다는 점에서, 복잡함은 한층 더 배가 된다. 천황제는 어떤 경우에는 ① 단순히 군주로서의 천황이 존재하는 것만 을 의미하지만, ② 보다 엄밀하게는 근대 일본의 정치 구조, 체제regime를 의 미하는 것으로 그 용어가 쓰이게 된다. 그러나 그 경우에도 지배 '구조'에 착 안하여 천황에게 모든 정치권력이 집중되고 천황에 직속된 문무 관료가 권 력 행사를 장악하는 지배체제를 가리키며, 따라서 의회에 대한 천황제 관료 의 독자성을 천황제의 가장 큰 특색으로 여기는 경우도 있으며, 정치적 '기 능'에 주목하여 천황제 체제에 내재하는 제 원리가 어떠한 통로에 의해서 사 회적 저변과 지배자 사이를 왕복하는지를 고찰하는 경우도 있다. ③ 또한 말의 '일종의' 비유적 적용으로서, 특정한 사회적 현상이 천황제 지배양식 이 갖는 어떤 특징적 성격을 갖추는 경우, 그 특징에 비추어 그 현상은 '천황 제'라는 이름으로 불리게 된다(이에家의 천황제, 거리의 천황제 등으로 전자는 천황제의 전제적 특징에, 후자는 종종 천황제 지배의 정서적인emotional 측면에 조응하여 그렇게 말한다). 크게 나누어 이들 세 가지 정의는, 어느 것이나 근대 일본의 지배체제인 천황제가 갖는 특질에서 생겨난 것이므로, 이들 셋이 복잡하게 얽히고설킨 것을 풀고, 또 천황제의 전체적인 이해에 다가서기 위해서는, 한편으로 절대주의 천황제 성립의 역사적 특질을, 다른 한편으로 천황제 체제에서의 지배양식의 특수성을 찾아내야 한다.

태평양전쟁 이전의 일본에서 천황제에 대한 이론적 분석은, 천황제의 폭력적인 억압에 의해 저지되어, 거우 1922년 일본공산당이 비합법으로 성립한 이래 '천황제 폐지'라는 슬로건 아래 주로 그것의 계급적 성격과 역사적 본질에 관한 이론 규정을 행했으며, 그 후 이른바 '32년 테제'가 일본의 권력체계의 구성요소로 천황제, 지주적 토지소유, 독점자본주의라는 세 가지를 지적하고, "천황제는, 한편으로는 주로 지주인 기생적, 봉건적 계급에 의거하고, 다른 한편으로는 급속하게 부유해지고 있는 탐욕스러운 부르주아에 의거하여, 그들 계급의 상부와 대단히 긴밀한 영속적 블록으로 두 계급의 이익을 대표하면서, 동시에 그 독자적인, 상대적으로 거대한 역할을 …… 그 절대적 성질을 유지하고 있다"는 분석을 덧붙임으로써, 천황제의 계급적 의의와 역사적 본질에 관한 한 명료한 평가가 이루어졌다. 이후 이른바 일본자본주의 논쟁을 통해 반봉건적인 농업관계, 노동관계의 유무가 쟁점을 이루었으며, 의회와 지배 '제' 계급에 대한 거대한 독자성을 갖는 천황제의 물질적 기초와 사회적 기초가 마르크스주의자들에 의해 거의 분명하게 드러났다. 그러나 한편으로 1922년, 28년(3월 15일), 29년(4월 16일)으로 이어지는 혁명세력에 대한 광포한 탄압은, 천황제에 대한 인식에서 폭력성을 지나치게 과민하게 받아들이는 증세를 낳았으며, 따라서 관료, 군대, 경찰로 구성되는 천황제 폭력장치의 '기구' 분석에 상대적으로 과중한 역점을 두는 결과를 낳았다. 그 위에 일반적으로 노농파勞農派[I]로 불리는 마르크스주의자 그룹이 일본사회의 반봉건적 제 관계를 부인하고, 따라서 또 천황제의 지배 제 계급에 대한 절대주의적 독자성을 어디까지나 긍정하지 않았던 까닭에, 천황제에 관한 논점은 논쟁 과정을 통해서 그 사회경제적 기초와 그 상부구조로서의 기구라는 두 가지로 한정되기에 이르렀다.

게다가 다른 한편으로, 반체제운동의 민중에 대한 침투가 비교적 정체됨에 따라 실천적 정치기술의 진보가 늦어져, 이른바 '대중공작大衆工作'의 수단과 방법이 문제화되지 않았으며, 천황제가 국민의 행동양식, 생활내용, 사유형식을 어떻게 포착하고 있는가 하는 문제에 대한 과학적 인식이 요구되지는 않았다. 다시 말해 앞에서 언급한 테제의 말을 빌리자면 천황제의 '유연성'의 의미와 내용은 전쟁 이전의 천황제론의 대상이 되지 못했던 것이다. 그러나 전쟁 이후, 정치적 상황의 격변, 대중운동의 비약적인 발전, 게다가 천황제 지배체제의 새로운 강화, 매판[II] 부르주아화의 진행 등이, 실천적으로는 통일전선 결성에 이르는 유효한 방법과 수단에 대한 관심을 환기시켰으며, 그로 인해서 또한 이론적으로도 천황제의 정치적 사회적 기능에 대한 분석이 요청되기에 이르렀으며, 널리 모든 분야의 사회과학자들에 의해서, 그 연구가 진척되었다. 그리하여 천황제는 비로소 전체적인 측면에 대한 해명이 이루어지기 시작했다.

[I] 1927년 창간된 잡지 『노농(勞農)』을 중심으로 모인 마르크스주의 경제학자, 사회운동가, 문학자 그룹을 가리킨다. 강좌파(講座派)와 일본자본주의 논쟁을 전개했다. 메이지유신을 부르주아 혁명이라 주장했다.

[II] 買辦, comprador. 외국자본과 결탁해서 자신의 이익을 도모함. 1770년 무렵부터 중국에 와있던 외국상관과 영사관 등에서 거래중개를 위해 고용되었던 중국 사람들 사이에서 유래했다 한다.

성립과 그 특질

근대 일본의 국가권력의 중핵을 이루며, 지배체제 그 자체였던 천황제는, 종종 서유럽 데모크라시와 비교해서 논해지기도 한다. 그러나 본래 봉건 사회의 위기에 즈음하여 그 극복을 과제로 삼아 태어난 절대주의에 한해서는, 그 특질을 유럽 절대왕정과의 대비 위에서 검토하는 것이 타당하다. 천황제는 기본적인 점에서 서유럽의 고전적 절대주의와 두 가지 대비를 통해 성립되었다.

첫째는, 근세 유럽의 절대왕정이 교황 - 교회와의 격렬한 투쟁을 거쳐 종교적 '권위'로부터 왕의 정치적 '권력'이 분리 독립함으로써 성립되었으며, 따라서 거기에 독자적인 의미의 '정치'를 낳게 된 것과는 정반대로, 천황제는 종래 자신이 가지고 있던 권위를 이용함으로써만, 이른바 '권위적 권력'으로서만 성립할 수 있었다는 점이다.

둘째는, 최대의 봉건영주가 다른 대부분의 영주들을 압도하고 정복하여, 민족적 규모로 그 지배영역을 확대함으로써 왕권을 대내적으로 확립해 간 고전적인 절대주의absolutism와는 달리, 일본의 천황제는 봉건적 권위인 천황이 자신과는 관련 없는 정치적 제 요소의 상황변화에 따라, 권력의 주체로 전화轉化된 것이므로, 정치적 투쟁을 거쳐 도태된 본래의 절대주의 군주의 정치력을 끝내 갖출 수 없었다. 금문禁門의 변變(1864)[1]의 대포소리에 기절하고 만 무쓰히토睦仁, 메이지 천황에 대해, 메이지유신 전년의 격투는 군

---

[1] 1864년 조슈번(長州藩)이 교토(京都)에 출병해서, 아이즈(会津)·사쓰마(薩摩) 등의 번병(藩兵)과 하마구리고몬(蛤御門) 부근에서 싸워서 패배한 사건. 전 해 8월 정변에서 잃어버린 조슈번의 세력 회복을 도모한 것이다. 이를 계기로 에도 막부의 제1차 조슈 정벌이 행해졌다. 하무구리고몬의 변(蛤御門の変)이라고도 한다.

주 측근의 신하로 하여금, "허약하고 어린 주상께서 갑자기 놀라 쓰러지는 것도 당연"하다고 두려워하게 만들었다.

　정치권력의 질적인 독립을 스스로 이룰 수 없었던 절대주의는, 어떤 정치적 시야에 관해서는 그야말로 고대, 중세와 '일계—系'다. 중세 기독교 세계의 전체 인민에 대해서 종교적, 정치적 최고 권위로 깊이 침투했으며, 기르케O. Gierke가 중세 사회의 작동원리motive principle라 불렀던 '우주의 군주', 현세의 신의 대변자였던 교황과 아주 대척적으로, 봉건시대의 천황은 쇼군將軍에 의해 권위지워졌으며 쇼군의 필요에 따라 수시로 그 제한을 받는 '소극적 권위'였다. 그러나 막부 말기 봉건제의 위기가, 제국주의로 이행하는 단계에 있던 세계사에 뒤처지고, 따라서 국내와 국제 양면의 긴박한 상황의 결절結節로 나타난 까닭에 막부는 대외적 위기의 책임을 대내적으로 짊어지게 되었고, 그로 인해서 체제의 위기가 배가되어 마침내 스스로 절대군주로 올라서는 길을 놓쳐버렸다. 봉건적 권위가, 수동적으로 명목상의 것이긴 하지만 권력 주체로 대체된 근거의 하나가 여기에 있다. 게다가 천황은 일찍이 고대에서 권위와 권력을 모두 갖춘 전제군주despot였던 과거를 가지며, 또한 그 지위가 다름 아닌 막부에 의해 박탈당했다는 역사적 사정은, 천황의 변신을 가능하게 해주는 또 하나의 계기가 되었다. 그리하여 첫머리 정의에서 제일 먼저 든 군주로서의 천황이 존재하는 의미에서는, 천황제는 '일계—系'이며, 그것은 천황제의 형성, 확립의 전 과정에서 일관되게 최대한 이용되었다. 메이지유신 당초 "여기 일본이라는 나라에는, 아마테라스 고타이진구사마天照皇太神 宮樣로부터 이어져 온 천자님天子樣이 계시는데, 그 분은 예로부터 조금도 변한 적이 없는 일본국의 주인님이시다", "그런데

―――――――――――――――――
| 하나의 계통(혈연)으로 계속 이어져 왔다는 것.

7,800년 전부터 난세亂世가 계속되어, 세상에서는 다양하게 호조北條니 아시카가足利니 하는 자들이 나타나, 마침내 천자님이 지배하시던 곳을 빼앗아 자기 것으로 만들어버렸다"고 주장한 논서는, 그후 모든 때와 장소에서, 나아가 교과서에서 재생산되어, 아마테라스 오미카미[1]와 천황은 근대에서 '비로소' 권위로 확립되었다. 그리하여 절대주의 천황제는, 특수한 '비非'인격적 군주의 전제체제(비인격적 - 인격지배)로 성립했으며, 막부에 반대하는 여러 번反幕諸藩의 하급무사들에 의해 구성된 관료들이 모든 권력행사를 장악하여, 천황은 '어명御名' '어새御璽'라는 점에서 자신의 정치적 사명을 갖는다. 제국의회 개설과 교육칙어 발포시기에 이 체제는 거의 완성되었다.

이후 천황제는 대략 다음과 같은 두 가지 특징으로 일본을 지배한다. ① 전제군주제가 군주전제는 아니라는 것을 하나의 이유로 들어, 객관적제 정세에 대한 극단적 순응에 의해서 지배형태의 분식을 점차 거듭하게 된다. 자유민권의 거센 바람에 조우해서는 입헌주의의 외관Schein을 치장하고서, 제국주의 제 열강에 들어서려고 할 때에는 법치국가의 외모를 정비하였으며, 하부구조에서조차 반농노제 위에 용립하는 자본주의를 최고도로까지 육성하게 된다. 천황제 파시즘도 그래서 가능해졌다. ② 그러나 동시에 정치적으로 무력한 '인간 천황'인 까닭에, 일찍이 전통적 지배를 본질로 삼으면서 근대국가로서 근대적 테크놀로지를 최대한으로 사용해야 하는 까닭에, 실질적으로 권력행사를 담당하는 관료 내부에도, 무엇보다 봉건적인 천황 측근파와 관료들 사이에도, '천황친정天皇親政'과 '부국강병'이라는 모순의 표현인 항쟁이 끊이지 않는다. 게다가 '천황친정'이라는 슬

---

[1] 天照大神, 일본 천황가의 조상신. 『고사기(古事記)』『일본서기(日本書紀)』 앞부분에 자세히 나와 있다.

로건 자체가 표면상의 원칙과 실체 사이에 격심한 괴리를 내포하고 있기 때문에, 혁명운동을 제외한 모든 정치적 항쟁은 언제나 적대자에 대해서는 '반국체反國體'라는 심한 매도惡罵를, 자신에 대해서는 '천황친정'이라는 미화로 전개됨에 따라 지배기구를 관통하는 파벌성은 한층 더 배가된다. 본래, 대외적 대내적 위기에 대처하기 위해 요청되고, 성립된 절대주의적 집권이, 거꾸로 권력 작용의 효율적 집중을 방해했다는 역설적인 기현상이 천황제를 관통하게 된다.

이데올로기 기능

천황제는 체계적인 그 자체의 이론을 가지고 있다고 하기는 어렵지만, 그 권력의 정통성을 뒷받침하고 있는 이데올로기는, 국가구조의 사상적 측면으로서, 그 의미에서 하나의 체계를 이루고 있다. '가족국가관家族國家觀'이라 불리는 것이 그것이다. 그것은 국가를 '가족家'의 연장과 확대로 이해시키려는 것이므로, 천황은 가부장이며, '신민臣民'은 천황의 '적자赤子'가 된다. 말할 것도 없이 이 국가관은 일본사회의 가부장제적 구성에 바탕을 두고, 게다가 개개의 봉건적인 가부장제적 세계를 국가적 규모로 통합하려는 것이다. 따라서 '충효일치忠孝一致'가 주장되었으며, 그 위에서 '조국애'는 '충군애국忠君愛國'으로 변형된다. 이러한 가족국가관이 천황제 통치구조의 이데올로기적인 측면으로 형성된 것은, 천황제가 자기 권력을 확립하고, 게다가 동시에 사회주의 세력의 대두에 의해 그 기초가 흔들리기 시작한 메이지 30, 40년대였다. 반동화한 서유럽 자본주의의 이데올로기인 사회유기체설과 전통적인 유교정치론이 사상에서의 두 계기였다. 이 두 계기가 모순하면서 결합한 데서 가족국가관이 성립한 것인데, 동시에 그 모순은 이후 국가적 요청이 '가족'을 압도해감에 따라 확대재생산하는 과정에서 격화되었다. 천황제가 전쟁을 바라는 하나의 이유는 여기에 있었다. '이에家,가족'와 '국가'를 잇는 유대의 이완이 일정한 정도에 이를 때마다, 떨어져 나가려는 '이에'를 대외전쟁을 조성함으로써 국가에 강력하게 얽어맸던 것이다. 그리하여 일본 내셔널리즘의 끊임없는 극단화ultra를 초래함과 동시에 그 같은 위기타개책을 방해하는 세력에 대해서는 비할 데 없이 가혹한 억압을 가했던 것이다. 근대 일본은 거의 3년의 간격을 두지 않는 전쟁과 탄압에 파묻혀 있었다.

하지만 다른 한편으로 가족이 세간의 모습世間態과 부양이라는 임무를 개인에게 부과하면서 유일한 화합의 기회로 잔존하는 한, 세간의 모습을 살피지 않고, 부양 '채무債務'(베네딕트R. Benedict)를 내던지고 또한 유일한 단란함조차 단념한 채 정치에 분주한 자는 입신출세하여 금의환향하지 않는 한, 불효자로 지탄받지 않으면 안 되었다. 그로 인해 관료 코스 외의 정치참여는 민중에게 거부당한다. 게다가 가족주의가 무엇보다 정통적인 집단이론으로 국가까지도 가족에 유비analogy되는 것이므로, 가에 정치가 거부되듯이 국가로부터도 역시 정치는 배제된다. 천황은 일계一系의 권위고 천황제는 자연의 질서다. 그리하여 체제 변혁을 도모하는 자는 자연의 파괴자이며, 따라서 화형에 처할 만하다. 혁명세력에 대해 천황제가 행사한 세계에서 가장 잔인한 폭력과 압제는 거기에서 바탕을 두고 있다. 비정치성으로 가와 국가는 이어지지만, 같은 국민의 '비정치화'에 의해 체제의 묵인은 보호를 받는다. '가족이 서로 화합하는' 미풍양속이 그 비정치성의 내용이어서, 이로써 상하 대립과 마찰이 중화되고 천황은 일본 근대사회에 편재하는 중화의 상징으로 기능한다. 첫 머리의 정의 ③이 그렇게 생겨났으며, 천황제는 이러한 중화의 체현자인 크고 작은 무수한 '천황'을 그 정치사회적 기초로 삼는다. 그러나 앞서 말한 '충군애국' 내셔널리즘의 끊임없는 극대화가 '국체의 본의'를 강요하고, 마침내는 중화의 공기를 스스로 깨트리게 되어 가족국가는 붕괴하게 된다. 태평양전쟁 말기에 현저하게 나타난 '국민생활의 비국가적인 영위' 혹은 '전쟁 수행에 대한 무관심한 심정'은, 국민이 국가의 요구를 벗어나 '가정생활에 틀어박히는' 것의 표현이었다.

2차 대전 이후의 천황제

총력전의 강제가 '이에'와 국가의 연쇄를 차단시켰을 때, 가와 향토를 출발점으로 삼고 있던 천황제에 대한 헌신은, 당연히 본래의 향토로 돌아오게 된다. 천황제는 태평양전쟁의 패배로 인해 가족국가의 통합integrity을 잃어버리고 분산했지만, 미 점령군은 한편으로는 일본의 피지배층 속에 뿌리깊게 존재하는 천황제 의식을 고려하여 점령정책에 대한 격렬한 반응을 미연에 방지하기 위해서, 다른 한편으로는 간접통치의 담당자Träger로서 천황제 관료를 보다 잘 조종하기 위해 천황을 온존시키는 방침을 견지하고, 신적인 권위를 잃어버린 '인간 천황'은 헌법에 의해 일본 국민의 '상징'이라는 지위를 보장받았다. 그러나 원래 군주전제가 아닌 관료전제를 중핵으로 삼고 있던 천황제는, 관료의 온존과 증식增殖이 있는 한, 천황의 지위 변화에 의해 혁명적 변화를 겪지 않았으며, 지배의 실질적 기구에서는 여전히 전쟁 이전과의 강한 연속성을 유지하고 있다. 하지만 일단 '무관심의 심정'에 틀어박혀 패전 이후의 '원축적原蓄的' 인플레이션이라는 회오리 속에서 가장 직접적인 개인생활의 방위防衛를 경험한 국민을 적극적으로 통합하는 일은 쉽지 않고, 국민생활을 관통하는 '천황제'는 국민 각 개인의 생활영역으로 분극화되어, 개인과 그 생활 집단의 '평온한' 일상을 보장하는 점에 주요한 기능을 찾아내고 있다. 따라서 미국주의Americanism의 유행은, 그것이 일상생활의 회전을 쉽게 하고 또 생활의 편의화를 가져다주는 한, 평온한 생활의 하나의 수법으로 환영받아 거리나 마을에서의 '천황제'와 일상생활에서의 미국주의가 서로 보강하면서 사회의 깊은 곳에서 결합하고 있다.

이들 양자의 결절점結節点은 전전과 다를 바 없이 무수한 소생활집단의 장, 다시 말해 이른바 '중간층 제1유형'이다. 매판 천황제의 기반은 여기에 정착한다. 그리고 마치 그것에 어울리기라도 하듯이, 상부 천황의 부활은 '생물학자' 천황의 순행巡幸과 전쟁책임에 대해 개인으로서는 무관한 황태자의 세계 '유람漫遊'을 대대적으로 선전함으로써, '스타'적 명성을 국민들 사이에 환기시키는 방식으로 진행되고 있다. 그리하여 천황제는 이전과는 달리 현재로서는 정치적 권위나 정치적 요청을 국민에게 심는 것이 아니라, 오로지 비정치적 명성을 넓히는 데 모든 노력을 집중하고 있다. 이와 같은 기도를 저지하고, 또 분쇄하는 것은 국민의 자발적 결사의 양적, 질적 확대와 심화다. 이로써만 국민을 직접적 생활에 가두는 정책을 파탄함으로써 천황제 부활의 현재 방식에 내재하고 있는 미국주의와 내셔널리즘의 포합抱合이라는 모순을 격발시켜, 그 부활의 길을 완전히 차단시킬 수 있을 것이다.

천황제 국가의 지배원리

서장

메이지 이래의 근대 일본에서 '천황'이란 말이 갖는 의미 연관성은, 실로 복잡다기하게 얽혀 있다. 물론, 모든 정치적 상징은, 그것이 다루어지는 정치적 상황과 그것을 조작하는 정치적 세력의 기도企圖 여하에 의해서 완전히 정반대되는 의미내용을 표상하는 일조차 종종 있다. 하지만 '천황' 관념의 다의성多義性은, 논의해가는 가운데 분명하게 드러나게 되겠지만, 완전히 같은 정치적 상황하에서 같은 정치적 지배자들 사이에, 동시에 주관적 진실로서 존재하고 있다는 점에서 그야말로 '단연 두드러지는 무언가'가 있었다. 상징으로서의 '천황'은, 혹은 '신神'으로서의 종교적 윤리 영역으로 올라가서 가치의 절대적 실체로서 우뚝 초월했으며, 혹은 또 온정에 넘치는 최대·최고의 '가부장'으로서 인간생활의 정서 세계에 내재해서, 일상적인 친밀함을 가지고서 군림한다. 그러나 또한 그들 사이에서, '천황'은 정치적 주권자로서 만능의 '군권'을 의미하고 있었다. 따라서 앞의 두 가지 점에서는, '천황' 지배체제regime는 정치 외적인 영역을 기초로 한 '신국神國'이 되거나 혹은 '가족국가'가 되지만, 후자에서는 체제는 최고 권력자에 의해 통합되는 '정치국가' 그 자체에 다름 아니었다. 그리하여 이 같은 다양한 체제관념이 동일화해감으로써, 적나라한 권력행사는, 한편으로는 신의 명령으로 절대화조大化되면서, 다른 한편으로는 '눈물의 꾸지람, 사랑의 채찍'[1]으로 온정과 인자함의 소산으로 여겨져, 권력은 권력으로서의 자신의 존재이유를 주장하는 근대국가 이성을 잃어버리고, 피치자에 대한 권력의 그늘진 폐단陰蔽은 지배자의 이성과 책임의식도 스스로 폐단으로 몰고 가, 거기서 권력의 무제약적인 확대擴延를 낳게 되었다. 정치권력이 '권력에 내재하는 진리성'(헤겔)[2]에 대한 자각을 상실하고 정치 바깥에서 존재 이유를 찾아가는 과정은, 다름 아닌 권력이 모든 생활 영역에 보편화해서, 따라서 일상화되어 권력의 방자화放恣化로 귀결되어 가는 과정인데, 근대 일본에서는 특히 권력이 도덕과 정서 세계에 자신을 기초 지움으로써 권력의 객관적인 방자화는 주관적으로 신성화되고, 따라서 심지어 '주체적'으로 촉진되기에 이르기도 했다. 그런데 그 논리 과정은 동시에, 근대 일본의 정치가 걸어온 역사 과정이기도 했다.

메이지유신에서, 군'덕'君德에 의한 지배를 대신해서 군'위'君威에 의해 집권국가를 형성하고자 했던 권력독립에 대한 의지는,[3] 메이지 중기부터 말기에 걸쳐서, 이른바 '가족국가' 원리가 관철되기에 이르러,[4] 가장 기초적인 1차 집단인 '이에家'가 권력조직의 모델이 됨으로써 근절된 것처럼 보였다. 그런데 그 후 일본사회의 급속한 자본주의화에 의거한 이른바 '다이쇼大正 데모크라시'에서는 '군의와 민심의 일치君意民心の一致',[5] 다시 말해서 천황제 국가통합의 투명화를 위해서는, '일본 제국 예로부터의 정신적 방법'[6]에 의거할 뿐만 아니라 '기계적 즉 제도적 방법'[7] 구체적으로는 보통선거와 정당정치에 의해서 '그것을 보완補完하는 것'(오자키 유키오¹)⁸을 필요로 하게 되었다. 거기서는 권력 주체의 전환이 전혀 문제가 되지 않는 이상, 민본주의 운동 자체 속에 데모크라시에 대한 지향성은 존재하지 않았다. 그러나 전통적 지배방법의 '보완' 수단이긴 했지만 정당정치화에 의한 통합의 '제도화'를 의도했던 데에는, 확실히 국내사회에서 특수한 의사의 존재를 암묵리에 승인하고, 다원적인 특수한 의사 '일치'의 기구적인 보장을 문제 삼는 태도가 존재하고 있었다. 여기서 국가를 정치제도 영역에 한정시키는 맹아를 볼 수 있을 것이다. 만약 지배가 오로지 기계적인 제도에 의거하는 것으로 될 때에는, 필연적으로 그 같은 제도 바깥의 비기구적이고 유기적인 생활영역 특히 인간의 내면생활은 지배할 수 없는 것으로서 국가로부터 해방되지 않으면 안 된다. 하지만 그 방향은, 쇼와昭和 대공황을 기점으로 하는 파쇼화 시기에, 완전히 압살되었다. 그리하여, 그것으로 나아가는 과정으로서는 몇 가지 측면을 지니면서도, 앞에서 말한 '민본주의' 계열이 있었다.

'부락조합部落組合' '조나이카이'ⁱⁱ '도나리구미'ⁱⁱⁱ에서 종교적인 내지 수양단체적인 성격을 가진 각종 '강講'에 이르기까지, 모든 일상생활 질서가 이른바 비정치적 지배기관으로 변하고, 지배 권력은 일상생활 질서 위에가 아니라, 그 안에 존재하는 것으로 되었다. 여기서 정치권력은 그것이 심정

Ⅰ 尾崎行雄, 1858~1954. 정치가. 가나가와(神奈川) 출생. 호는 가쿠도(咢堂). 1882년 입헌개진당의 창립에 참가, 제1회 총선거 이래 연속 25회 당선. 도쿄 시장, 문부상, 법무상을 역임했다.
Ⅱ 町內會, 정내(町內)에 조직된 주민자치조직. 2차 대전 중에는 제도화되어, 도나리구미(隣組)를 하위조직으로 주민통제의 일단을 담당했다. 정회(町會).
Ⅲ 隣組, 2차 대전 중에 국민통제를 위해 만든 지역조직. 조나이카이(町內會), 부라쿠카이(部落會)의 하부 조직으로, 이웃 몇 집이 한 단위가 되어, 호조(互助)·자경(自警)·배급(配給) 등을 같이 했다. 1947년에 폐지되었다.

과 일상도덕의 세계 안에 존재하고 있는 한, 안심하고 폭력을 휘두를 수 있었다. 메이지유신에서 기도된 절대주의적 정치 국가는, 일본 자본주의 사회가 형성됨에 따라서, 사회 위에 상대화되지 않고서, 거꾸로 그 안에 침투하면서, 자신의 정치권력으로서의 고유성조차 망각하게 되었다. 일본의 지배자에게 정치적 사실주의가 완전히 결여되어 있던 사정은 여기서 비롯된다. 왜냐하면, 권력이, 사회상황을 자신의 통제작용의 대상으로 관찰하는 데서, 권력 기능의 사실주의는 성립하는 것이기 때문에. 또한 체제가 위기에 이르게 되면, 언제나 '국민도덕의 퇴폐'에서 그 원인을 찾게 된다는 기이한 현상도, 마찬가지로 위의 연관성에서 유래한다. 말할 것도 없이 권력의 자기주장이 일상도덕 세계에서 자신의 도덕성을 드러내 보여주는 형태로 이루어지는 경우(권력의 모럴리즘moralism)에는, 반反권력행위가 도덕적인 악惡으로 간주되는 것은 물론, 권력의 대외적 위기에 대한 민감하지 않은 반응도 역시 도덕성의 상실 현상으로 여겨진다.

이렇게 정리할 수 있는 천황제의 권력상황은, 국가의 구성 원리로 보자면 분명히 이질적인 두 원리의 대항·유착의 발전관계로 파악될 수 있다. 다시 말해서 하나는 국가를 정치권력의 장치Apparat 내지 특수한 정치적인 제도로서 구성하려는 것9이며, 다른 하나는 국가를 공동체에 기초 지워진 일상적 생활공동체Lebensgemeinschaft 그 자체 내지는 그것과 동일화identify할 수 있는 것으로 구성하려는 원리다. 전자에서는 국내에서의 사회적 대립은 당연히 존재해야 할 것으로 전제되고 그 위에서 정치적 통합이 문제가 되지만, 후자에서는 국내 대립은 본래 존재해서는 안 되는 것이다. 그러면 서로 다른 이들 양자가 국가의 구성 원리로서 체제에 의해 확정되는 것은, 어떠한 시점에서인가. 우리의 문제 시각에서 볼 때, 그 시점이야말로 천황제 국가의 성립의 기점으로 간주될 수 있다. 시기에 대한 답은 결코 신기한 것은 아니다. 1889년을 중심으로 하는 앞뒤 3년이 거기에 해당한다. 사람들은 천황제의 확립을 언제나 거기서 찾고 있다. 지배자 스스로 제국헌법의 발포를 '예로부터 변함없는 국체國體'의 확립으로 선언했으며, 또한 종래의 여느 연구들도 헌법 제정을 절대주의 천황제의 제도론적 의미에서의 확립으로 간주하고 있다. 그러나 그 기점의 의의는, 우리의 관심으로 보자면, 그 같은 제도 자체보다도 오히려 제도화institutionalization의 원리에 존재하는 것이다.

다시 말해서 메이지유신 이래의 근대 '국가' 형성이 자유민권운동에 대항함으로써 점차 완성되기에 이르렀을 때, 동시에 처음으로 체제 저변에 존재하는 촌락공동체Gemeinde 질서가 국가지배에 불가결한 것으로 여겨지고, 그 질서원리가 국가에 제도화되었다. 그리고 그로써 권력국가와 공동체 국가라는 이질적인 두 원리에 의한, 천황제에 고유한 양극적인 이원적 구성이 자각적으로 성립했으며 거기서 천황제 지배의 역학관계dynamics를 결정하는 내부의 두 계기가 형성되었다.

메이지유신 이후의 일본에서 최고의 국가주의자Étatist[10]였던 이토 히로부미가 헌법 제정과 동시에 '향당사회鄕黨社會'의 유지를 승인한 것은, 위의 관련성을 여실히 보여주는 것이었다. 이토 히로부미는, 제국헌법 제정에 즈음해서 "제권帝權을 드높이는 것"을 국가질서의 목적이라 하고, 그것

I 伊藤博文, 1841~1909. 정치가. 야마구치(山口) 출생. 요시다 쇼인(吉田松陰)에게 배웠으며, 도막운동(倒幕運動)에 참가. 나중에 메이지 헌법을 입안했다. 1885년 내각제도 창설, 초대 총리대신이 되었다. 추밀원, 귀족원 의장을 역임했다. 입헌정우회(立憲政友會)를 조직, 총재에 취임했다. 러일전쟁 이후 초대 한국통감이 되었지만, 하얼빈에서 독립운동가 안중근에게 살해되었다.

을 위해서 "조직의 규칙 중에서 더욱 빼놓을 수 없는 것은 재상의 직권과 책임, 관아를 구성하는 관리들이 준봉해야 할 규율 및 그 진퇴와 임면, 시험의 방법, 은퇴와 우대의 분명한 규정"11a이라 하여, '민권'에 대항하는 '군권'의 장치로 국가를 구성하려고 했다. 그의 모범국가는 '제왕'에 의해 '운전'되는 '하나의 큰 기계'에 다름 아니었다.11b 그리고 그 무렵, 천황이 절대군주로서 미성숙한 전근대적인 군덕자君德者에 머물러 있던 사정은, 나아가 한층 더 그로 하여금 "대권의 실재 …… 를 옹호하고", "황위皇位로 하여금 일종의 허식이 되지 않게 하려는 뜻을 품게"12 했다.

이토의 목적국가 이미지 내지 정치적 사고는, 메이지유신 이래의 메이지 말기까지의 역사적 상황의 추이에 부응해서 약간의 변용을 겪고 있다는 것은 말할 것도 없으며, 또한 그런 역사적 추이 자체가 아주 중요한 의미를 갖는 것이기는 하지만, 그럼에도 불구하고 '일군만민—君萬民'의 정치국가를 형성하려는 원리적인 도식이란 점에서는, 시종일관 아무런 차이가 없었다. 메이지유신 당초에, "황국의 안위에 관한 것은, 오직 그 정체政體를 세우는 것과 세우지 않는 것에 있을 뿐이다 …… 하늘의 준 본성이 같은 인민들은 현명함과 어리석음에 따라 그 자리를 얻어서 위와 아래가 마찬가지로 성명聖明의 덕택을 입고자 한다면, 그저 전국의 정치로 하여금 한결같이 귀착되도록 하는 것 만한 것이 없다"13고 건의했던 그는, 1877년(메이지 10) 서남사변'에 즈음해서, '만기임재萬機臨裁'가 겉으로 내세우는 원칙에 지나지 않으며, 천황은 여전히 '아홉 겹으로 둘러싸인 깊은 곳九重深嚴'에 머물러 있다는 점에서 국가위기의 원인을 찾아내고, 천황은 "성스러운 뜻을 보다

｜ 西南事變, 1877년 일본 서남부의 가고시마(鹿兒島)의 규슈(九州) 사족(士族)인 사이고 다카모리(西鄕隆盛)가 주동하여 일으킨 반정부 내란. 흔히 세이난 센소(西南戰爭)라 한다.

분명히 밝혀서 스스로 가까운 시일 내에 바깥 조정外朝에 임하시어 사청'에 통달하셔서 헌체"를 비준, 주재하시고", "뭇 관료를 솔선"14해야 한다고 주장했다. 그리고 헌법이 발포된 때로부터 10년이 지난 후에도, 이토는 "옛날의 근왕勤王은 종교적인 관념으로 했지만, 오늘날의 근왕은 정치적으로 하지 않으면 안 된다"15고 하여, '근왕loyalty' 범주를 오로지 흠정헌법欽定憲法에 기초한 권리·의무 관계에 속하는 것으로서, "국가에 대해서 의무를 다하고 왕가王家에 대해서 충실한 마음을 가지며, 헌법에 의거하고 있는 권리를 향유해서 국가에 대한 의무를 다해서 그것을 잘못하지 않도록 한다면, 곧 근왕의 열매를 거둘 수 있을 것"16이라 했다. 물론 헌법상의 권리의무 관계에 의한 정치체제Constitution! 건설을 의도하고 있다 하더라도 헌법 그 자체가 군권의 도구로 여겨지고 있으므로, 거기서는 "법이 국가 안에 있는 것이 아니라, 국가가 법 안에 있다"17는 것을 원칙으로 하는 법의 지배는 성립될 수 없다. 왜냐하면 법의 지배에서는, 법은 개인의 상호관계의 총체로서 보편성을 가지며, 국가는 법과 그 적용, 다시 말해서 원인과 기능의 교차점에 있는 것으로 제2차적 존재로 여겨지는 데 반해, 거기서는 "법은 최고 권력에서만 나오는 것이다".18 흠정欽定의 의미가 여기에 있다.

그리하여 그의 생애를 통해서 행한 이상과 같은 발언 속에는, 일관되게 절대주의 권력론이 흐르고 있으며, 국가를 특수 정치권력의 기구로 구성하려는 지향을 엿볼 수 있다. 그리고 그 같은 근대국가 특히 이토의 이른바 '입헌국가'는, 그에 의하면 "개인의 감정 혹은 정의情義에 이르러서는, 그것을 한껏 내치고서 국가 공통의 행복과 이익을 냉정하게 헤아리는 것을

I 四聽, 사건의 시비곡직을 가리는 것.

II 獻替, 왕을 보좌해서 좋은 일은 권하고 나쁜 일은 물리치도록 간하는 것.

본의로 삼지 않으면 안 된다". "따라서 국가를 위해서는 친한 친구라 할지라도 기꺼이 버리고 인재를 등용하지 않으면 안 된다. 이와 같은 것은 오로지 정의情義를 중시하는 향당적 사회에서는 결코 기대할 수 없는 것"[19]이라했다. 국가는 '헤아림' 즉 이성의 체계로서, '정의'에 기초한 전인격적 결합을 구성 원리로 하는 '향당사회'와는 그 범주가 엄격하게 구별되어, 전자의 관철을 위해서는 후자는 원리적으로 거부당하지 않으면 안 된다. 왜냐하면 "냉정한 지식 보다는 오히려 정의를 중시하는 향당에서는, 한 가지 일을 처리하는 데 있어서 오로지 정의情義를 구해서 자유토론을 억눌러버리는 경향이 있음을 피할 수가 없다. 따라서 향당의 일鄕事을 처리하는 권력을 부여하고 빼앗는 데 있어, 그 지역 호족들이 자기 마음대로 처리해서, 한 지역 -鄕의 행정이 한 집안-家의 사사로운 일과 구분되지 않는 데 이르지 않을 수 없으며",[20] 따라서 근대국가의 집산주의collectivism는 '향당사회' 즉 공동체 질서원리에 의해 결합된 사회의 존재에 의해서 완전히 저지당하기 때문이다. 무릇 중간세력의 사적 지배특권을 전면적으로 박탈하지 않고서는 국가가 공공성을 독점하는 것은 불가능하게 된다.

그럼에도 불구하고 이토는 "제국헌법을 기초하는 데 있어서는, 단순히 외국의 헌법을 모사하는 것으로 충분하지 않다는 것은, 당초부터 이미 분명한 것"이라 하면서, 군이 '일본 고유의 특질'로서의 '향당사회'를 유지하고자 했다. 그 이유는 무엇인가. 그에 의하면 ① '향당사회'에서의 '도덕적 - 의협적義俠的 원소'는, 예를 들면 공황에 직면해서 '서로 불쌍하게 여기고, 서로 구제해주는 정'을 환기시켜 '일본 상업계'의 전체조직의 '큰 동요'를 피하게 해주고, '공업계'에서는 '우리 노동자'를 '다른 나라에서처럼 정신이 사멸된 동물에 이르지 않도록' 해주고, '자본가와 노동자 사이에는 보호

자, 피보호자의 따뜻한 정이 있는 관계'[21]를 유지시켜서, '일본 자본주의의 정신Geist'의 효소로서의 기능을 하기 때문이다. 위대한 전근대적 도덕은, 여기서는, 자본제의 인간 자기소외＝물화物化의 필연법칙조차 막아내며, 또한 자본제의 원활한 성장을 보장해주는 것으로 되어 있다. 따라서 자본주의 사회의 기저에서 발생하는 인간회복의 사상과 운동도, 일본에서는 내재적 바탕을 갖지 않는다. 그것은 '해외 국가들'에서만 법칙적 확실함을 가지고 보증되는 것이며, 일본에 대해서는 그저 사상 일반이 코즈모폴리턴적인cosmopolitisch 성격을 가지며, 국제사회가 유동화 함에 따라서 점점 더 그 성격이 짙어지는 한에서, 바깥으로부터의 유입 필연성이 인정될 뿐이다. 그러므로 운동 그 자체보다도 그것의 전제로서의 사상의 '침윤浸潤'을 방어하는 것이 체제에 있어서 중요하다고 생각된다. 여기서는 사상이 운동을 야기하는 것이지 운동 내지 사회적 현실이 사상의 발생 근거가 되는 것은 아니다. 그래서 유출론적인 사고형태가 필연화 된다. 따라서 사회주의 사상 그 자체가 '악'의 근원으로 여겨지는 것이며, 훗날 사상탄압에 있어서 세계에 다시 없음世界無二을 자랑하는 연유도 여기에 잠재되어 있었다("정치적 실천으로 달려가지 않는다면, 사상은 빨갱이アカ라도 좋다"고 누차 주장하는 논리는, 일본에서는 근본적 '악'이 현실세계에 발현하지 않는 한 '악'이 상대화된다, 라는 사고양식에 입각해 있다). ② 그런데 향당사회의 '도덕적 원소'는, 이토에 의하면 그 같은 "사회주의 사상의 침윤에 대해서, 장래 건강한 장벽이 되어야 할 것"이었을 뿐만 아니라 "사회에서의 각종 기관의 완화제緩和劑를 제공해서 그 충돌과 알력을 조화시키고, 동포가 서로 돕는 덕의를 실제로 행하는 데 있어 유력한 재료"[22]가 됨으로써, 사회 일반의 모든 대립을 조화시키기 위한 불가결한 요소가 되는 것이었다. 이토가 '향당사

회'의 유지를 인정하게 된 큰 이유는 거기에 있었다.

그리하여 체제에 기초 지워진 공동체 원리는, 어떠한 결과를 일본의 정치상황에 안겨주었던 것일까. 우리는, 사소한 역사적 비약도 두려워하지 않고서, 이토의 논리적 연관의 자기발전 방향을 분명하게 해두지 않으면 안 된다. '향당사회' 유지 승인의 역사적 의미는, 그것에 의해서 거꾸로 오히려 명료하게 되기 때문이다. 답은 세 가지 방향에서 분명하게 나타난다. 즉 ① '향당사회'의 '덕의'에서, 국내 정치사회에서의 이해대립의 조화 작용을 찾게 될 때, 국가는, 논리필연적으로 바야흐로 덕의에 의한 결합＝도덕공동체가 되어 모든 의미에서의 정치는 일본 국내에서 추방되지 않으면 안 된다. 여기서 '이해의 합리적 조정'[23]은 성립의 장場을 갖지 못하며, 하물며 '이해대립의 관철'＝권력에 의한 적대행위의 결제決濟[24]는 애초부터 존재할 수 없는 것이다. 그래서 그런 체제에서는, 이토에 의해 그 정도로 강조되던 권력과 법에 의해 구성되어야 할 정치국가 그 자체가, 대對국내적인 존재 이유를 잃어버리고서 유야무야雲散霧消되어, 일본 국가는 비국가적 국가unstaatlichel Staat로 되지 않을 수 없다. 첫머리에 서술한 권력의 확대화擴延化와 일상화 즉 권력의 방자放恣가 여기서 시작되지 않으면 안 된다. ② 그리고 위의 관련과 조응해서, 대외정치의 천황제적 특수양식이 가능해진다. 다시 말해서 위에서 "일본 사회가 해외 국가들과 그 취지를 달리하여 일종의 특질을 갖는 것"[25]을 향당적 일본 사회의 도덕적 원소에서 찾는 한, 국제정치 상황에 대한 대응원리는 인간 일반의 윤리ethos와 특수국가 권력kratos의 내면적 갈등을 내포하는 근대적 국가 이성[26]에 기초 지워진 것일 수는 없게 된다. 거꾸로 일본이 도덕을 독점함으로써 해외 국가들을 도덕 바깥의 국가들로 만들어, 국제관계는, 도덕국가＝일본과 비非도덕세계의 교섭으로 파악되기에 이르게 된다. 여기에, 이후 적극적으로는 세계교화＝'천황의 교화皇化에 의한 팔굉일우'와, 소극적으로는 '교화 바깥化外의 국가'에 대한 말살이 천황제 일본의 세계관이 되어가는 논리적 핵核, kernel이 있었다. 그래서 어떠한 대외적 폭력도 허용되어 권력의 방자는 국내를 넘어서 세계에 미치게 된다. ③ 그러나 '향당사회'의 존재는, 결코 원활한 공동체 국가의 형성을 보장해주는 것은 아니다. 이미 '향당사회'에서 이해대립의 중화中和 기능을 찾는 것 자체가, 그 사회의 내재적 모순을 보여주는 것이었다. 다시 말해서 위의 시도 속에는 전통적 일본 사회에서의 전인격적 정의적情義的 결합＝일체화의 원리27와 일본 근대사회에 필연적인 이해의 분화가 두개의 것으로 전제되어 있다. 이토는 다른 기회에 다음과 같이 말하고 있다.

> 무릇 한 국가의 일을 분석하면 정치상으로든 인민의 영업(營業)상으로든 간에, 각각 그 이해득실을 달리하는 점에서, 이것을 이롭다고 하면 저것을 해롭다고 하는 것은, 피할 수 없는 일이다. 애초부터 그 득실이 뒤얽힌 부분으로 분기(分岐)하는 것은 막을 수 없다 하더라도, 그 귀착하는 점은 한 국가의 화동(和同)이 아니면 안 된다.28

여기서 말하는 '한 국가의 화동和同'을 위해서 그는, 우리가 당면문제로 삼고 있는 것처럼, '헌법의 실행'과 더불어 '향당사회의 유지'를 도모하고 있었다. 그런 전제하에서는 따라서, 만약 한편에서 정의적情義的 일체화가 이익분화의 의식화를 저지할 수 있다면, 다른 한편에서 거꾸로의 가능

八紘一宇, 온 천하가 한 집안이라는 뜻. 근대 일본 제국주의의 그럴듯한 명분으로 이용되기도 했다.

성도 역시 같은 정도로 실현될 것이 분명하다. 다시 말해서 그 때에, 이익의 분화 내지 대립은 정치적·경제적 이해의 영역에 머물지 않으며, 곧바로 '정의情義'의 대립을 유발시키지 않을 수 없게 된다. 대립은 여기서는 절대적인 인격적 대립이 되는 것이다. 명민한 이토는 이미 그 결과를 예상하고 있었다.

> 저 향당사회에서는 자유롭게 그 의견을 토로하고, 불평을 호소할 수 있는 길이 없으므로, 형제나 친족 간의 불화도 혹은 그것을 융해할 수 있는 계기가 없어서, 단순히 의견의 한격(扞格, 서로를 받아들이지 않음)에 머물지 않으며, 마침내 극렬한 집안 내부(蕭牆)의 쇼게키(爭鬪)가 되므로, 때문에 더러 예측할 수 없는 재앙을 빚어내기도 한다.[29]

정의적 통일이 공공연하게 강요당하고 있을 때(제재制裁는 무라하치부村八分),[I] 의견의 한격은 내부적인 대립이 되어 폭발적 에너지를 축적한다. 따라서 대립행위가 공동체 내부에서 공인될 수 있는 기회가 찾아왔을 때에는, '예측할 수 없는 재앙'이 지극히 일반적으로 생기게 된다. 여기에 선거나 촌락을 맡기는 정치운동에서, '규칙의 상실'이 전 일본에서 일반화해가는 까닭이 있었다. 그래서 뇌물증여는 물론 폭행, 살육도 당연한 것으로 된다. 야마가타 아리토모[II]가 "정치상의 운동은 자칫하면 당파의 알력이

I 마을의 법도를 어긴 사람을 마을 사람들이 의논해서 따돌리는 것.

II 山縣有朋, 1838~1922. 군인, 정치가. 육군대장, 원수. 야마구치(山口) 출생. 마쓰시타촌숙(松下村塾)에서 공부했다. 유신 후 유럽 국가들의 군사 제도를 시찰, 육군을 창설, 징병령 시행, 군인칙유 발포 등 군사제도의 정비에 노력했다. 법무상, 내무상, 수상, 추밀원 의장을 역임했다. 야마가타 파벌을 만들어, 원로로서 정계를 지배했다.

되며 나아가 사교社交상의 사사로운 일에도 미치게 되어, 더러 해야 할 일상의 일들을 포기하고, 시간과 노력을 다 바쳐 비생산적인 정론政論에 허비해서 마침내 그 방향을 잘못 잡아 종종 죄를 짓게 되는 자도 생기게 된다"고 하면서 '정치상의 쟁의'가 "정욕에 사역당하는 지경에 빠지는"[30] 것을 개탄하지 않으면 안 되었던 것은, 그야말로 '향당사회'의 온존에서 나오는 필연적인 결과일 뿐이었다. 아니, 그 같은 기회에서는 공동체 그 자체가 종종 완전히 분열되지 않을 수 없었으므로, 공동체는 자기분열(!)의 경향성을 필연적으로 내포하고 있었다고 할 수 있다.[31]

이런 상황에서 유일한 완전한 공동체적 질서는, 전통적 일계성一系性과 가부장제적 일체성을 구성 원리로 하는 전근대적인 '이에家'에서만 존재한다. 따라서 해체의 위기를 경험한 공동체의 재건에는, 언제나 '이에'를 모델로 삼지 않으면 안 된다. 그래서 메이지 30년대 이후, 공동체 원리는 가족주의에 의해서만 기초지워지게 된다. 여기서는 공동체 국가도 '이에'가 기초지워주며 공동체가 '이에'를 국가에 일의적一義的으로 매개하는 것은 아니다. 그런데 정치운동이 '정욕에 사역당하는' 그런 상황에서는 정치집단이 사적인 심정에 의해서 결합하는 집단으로 변하기 때문에, 거기에 일본의 정당政黨이 도당徒黨에 지나지 않는 까닭이 있었다. 따라서 또, 국가의 공공성을 유지하기 위해서는 정치운동의 자유를 극소화하고, 오로지 국가 관료에 의해서 정치는 독점되어야 하는 것으로 된다. 정당정치가 일본에서 자라날 수 없었던 한편, 관료가 지배의 인적인 도구가 아니라, '국가 관념의 체현자'(하체크J. Hatschek)[32]로 등장해서, 관료주의officialism가 보편적으로 성립한 유래 역시 여기에 존재하고 있었다. 그리하여 '정욕'으로 달려가는 정치운동을 억제하기 위해 국가는 피치자의 심정 그 자체를 규제해서 일정한

패턴에 묶어두지 않으면 안 되었으므로, 도덕교화는 최고도로 발전했으며, 국가는 정치로부터 도덕, 심정에 미치는 모든 생활영역의 가치를 독점하게 되었다. 따라서 관제官製 가치의 틀 바깥에 있는 것은 '이적夷狄과 금수禽獸'33가 된다. 여기에 "인간의 모든 사상들 중에서 그저 그 정치사상이란 한 가지에서 조금만 소견을 달리하면 곧바로 적에게 대항하는 마음을 낳아, 다른 몸과 마음의 전부를 다해서 그것을 적대시하는",34 후쿠자와 유키치의 이른바 '극단주의'가 체제적으로 성립하게 된다. 공동체에서의 정치운동의 '극단주의'를 극복하기 위해서 거꾸로 '극단주의'가 완전히 체제화 하는 것이다. 그리하여 향당사회를 체제의 기초에 둠으로써 그 '나쁜 측면'을 전 국가적 규모로 확대해가지 않을 수 없었을 것이다.

이상의 논리연관의 결정핵結晶核을 이룬 '향당사회'의 정치적 기능을 제도화한 것이 1888년의 지방자치제였다는 점은 이미 잘 알려져 있다. 지방자치제는, 한편으로 관료제적 지배 장치를 사회적 저변까지 하강시켜 제도화함과 동시에, 다른 한편으로 "이웃끼리 돕고 단결하는隣保團結 오랜 관례를 기초로 해서", '봄바람 같은 부드러운 기운春風和氣'이 "자연히 부락에 성립"35한 것이며, 거기서 정치적 대립을 해소시켜버리고, 그 기초 위에 국가를 정치적으로 가치중립적인neutral '가옥家屋'으로 성립시킨다. 여기서 자치는 '사회적 윤리적'36인 국가의 기초이며, 정치는 오로지 '감독관청'의 지도에 맡겨진다. "시정촌제市町村制의 책임은 오로지 그것을 시정촌민市町村民에

I 福澤諭吉, 1835~1901. 계몽사상가, 교육가. 오사카 출생. 후젠(豊前) 나카쓰(中津) 번사(藩士). 오사카에서 난학(蘭学)을 오카타 고안(緒方洪庵)에게 배웠으며, 에도에 난학숙(蘭学塾), 나중의 慶応義塾)을 창설, 독학으로 영학(英学)을 공부, 3번이나 막부 파견사절에 수행해서 구미를 시찰했다. 유신 이후 새 정부의 부름에 응하지 않았으며, 교육과 계몽활동에 전념했다. 메이로쿠샤(明六社)를 창립, 「지지신보(時事新報)」를 창간했다. 저서로『서양사정(西洋事情)』『학문의 권유(学問のすゝめ)』『문명론의 개략(文明論之概略)』 등이 있다.

게 돌리지 않으며", "간절히 뜻을 더해서 적당한 표준을 제시해 그 폐단을 바로잡아 나아가는 데 잘못하는 것이 없도록 힘쓰는 것은 감독관청의 책임"[37]이라 한 연유다. 그리하여 국가는, 한편으로는 아래로부터의 심정적 에너지를 흡수하면서, 다른 한편으로 자유롭게 피치자를 조작할 수 있게 된다. 영국에 전형적인 근대적 지방자치가 시민사회의 일반적 가치체계로서의 법의 구체적 집행＝행정을 담당하는 것으로 전개되었던 데 대해서, 여기서는 개별 촌락의 일상생활에서의 심정과 관습을 중핵으로 삼아 국내 사회를 조화시키려고 한다. 저쪽에서는 '법' 관념의 보편성에 매개되어, 의회＝일반적 법의 정립과 지방자치＝법의 구체화라는 균형적 분업체계[38]가 형성되며, 거기서 관료제는 존재의 여지를 박탈당하고 추방되지만, 이쪽에서는 사회의 조정판調停瓣은 공동체의 정서에서 구하게 되며, 따라서 법은 그 본래의 존재이유를 잃어버리지 않을 수 없게 된다. 다시 말해서 '이설조화'ⁱ(야마가타 아리토모山縣有朋)가 공동체에서 발효하는 '친화 협동의 정신'에 짐 지워진 이상,[39] 야마가타가 말하는 것처럼, "헌법제도는 이설異說을 조화시키는 적당한 방편"[40]으로 변하게 된다.

　　여기서 법은, 가치적으로 보편적인 규범도 아니며, 또 유일한 절대군주의 명령 체계도 아니다. 그래서 헌법 그 자체는 내용이 없는 형식적 수단이 되고, 지방자치가 헌법의 내용으로 되는 것이다. 기요우라 게이고ⁱⁱ가, 보스親分 야마가타를 위해서 다소간 이토에 대한 대항감對抗感을 담아 "헌법이 근사하게 생기더라도, 내용의 충실이 근본이다 …… 지방자치제가 확립

ⁱ 異說調和, 서로 다른 주장이 조화를 이루는 것.
ⁱⁱ 清浦奎吾, 1850~1942. 정치인. 구마모토(熊本) 출생. 옛 형사소송법, 보안조례의 제정에 참가했다. 2차 야마가타 내각의 법무상으로 치안경찰법을 제정했다. 1924년 수상에 취임했지만, 호헌 3파(護憲三派)의 공격으로 총사직했다.

되어야, 비로소 헌법정치가 완전하게 운용될 수 있다"[41]고 한 이유는, 여기에 분명하게 존재한다.

그래서 여기서도 역시 군권君權의 지배 장치로서의 국가를 구축하려고 하는 원리는 '완전히 이질적인', 아니 반대의 원리를 만나게 된다. 그러나 정치사회를 '향당사회'로 기초지우는 지금까지의 논리과정 그대로는 결코 국가를 구성하는 원리로까지 상승될 수 있는 것은 아니다. 개별적인 자기 폐쇄성을 가진 촌락공동체의 '도덕적 원소'가 곧바로 국가적 규모의 일반적 원리일 수는 없기 때문이다.[42] 본래, 근대국가는 현실적 시민사회에 대해서, '비현실적인 보편성'(마르크스)[43]으로 존재해야 하며, 혹은 사회에 초월적인 절대 권력을, 혹은 사회에 보편적인 법을, 자기의 결정 개념結晶概念, kristallisierender Begriff으로 형성하지 않으면 안 된다. 게다가 그런 '국가의 추상적 · 일반적 실존'은, 헤겔이 말하듯이, 나아가 "자기를 규정해서 개체적인 의지 및 활동으로 만들지 않으면 안 되는"[44] 것이다. 절대주의에서 그것을 매개하는 것은 초월 권력의 명령이며, 시민국가에서 그것을 가교하는 것은 보편적 법의 사회 내재이며, 그 매개 담당의 기능은 전자에서는 관료기구, 후자에서는 의회다. 바야흐로 일본에서는, 국가를 '향당사회'에 기초지우면서, 그러면서도 어떻게 국가의 보편성 즉 개별성 체계에 대한 공공성을 확보하려는 것일까.

이미 지방자치제도는 그 1단계였다. 다시 말해서 그것은, 종래 자유민권운동과의 대항 속에서 점차로 강화되어, 1884년(메이지 17)의 정촌법町村法에서도 강고한 지위를 차지하고 있던 5인조 규정(제2장 참조)을, 형식상 모두 삭제하고 '고래古來의 자치에 관한 정신을 기초'로 하면서, 근대국가의 '법안이란 형식으로' 제정된 것이다. 오로지 그렇게 해서만 개별적 공동체는 일반적 국가의 '기초'가 될 수 있었으며, 따라서 또 헌법에서조차 보편성을 벗겨내어劑離 '방편方便'으로 만들면서, 스스로 국가의 '내용'으로까지 올라설 수 있었다. 하지만 그것만으로는 공동체 질서원리가 곧 국가 그 자체는 아니다. 그것은 아직 형식적으로는 국가의 부분적 제도에 지나지 않으며, 스스로를 국가의 일반적 형식으로까지 높일 수 있는 방법을 결여하고 있기 때문이다. 공동체 질서원리의 그런 질적인 고양, 다시 말해 자연촌락에서 '도덕적 원소'의 국가원리로 보편화를 짊어진 것, 그것이 교육칙어敎育勅語였다. ① 교육칙어 성립의 결정적 계기가 재편성되고 있던 '향당사회'로부터의 압력이었다는 것, 그리고 ② 칙어의 구성은, 체제의 엘리트俊銳를 모아서 다듬은 결과, 모든 계쟁 원인의 가능성을 차단시킨 보편적인 '지존至尊의 공고鞏固'가 되게 한 것은, 위에서 본 역할을 말해주고 있다.

　　교육칙어의 다양한 형태에서의 준비는, 1879년(메이지 12) 무렵부터 특히 자유민권운동에 대한 대항하에 시작되는데, 그동안 이토 히로부미, 모리 아리노리ᴵᴵ 등의 국가주의자Étatist와 유학자 모토다 에이후ᴵᴵᴵ 사이에, 국교주의國敎主義에 대한 찬부를 둘러싸고 대립이 존재하고 있었다.[45] 하지만 그런 대립에도 불구하고 칙어의 발포 준비를 결정적으로 만든 것은, 공동체 질서의 재편을 정치면에서 직접 담당하고 있던 지방관들의 압력이었

ᴵ 교이쿠 지쿠고. 메이지 천황의 이름으로 1890년 10월 30일 발포된 「교육에 관한 칙어」. 교육의 근본을 황조황종(皇祖皇宗)의 유훈(遺訓)에서 구하고, 충효의 덕을 국민교육의 중심에 두었다. 1948년 국회에서 효력 없음 및 배제를 결의했다.

ᴵᴵ 森有禮, 1847~1889. 정치가. 가고시마(鹿児島) 출생. 메이로쿠샤(明六社)를 창립, 1차 이토 히로부미 내각에서 문부상이 되어 학교령(学校令)을 공포, 학제 개혁을 단행했다. 제국헌법이 발포된 1889년 2월 국수주의자의 습격을 받아 사망했다.

ᴵᴵᴵ 元田永孚, 1818~1891. 한학자. 히고(肥後) 사람. 메이지유신 이후, 궁내성(宮内省)에 출사해 메이지 천황의 시강(侍講)이 되었다. 교육칙어 초안 작성에 힘썼다.

다. 다시 말해서 1890년 2월의 지방장관회의에서는 '민심의 이반離叛을 어떻게 할'[46] 것인가가 최대의 문제가 되어, 결국 "무언가 도덕상의 큰 근본을 세워서 민심을 통일시키는 것이 급하다는 점만은, 특별히 결의한 것은 아니었지만, 각 지방장관의 일치해서 인정한 바"[47]가 되었고, 그래서 모인 지방관들이 에노모토榎本 문부상에 대해서 '덕육의 기본 확립'을 제의했으며, "바야흐로 충효와 인의의 도道는 땅을 쓸어도 없어, 국민은 수신과 처세의 표준에 헷갈리고 있다"[48]고 보고하게 되었다. 교육칙어 환발[1] 문제는 그 무렵부터 급속하게 구체화되었다. 4월 25일에는, 예를 들면 도쿄부 지사는, 관할 내 부립학교 교장, 각 군郡 구장區長에게 내훈을 발표했는데 거기서 이렇게 말하고 있다. "이번 문부대신께서 제시해주신 사정도 있지만, 덕의德義의 주의主義는, 공자의 가르침에서 취하고, 우리 일본 고유의 윤리를 밝혀서, 덕성을 함양하고, 오로지 충신효제忠信孝悌의 실행에 힘쓰기로 결정했다".[49] 사태는 체제의 저변에서 요구했으며, 그리하여 구체적인 진행을 시작했던 것이다. 그래서 5월 요시카와芳川 문부상의 임명, 칙어의 형태에 대한 의견 대립을 거치면서, 국가주의자Étatist와 유교주의자의 합작으로 칙어는 10월에 환발되었다. 그 경우 합작을 가능하게 하는 객관적 조건이 체제 저변의 '향당사회'에서 오는 압력에 있던 것과 조응해서, 주체적 조건도 역시, 사회의 관습, 풍속 즉 비정치적 요소에 대한 각각의 평가 속에 존재하고 있었다.

우리는 그 점을, 국가주의자의 전형으로 이토의 지혜주머니智囊이면서 동시에 교육칙어 제정에 임해서 가장 중요한 역할을 수행한 이노우에 고와시井와, 국교론자國敎論者로서 칙어 작성에 이노우에와 같이 중대한 역할을

I 渙發, 왕의 명령을 천하에 널리 알리는 것.

했던 모토다의 관계로 고찰하고자 한다. 국교론자 모토다는 말할 것도 없이 국가를 윤리적 공동체로 관념했는데, 이토와 이노우에도 역시 이미 1879년 에는 "관습, 문학, 역사는 국체를 조직하는 원소"[50]라 했으며 "정담政談의 무 리들이 너무 많은 것은, 국민의 행복이 아니다"[51]라고 생각하고 있었다. 거 기에는 분명히 비정치적 국가관이 잠재했다. 하지만 그 같은 사고가, 그들 에게는 방법적인 자각을 가진 정치 우위의 무리들 속에 자리 잡았다는 점 에서 국가주의자인 연유가 있었다. 이노우에에 따르면, "오늘날 풍교風敎가 패배한 것은 세상이 변해서 그렇게 된 것이다. 상류사회의 습벽과 폐단에 서 비롯된 것이다. 그것을 바로잡는 길은 다만 정치인들의 솔선에 있을 뿐"[52]이라 했다. 여기서 비정치적 요소를 규정하는 것은 '정치적인 것'이 다. 그래서 비정치적 국체의 용인과 그것의 정치적 통제가 문제가 되자, 한 편에서는 '풍교' 지도의 구체적·실질적 실시가 정치인＝관료에게 지워져 서 "교육을 삼가고, 풍화風化를 유도해서, 간접적으로 정론政論 방향을 바로 잡는 것은, 역시 지방 친민親民의 관官에게, 한층 더 주의를 더해야 할 것"[53] 이라 하기에 이르렀으며, 실은 전근대적 치자治者적 성격을 관료들에게 짙 게 만들면서, 다른 한편으로 교육칙어를 제정한다면, 그에 대해서는 구체 적·실질적 성격을 초월한 간약화簡約化와 일반화로 당연히 귀착된다. 다시 말해서 "왕의 말이 옥玉과 같은 것은 그저 그 간단함에 있다"[54]고 하여, 그 발 포 형식에 대해서도 "문부대신에게 내려 보내서 세상에 공포하게 한다"[55] 혹은 "정사政事 명령과 구별"해서 "연설의 체재로 해서 …… 학습원學習院이나 혹은 교육회教育會에 친히 내려 보내도록"[56] 할 것을 제안하게 된다. 그러나

‖ 井上毅, 1843~1895. 정치가. 구마모토(熊本) 출생. 메이지헌법 제정에 참여했으며, 법제국 장관이 되어 교육칙어 등을 조직, 법령을 기초했다. 추밀원 고문관, 문부상을 역임했다.

여기서도 이노우에가 주관적으로 도덕교육을 국가가 정하는 것에 찬성하지 않았다 하더라도, 이미 그가 풍교 지도의 기대를 걸었던 '지방 친민의 관'에서 도덕국정道德國定에 대한 압력이 나온 이상, 칙어 발포는 그 자신의 입장에서 보더라도 불가피했다. 그 때 칙어는, 그에 의하면 모든 '종지宗旨'와 모든 '철학적 이론'을 초월하며, 어떠한 '정치성'도 거부한, 요컨대 일본국의 범위 안에서 모든 다툼係爭 가능성의 바깥에 존재하는 '지존의 공고'여야 한다는 것으로 된다. 1890년 6월, 칙어 문안의 기본조건을 야마가타에게 제출하면서 이렇게 말하고 있다.

첫째, 이 칙어는 다른 보통의 정사(政事) 상의 명령과 구별해서 사회상의 군주께서 저작, 공포한 것으로 보지 않으면 안 된다.

둘째, 이 칙어에는 경천존신(敬天尊神) 등의 말을 피하지 않으면 안 된다. 자칫하면 그런 말들은 곧바로 종지(宗旨)상의 쟁단(爭端)을 불러일으킬 수 있는 씨앗이 될 것이다.

셋째, 이 칙어에는 유원(幽遠)하고 심오한 철학상의 이론을 피하지 않으면 안 된다. 자칫하면 철학상의 이론은 필시 반대의 사상을 불러일으킬 것이다. 도(道)의 본원론(本源論)은 오로지 철학자의 천착(穿鑿)에 맡겨야 할 것이다. 결코 군주의 명령에 의해서 정해야 할 것은 아니다.

넷째, 이 칙어에는 정사(政事)상의 취미(臭味)를 피하지 않으면 안 된다. 자칫하면 당시의 정치인들의 권고에서 나와 지존(至尊)한 본의(本意)에서 벗어날 수 있는 혐의를 불러오게 될 것이다.

다섯째, 한학(漢學)의 상투적인 말들과 서양식 습성(氣習)을 토로하지 말 것.

여섯째, 소극적인 어리석음을 나무라고 악을 경계하는 말을 쓰지 말 것. 군주의

훈계(訓戒)는 큰 바다의 물처럼 아주 넉넉해야 하며, 천박(淺薄)하고 곡실(曲悉)

해서는 안 될 것이다.

일곱째, 세상의 모든 각파의 종지(宗旨)의 하나를 기쁘게 하고 다른 것들을 분노

하게 하는 어투가 있어서는 안 될 것이다.[57]

그런데, 그 내용의 '간단화'와 형식의 비정치화가, 아마도 이노우에의

의도를 넘어서 교육칙어로 하여금 일본 '근대국가'의 결정 개념으로까지

승화하게 되었다. 전자는 칙어 명제의 원시화Priitivierung를 낳았고, 그에 힘입

어 사회에의 내재화를 가능하게 해서 사이비 국민국가의 형성에 기능했

다. 마치 데모크라시가 끊임없이 개인의 경험에까지 원시화해서 국가와

사회의 교통을 유지保持하는 가능성을 갖는 것과 기능적으로 평행하게, 여

기서는 칙어가 공동체의 도덕적 원소로까지 원시화 함으로써 '공리空理' 보

다도 실례實例를 중시하는 '실천윤리'로서 국가와 공동체의 연결대가 된 것

이다. 그리하여 발포 형식의 비정치적 초월화에 의해서, 군인칙유軍人勅諭[†]

와 더불어 대신大臣의 부서가 없는 칙어를 낳았으며, 여기에 '중간적인 것'[58]

을 배제하고 '폐하와 일반국민의 직접적인 일치합체'[59]를 가져다주어, 한

편으로 천황의 절대화와 다른 한편으로 도덕적 국민통일체를 형성하게 되

었다.

그런데 그 원시화와 보편화의 계기를 통해서, 이노우에 고와시의 논리

연관은, 유교주의자 모토다의 논리에 합류하게 된다. 무릇 ① 유교는 본래,

모토다 자신이 말하듯이, '날마다 쓰는 아름다운 윤리의 실질'을 주장해서

[†] 군진 조쿠유. 1882년 메이지 천황이 육해군인에게 내린 칙유. 옛 일본 육해군 군인의 정신교육

의 기본이 되었다.

"천하는 다만 하나의 가르침, 윗사람과 아랫사람, 귀한 사람과 천한 사람 모두가 같이 배워야 한다"[60]는 데 이르게 된 것이며, 그런 의미에서 단순한 일상적 윤리를 넘어서는 고유 이론性理論性이 심히 빈곤한 교학敎學이며, 따라서 이노우에가 두려워하는 것과 같은, 다툼係爭의 원인이 될 수 있는, 주관에 의한 현실의 재구성으로서의 사상성에서 비교적 박약했으며, 거기에 덧붙여 모토다는, 1870년(메이지 3) 이후 한편으로 적극적으로 고학파古學派의 고증학적 전통에 정면으로 투쟁을 도발했으며, 다른 한편으로 유교의 일본적 일상화를 철저화 하려고 했기 때문이다.

다시 말해서, 그에 의하면 "맹자가 돌아가신 후부터 …… 배출한, 사장詞章에 익숙하고 훈고訓詁에 밝으며 성리性理를 말하고, 도술道術을 주장하는 것으로 각자 일가一家를 이루고, 자신이 그것으로 학문으로 삼는"[61] 그런 전통을 이어받은 "동시대의 중국을 좋아하고 문장가 고증학의 노예"[62]는 요堯 - 순舜 - 공孔 - 맹孟의 "자신을 닦아서 다른 사람을 다스려서 하늘의 작업工을 좋게 하는 실학"[63]을 어둡게 만드는 '부유곡학腐儒曲學'[64]이었다. 그 같은 이론벽을 분쇄해서 "서적을 믿지 않고 문자에 사로잡히지 않는"[65] 일용의 '참된 실학' 즉 오륜五倫의 가르침을 국가화nationalize하자는 것이, 모토다의 일관된 주장이었다. 주자학의 계보에 서면서, 원시 주자학의 체계성의 편린도 갖지 않고서, 그저 일본의 "일용의 사실에 나아가 의리가 있는 곳을 밝히는 것"[66]을 자신의 교학의 중심에 두었던 것이다. 그것은, 그의 교학에, 유교에 걸맞게끔, 한편에서 "일본의 오늘에 있어서는, 충효의 대도를 그 시세에 맞게 활용하는 것을 나의 학문"[67]으로 만드는 거대한 역사적 적응력을 안겨 주었으며, 그에 힘입어 본래 교화의 학문인 의미에서 정치적인 유교를 근대 국가기구를 통해서 한층 더 재생산해내려고 하는, 이중의 정치성을 띠게 했으며, 마침내 유교를 "문부에 명해서 교육을 시켜야"[68] 한다는 국교론國敎論을 낳게 했다. 여기서는, 유교는 치자들의 학문 일반에 머무는 것이 아니라, 국가와 국민의 가르침이 되어 있다. 그럴 때, 유교사상에서의 '천자'의 절대화와 계층적·연쇄적 성격이 그 같은 변용을 매개해서, 한편으로 천황＝천자의 동일화 조작에 의해서 천황제 국가의 절대성을 도출해내고, 다른 한편으로 유교가 통용되는 하한下限의 '사士'에서 '민民'으로의 단순한 양적인 확대로서 국민에게 침투하는 것을 논리화시켰다.

그리하여 유교가, 자신의 역사적 계보 속에서 겨우 가질 수 있었던 체계적 이론을 잘라내서分斷 완전히 '일상의 기준規矩'으로 변한 데에, 그것이 메이지 이래의 근대 일본에서 강력하게 생존하고 나아가 모든 사상과 결합할 수 있었던 최대의 원인이 있다. 이른바 유교는, 그것이 사상으로 가지고 있던 최소한의 추상성을 거의 대부분 방기함으로써 단순한 사상의 소재로서 모든 사고의 모든 부분으로 스며들게 되었다. 그 같은 과정은, 만물에 도道를 내재하게 하고, 사상과 현실, 전체와 부분, 형태와 소재의 상호이동이 가능한 유교 본래의 사고양식의 극한적인 전개였다. 그런 의미에서 유교적 사유방법에서의 비非사상성의 순수화라고조차 말할 수 있을는지도 모르겠다. 유교가, 근대 일본에서 과학으로서가 아니라 교육재敎育材로서만 거대한 기능을 한 것은, 그 같은 연관을 보여주고 있으며, 더구나 거기서부터 거꾸로 근대 일본의 정신구조의 깊은 곳에 유교적 사유가 축적되기에 이르렀다. 그와 같은 점, 다시 말해 유학의 극한적 일용화日用化[69]와 그 보편소재화普遍素材化의 관련은, 우리가 일본의 근대 제 사상에서의 유교성을 고찰할 때 기본 시각으로 되지 않을 수 없는데, 그것이 국가적·정치적 현상의 수면 위에 모습을 드러낸 것이 바로 교육칙어 제정 과정이었다.

즉, 칙어가 내용적인 '간단簡短'＝원시성原始性과 모든 이론에 대한 초월성을 요구 당했을 때, 그에 부응해서 가장 간약화簡約化된 도덕명제를 이해의 바깥에서 제공하는 것은, 일용화된 오류 이외에는 존재하지 않았다. 종래 일본에 존재하는 다른 유일한 사상인 국체國學「는, 이미 천황에 대한 심정적 절대성을 제외하면, 아니 그 자체도 포함해서 무규정無規定의 사상에 다름 아니었으므로. 게다가 이미 그 일용 유학은 앞에서 본 역사적 적응성을 유교로서도 마르크시즘에 활용해서 "공자의 가르침은, 우리 일본에서는 우리 군주를 사랑하고, 우리 아비의 자식이 되어서는 우리 아비를 사랑해서, 공자를 사랑하지 않는 것을 우리의 도道라 생각해야 한다"[70]고 선언하고 있다. 일본의 '칙어'의 소재로서의 결격 사유는 어떠한 입장에서도 전혀 없었다.

② 또한 칙어를 제정하면서, 모토다 역시 "이번의 칙어는, 그야말로 말 그대로 만고에 변하지 않는 도를 친히 밝히신 것이므로, 당세의 풍조에 대해서는 결코 돌아보시지 않았다고 할 수 있으며, 훗날에 멀리 백세가 지나더라도 조금의 의심이 없도록 하려는 뜻에서 입안하신 것"[71]이라 하여, 역사적 보편화에 대한 의도를 분명하게 했다. 유교주의자로서 당연히 가졌을 논쟁 의욕을 억제하고서, 그것으로 유교의 보편화를 기도했다. 물론 그가 유교주의자인 한, 국가주의자로서 모든 윤리학설로부터 자유로운 이노우에처럼 칙어의 초월화의 근사한 정식定式을 만들어낼 수는 없었다. 모토다 측에도 또한 이노우에와 합류하지 않으면 안 되는 이유가 존재하고 있었던 것이다.

ㅣ 일본 고유의 사상과 문화 등을 탐색하는 학문. 『고사기(古事記)』 『일본서기(日本書紀)』 등을 중시하며, 중국에서 전래된 것들에 대해 비판적인 입장을 취한다.

그리하여 교육칙어는, 내용상의 간약화簡約化 · 원시화原始化의 조준을 오류으로 삼고, 형식의 초월성의 초점을 천황으로 성립시켜, '향당사회'의 논리로부터의 압력하에, 요시카와 문부상에 의해서 "도덕이 국민에게 없을 수 없는 것은, 마치 고기와 소금의 관계와 같다. 소금이 있으면 고기는 온전하며, 도덕이 없으면 국민은 존재할 수 없다. 그런즉 도덕은 국민의 소금이다"72라고 한 교육칙어 획정의 과제 의식은, 여기에 이르렀던 것이다. 도덕은 국민핵Nationskern이며, 여기서 국민은 정치적 통일 보다는 먼저 도덕적 통일체다.

일반적으로 근대국가의 역사에서 권력의 초월화에 의해 일상사회에 대한 자기의 보편성을 보증하는 것은 절대주의의 원리이며, 규범을 동질의 이성적 개인의 경험으로까지 원시화 함으로써 사회의 내면에서부터 국가의 보편성을 획득하는 것이 자유민주주의liberal democracy의 원리였지만, 일본 근대국가는 교육칙어에 의해서 도덕영역에 국가를 구축함으로써, 한편으로 천황에서 이성을 초월한 절대성을 형성하면서, 다른 한편으로 자기를 '향당적 사회'의 일상 도덕 속에 원시화 시킨다는 특이한 근대국가를 산출해냈다. 그리하여 칙어가 모든 이성적 주관으로부터 초월하는데서 그야말로 그 해석의 무한한 다양성이 가능하게 되어, 자의적인, 복잡하고 뒤얽힌 충돌도 가져다주게 된다. 이노우에 고와시의 "지존의 칙어로써 최종 수단으로 삼는 데 이르게 되면 천하 후세에 반드시 많은 논란을 불러오게 될 것"73이라는 우려는 실로 당연했다. 그 관계야말로, '향당사회'가 '상량商量'의 대립을 '정의情義'에 의해 완화시키기 위해서 거꾸로 모든 이익대립을 '심정'적으로 절대화하게 된다고 언급했던 자기모순 연관을, 국가적 영역에서 거기에 맞게 표현한 것이었다.

그렇게 해서 도덕적 의협적 원소를 핵으로 하는 공동체 질서원리는 교육칙어를 매개로 하여 일본국의 일반적 원리가 되었다. 따라서 교육칙어는 단순히 권력을 은폐시키는 이데올로기도 아니며, 가족국가관의 맹아에 머무는 것도 아니었다. 그것은 '가르침의 법'[74]으로서 도덕국가의 구성 원리 그 자체였다. 국가 구성 원리는 분명하게 이원화되었다. 지방자치제도 성립과정에 나타난 의견의 양극—한편에서는 국가주의자 쓰다 마미치[l]로 대표되는 순수 절대주의적—기구적 파악과, 다른 한편에서는 이다 유즈루[ll]로 대표되는 전통적 자연촌락적自然村的 파악[75]—도, 교육칙어 성립과정의 모순도, 모두 그 같은 이원론을 산출하는 진통에 다름 아니었다. 그래서 이원론은 국가의 구성 원리에 나타난 것만은 아니었다. 국가기구의 기능원리 내지 지배방법에도 당연히 표현되어야 했다.

상징적인 사실을 하나 들어두기로 하자. 1889년 12월, 산조 사네토미[lll]를 형식적인 필두로 삼아, 야마가타 아리토모 이하 내각 각 대신은 연서해서 내각 관제 개혁을 상주해, 베버Weber, Max의 이른바 객관적인 '권한'의 계층적 체계가 단일적인 형태monokratische로 자리잡히고, 그것에 기초한 책임과 몰주관적 행위가 '규범'으로 되는 근대적 관료제를, 국가영역에 한해서 거의 말 그대로 이념형ideal type적인 형태로 확립하려고 했다.

---

[l] 津田眞道, 1829~1903. 법학자. 니시 아마네(西周)와 같이 네덜란드에 유학했다. 귀국 후 개성소(開成所) 교수, 메이지 정부의 법률 정비에 힘썼다. 메이로쿠샤(明六社)의 동인(同人)으로 계몽 활동을 했다. 일본에서 최초의 서양법률서『태서국법론(泰西国法論)』을 간행했다.

[ll] 井田讓, 1838~1880. 막부 말기와 메이지시대 무사, 관료. 오스트리아, 프랑스 공사를 지냈다.

[lll] 三條實美, 1837~1891. 막부 말기, 메이지 전기의 공가(公家), 정치가. 급진적 양이파의 지도자로서, 조슈번과 제휴했다. 메이지유신 이후에 의정(議定)·태정대신(太政大臣)·내대신(內大臣) 등을 역임했다.

삼가 생각하건대, 내각은 폐하께서 신임하는 부서로서 백규(百揆, 白官)가 나오는 곳이다. 내각에서 그 조직이 견고하지 않고, 책임이 분명하지 않으며, 정기(政機, 政事)가 치밀하지 않으면, 폐부(肺腑)가 쇠미해지고 경로가 어그러질 것이니, 입헌의 대사(大事)를 과연 어디에 의거해 다룰 수 있겠는가. 헌법의 주의(主義)에 의거해서, 모든 일을 입재(立宰)하는 것은 원수(元首)의 대권(大權)이며, 국무대신은 각각 그 직무의 책임을 맡아야 할 것이며, 지금 총리대신은 각 대신을 감독하며, 법률과 칙령 모든 문서는 반드시 주임대신과 같이 부서(副書)하여, 그 권력 확대가 지나치다는 혐의가 없을 수 없다 …… 내각의 책임상 의무는 직접 그 직책을 맡는 데 있다. 입헌의 주의에 의거하자면 대신이 군주를 대하는 것은, 그 주장을 받아들이고 아니고를 묻지 않고서, 군주의 특별한 허가를 받지 않으면, 의회 및 다른 인민을 향해서 사사로이 선언하는 것을 허용하지 않는다. 이런 금지 사항을 하나라도 어길 때에는, 그는 법률상 보상(輔相, 대신들을 거느리며 군주를 보필함)의 지위를 누리지 못할 뿐만 아니라 …… 또한 도의(道義)가 허락하지 않는 것이다 …… 내각의 각 구성원들은 내부에서는 다소 논의의 같고 다름이 있음에도, 그 외부를 향해서 선포하고 또한 시행하는 정치상의 방향은 반드시 귀일(歸一)이라는 점에 경주(傾注)하지 않으면 안 된다. 그리고 내각의 일치를 보전하려고 하면 내각의 기밀을 가장 긴요하게 여기지 않을 수 없다. 입헌국의 정체(政體)는 공명(公明)을 취지로 하며, 의회는 공개를 예(例)로 하는 데도 불구하고, 내각의 회의는 오로지 비밀을 주로 하며, 각 구성원의 의견은 하나라도 누설되어 여론(輿論)의 훼예(毀譽)와 포폄(褒貶)의 씨앗(種子)이 되어서는 안 된다. 내각 구성원으로 군주에 대해서 그 중요한 의견이 받아들여지지 않더라도, 또는 다른 동료들과 논의가 맞지 않아서 사직한다 하더라도, 하지만 은퇴한 후에도 재직했을 때의 정무(政務) 사건에 대해서는, 오랫동안 비밀을 지키는 것을 정치인의 의

무로 삼지 않을 수 없다. 그것을 내각 보상(輔相)의 덕의(德義)라 한다. 운운.⁷⁶

'정치인'에 대해서는 객관적 권한을 넘어서 '권력 확대'를 허용하지 않으며, 내각 구성원은 객관적 '직무'에 대해서 책임을 지며, 모든 주관적 행위를 금욕해서, 절대군주의 명령에 '귀일歸一'하는 것을 '덕의'라 하며, '비밀Arcana'의 원리77에 의한 공사公私의 준별을 주체적 의무라 한다. 그럴 경우, 유일한 지배 인격으로 존재하는 것은 절대군주 뿐이다. 절대주의는, 그처럼 객관적 기구 지배를 유일한 인격에 종속시킨다는 점에서 여전히 완전한 근대국가에 있어 과도적 존재였으며, 따라서 인격적=비인격적 지배라는 특질을 지니고 있다. 그러나 동시에 그 같은 지배인격의 유일화에 의해서 근대국가의 집중적 기구는 비로소 형성된 것이다. 위의 상주문上奏文에서는, 그 같은 절대준주 하에 있는 국가기구의 운영원리에서의 근대성이, 너무나도 전형적으로 정식화되어 있다.

말할 것도 없이, 그것은 첫 번째의 국가구성 원리의 확립에 조응한다. 다시 말해서 1장, 2장에서 서술한 것처럼 유신 이래, 기구 지배원리 형성에 대한 노력이 계속되었음에도 불구하고, '향당적 사회'와 한바쓰藩閥 분파주의sectionalism의 존속은 그 현실적 성립을 방해하고, 당시에는 여전히, 예를 들면 이타가키 다이스케,^I 다니 간조^{II} 등이 예리하게 비판한 것처럼, 일반

---

^I 板垣退助, 1837~1919. 정치가, 도사(土佐) 출신. 애국공당(愛國公黨)을 결성해서 민선의원설립 건백서를 제출했다. 도사에 입지사(立志社)를 만들어 자유민권운동을 지도했다. 1881년 자유당을 결성, 1898년 오쿠마 시게노부(大隈重信)와 일본 최초의 정당내각을 조직, 내무상(內相)이 되었다.

^{II} 谷干城, 1837~1911. 군인, 정치가. 육군 중장, 도사(土佐)의 번사(藩士, 한시)였다. 무진전쟁(戊辰戰争)에서 공을 세웠다. 서남전쟁(西南戰争)에서는 구마모토(熊本) 진대(鎮台) 사령장관(司令長官). 훗날 이토 내각의 농상무상(農商務相)을 지냈다.

적으로는 "무릇 바야흐로 행정상으로 필요한 사업이 있기 때문에 관官을 설치했으며, 관을 설치했기 때문에 사람을 쓰는 것이 아니라 도리어 사람을 위해서 관을 설치하고 관을 위해서 사업을 설치하는 경향이 있다"(다니)[78]는 상황이었으며, 기구 내부적으로는 당시 지적된 것처럼 "지금 행정부의 기율紀律이 만연漫然해서 아직 갖추어지지 않은 것과 같다. 여러 성省의 장관이 종종 그 권한에 관련한 일로 추양推讓해서 그 재가를 태정대신에게 청해서 내각의 문서가 구름처럼 모였다 비 내리듯 흩어져 그처럼 가벼울 데가 없는", 이른바 '여러 성과 경卿의 책임 제한이 없는" 상태였는데,[79] 그에 대해서 상주문은, 지배기능에서의 인격의 일반적 우위를 부정하고 절대주의 국가를 완성하기 위해서 먼저 내각의 책임제를 확립하려는 체제 측에서의 반응이었다. 그것을 다음의 사실과 비교해보라.

위의 사실과 같은 해 같은 달, 1889년 12월, 게다가 위의 상주上奏의 주역의 한 사람으로, 또 위의 상주와 더불어 수상이 된 야마가타 아리토모는, 그 다음 날 시정방침에 대해서 지방관들에게 보내는 훈령에서 이렇게 말했다.

치도(治道)의 요체는, 평이하게 민(民)에게 다가가서, 위와 아래(上下)가 막혀서 통하지 않는(阻隔) 곳이 없고, 법률과 규칙 바깥에서 서로 화기애애하게 친하게 지내기 바란다. 일을 처리하는 절차의 번세(繁細)함, 그리고 연체(延滯)로 인해서, 소민(小民)들로 하여금 헛되이 그 때를 잃어버리게 하는 것이 무엇보다 염증과 고통을 불러오는 길이다. 마땅히 그리로 나아가야 할 것이며, 간편과 신속을 위주로 삼아서 번거롭고 까다로운 폐단을 힘써 제거해야 할 것이다.[80]

그야말로 얼마나 근사한 역전인가. 관료제가 사회의 저변에까지 이르렀을 때, 거기서는, 객관적 규칙을 상황에 적용하는 것으로 지배기능을 영위한다는 것은, 이미 완전히 불가능했다. 일본 사회는 체제 자신에 의해서 온존되는 '향당사회'였으므로, 정점에서 원리화 된 정치의 규칙화는, 용어의 가장 정확한 용법에서, '완전히 거꾸로'의 그것, 다시 말해서 지배에서의 규칙의 소외화疏外化의 원리로 전화되지 않으면 안 되었다. 엄격한 권한의 귀일적 체계로 지배기능을 조직화함으로써 권력적용의 능률화를 기도했던 절대주의는, 그 제도적 완성과 동시에, 다름 아닌 '치도治道의 간편과 신속' 즉 능률화를 이유로 삼아 저변에서의 지배의 규칙화를 배제한다는 기괴한 역설을 낳아버렸던 것이다. 중앙 '정사政事'와 지방 '시치施治'가 범주적으로 구별되게 된 연유도 여기에 있다. 그리하여 국가의 구성 원리와 지배 방법에서 완전한 양극적 이원론이 천황제를 관철하게 되었다.

　그리하여 그와 같은 정치적 이원론은, 말할 것도 없이 일본에서의 자본주의의 육성이, 전근대적인 농업생산관계 위에 행해진다는 특수한 일본적 관계의 확립에 걸맞는 것이었다. 따라서 사회경제적인 매개 고리를 기생지주제에서 찾게 되고, 이후 근대 일본을 통해서 일본 자본주의의 운명이 기생지주제의 변모와 함께 했던 것과 마찬가지로, 정치체제에서도 역시, 위와 같은 양극을 매개하는 것—담당자와 그 담당 장소tragende Situation가 국가의 지배를 유지하는 가장 중요한 요소가 된다. 천황제에서 체제의 위기에 따라 그 재편성 시기가 뒤떨어지면 예외 없이 '지방문제'가 최대의 정치문제가 되고, 동시에 '지방문제'는 지방의 제도의 문제로서가 아니라, 그 이상으로 그것을 담당하는 '사람人'의 문제로 되어, '명망 있는 자' '독농篤農' '농촌 중견분자' '각계 중핵中核 정예분자' 양성이라는 이름하에 역사적 경과와 더불어, 사회계층으로도 하강하고 또 다원적인 사회영역에 이르게 되면서, 체제적 중간층의 육성이 다른 나라에 비해서 중대한 의미를 갖게 되는 까닭이 여기에 있었다.[81]

먼저 메이지 중기에는 지주가 봉건적 지대地代에 기생화寄生化함으로써, 상품 유통 회로에서 생활하면서 직접 경작 농민을 봉건적으로 수탈할 수 있었던 것에 조응해서, 지주층의 명망가는 선거 자격을 부여받게 됨으로써, 촌락을 비정치적으로 지배하면서 전국 규모의 정치적 유통 회로에 자리를 얻을 수 있게 되었다. 그 경우 그들은 자본주의 생산의 경영자가 아닌 것과 마찬가지로 국가기구의 경영자 즉 정책의 생산결정의 담당자도 아니었다(관료제와 공동체의 매개자). 메이지 말기(러일전쟁 전후)부터는 본래 일본 자본주의의 매개체로서 그 모순을 내면적으로 자기 한 몸에 집중하였던 기생지주제[82]는 제도로서 완성됨과 동시에, 당연히 일찌감치 분해가 현저하게 되어, 거대 기생지주는 농촌과 인격적 결합을 잃게 되고, 정치적으로는 국가권력과의 직접적 결합을 이루게 된다(계통농회系統農會의 성립과 역할). 여기서 매개자인 기생지주제는 그 자체, 바야흐로 자기모순의 매개자를 요구하게 된다. 자작농상층=중농 범주의 유지가 경제정책상의 중핵에 놓이고, 거기에 맞게, 정치적 국가와 촌락공동체의 비정치적 지배와의 매개를 새롭게 담당해야 할 재지在地의 체제적 중간층(독농篤農)이 육성되는 연유가 거기에 있었다.

여기서 천황제 국가의 소우주micro cosmos의 계층질서로서 사회가 편성되고, 그리하여 크고 작은 수많은 천황에 의해서, 생활 질서 그 자체가 천황제화 되어 가게 된다. 우리가 천황제 사회의 성립이라 부르려는 것이 그것이다. 이후 1차 대전과 1920년의 공황에 의한 기생지주제의 전면적 위기,

쇼와 대공황에 의한 그것의 붕괴 개시와 더불어, 재지적 중간층은 점점 더 그 의미와, 따라서 기능을 확대해서, 농산어촌 자력갱생운동을 출발점으로 하는 정치체제의 파시즘화 과정에서 모든 사회영역에서 농촌 중간층을 모델로 삼은 기능적 중간층 즉, 히라누마平沼의 이른바 '각계 중핵 정예분자'가 형성되고, 그것이 정점과 저변의 연쇄매개적 통로를 파괴하고 국가권력에 직접 장악 당하게 되어, 나치처럼 원자화atomize된 개인을 단위로 하는 것이 아니라 공동체를 결집regimentation의 단위로 하는 파시즘의 천황제적 형태가 성립하게 된다.

이 같은 역사적 전망을 갖는 체제의 매개구조의 성립과 동시에, 그것과 불가분의 연관을 가지고 이데올로기적 통합이, 국가원리의 이원성을 보이지 않게 가리게 된다. 1889~1890년 천황은 이원국가의 체현자로서 군권자임과 동시에 도덕적 절대자로 여겨지고, 메이지 말기 천황제 사회의 형성과 더불어 교화와 정치는 완전히 동일화되고, 도덕과 경제는 '일치'하도록 되고,83 그리하여 이데올로기는 무매개적으로 정치에 침투하고, 마침내 파시즘 시기에 '세계에 비할 데 없는萬邦無比' 관념국가를 형성하게 되었다. '충효' 관념만으로 생명을 바치는 '용기'있는 피치자들이 표준적인 국민이 되었다는 점을 떠올려보면 좋겠다.

그리하여 중간층의 확대재생산에 의한 매개와 도덕적 절대자에 의한 통합의 체계로서의 천황제 사회가 성립해서 국가와 사회가 완전히 유착하는 이상으로, 정책의 형성과 결정 즉 정치의 주체적 기능을 독점하는 절대주의 관료기구의 인간결합 관계도 역시, 당연히 특수 일본사회적으로 변질되어야 했다.

관료는 명령의 대변자인 절대주의 관료의 본래의 경향적 성격에서 벗어나, 피치자에 대해서는 도덕적 가치의 독점자=‘윗분’으로서 윤리적 폭군이 되고, 상급관료에 대해서는 신분적 하층=‘부하子分’ 내지 ‘동생弟分’으로서 순진무구한 정신적 유아로 변하는 경향을 띠게 된다. 거기서는 하급관료는 상급자에게 인간적으로 ‘헌신’해서 그 이익merit을 보증함으로써, 장래 비슷한 가능성을 스스로에게 확보하고자 한다(중간층!). 그래서 관료기구의 수직적인 계층성이, 객관적 규칙에 의해서가 아니라 인격적, 직접적으로 구성되면서, 기구 내부의 계통적 분파는 필연적으로 도당徒黨, clique이 되며, 그들 사이의 상호관계는, 절대적 윤리적 의사의 독점을 둘러싸고서 심각한 항쟁을 전개하게 된다. 그럴 경우, 천황이 의사의 표백表白을 스스로 행할 수 없는 무의사적 군덕자君德者[1]에 머물러 있기 때문에, 그의 의사를 독점하는 것은, 해석의 독점으로서의 자의恣意의 관철 그 자체로 되므로, 항쟁은 조정불가능하게 절대화한다. 물론 그 항쟁의 직접 당사자는 클리크의 대표인 분파의 장長이므로, 관료제 내부의 쟁투는 정점에서 가장 격렬해지게 된다. 그가 절대자에 대해서 거리적으로 접근한 것은, 항쟁 충동을 배양하는 주체적 조건이 되고 있다. 관료기구의 인간 결합원리가 그 같이 연관되는 한, 각 클리크 내부에서도 같은 관계가 소규모로 재생산된다. 윗사람의 총애를 독점해서 승진의 가능성을 보장받기 위해서 개개의 관료들 사이에 내면적이면서 음성적인 항쟁이 심각해지는 것은, 모든 근대적 관료조직의 퇴폐 현상이긴 하지만, 천황제 관료들에게는 윗사람은 작은 천황으로 상대적 절대자라는 점으로 인해서 그 항쟁은 질적으로 고양된다. 그리하여, 절대주의 천황제의 체제regime 내부에서는 모든 체제의 행위자Träger가 주관적 절대자가 되고, 그로 인해 거꾸로 객관적으로는 절대자를 소멸시키

---

[1] 특별한 의사가 없지만 군주의 덕을 가진 사람.

게 된다. 천황은 도덕적 가치의 실체이면서 1차적으로 절대 권력자가 아니기 때문에, 윤리적 의사의 구체적 명령을 행할 수 없는 상대적 절대자가 되며, 따라서 신민 일반은 모두 해석 조작에 의해서 자신의 자의를 절대화하며, 그것 또한 상대적 절대자가 된다. 여기서 절대자의 상대화는 상대적 절대자의 보편화다. 그래서 천황제 절대주의는 권력 절대주의를 관철하지 않음으로써, 자의와 절대적 행동양식을 체제의 구석구석까지 침투시키며, 따라서 너무나 역설적이게도 비할 데 없는 견고한 절대주의 체계를 형성하게 되었다. 방대한 비인격적 기구로서의 관료제의, 방대한 인격지배의 연쇄체계로의 매몰, 객관적 권한의 주관적 자의에의 동일화, '선의의 오직汚職'과 '성실한 전횡專橫', 그리하여 천황제 관료제는 근대적인 그것에서 완전히 일탈해간다.

그런데, 천황제 국가의 이원론이 가지는 문제의 연관이, 그처럼 복잡하고 중대한 것이라 한다면, 우리는, 체제의 매개와 통합의 구조적·기능적 연관에 대한 상세한 서술을 제3장으로 돌리고, 우선, 이 장에서 밝힌 천황제 국가의 이원적 구성의 양극적 계기를, 나아가 역사적 기점으로 거슬러 올라가 찾아내는 것부터 논의하고자 한다. 따라서 1장에서는 메이지유신 당초의 국가형성 상황을, 위의 문제 시각에 한정시켜 고찰하게 될 것이다.

저자주

1 석탄통제회(石炭統制會) 사카다 스스무(坂田進)의 「노정시보(勞政時報)」 1942년 8월 21일자에서 조선인 노무관리에 관한 논문, 「일본정치년보(日本政治年報)」 1942년 제1집 260쪽. 「조선인노무관리 오훈(朝鮮人勞務管理五訓)」의 하나로서 "친해서 익숙해지지 말라. 그리고 사랑의 채찍과 눈물의 호소를 잊지 말라"를 들고 있다. 그 오훈(五訓)은, '황국신민(皇國臣民)'으로 단련시켜야 할 대상으로 체제에 자각되어 있는 조선인에 대한 것인 만큼, 한층 더 명료하게

천황제 파시즘의 지배원리를 자기 고백(表白)하는 것이었다. 천황제 사회를 자기의 생활질서 그 자체로 삼고 있는 국내 피치자에 대해서는, 체제의 지배원리는 원리로 주어질 필요는 없다. 아니 오히려 체제 자체가 원리의 자각을 잃어버리고 있다. 그 논문에는 오훈 외에도, 다음과 같은 천황제 지배원리의 요약이 있다. "엄한 아버지로서 애쓰는 것은 정부의 힘으로 하며, 자애로운 어머니로서 애쓰는 것은 노무관리자가 철저하게 힘을 다한다". 천황제에서의 국가 관료와 중간층(직능적)의 관련이 근사하게 나타나 있지 않은가. 권력의 물리적 측면은 국가 관료에 의해 사회로 하강하게 되고, 그것을 음폐(陰蔽)하면서 아래로부터의 심정적 정통성을 배양하는 기능은, 지역적 - 직능적 중간층에 의해서 이루어지게 된다.

2 G. W. F. Hegel, *Die Verfassung Deutschlands*, 1793. Verlag von P. Reclam, 1922, S. 163. 헤겔에게서 권력(Macht, Gewalt와 구별된다)은, 피제약적인 것이 아니라, 자기 내재적인 발전을 이루는 것으로 그 자체가 변증법적 존재였다. 따라서 권력의 운명을 결정하는 요인은, 직접적으로는 특수권력이라는 상황 속에서만, 그런 의미에서 자기 안에서만 존재한다. 그래서 현존하는 권력은 '한층 더 나은' 권력 계기가 자기 안에서 출현함으로써만 위협을 받게 된다(S. 162). 여기서는 권력의 지양(止揚)조차도 권력의 자기운동의 결과이므로, 권력국가의 확립은 자유를 획득하기 위한 역사적=논리적 전제가 된다.

3 『기도 다카요시 일기(木戸孝允日記)』제1, 363쪽, 1870년 3년 6월 11일조. 그리고 1장 1절 참조.

4 이 점에 대해서, 구체적으로는 우선 이시다 다케시(石田雄)『메이지정치사상사연구(明治政治思想史研究)』(1954) 참조.

5 6 7 8 오자키 유키오(尾崎行雄)『입헌근왕론(立憲勤王論)』(1917) 15쪽 이하. '다이쇼(大正) 데모크라시'의 사상연관에 대해서는 다른 글로 넘기기로 한다.

9 10 근대 국가주의(Étatism)와 메이지 30년대 이후 특수 일본적으로 성립한 '국가주의'는 범주적으로 구별되지 않으면 안 된다. 이들 양자는, 본문에서 지적된 국가구성의 두 원리에 조응하는 것이다. 전자는 국가를 대내적으로 독립된 특수 권력장치로 보지만, 후자는 대외적인 공동체로서만 국가를 파악한다. 근대 내셔널리즘은, 대외적 국민공동체의 관념이긴 하지만, 그것은, 사회의 권력에 대한 민주적 통제를 기구적으로 보장해서 권력의 합리적 정통성을 확보했을 때 성립하는 것이므로, 근대적 국가주의를 내재적으로 극복한, 이른바 매개된, 2차적 공동체 관념이다. 따라서 그것은 어려운 상황에도 견뎌내는 자각성(自覺性)을 가짐과 동시에 국가의 전제를 허용하지 않는다. 특수 일본적인 국가주의와 다른 까닭이다. 근대 국가주의에서의 État 개념은, 말할 것도 없이, 장 보댕(Jean Bodin)에 의해서 처음으로 범주화되었다. 그 자신에게 아직 État라는 개념이, 가족 - 조합의 종

합으로서 république, communauté 등의 조합적(corporative)인 국가 개념과 공존하며, 따라서 이원론의 한 극으로서만 존재했다(J. Bodin, *Six Livres de la Republique*, Vgl. Reinhard Hohn, Der individualistische Staatsbegriff und die juristische Staatsperson, 1935, Kap. II, Absch. 1). 국가를 권력 장치로 보는 관념하에서는, 국가는 실체가 아니라 기계에 지나지 않으므로, 그 기능 여하에 따라서 변혁되어야 한다. 일본에서는 그 같은 국가 관념은, 메이지 전반기(대체로 청일전쟁 이전)의 국가주의자 외에는, 아니 그들도 포함해서 전형적으로는 다이쇼 후반 이래의 혁명적 마르크스주의에서만 존재했다. 거기서 천황제는 "봉건적 계급 및 부르주아지의 정책 집행기관"이다(32년 테제). 마르크스주의에서의 혁명의 에너지는 여기서 생겨나는데, 그럴 경우 문제가 되는 것은, 일본에는 그 같은 국가 관념과는 거꾸로 국가원리가 체제화 되어 있으므로, 마르크스주의가 거기에 머무는 동안에는 피치자를 사로잡아 체제를 안에서부터 전복(顚覆)시키는 것은 불가능했다는 점이다.

11 A 『속 이토히로부미 비록(續伊藤博文秘錄)』 46쪽.

11 B 『이토히로부미 비록(伊藤博文秘錄)』 307~308쪽. 이토는 1882년, 유럽에서 보낸 편지에서, 프러시아로 추정되는 국가에 대해 다음과 같이 말하고 있다. "특히 이 나라는 모든 일에 규율이 없는 것이 없어서, 거의 하나의 큰 기계를 만들어 놓고서, 모든 일들을 그것에 따라서 움직이는 것 같으며, 때문에 제왕은 그 기계의 한 부분과 같으며 헌법상으로 보더라도, 실은 결코 부분이 아니며, 그 기계를 운전해서, 모든 일이 막히고 걸리는 것을 없도록 하는 주재(主宰者)이다, 때문에 때로는 그것에 기름을 치거나, 또는 못질을 하는 등의 억양(抑揚)이 없을 수 없다, 그리고 그 기계의 운전에 의해서 국민의 안녕과 이익을 보호한다."

12 제국헌법 제정에 대한『이토히로부미 비담(伊藤博文秘談)』, 오쿠마 시게노부 찬(大隈重信撰), 『개국 50년사(開國五十年史)』(1907) 상, 130쪽. 이토 히로부미의 이같은 의견은『이토공 전집(伊藤公全集)』제1권 182쪽 이하에 전반은 삭제되고 후반만 게재되어 있다.

13 메이지 원년 11월, 히메지(姫路) 한슈(藩主)가 번적반상(藩籍返上)을 건의했을 때, 이토가 조정에 제출한 의견서. 『이와쿠라공 실기(岩倉公實記)』 중권, 674~675쪽.

14 『이토히로부미전(伊藤博文傳)』 중권 81~82쪽.

15 16 1899년 6월 9일. 야마구치켄(山口縣) 도쿠산조(德山町)에서의 연설. 『이토공 전집』제2권, 154쪽.

17 18 C. Schmit, *Der Wert des Staates und die Bedeutung des Einzelnen*, 1914, SS. 46~48.

19 20 21 22 앞의 『이토히로부미 비담』, 오쿠마 시게노부찬, 『개국 50년사』 상,

132~134쪽.

23 24 이들 두 개의 정치 개념은, 근대의 정치과정을 꿰뚫고 있는 기초 범주다. 양자는 자유주의(liberalism)와 급진주의(radicalism), 가치다원주의(價値多元主義)와 결단주의(決斷主義)에 조응한다. 따라서 그것은 지배형태에 관한 구별을 가져다주는 것이며, 사회적 지배계급 여하와 직접적으로는 관계가 없다. 전자의 극한에, 19세기 자유민주주의(liberal democracy)에 특징적인 야경국가(夜警國家)가 성립하며, 후자의 극한에, 20세기 파시즘(Fascism)이 있다. 전자의 계보에서는, 20세기의 '지도국가(指導國家)'조차도 사회집단 간 '마찰의 조절'을 '지도'의 이데올로기적인(ideologisch) 내용으로 한다. 마르크스주의에서는, 그들 양자는 변증법적 구성을 가지고 내포되어 있다. 다시 말해서 '조정관(調停觀)' 그 자체의 배후에서도 계급적 '힘 관계'를 찾아내며, 스스로는 완전한 자율사회의 실현=권력 작용의 해소를 목적으로 하면서, 그 방법으로 투쟁에 의한 힘 관계의 전환을 주장한다. 마르크스주의에서, 본래 투쟁이 파시즘에서처럼 자기목적으로 되어 절대화하는 일은 없으며, 거꾸로 투쟁에서의 비합리적 요소의 목적합리적 통제가 가능하게 되는 것은 거기서 유래한다(이들 양자의 균형을 잃어버렸을 때 다양한 이른바 '오류'가 발생한다).

25 앞의 『이토히로부미 비담』, 오쿠마 시게노부, 앞의 책, 133쪽.

26 F. Meinecke, *Die idee der Staatsräson*, 1924, S. 6.

27 공동체의 전인격적 일체화에 대해서는, 예를 들면 프라이어(Freyer, Hans)의 다음의 표현을 보라. "das Ich가 ein Wir 속에 들어올 때에는, Ich는 단순히 부분이 되는 것만은 아니며, 자기 속에 동시에 Wir도 포괄하게 된다"(H. Freyer, *Soziologie als Wirklichkeitswissenschaft*, 1930, S. 173.).

28 1889년 2월 15일, 도쿄에 있던 각부현회 의장들에게 한 연설. 「도쿄 니치니치신문(東京日日新聞)」 1889년 2월 19일(제5190호)

29 앞의 『이토히로부미 비담』, 오쿠마 시게노부찬, 앞의 책, 134쪽.

30 야마가타 아리토모(山縣有朋), 1890년 2월 13일. 지방관회의에서의 훈시(訓示), 「도쿄 니치니치신문」 1890년 23년 2월 18일자(제5493호)가 그 전날 호부터 이틀에 걸쳐서 훈시의 대의(大意)를 당국의 허가를 얻어 게재한 것에 의거했다.

31 '향당사회'의 온존에서 오는 선거, 정치운동의 규칙(rule) 상실과 공동체의 자기붕괴의 관련에 대응하는 자료로서, 예를 들면 1912년 3월 21일, 제28회 제국의회 귀족원에서의 중의원 의원선거법 중 개정법율안위원회 위원장 대리 아리치 시나노조(有地品之允, 1843~1919. 야마구치현 출신. 해군 중장―옮긴이)의 위원회 토의 보고가 있다. "선거를 위해서 초(町)와 무라(村)의 자치체의 원만함을 해치는 그런 일이 있어서는 안 된다, 또한 만약 친족의 평화를 해치는 것 같은 일도, 그것은 애써 피하지 않으면 안 된다, 또한 경쟁을 위해서 부정하고 부당한

수단을 사용하는 것 같은 일도 힘을 다해서 그것을 막지 않으면 안 된다."(「관보 부록 귀족원 의사속기록(官報付錄貴族院議事速記錄)」제28, 29회, 135쪽). '이에(家)'를 모델로 하는 공동체의 재건이 이 같은 상황에서 기도되었음은 물론이고, 천황제 국가의 선거법 개정 문제라는 쟁점 역시, 언제나 여기에 있었다.

32 하체크(J. Hatschek)는, 영국의 국가형태의 특징을 서술해서, 거기서는 어떠한 경찰관, 징세관(徵稅官)도 자신을 "지배하는 국가이념의 체현자(Inkarnation der waltende Staatsidee)로 의식하지 않으며, 그것이 개인의 우위를 체제적으로 보증해주는 조건이 되었다, 라고 했는데(J. Hatschek, *Englisches Staatsrecht*, 1905, Bd. I. S. 93), 그것을 "제국의 영예를 후세에 남기기 위해서" 인민을 "정당한 방향으로 지도하는" 일본의 목민관료(牧民官僚)와 비교해보라(1887년 9월 28일, 수상 이토 히로부미의 지방장관에 대한 훈시, 『이토히로부미전』중권, 561~563쪽). 여기서는 민주주의적 '수무(綏撫, 어루만짐)'도 '국가이념의 체현자'라는 의식형태로부터 생겨난다.

33 후쿠자와 유키치(福澤諭吉), 『교육의 방침변화의 결과(敎育の方針變化の結果)』, 1892년 11월 30일; 「지지신보(時事新報)」『속 후쿠자와전집(續福澤全集)』3권, 553쪽.

34 후쿠자와 유키치, 『극단주의(極端主義)』1882년 9월 29~30일 「지지신보」『속 후쿠자와전집(續福澤全集)』1권, 75쪽. 후쿠자와가 1882년에 극단주의를 비판하고, 거의 같은 비판을 다시금 1892년에 행한 것은, 아마도 그의 의도 이상으로 중요하다고 하겠다. 1881, 82년은 기생지주=공동체의 재편 방향 확정, 정치상의 '보수점진주의'(이토) 성립, 교육상의 유교주의 부활, 군사적 가치의 체제적 우월의 방향이 확립된 해였으며, 1892년은 1888~1890년의 공동체 질서원리의 체제적 정착이 점차로 그 모든 관련을, 특히 그 모순을 현재화(顯在化)했을 때이다.

35 『메이지 헌정경제사론(明治憲政經濟史論)』408~428쪽.

36 오즈 준이치로(大津淳一郎)는, 지방자치의 기초단위인 '인보주의(隣保主義) 단체'를 유럽에서의 '업태주의(業態主義, 직능주의) 단체'와 구별해서 말한다. "유럽의 방위조합은 …… 경제적 단체인 데 반해서, 우리는 경제 이외에, 윤리적 사회적으로 속하는 각종의 사물을 지배함으로써, 이들 5인조 조직은 거의 근세에서의 지방자치 단체와 흡사한 것이 있다"(강조는 원저자, 『대일본헌정사(大日本憲政史)』제3권, 74~75쪽). 일본에서의 '업태주의 단체'는, 메이지 말기 이래 특히 1차 대전 이후 광범하게 성립했으며, 그것은 '인보주의 단체'를 모델로 삼아 체제에 조직화되면서, 양자의 모순을 내면화하게 된다. 그 문제는 이론적으로는 집단의 직능원리와 공동체원리의 관련으로 접근할 수 있다. 상세한 것은 다른 글에서 다루고자 한다.

37 야마가타 아리토모, 1890년 2월 13일. 지방관에 대한 훈시, 「도쿄 니치니치신문」 1890년 2월 18일자.

38 cf. G. D. H. Cole, *Local and Regional Government*, 1947, p. 29.

39 40 야마가타 아리토모, 1890년 2월 13일 앞의 훈시. 「도쿄 니치니치신문」 앞의 일자.

41 기요우라 게이고담(淸浦奎吾談), 『공작 야마가타 아리토모 전(公爵山縣有朋傳)』중권 1042쪽. "지방자치제는 헌법의 내용"이라 하는, 기요우라의 테제가, 단순히 야마가타의 공적에 대한 찬미에 머물렀던 것이 아니라는 점은, 1908년에 이르러(4월), 당시의 히라타 도스케(平田東助) 내무대신이, 지방장관회의에서 "자치제는 국법의 근본(大本)"이라 한 데서도 이해할 수 있을 것이다(내무성, 「지방장관회의 및 경찰부장 회의에서의 내무대신 훈시연설집(地方長官會議及警察部長會議 = 於ケル內務大臣訓示演說集)」 1929, 33쪽).

42 우리가, 공동체와 공동태(共同態)를 구별하고 있는 이유가 대체로 드러날 것이다. Gemeinde에 공동체를, Gemeinschaft에 공동태라는 단어를 붙인 것은, 오쓰카 히사오(大塚久雄) 교수를 따르고 있는데(『공동체의 기초이론(共同體の基礎理論)』), 우리의 시각에서는 공동체는 '부락'으로서 개별적, 구체적 존재이며, 공동태는 공동체 질서원리에 의해 구성되는, 보다 일반적인 사회형태다.

43 마르크스, 『유대인 문제』, 이와나미문고판 47쪽. 마르크스가 그 논문에서 근대 '정치국가'의 형성과정에 대해서 절대주의와 시민국가 단계를 구분하지 않은 점은, 우리의 1장 1절의 시각에서 볼 때 아주 흥미롭다. 시민국가는 절대주의에 의해 형성된 정치국가를 순화(純化)시킨 것일 뿐이며 조금이라도 파괴하는 것은 아니다.

44 G. W. F. Hegel, *Die Vernunft in der Geschichte*, herausge. v. G. Lasson, dritte Aufl. S. 118.

45 그런 대립, 논쟁의 사실적 과정에 대해서는, 주(注)에서 밝힌 사료 외에 『교육칙어 환발관계 자료집(敎育勅語渙發關係資料集)』3권을 참조. 헌법문제와 더불어 그만큼 자료가 정리되어 있는 문제는, 근대 일본에는 달리 없다. 그것 자체가 천황제에서 교육칙어가 갖는 비중을 말해주는 하나의 자료라 하겠다.

46 와타나베 기지로(渡邊幾治郎), 『교육칙어 환발의 유래(敎育勅語渙發の由來)』 130쪽. 그리고 「도쿄 니치니치신문」 1890년 3월 4일자 참조.

47 요시카와 아키마사(芳川顯正) 「교육칙어하사사정(敎育勅語御下賜事情)」 『교육시론(敎育時論)』 982호, 26쪽.

48 와타나베, 앞의 책, 130쪽.

49 와타나베, 앞의 책, 133쪽.

50 「이노우에 고와시 문서(井上毅文書)」, 국회도서관 헌정자료실 소장(國會圖書

館憲政資料室所藏), 이것은 1879년 9월의 이토 히로부미의 「교육의(教育議)」 초고다. 「교육의」에서는, "역사 문학 관습 언어"로 되어, '재구성된 것' '형상화된 것'에서 '규정이 없는 것'으로의 배열을 취해서 건의(建議)의 체제를 정비하고 있는데, 그것은, 도리어 그 테제의 상징성을 선명하지 않게 만들고 있다.

51 위와 같음.

52 문부성 교학국 편(文部省敎學局編), 『교육에 관한 칙어환발 50년기념자료 전람 도록(敎育に關する勅語渙發五十年記念資料展覽圖錄)』 121쪽.

53 『이노우에 고와시 문서』, 국회도서관 헌정자료실 소장(國會圖書館憲政資料室 所藏), 1887년 기밀문서에, 서명이 있다.

54 55 56 야마가타에게 보내는 이노우에 고와시의 편지, 1890년 6월 20일. 앞의 『자료전람도록(資料展覽圖錄)』 120쪽.

57 위의 서간(『이노우에 고와시전 사료편(井上毅傳史料篇)』 2권에 실린 같은 서간 과 들어맞는 한에서, 인용에는 일부 생략된 부분이 있다－편자).

58 59 와타나베 기지로, 앞의 책, 172쪽. 그리고 부서(副書) 없는 칙어 성립의 의의를 당시의 문부대신 요시카와 아키마사(芳川顯正)는 "천의(天意)와 민심(民心)의 일치합체(一致合體)"라고 했다(요시카와(芳川), 앞의 논문, 『교육시론(敎育時 論)』 982호, 27~28쪽).

60 모토다 에이후(元田永孚) 「교학대의사의(敎學大意私議)」 1870년 10월, 가이 고 도키오미(海後宗臣) 『모토다 에이후(元田永孚)』 190쪽.

61 모토다 에이후, 「위학지요(爲學之要)」 1871년, 가이고 도키오미, 앞의 책, 172~174쪽.

62 모토다(元田), 「모리 문부상에 대한 교육의견서(森文相に對する敎育意見書)」, 1887년경, 앞의 『자료전람도록(資料展覽圖錄)』 99쪽.

63 64 65 66 모토다(元田) 「위학지요」 1871년, 가이고 도키오미, 앞의 책, 172~174쪽.

67 모토다, 「모리 문부상에 대한 교육의견서(森文相に對する敎育意見書)」, 앞의 『자료전람도록(資料展覽圖錄)』 99쪽.

68 모토다, 「국교론(國敎論)」 1884년 8월, 가이고 도키오미, 앞의 책, 206쪽.

69 우리는, 여기서 말하는 유교의 최대한(maximum)의 '일용화(日用化)'를 '현실 화' 내지 '경험주의로의 이행'과 준별해서 사용하고 있다. 왜냐하면 '경험'이란, 헤겔도 말했듯이, "사상 내용 즉 현실에 대한 최초의 의식"이며(Hegel, *Die Wissenschaft der Logik*, Hegel Sämtliche Werke von H. Glockner, Vol. 8. S, 47), 이미 주관적 구성 규정을 포함하는 한정적 원리이기 때문이다. '현실'도 역 시 이성적 사유를 전제로 하는 것으로 현상 일반으로부터 구별된다. 때문에 '경 험한다'는 것은, 주관이 현실과의 자기합일성을 주체적으로 드러내는 것이다. 그런 의미에서, 유럽의 근대 경험적 사고의 발흥이, 동시에 데카르트에서 칸트

에 이르는 이성적 주관의 독립과정에 매개되어 있던 사실은 상징적이다. 여기서는 "개별적인 것, 구체적인 것, 사실적인 것으로의 충동"이 "보편적인 것으로의 충동"과 상호규정한 결과, '경험'의 원리를 완성하는 것이다(뉴튼)(E. Cassirer, *Die Philosophie der Aufklärung*, 1932, S. 49. 57 ff.). '일용(日用)'은, 그것과는 달리, 관습의 원리로서, 주관의 독립을 포함하지 않는다. 일본에 '경험'의 원리가 성립하지 않았던 조건은 ① 공동체 관습의 체제화와 ② 그것에 기초 지워진 유교의 극한적 일용화이다. 여기서는 사상명제와 관습이 무매개적으로 이어지고 있다.

70 모토다 에이후, 『모리 문부상에 대한 교육의견서(森文相に對する教育意見書)』 1887년경, 앞의 『자료전람도록』 99쪽. 모토다에 대해서 우리가 쓰고 있는, 유교적 특질의 '극한화(極限化)' '최대화(maximize)' 규정에 대해서는 더 설명이 필요할 것이다. 원래 유교의 '일용화'와 '일본화' 경향은, ① 유교 자체의 사유양식 속에 그 필연성을 가지며, 또한 ② 그것이 일본 봉건체제의 이데올로기가 된 이상, 도쿠가와 막번(幕藩) 시대로부터 농후하게 존재했다. 하지만 그것은, 여기서 모토다에 의해 행해지고 있는 것 같은 사상성(思想性)의 의식적 분쇄(粉碎)를 가진 것은 아니었다. 일반적으로 사상이, 그 발생 기반을 떠나서, 다른 사회에 풍토화(風土化)해가는 가능성은, 사회적 구성의 유사성 정도와 사상 자체의 보편성 정도의 함수로서 나타나게 되겠지만, 유교의 근세 일본에서의 관계는, 양자에 대해서 적합했다(마루야마 마사오), 『일본정치사상사연구(日本政治思想史研究)』 1장 1절 참조). 따라서 '유교의 일본화'에서는 상천(上天)은 천황(天皇)으로, 유덕자(有德者)＝역성혁명(易姓革命) 사상은, 미나모토(源) - 호조(北條) - 아시카가(足利)에서 도쿠가와에 이르는 막부(幕府)의 역사적 교체의 '합법성'에서 쉽게 유추되어, 존황론(尊皇論)과 유교사상의 유착은 모순 의식 없이 행해졌던 것이다. 막부 말기의 존황도막(尊皇倒幕)에는, 그런 관계의 자기폭열(自己爆裂)인 사상적 성격이 포함되어 있는데, 그럴 경우 유교의 일본주의화도 앙진(昂進)했던 것이다. 모토다의 '일본화'는, 그런 계보하에서, "공자의 가르침은, 우리 군주(吾君)를 사랑하고 공자를 사랑하지 않는 것"이라는 일반적 테제로까지 유교를 논리적으로 극한화한 것이다. 그것은 ① 국체(國學, 고쿠가쿠)에 의한 '가라고코로(から心) 배척'을 경과하고, ② 보다 크게는 메이지 국가 형성의 사상적 표현이었다.

71 1890년 8월 26일 이노우에 고와시(井上毅)에게 보낸 편지, 앞의 『자료전람도록(資料展覽圖錄)』 122쪽.

72 요시카와 아키마사(芳川顯正), 야마가타 아리토모 수상에게 보낸 「덕교에 관한 칙유의 건(德敎ニ關スル勅諭ノ議)」 1890년 9월 26일, 앞의 『자료전람도록(資料展覽圖錄)』 139쪽.

73 야마가타 아리토모에게 보낸 이노우에 고와시의 편지. 앞의『자료전람도록』 121쪽.

74 모토다(元田) 앞의「교학대의사의(敎學大意私議)」의 말. 본문에서 이미 읽을 수 있듯이, 교육칙어는 전형적인 근대국가의 법을 대신할 수 있는 천황제 국가의 법이다. 그런 '교법(敎法)'이 천황제 국가를 성립시키는 결정(結晶) 개념인 것이다.

75 지방자치제 성립과정의 이 같은 대립에 대해서는, 상세한 것은 뒤에서 말하겠지만, 쓰다(津田)는, "성스러운 천자(聖天子)께서 전국에 임하시어 만기(萬機)를 통어하시어 정사(政事)의 뿌리와 축(根軸)으로 삼으신" 일군만민(一君萬民)의 입장에서 "이제부터 나누어 부현(府縣)이 되고, 군(郡)이 되고, 정촌(町村)이 되는" 절대주의 유출(流出) 체계를, 그의 국가 이미지로 삼고 있었으므로(원로원회의(元老院回議) 1887년 11월 22일, 정촌제안 제1독회(町村制案第一讀會)「원로원회의필기(元老院會議筆記)」599호, 의안의 부(議案ノ部) 59쪽), "먼저 국가의 근본(大本)인 헌법을 정하고, 이어 부현제(府縣制)를 발하고, 군제(郡制), 시제(市制), 정촌제(町村制)에 이르는 것으로 순서를 얻게 되었다"(위와 같음, 61쪽)고 주장하여, 지방자치제의 조숙성(尙早性)을 언급하고 있다. 그의 이같은 기구적 국가 이미지는 확실히 모든 중간단체를 분쇄하고 개인을 석출(析出)해서, 그에 의해 국가를 구성할 때에만 달성될 수 있는 것이었다. 쓰다는 자신의 방법적 명확함을 가지고 그 점을 논하였다. 즉 "필경 자치의 근원은 정촌(町村)에 있지 않으며 일개인(一個人)에 있다. 사람들이 지식을 발달시키고, 개개의 자영(自營)의 정신을 진작(振作)시키면 문명의 영역(化域)에 이를 수 있다는 것은 의심할 바가 아니다"(제2독회 1887년 12월 24일, 위의「필기(筆記)」103쪽). 결국 분해된 개인을 위로부터 권력적으로 기구에 조직화하려는 것이다. 따라서 그가, 예를 들면 "우리 일본은 예로부터 …… 위로부터 아래에 이르는 것을 그 예로 한다"(제2독회, 위의「필기」103쪽)고 하여 전통적 전제를 논리전개에 원용했다 하더라도, 그 입장을 '순수한 고대 아시아적 정치형태파(政治形態派)'로 규정하는 것은(히라노 요시타로(平野義太郎),『일본자본주의사회의 기구(日本資本主義社會の機構)』299쪽) '순수한' 잘못이다. 오히려 완전히 거꾸로 쓰다는 절대주의 이념형을 끝까지 비현실적으로(unrealistic) 고수한 것으로 일본에서는 보기 드문 존재였다(이토나 이노우에 고와시의 '리얼한' 공동체질서에 대한 타협과 비교해보라). 그것은, 말할 것도 없이 천황제 국가 원리의 하나를 전형적으로 대표하는 것이었다. 그에 대해서 이다 유즈루(井田讓)는, 정촌제 법안에서는, 관료의 '감독권이 너무나도 강대해서' 정촌장이 '그 실상은 순연(純然)한 관리의 모습'이 되어 있는 점을 비판해서, "애초에 정촌장은 하나의 자치기구의 장(司)이다. 관리와도 같은 자를 자치기구의 장에 충원해

서, 자치를 이루려고 하는 것은 도무지 생각 없는 일이 아닌가" 했으며, 나아가 "정촌장의 직무와 같은 것은 가능한 한 옛 관습(舊慣)을 불러 일으켜서, 옛날의 쇼야(庄屋)와 같은 조직으로 변해버리지 않을는지 그 여부를 조사해보기를 바란다"고 했다(앞의 회의, 제2독회, 위의「필기」117~118쪽. 그리고 인용 부분에 사소한 용어의 잘못은 있지만, 기케가와 히로시(亀卦川浩),『메이지 지방차치제도의 성립과정(明治地方自治制度の成立過程)』192~193쪽 참조). 이것 역시 천황제 국가 구성 원리의 하나의 전형적인 대표라 하겠다. 그와 관련해서, 지방자치제 제정에 대해서 전해지는 이토와 야마가타의 대립은(『메이지헌정경제사론(明治憲政經濟史論)』398쪽), 본문에서 우리가 이토의 '향당사회' 유지 태도에 대해서 상세하게 서술한 데서도 이해할 수 있듯이, 시간적 선후나 상대적인 가치적 중점을 어디에 둘 것인가에 관련된 것이기는 하지만, 체제의 이원론적 구성원리의 찬부(贊否)에 관한 것은 아니었다. 양자는 모두 분열을 체현하고 있었다. 그런 양면성을 지방자치제가 지니고 있었으므로『고쿠민노토모(國民之友)』에 의해서, '행정상의 편의'만을 도모하는 '획일적인 제도'와 '자연단결의 구획에 의거해서 정해진 제도'의 "마치 지방정치에 이중의 기관을 설치한 것처럼 보이지 않을 수 없다"고 비평당해야 했다(『고쿠민노토모』제29호 1888년 9월, 6쪽. 그 글은 소호(蘇峰, 도쿠토미 소호)가 썼다는 점이 나중에 밝혀지게 되었다). 서(序)에 대해서 말해 둔다면, 소호는 지방자치제에 대해서 기본적으로는 "우리 일본의 정사(政事) 역사에 대서특필해야 할 하나의 기원을 이루게 되었다"라고 찬성하고, "시정촌제(市町村制)라는 것은, 우리 일본 인민을 향해서 정치운동의 선량한 모형을 제공해준" 것이라 했다. 그가 자치제에 기대한 정치상의 변화는, ① 종래 자유민권파에서 볼 수 있던 "자기 몸도, 집안도 돌아보지 않고, 마치 천하의 일에 몸을 맡겨버린 듯한"(7쪽) 비일상적 운동 형태로부터 "일신(一身) 일가(一家)에서 인리(隣里) 향당(鄕黨)에 이르고 나아가 일국(一國)에 이르게 되는"(7쪽) 일상적 정치형태로의 전환과, ② 같은 비분강개형(慷慨型) 정치적 행동양식에서 "자가(自家) 스스로 자가의 직분을 다하는 사무적인 정신"(8쪽)에 의거해 행동하는 합리적 자율형의 그것으로의 전환이었다. 그가 그런 담당자를 Country gentry로부터 유추(類推)해서 생성 중인 기생지주에서 찾음으로써, 체제에 대한 저항성을 잃어버리고 마침내 천황제에 흡수되어버리는 것에 대해서는, 여기서는 다루지 않기로 한다.

76 1889년 12월 24일「내각관제개혁에 관한 각 대신의 상주문(內閣官制改革に關する各大臣の上奏文)」, 관보(官報) 제1961호, 1890년 1월 15일.

77 정치적 기밀(politischer Areanum) 관념은, 경영의 비밀(Fabrikationsgeheimnis)에 조응하는 근대적 기술 개념이다(Vgl. C. Schmitt-Dorotic, *Die Diktatur*, 1921, S. 131)

78 1887년 「다니칸조 의견서(谷干城意見書)」『메이지문화전집(明治文化全集)』 정사편(正史篇) 하, 『명가의견서(名家意見書)』 수록, 466쪽. 이타가키 다이스케(板垣退助), 1887년 8월의 「봉사(封事)」『자유당사(自由黨史)』 하권, 504쪽. 사회의 동태화에 따르는 '사업의 필요'의 다양화에 대응하기 위한 권한의 규율체계로서의 관료제가 필요하다고 생각했던 점은 후쿠자와, 이타가키, 다니에게 공통되고 있었다. 다만 관료제의 기능을 원리적으로 파악하는가 아닌가에서 서로 달랐다. 후쿠자와는, 조직의 기능원리까지 추적해서, 그것은 구성원 "일개(一個)의 진퇴를 부자유하게 하고 전체의 진퇴를 자유롭게 하는"(「시사소언(時事小言)」 선집(選集) 4권 231쪽) 것으로서만 파악했지만, 다른 사람들은 정부의 '행정사무상' 필요악으로서만 파악했던(예를 들면 1887년 8월, 이타가키의 의견서) 것이다. 거기에 자유민권운동이, 근대적 조직의 일반원리를 인식해서 거꾸로 자신의 운동의 조직화를 의식적으로 수행할 수 없었던 사상적 근거가 있었다. 그 점은 중요하다. 2장에서 상세하게 검토하고자 한다.

79 『이노우에 고와시 문서』, 「법제정규안(法制定規案)」의 1890년 이노우에 법제국 장관에게 보낸 문서, 집필자의 이름은 알려져 있지 않다.

80 1889년 12월 25일, 지방장관에 대한 훈시, 「도쿄 니치니치신문」 1889년 12월 27일(5452호).

81 '지방문제'가, 언제나, 그것을 담당하는 '사람(人)'의 문제로 되는 것은, 인격지배 원리가 청소되지 않았던 '근대' 일본에서는, 물론 메이지 초년부터 일관되게 존속하고 있는데, 그것이 체제의 정점(頂点)에서 자각되어 항구적인 체제의 원리가 된 것은, 천황제 국가의 성립 이후였다. 먼저 지방자치제 제정 당초에는, 국가와 지방을 연결하는 '사람'=중간층은 어느 정도 이상의 토지소유자 내지 부락공동체의 장(長) 일반 즉 선거자격자 일반이 아니라, 그 중에서 상급신분으로서의 명망가(名望家)에 한정되었다. 예를 들면 후쿠이(福井) 현 지사(知事)였던 마키노 노부아키(牧野伸顯)는, 1892년 3월, 군장(郡長)에 대한 훈시 초고로 추정되는 문서에서 말하기를, "헌법 치하의 신민(臣民) 특히 정권을 가진 무리가 제일 주의해서 체인(體認)해야 할 일이 있다. 그것은 곧 명망과 신임이 있는 사람에게 각자의 권리를 위임해서 그래서 각자 힘써 참정권의 남용을 삼가는 일이 그것"(『마키노 노부아키 문서(牧野伸顯文書)』 국회도서관 헌정자료실 소장(國會圖書館憲政資料室 所藏))이라 했다. 그럴 경우 명망가 범주의 분석은 3장 참조. 이어 러일전쟁 중과 그 이후, 공동체 해체 경향의 격화와 국가공동태 강화요청과 더불어 일어나는 지방재편성에서는, 부락조합, 산업조합, 보덕회(報德會), 재향군인단, 청년단, 각종 강(講) 등의 형성에 의해서, 공동체의 '조합'(組合)화가 체제의 집단편성(천황제 사회의 형성)을 담당하게 되는데, 그에 즈음해서는 "조합의 기초는 뭐니 뭐니 해도 정신적 공동(共同)이 없으면 안 된다 ……

그렇다면 단결의 힘은 어떻게 해서 기를 것인가 하면, 그것은 아무래도 조합에 있으며, 신세를 지게 된 조합장 및 이사(理事)들의 감화에 의거하지 않으면 안 된다. 조합은 마치 일가(一家)와 같으며, 일가가 화합해서 부유해지고 번영하는 것도, 또는 집안 내부의 다툼(爭)이 언제나 끊이지 않고서 마침내 분산(分散)의 부행을 보는 것도, 결국 주인의 책임으로 돌리지 않으면 안 된다"(히라타 도스케(平田東助),『자강쇄담(自彊瑣談)』1911년, 52쪽)고 해서, '사람'의 문제는 보다 구체적으로 되고, 이데올로기적인 성격을 농후하게 띠면서, 그에 수반해서 단순한 '명망'이 아니라 '보살핌'(世話)의 계기가 중시되기에 이른다. 따라서 사회계층으로서는, 보다 하강하고 또 광범해진다. 그것의 구체적인 연관 및 '이에(家)'와의 관계, 나아가 사회경제 상황과의 관련은 다른 글에서 다루기로 한다. 그 문제는, 다이쇼 시기를 통해서 직능적 집단의 체제로의 편성 문제와 합류해서 새로운 직능적 중간층(공장에서의 직장(職長) 이상 노무관리자, 상공조합 임원 등)을 형성하고, 쇼와 대공황 이후 파시즘의 진행과 더불어, 예를 들면 고전적인 파시즘에서의 '알선자(斡旋者)'(H.D.라스웰)의 체계와 평행적인(parallel) 것이 되어 중시되기에 이른다. 예를 하나 드는 것에 머물고자 한다. 그럴 경우의 체제의 직능조직화 원리의 최초의 적용은 농촌에 대한 산업조합의 일원적 강제인데, "산업조합의 경영은, 그 경영을 맡은 사람에 달렸다"고 했다(고토 후미오(後藤文夫) 농무상(農相), 「제63회 비상시임시회의의사록(第63回 非常時臨時會議議事錄)」 56쪽). 그 '경영'이란 물론 정치적 시각에서 말하는 것이다. 이후의 '농촌중견인물양성'에서 산보(産報, 산업보국회) 조직 후의 '각계(各界) 중핵 정예분자'의 기능과 성격에 대해서는 다른 글에서 다루기로 한다. 다만 그럴 때 천황제 일반에 대해서 천황제 파시즘을 구별하는 것은, 계통농회(系統農會) 등의 중앙과 부락의 연쇄계층적인 조직의 기능이 약화되고 국가가 직접적으로 재지(在地), 직능 중간층을 장악했다는 점에 있다. 그것은 중요하다고 생각한다. 중간층은 비관부적(非官府的) 관료로서 모든 생활 영역을 커버(cover)해서, 지역에서는 도나리구미초(隣組長)에서 각 개별가족의 호주(戶主)에 이르게 된다(종점). 특수한 일본적 관료제화의 관철이라 할 수 있겠다.

82 기생지주제는, 고율 봉건지대를 온존시키고 그것을 유통회로에 정착시킨 것이었으므로, 그 성립 과정에서 이미 "종래 토지를 사갈시(蛇蝎視)하던 화족(華族), 사족(士族) 상공업자(商工家)에 이르기까지 토지를 매수해서 다투어 그것에 자금을 쏟아 붓게 되는" 상황을 드러냈으며, "때문에 지주와 소작인 사이에 행해지는 자연의 질서를 문란(紊亂)시키는" 요소를 포함하는 것으로 되지 않을 수 없었다(『사이토젠우에몬전(齋藤善右衛門傳)』1928년,『일본농업발달사(日本農業發達史)』224쪽 인용). 그것은 전통적 명망가 지주와의 사이에 대립을 내포했으며, 또한 후자를 점차로 흡수하게 된다. 간사이(關西) 지방처럼 상품 생산의

발전 정도가 상대적으로 높은 경우에는, 유통회로와 전통적 촌락의 접점은 더 내려가고, 따라서 중소 기생지주층을 형성하게 되므로 기생지주제의 내부 모순은 현상적으로는 비교적 작으며, 따라서 더 내면화(內攻化)하게 된다.

83 예를 들면 히라타 도스케(平田東助), 앞의 책, 234쪽 참조. "도덕과 산업은 수레(車)의 두 바퀴(兩輪)와 같고, 그림자처럼 따라 다니는 것 같아서, 반드시 맞물려서 떼놓을 수 없는 것", 그러나 여기서의 '조화'론은, 1933년에 이르게 되면, "농촌의 진흥은, 도덕상의 씨름판(土俵) 위에서 경제의 스모게임(相撲)을 하는 데 있다"는 비합리적인 '유착'(癒着)론의 공인으로 '발전'하게 된다(일본교육학회판(日本敎育學會版)「비상시 광구농촌교육 모범경영의 실제(非常時 匡救農村敎育模範經營の實際)」1938, 5쪽에 실린 문부성 사회교육관의 강연).

1장 메이지 국가형성의 논리

■ 문제의 역사적 기점

메이지유신의 획기적 의의가 절대주의와 민족 주권국가를 형성한 점에 있다는 것은, 이미 잘 알려져 있다. 또한 그 과정이 막부의 정권반환版上, 판적봉환'에서 폐번치현"에 이르러 비로소 확정되었다는 것 역시 의심의 여지가 없는 것으로 되어 있다. 따라서 이 장에서 우리는, 그 과정을 역사적으로 더듬어보는 것이 아니라, 주로 1869, 70년 다시 말해서 기도 다카요시'''의 이른바 유신의 '제1단'¹인 '판적반환' 중에서, 이와쿠라 도모미ⁱᵛ가 말하는

I 版籍奉還, 한세키호칸. 1869년 전국의 각 번주가 토지(版)과 인민(籍)을 조정에 반환한 것. 메이지 정부에 의한 중앙집권 강화를 위한 개혁으로, 폐번치현의 전제가 되었다.

II 廢藩置縣, 하이한치켄. 1871년 메이지 정부가 중앙집권화를 도모하기 위해 전국 261개 번을 폐지하고 부현을 설치한 것. 전국에 3부 302현이 설치되고, 그 해 말까지 3부 72현이 되었다.

III 木戸孝允, 1833~1877. 정치가. 조슈(長州) 출신. 요시다 쇼인(吉田松陰)에게 배웠으며, 토막(討幕)의 지사(志士, 시시)로 활약했다. 유신 이후 5개조 서문의 기초, 판적봉환, 폐번치현 등에 힘썼다. 정한론, 대만정벌에 반대했다.

IV 岩倉具視, 1825~1883. 공경. 정치인. 교토 출신. 막부 말기에 공무합체(公武合体)를 주장했으며, 그 후에 왕정복고의 실현에 참여했다. 유신 이후 우대신, 특명전권대사로서 구미의 문화, 제도를 시찰했다. 귀국 후에는 내치책(內治策)에 힘썼다. 메이지 헌법 제정에 힘썼다.

것처럼 여전히 "명목은 부번현府藩縣 세 가지 차원의 정치에 속한다 하더라도 그 실체는 아직 완전히 드러나지 않아서", 그렇기 때문에 한층 더 '조정의 권력'에 의해 "만민을 위무撫御하고 해외 각국과 대치"[2]해야 할 절대주의국가 확립에 모든 노력이 집중되어 있던 시점에서, 일본 절대주의국가가 만들어지는 방식의 특수성을 추출해보고자 한다.

그런데 접근방식 다시 말해서 문제의 설정 순서는 언제나 대상 그 자체에 의해 제약되므로,[3] 우리는 절대주의 형성을 대상으로 하는 이상 '절대'의 소재영역 즉 국가구조의 정점에서 문제를 출발시키지 않으면 안 된다. 논의를 진행해가는 가운데 드러나겠지만, 절대주의 국가의 형성은 '위로부터' 진행하는 것이다. 그래서 먼저 1절에서는 'State'smen의 등장과 그 국가구성 원리의 전개를 문제 삼을 것이다. 하지만 그와 관련된 자료는 이미 많은 역사가들에 의해서 거의 다 발굴되어 있으므로, 자료의 인용은 최소한도에 머물고자 하며, 일정한 시각에서 본 대상의 내재적 논리연관을 밝히는 데 서술을 집중할 것이다. 이어 2절에서는 통치체統治體 창출과 거기에 나타난 특질을, 나아가 3절의 집중형태의 특수성 문제를 1절의 '발전'으로 다루면서 마지막으로 지배형식의 모순을 찾아볼 것이다.

1. 'State'smen의 논리

"국가라는 새로운 말das neue Wort 'Staat', 그것은 정말 신기하게도 새로운 것 neue Sache을 나타내주고 있다"(헬러H. Heller).[4]

절대주의 최대의 역사적 역할은 국가의 건설에 있었다. 다시 말해서 봉건사회에서 실체화된 신분적 구성이 붕괴하고 사회의 동태화動態化가 진척됨에 따라 강력한 정치주체로서의 절대군주의 등장에 매개되어 비로소 역동적인 사회상황에 적합하면서 질서를 유지하는 정적인static '통일적 기능체'⁵로서의 국가가 성립하게 되었다. 국가는 이미 실체가 아니라 군주에 의해서 '의식적, 계획 합리적으로'⁶ 조작되는 권력의 기구Apprat⁷이며, 실질적으로는 물적 행정수단과 거기서 분리된 인적 도구에 의해 구성되는 관료기구 그 자체였다. 그리하여 '국가'라는 것은, '새로운 것'을 의미하는 새로운 개념이었다. 내용적으로는, 사회적 신분적 특권과 봉건적 토지소유를 잔존시켜서, 오히려 위기에서의 봉건제의 권력적 보호자로서 성립하며, 따라서 봉건적 신분을 자기의 권력기구의 구성자인 관료, 장교의 사회적 기초로 삼은 절대주의는, 오히려 그야말로 그것에 의해서, 동시에 정치형식상으로는 봉건귀족의 고유한 지배 권력을 수탈⁸해서 그것을 절대군주에게 집중시킨 것으로 나타났다. 거기서 당연히 절대주의는, 정치적 영역에서, 봉건적 중간단체를 배제하고 권력일원론Macht-monismus을 관철시켰으며, 그것에 의해서 '철저한' 근대성을 먼저 국가형태에서 결정시키는 경향성을 갖는다.

그런데 메이지유신의 '1단계'는, 그 같은 절대주의의 일반적 운동법칙의 어떤 지점에 자리매김 될 수 있는 것일까.

"하늘 아래 모든 땅이 그 조정의 소유가 아님이 없으며, 그 신하가 아닌 사람이 없다. 그것을 대체大體로 삼으며, 주기도 하고 뺏기도 하며 작록爵祿으로 아랫사람을 유지해서 조그만 땅도 사사로이 할 수가 없는 것, 그것을 대권으로 한다". 그리고 또한 "제도와 전형과 군려의 정사로부터 융복과 기계의 제도에 이르기까지 모두 조정에서 나와 천하의 일은 크고 작음 없이 모두 한 곳으로 귀일시켜야 한다. 그런 다음에 명분과 실질을 얻을 수 있어 비로소 해외 각국과 나란히 설 수 있다".⁹ 이 같은 판적봉환 건의문의 한 구절은, '소유'와 '정치권력'이 미분화되어 있던 전근대적 지배원리를, 그 다원적인 존재로부터 단일적 존재에게로 이른바 완성함으로써, 거꾸로 봉건적 할거를 분쇄하고, 나아가 모든 권력과 권위를 군주에게 집중시키고, 그렇게 함으로써 또 거꾸로 다른 어떤 사람들도 사적인 지배권을 상실하고 평등한 '신하'가 되어 정치사회의 수평화를 귀결하는 절대주의의 내적 연관을 근사하게 말해주고 있다. 사태의 진행은 얼핏 보기에 하등의 치우침도 포함하지 않는 것 같다. 다만 번주藩主들의 특권이 군주와 그 '가료家僚', '용병군傭兵軍'에 의해 '수탈'된 것은 아니며, 조슈 - 사쓰마 - 히젠 - 도사長薩肥土 네 번을 선두로 하는 봉건영주들로부터 '봉환'되었다는 한 가지 점을 제외하고는 말이다. 그러나 문제의 본질은 아마도, 거기에 숨어 있을 것이다.

물론 그런 '봉환' 자체가 결코 그들 번주들의 자발적인 것이 아니라는 점은 새삼 말할 것도 없으며, 그것은 기도 다카요시, 오쿠보 도시미치,ᴵ 구로다 기요타카,ᴵᴵ 히로사와 효스케ᴵᴵᴵ 등의 드러나지 않은 활동에 의한 것이었다.¹⁰ 그리고 주의해야 할 것은, 특히 68년 내란이 종료된 후의 '재야의 부랑자들'의 새 정부 반대나 전비戰費를 위한 지폐 난발亂發의 결과인 물가앙

ᴵ 大久保利通, 1830~1878. 정치가, 사쓰마(薩摩) 출신. 토막파(討幕派)의 중심인물로서, 사쓰마-조슈연합의 추진자. 판적봉환, 폐번치현을 감행하고, 사이고 다카모리(西鄕隆盛) 등의 정한론에 반대. 참의(參議), 대장경(大藏卿, 오쿠라쿄), 내무경(內務卿)을 역임, 메이지 정부의 지도적 역할을 했다. 불평 사족에게 암살당했다.

ᴵᴵ 黑田淸隆, 1840~1900. 정치가, 가고시마(鹿兒島) 출생. 무진전쟁(戊辰戰爭)에서 관군참모로서 고료카쿠(五稜郭)를 공격. 유신 이후, 홋카이도(北海道) 개척장관, 일조수호조규(日朝修好条規, 한일수호조약)를 체결, 1888년 수상에 취임했다. 대일본제국 헌법 발포를 맡았지만, 조약개정 교섭실패로 사직했다.

ᴵᴵᴵ 廣澤兵助, 히로사와 사네오미(廣澤眞臣), 1833~1871. 막부 말기의 존양파(尊攘派) 지사(志士). 조슈 번사(長州藩士). 번의 안정개혁, 그리고 토막운동(討幕運動)을 획책했다. 유신 이후 참의(參議)가 되었지만, 암살당했다.

등에 의한 '사농공상'의 새 정부에 대한 반감, 특히 기도에 의해 "한 마을이 들끓어 오르게 되면 긴키近畿 지역으로 곧바로 파급되어 소요가 일어날 수 있다"(1869년 4월 24일)[11]고 우려했던 백성들의 반란이 긴키 지역뿐만 아니라 전국에서 비등해서, 그 같은 사태를 만나게 되자 비로소 그들은 '황국의 근본'을 지키기 위한 '판적봉환'의 실행을 서둘렀다는 점이다. 68년부터 69년 전반을 통해서, 기도와 오쿠보의 편지, 의견서에서 그것을 분명하게 엿볼 수 있다.[12] 그것은 농민=종교전쟁을 통해서 봉건질서가 붕괴함과 더불어 우뚝 서게聳立 된 유럽의 절대주의와 조응한다.

하지만 여기서는 우선 그것들이 문제가 아니었다. 왜냐하면 그들의 '봉환' 활동은 순전한 중앙정부 관료로서 행해진 것이 아니라, 형식적으로는 절반은 번사藩士, 한의 사무라이로서 봉건영주인 주군을 협박하거나 혹은 기만한 결과였으므로, 그것은 여전히 중앙정부 측에서 이루어지는 일방적인 '수탈'과는 달랐기 때문이다.

우리는 그 같은 특수 일본적 형태의 '수탈'에 의한 집권이 대체 어떤 특질을 일본의 절대주의 국가구조에 안겨주었는지 밝히기 위해서, 먼저 '조정廟堂의 기둥主柱' 의정議定Ⅰ 이와쿠라 도모미 및 실질적 지도자인 오쿠보 도시미치, 기도 다카요시 등의 논리에 대해 보기로 하자.

이미 1868년 정월 이와쿠라는 "군주와 신하의 도리, 위와 아래의 직분을 밝혀서, 부강의 기본을 견고하게 해서, 국가의 운세를 흥륭시킨다"는 '건국'의 목적을 말하고 있는데,[13] 그에게 건국이란, 군주인 천황에 의한 그것도 아니며, 또한 '진무창업'Ⅲ의 역사적 연속도 아니며, 그 자신과 오쿠보,

---

Ⅰ 기조. 1868년 1월 3일 왕정복고(王政復古) 때에 설치된 관직, 총재(總裁)·참의(參与)와 더불어 삼직(三職)의 하나. 1869년 폐지되었다.

기도 등 '유사有司'의 '사업'을 의미하는 것에 다름 아니었다. 1870년에 이르러 이와쿠라는 오쿠보에게 폐번치현을 추구하는 그들의 활동을 '건국 시말建國始末'로조차 부르고 있었다.[14] 여기에는, 국가를 자연의 질서로 관념하는 중세적 질서관은 조금도 존재하지 않는다. 국가는 어디까지나 그들 자신들의 '시말始末'＝작위作爲에 근거한 것이다. 그리하여 그들 '유사'는 국가건축을 관정하는 정치기술자政治技術家, 다시 말해서 'State'smen으로 거기에 등장했던 것이다. 때문에 그들 기술자들에게는, 국가건축 이외의 어떠한 목적, 어떠한 가치도 어떤 구속력을 갖는 것이 아니었다. 특히 기도에게서는, 예를 들면 도막倒幕, 막부를 쓰러트리는 운동의 신성한 상징인 '천자의 옥새'와 '대의명분'조차 '하나의 모략'의 수단으로 자각적으로 조작되고 있었다. 그는 1871년에 이르러 판적봉환 운동을 되돌아보면서 이렇게 말하고 있다.

조정의 힘이 약하고 각 번의 마음도 각각이라, 혹은 양이를 주장하고 혹은 쇄국을 주장하고, 혹은 개국을 주장해서, 당시 그것을 통일할 수 있는 원대한 계책이 없으면 천하의 와해가 그야말로 시각을 다투는 듯 했다. 그래서 내가 군현 정책을 정하고서 산조(三條) 공(公)과 이와쿠라 공에게 건의했으나, 결코 행할 수 없다는 말씀이 있었다. 또한 몇몇 동지들에게 같이 의논했더니 혹은 침묵해서 말을 하지 않기도 하고 혹은 기대하기도 어려웠기 때문에 내가 하나의 모략을 세워서 오늘날 제후의 봉토를 모두 조정의 적인 도쿠가와로부터 수여하는 것처럼 해서, 천자의 옥새가 얽히지 않도록 하는 것, 그것이 확실히 좋겠다, 크고 작은 명분에 얽매여서는 어떻게 천하를 세울 것인가 하면서, 판적봉환을 주장해서…….[15]

ǁ 神武創業. 진무 천황이 나라를 열었다는 것. 그래서 '진무 이래로'라는 식으로 쓰인다.

그리하여 존황의 제 번사藩士들은 오쿠보를 선두로 일제히 관적반환返上 운동을 개시하게 되었다고 기도는 적고 있다.[16] 근대적 국가기술은, 분명하게 그에게서 성립해 있었던 것이다. 그 뿐만이 아니다. 기도에 의해서 "말末을 논하고 기본을 논한 것이 적다"(메이지 4년 7월 9일)[17]고 폄하당한 오쿠보라 하더라도, 주군 시마즈 히사미쓰에 대한 '불충한 신하'임을 마다하지 않았던 것은 너무나도 유명하다.

그 같은 단일 목적의 구체적 설정은, 필연적으로, 한편으로 철저한 사실주의와 다른 한편으로 상황을 목적 지향적으로 편성해야 하는 주체적 합리적 원리의 가치적 고양을 가져다준다. 기도가 "사실상에 있어서 …… 완급을 도모하지 않으면 앞으로 어떻게 될지 알 수 없다"(1871년 6월 11일)[18]고 '근정탐색近情探索'[19]에 노력을 기울이면서, 다른 한편으로는 일관되게 "위에서 그 권權을 장악하고 평균지세平均之勢를 만들어서 방해하는 자는 바로 일도양단一刀兩斷해야 한다고 말하는 것은 어디까지나 어쩔 수 없는 일"(1869년 7월 10일)[20]이라 하면서 이념형적 절대주의 국가 이미지를 조금도 양보하지 않았던 것은, 실로 상징적이었다. 거기서는 당연히 '목적'과 '실사實事', '조리條理'와 '완엄緩嚴'의 관계가 주체적 방법적으로 구성되지 않으면 안 된다. 기도가 "완엄緩嚴 등의 논의가 종종 있다 하더라도 그 근원元은 다만 조리條理가 맞느냐 아니냐에 있으며, 완엄이 모두 조리에서 나오는 것이지 완엄에서 조리를 논하는 이치는 없다. 그런데 유사有司도 많아서 그 견해가 모두 같지 않기 때문에 나도 역시 오늘의 일은 그저 나라와 집안을

┃ 島津久光, 1817~1887. 에도 말기의 사상가. 사쓰마 출신. 나리아키라(斉彬)의 배다른 동생. 나리아키라가 죽은 후, 아들인 다다요시(忠義)가 번주(藩主)가 된 후 번정(藩政)의 실권을 장악했다. 번 내의 존양파(尊攘派)를 탄압하고 공부합체(公武合体)로 나아갔다. 1874년 좌대신(左大臣)이 되었지만, 얼마 후 은퇴했다.

일치시켜 일관된 목적을 성립시킬 수 없을 때에는 역시 예년의 실책失策처럼 되어……"(1871년 4월 14일)21라고 하면서 이상의 연관을 정식화한 곳에서는 전통, 권위 등의 역사적 비합리적 계기의 가치성은 조금도 존재하지 않으며, '합리적 원리'의 현실화만이22 오로지 추구될 뿐이다. 따라서 모든 '실사實事'를 원리적 가치('조리')의 조준照準에 의해 측정하고, 거기서부터 행동의 목적 합리적 자기제어로서 '완엄緩嚴'을 낳아가려고 하는 기도의 주체적인 사고에서, 근대적 '전략과 전술strategy and tactics'이 일본에서 최초로 출현한 양상의 하나를 찾아볼 수 있다. 그렇게 해서 비로소 내란, 69년의 인플레이션과 흉작, 백성 봉기의 비등沸騰, 존양 낭인 사무라이浪士의 불온 등이 잇따르는 격동기에, 통일된 군대도 없는 채로 미세한 상황변화에도 잘 적응해서, 예를 들면 오쿠보가 한편으로는 "올 가을에 이르러 동요의 기미가 조금도 보이지 않게 되어 마침내 천하의 생사여탈의 권이 재야草莽의 손으로 넘어가버린 것 같은 경과는 마치 땅이 무너져버린 것에 다름 아니었다"(1869년 1월)23는 입장을 일관되게 지니면서도, 다른 한편으로는 조정 내의 '속이 언짢은' 고대 왕조적 인습을 타파하려고 하면, "오늘날의 정체, 문벌을 타파하고 재야라 하더라도 등용할 수 있는 그런 정치로 정해져서"(1869년 10월)24라고 했듯이, 모든 동기를 일정한 상황하에서 일정한 목표의 수단으로 이용하면서 국가형성이라는 목적을 달성해갈 수 있었던 것이다.

하지만 이미 앞에서 기도의 모략론謀略論에도 기록되어 있었듯이, 새롭게 등장하게 된 states'men'은, 도막운동의 사회적 구성에서 유래해 실로 다원적이며, 따라서 질적 복수성으로 존재하고 있었다. 그래서 만약, 일찍이 고전적 절대주의 사상가로서의 데카르트가 건국을 건축기술에 비유하면서 기하학적 명석함으로 정식화한 것처럼, "여러 대들보棟梁들의 손에 의해서 다양하게 모이게 된 일들에는, 흔히 한 사람의 수고로움으로 이루어진 것에서 볼 수 있는 정도의 완전함은 없다"[25]고 한다면, 일본 절대주의의 건국은, 거의 치명적인 약점을 지니고 있다고 하지 않으면 안 된다. 기도만이 아니라, 물론 오쿠보도 그 점을 잘 알고 있었다. 그렇기 때문에 이미 1868년 8월 1일, 오쿠보는 천황의 '인군人君'화를 중핵적인 과제로서 다음과 같이 말했던 것이다.

> 관무(官武)의 구별을 버리고 국내가 다 같은 마음으로 합체해서 하늘의 주인이라 떠받드는 것은, 이처럼 고마운 존재, 아래 백성들(下蒼生)이라는 것은, 이처럼 믿음직한 존재로서, 위아래가 일관되어, 천하의 만민이, 모두 감동해 눈물을 흘릴 정도의 실행을 올리는 것은, 오늘날 급한 일들 중에서도 가장 급한 일이라 할 수 있다. 지금까지와 마찬가지로 주상(主上)이라 떠받드는 것은, 옥으로 장식한 발(玉簾) 안에 계시면서, 인간으로 변하신 것처럼 지극히 제한된 공경(公卿)들 외에는 받들어 뵐 수 없는 그런 모습으로는, 백성의 부모라는 하늘이 부여한 직무(職掌)에는 크게 어긋나는 것이므로, 그런 근본·도리에 적당한 직장을 정해야 비로소 국내 사무의 법(法)도 일어날 수 있을 것이다.[26]

그런 이유로 1868~69년 두 해 천황의 동행東行이 실시되었다. 기도는 천황의 '동쪽 행차'에 반대하는 교토의 공경公卿 무리들에 대해서 '썩은 유학자와 우활한 서생腐儒迂生'이라는 매도惡罵를 퍼부으면서 이렇게 말했다. "이번의 동행에 대해서, 교토의 썩은 유학자와 우활한 서생들에게서는, 다른 주장들이 백출해서, 수레輦輿를 멈추게 해야 한다는 주장도 있었다. 천자가 천자인 연유를 알지 못하고서, 고루한 식견으로 천하의 큰 기틀을 잘못하게 한다".27 하지만 그런 기도는 천황의 절대군주화를 가져다주는 것이 아니라, 결과는 당연히 '군덕배양君德培養'(이와쿠라)과 궁정의 인습 개혁으로 끝나버렸다. 이미 오쿠보의 '인군'화는 그 자체 조정의 '은恩'을 보편화하려는 것에 지나지 않는 경향을 내포하고 있었다. 그러므로 판적반환 1년 후, 1870년 8월에 이르자 기도는 "피부에 와 닿는 다스림을 펴고 작은 인小仁과 작은 은혜小惠를 급히 베풀어서 한때나마 즐겁고 편안한 모습에 빠져서, 천하의 은혜를 탐하고 윗사람을 업신여기고, 공이 있는 번도 역시 형상을 삼가지 않아, 조정의 권위가 도리어 옛날과 같지 않아서, 명과 실名實이 심하게 다른 바가 있다"28라고 비통한 절규를 토하지 않으면 안 되었다. 천황이 전통적인 '군덕君德'자에 머물러 있는 한, 아무리 그것을 보편화하더라도 그대로는, '권위'가 점점 더 쇠미해지고 '공이 있는 여러 번들'의 사적인 전횡을 가져다주었을 뿐이었다.

하지만 오쿠보 역시 비슷한 것을 반년 전, 그러니까 판적봉환 반년 후가 되자 깨닫게 되었다. "종래 정부의 정실情實을 논하는 본조本朝의 사람들은 모두 별 볼일 없는 사람들烏合이었는데, 사람의 마음이 확연히 변하게 되자 그들을 제어할 수 있는 사람이 없게 되었다 …… 또한 조정의 힘이 미약하기 때문에 그 기축이 서지 않고 신의도 서지 않아 모든 일들이 제대로 되지 않는다"29고 하면서, 건국의 단일주체가 없음을 개탄하고 있다. 그에게는, 그 같은 "논의가 다양한데 그 중용中을 취해서 결정하는" 사람이 없는 상황으로 인해 "내실內實은 조슈長는 조슈, 도사士는 도사, 이러저러한 사정이 있어도 힘을 합해서 같은 마음으로 공평함으로써 서로 친하게 지내고 또 같이 하려는 추세가 아니라, 조슈는 도사를 누르고 도사는 조슈를 능멸하

려고 해서 결국 다시 혼란을 키우게 되었다 …… 천황의 위엄을 해외에 빛
낸다는 것은 생각조차 할 수 없는 일이다"[30]라는 식으로 되지 않을 수 없었
다. 절대군주의 미성숙은, "기둥棟梁들의 모임"에 의한 국가형성의 길을 강
요하지 않으면 안 되었으므로, 거기서 거꾸로 점점 더 분파주의를 격화시
켜 가게 되었다.

여기서는, 메이지유신의 질적으로 복수적인 states'men'은 어떻게 해
서 '단일'적인mono'kratisch 집중 국가를 구축하려는 것인가. 전형적인 근대국
가주의자 기도에게 있어서 그런 병리의 구제는, 본래는 오로지 독재Diktatur
의 출현에 의해서만 가능해지는 것이다. "그래서 그것을 오늘에 구제하려
고 하면 결연한 큰 단안大斷 이외에는 없다고 하겠다. 결연한 큰 단안이라는
것은 누군가 일시적인 권權을 오로지하고 일을 만세에 도모해서 삶과 죽음
사이에 서서 악을 징계하고 선을 들어서, 천하의 이목을 움직이고 새롭게 하
지 않으면 어떤 결과가 없을 것"[31A]이라 한 까닭이었다. '일시적인 전권專權'
즉, 슈미트C. Schmitt 식으로 말하면, '예외적인 전권'을 가지고 '권력분립을
지양'하고 체제의 방향전환을 단행하는 "개혁독재Reformationsdiktatur"[31B]를
요구하고 있다. 하지만 그런 독재자는 누구에 의해서 혹은 어떻게 임명되
는가. 생각할 수 있는 모든 경우는 네 가지가 있을 뿐이다. 다시 말해서 천
황의 명령에 의거하든가, 천황의 추인追認을 전제로 한 스테이츠맨statesmen
의 합의에 의거하던가, 혹은 또 스스로 주권자라는 것에 의거하든가, 나아
가서는 인민주권의 확립하에 자코뱅 형 독재자가 되든가. 마지막의 것은
여기서는 문제가 되지 않는다 하더라도, 제3의 경우에도 유신정부의 새로
운 변혁을 수반하게 된다. 게다가 바야흐로 명목적 주권자인 천황이 무주
권적無主權的이며, 주권의 실질적 담당자로서의 스테이츠맨이 질적으로 복

수적複數的이어서 그 사이에 분파주의가 횡행하고 있다고 한다면, 독재의 성립은 유신정부의 파괴를 수반하지 않는 한 있을 수 없다. 그리고 '만국각립萬國各立'에 조급하게 대치해야 할 요청은 정부의 급격한 재구성을 허용해주지 않는다. 그렇기 때문에 스테이츠맨의 '모임'이 기도되고 있다. 이래서는 기도의 본래의 '조리條理'로서의 독재제는 그대로 실현할 수가 없으며, 또 그 실시를 가능하게 해주는 조건의 자주적 성숙을 기다릴 시간적 여유도 없다. 본래의 '조리'에 크게 '완엄緩嚴'이 가해지지 않으면 안 되는 것이다. 그 스스로 이렇게 말하고 있다. "그렇다 하더라도 오늘의 시세에 있어서는 그 계책이 아주 어려운 바가 있으므로, 지금으로서는 부드럽게 자중하는 수밖에는 없다"[32]라고. 나아가 "자중이라 하더라도 역시 훗날의 목표가 없으면 천하가 난리亂離에 이르게 되는"[33] 것은 필연적이므로, 여기서 '조리'의 구체적인 실현 방도를 리얼하게 찾아내지 않으면 안 된다. 그에게 있어서 그것은 "10년 15년 20년을 계산해서 …… 먼저 조정은 8백만 석으로 독립하게 하고서 여러 번들에 대해서는 잠시 그대로 두고서 크게 부현에 착수해서 이루도록 하고, 천하의 일반 인민들은 종래의 속박을 풀어서 각각 자유의 권權을 취하게 해서, 조정이 정사를 자연히 홀로 할 수 있게 될 때에는 마침내 여러 번도, 옛 번도 지킬 수 없게 될 것이며, 그에 따라서 조정에 부화附和하게 될 것"[34]이라는 길이었다. 독재자dictator가 없다고 한다면, 인민을 중간단체의 '속박'으로부터 해방시켜 그들에게 국가에 대한 자유를[35] 부여하고, 그렇게 함으로써 중간단체 특히 봉건영주의 지배 권력을 점차적으로 배제하고, 집중권력을 이른바 혁명적으로revolutionary가 아니라 점진적으로evolutionary 형성해가려는 것이다. 여기서는, 정치사회의 수평화가 권력의

| 모든 국가들이 서로 대치하고 있는 상황.

물리적 집중의 대극으로 생겨나는 것이 아니라, 거꾸로 국가에 대한 자유의 배양을 매개로 해서 수평화를 선행적으로 촉진함으로써, 권력의 초월을 점차 기능적으로 이룰 수 있도록 하려고 한다. 여기에, 바야흐로 2년 후 새로운 상황하에서, 전제 그 자체와는 다른 계몽전제啓蒙專制가 발생하는 이유가 있었다. 그것은 한편으로 절대주의의 국내적 미성숙과 다른 한편으로 근대국가 '각립홉立'의 국제상황에 대한 대응 요청의 격차에서 발생한 것이라는 점이, 분명하게 나타나게 된다.

이 같은 유일한 결제자決濟者 내지 국가건축은, 보다 구체적인 차원에서는, 이미 절대군주를 통하지 않고서 단일기구의 조숙한 창출, 기구 담당자의 불균형적인 확대로서 방향 지워지고 있었다. 이와쿠라는 1868년에 다음과 같이 말하고 있다. "신하의 직분으로 말하기가 꺼려지기는 하지만, 밝은 천자와 현명한 재상이 나오기를 기다리지 않더라도, 스스로 국가를 유지保持하기에 충분한 제도를 확립하지 않으면 안 된다. 그렇지 않으면 밝은 천자와 현명한 재상이 나오지 않으면 천 길仞이나 되는 제방도 개미구멍으로 무너질 수 있는 우려가 있다".36

인격적 지배로부터 비인격적인 객관적 기구지배로의 이행이 근대국가를 획기적으로 만드는 것이라면, 그 같은 이와쿠라의 지향은 메이지유신의 정치적 의의를 최대한으로 보여주고 있다고 할 수 있겠다. 그리고 만약 우리가 초역사적으로 말하지 않더라도 지극히 거시적인 시간적 시야로서 그 같은 이와쿠라의 논리를 바라본다면, 아마도 '밝은 천자'＝절대주의의 부정 내지는 개혁의 입장으로 평가될 수 있을는지도 모르겠다. 하지만 우리가, 절대주의의 탄생이라는 일정한 미시적인 역사적 단계에서의 메이지 국가의 특질을 문제 삼는다면, 지배형태의 이행 그 자체에 머물지 않으며,

그런 이행의 방식, 이행의 변증의 논리적 배치를 탐구해보지 않으면 안 된다. 그런 관점에서 검토해본다면, 그 같은 이와쿠라의 논리 전개 속에는 고전적인 절대주의의 운동 원리와는 완전히 대척적인 방법이 존재하고 있다. 예를 들면 서구에서의 절대군주는, 먼저 자신의 권력을 보편교회와 봉건귀족에 대해서 승리시키기 위해서 자신의 지배수단으로, 나아가서는 유일한 인격적 지배의 장치로서 국가의 'Mechanisierung', 즉 기구화를 추진했던 것이다. 그 경우 국가기구화의 결과로서, 일단 국가조직이 '물질적 존재phisische Existenz'**37**로 확립되기에 이르렀을 때, 거꾸로 군주 자신은 그런 '자연적 존재Naturwesen로서'**38**의 국가의 자기보존법칙, 다시 말해서 '국가이성國家理性'에 긴박緊縛되지 않으면 안 되었다. 따라서 군주의 국가이성에의 종속은, 그의 정치적 만능을 조금이라도 잃어버린 것으로 되지는 않았으며, 로앙H. D. Rohan의 말에 상징적으로 나타나듯이 "군주는 인민에게 명령하고, 이해利害가 군주에게 호령하는"**39** 것이며, 군주가 받는 구속은, 정치 일반이 그 본성상 벗어날 수 없는 제약에 다름 아니었다.

일본 '조정廟堂의 기둥主柱'에서 '제도'의 자리매김은 그것과는 반대였다. 이와쿠라에서는, 군주가 다른 모든 인격지배를 부정하고 스스로 유일한 인격지배를 수립하는 과정이, 동시에 국가의 제도화 과정인 것은 아니었다. 오히려 "밝은 천자와 현명한 재상이 나오기를 기다리지 않더라도 국가를 유지할 수 있는" 것으로서의 국가의 기구화를 꾀했던쇼圖 것이다. 거기서는 군주의 인격의 정치적 소외가, 국가의 기구화Mechanisierung와 논리적 결과corollary를 이루고 있다.

거기서부터는, 군주의 무주권성無主權性과 관료제의 조숙한 비대화肥大가 논리적 필연성을 가지고 생겨나지 않을 수 없다. 다시 말해서 이와쿠라에서는, "무릇 천하의 백성들이 우러러 볼 곳은 정부"[40]라는 유사有司관료의 정치적 만능이 결론으로 되어, 군주는 '천하 억조'와의 직접적인 교섭을 잃어버리고, "밝은 덕을 갖추어 대권을 총람하는" 것으로 신민 일반이 아니라, 겨우 '정부가 우러러 보는 곳'이 되어버렸다.[41] 여기서는 군주의 무주권성이 특징적인 한, 설령 체제의 기구화 원리가, "보상輔相, 의정議定, 지사 - 관사知官事 같은 것은 여전히 친왕親王, 제왕諸王, 공경公卿, 제후諸侯가 아니면 그 자리에 나아갈 수" 없는 신분적 고착 상황을 타파해서, "관직은 어떠한 지위라 하더라도 그 재능이 있으면 누구든지 그 자리에 나아가도록 하라"[42]고 할 정도로 급진적으로 전진했으며, 동시에 그것을 실현하는 수단을 공의를 모으는 '입헌주의'에서 찾았다 하더라도, 그것은 절대주의 지배구조의 모든 연관에 있어서는, 균형을 잃어버린 파행적 전진에 다름 아니었다. 또한 특수하게 '유신 전후의 입헌주의'를 말할 수 있는 것도, 그것은 일본 절대주의의 절대주의로서의 취약성에 기초한 것에 지나지 않는다. 다시 말해서 절대군주의 역학적인 관료제 창출이 불가능했기 때문에, '공의'가 집중체제 형성의 수단이 되었던 것이다.[43] '공의'의 동질성 역시 그 같은 연관에 있었기 때문에, 관료제에 의해 조정의 권력을 확립하려는 지향은, 거꾸로 점점 더 군주의 무권력성을 배가시키고, 따라서 다원적인 스테이츠맨 각자의 전제[44]를 점점 더 증대시켜서, 그 때문에 다시 분파주의도 격화시킨다는 악순환을 낳게 된다. 이와쿠라는 1870년에 이르러, "생각하건대 오늘의 조정은 공명무실해서 정족鼎足의 경중을 거의 도모할 수가 없으며, 사쓰마와 조슈는 실로 주춧돌柱石과 간성干城으로 여겨지고 있다"고 했으며, 그런 다음 "다만 4만의 영재를 등용하고자 하며" 그렇게 함으로써 관료제를 만들어내려고 했다.[45] 군주의 무권력과 사쓰마 - 조슈의 유사有司, 즉 질적 복수의 states'men'에 이끌려가는 관료제의 파행적 전진이라는 앞의 연관이, 다시 확대재생산 되고 있다는 것이 분명하다.

전통적 군주하에서의 절대주의적 관료의 창출(!), 이런 불균형이 발생한 원인 역시 말할 것도 없이 막부 말기의 착종된 열강 진출을 통해서 19세기 후반의 국제관계를 일관하는 권력정치적 상황에 부딪힌 데서부터, 불가피한 요청으로 긴급하게 "해외 국가들諸國과 대치해야 하는" 과제가 생겨난 데에 있었다. 여기서 국가는, 군주가 "권력행사의 수단으로 사용하는 지배조직"46을 의미하는 것이 아니라, 무엇보다도 대외적 공동태共同態로서 관념되어야 했다. 그렇기 때문에 이와쿠라, 기도 등에 있어서 '황국皇國'47이란, 누누이 '합국闔國, 전국'의 상징적인 표현에 지나지 않았으며, 따라서 'state'smen은, 무엇보다도 먼저 대외적 공동태의 유지자여야 했으며, 국가이성은 군주의 대내적 통치기술Regierungskunst이라기보다, '천하' 혹은 '합국'의 대외적 통일기술로서 발현되지 않으면 안 되었다. 그래서 봉건지배자의 '공의'를 모아서, 군주의 무권력성을 배가시키면서도, 시급하게 통일기구 정비를 필요로 하는 것은 당연했으며, 또한 국내적 집중이 원활한 생장을 이룰 수 없는 경우에는, 직접 대외적 긴장을 창출함으로써 '합국'의 일체 관념을 배양하고, 그것에 의거해서 거꾸로 기구적인 정비를 촉진시키려 하게 되기도 한다. 잘 알려진 기도의 정한론征韓論은 여기서 등장한다.

다시 말해서 1869년 2월, 산조 사네토미三條實美가 이와쿠라 도모미에게 보낸 편지에서, "황국의 오늘날의 인정人情의 규모는 더욱 협소해서 그저 다른 사람의 잘못을 찾고, 다른 사람의 능력을 질투하고, 다른 사람의 악에 분노하는 등 오로지 내부에 자신의 눈을 돌리고 있으며, 전 세계의 대세는 실로 우리 황국에 시급함을 알지 못하니, 이런 모습인데도 사방에 잠시 일이 없을 때에는 다양한 변태를 낳아 사람들이 한층 더 곤혹스러워 하는"**48** 것을 걱정해서, 경제적 이익을 완전히 무시한 정치적 기술로서의 정한론을 주장한다.

> 바야흐로 한국을 정벌하자는 안건이 일단 결정되고 나면, 하코다테(箱館)도 어느 정도 평정될 것이므로, 조정이 준비에 일찌감치 손을 대는 한편으로, 조정의 힘으로 한국땅 부산부에 항구를 하나 열게 되면, 거기서 물산(物産)과 금은(金銀) 등의 이익이 있을 것이며 설령 손실이 없지 않다고 하더라도, 황국의 큰 방향을 세워서 억만 창생으로 하여금 안팎이 일변한 것을 보게 하고, 육해군의 제 기예(技藝) 등을 착실하게 닦게 해서, 훗날 황국으로 하여금 크게 흥기(興起)해서 만세(萬世)에 유지해가는 것 이외에 다른 길은 없을 것이다……**49**

여기서 대외문제는 순수하게 대내 정치적 기능에서만 파악되고 있다. 군대도 없고 통일적 질서도 존재하지 않는데, 이 같은 시도가 이루어질 리가 없었다. 그것은, 기도 자신이 강조하는 '조리'와 '완엄'의 균형을 완전히 잃어버린 것이었다. 집중국가의 구축에 '조리'가 있는 한, 기도에 있어서도 역시, 국가형성의 중핵적 계기는, 군주의 절대화 이외에는 달리 없었다. 아니, 오히려 기도의 이와 같은 균형 잃은 '모략'은, 군주의 절대화가 막다른 곳에 이른 데서 생겨난 궁여지책일 뿐이었다. 1868년의 그의 말과 1870년의 그의 '개탄'을 연결시켜 고찰해보기로 하자.

인민의 통합을 이루는 첫 번째에 대해서, 조정은 오늘날의 힘 뿐으로서, 종종 황국이 준비도 제대로 하지 못하고, 따라서 그야말로 유지도 할 수 없을 것"(1868년)**50**이며, 그리고 "조정의 바탕을 이루지 못해서 천하가 은혜를 탐내고 권위를 두려워하지 않는 그런 폐단이 적지 않아 앞날을 묵묵히 생각하니 실로 개탄을 금할 수가 없다. 단호하게 하지 않으면 어떻게 할 수 없는 큰 해를 낳게 될 것이다".[51] 조정은, 여전히 전통적 은혜의 수여자이기는 해도, 결코 '위威'=권력에 의한 지배자는 아니다. 그래서 다양한 '완엄' 사이를 일관해서 절대군주의 형성이 국가의 권력핵으로 요구되고 있었다.

모든 문제의 해결방법은, 그리하여 결국 권력적 절대자의 형성으로 환원되지 않으면 안 되는 것이다. 우리의 서술이 이미 밝힌 것처럼, 세계정치 상황의 압력과 국내적 절대주의의 미성숙 사이에 끼어 있으면서, 급속한 근대국가의 형성이 이루어져야만 했던 사정은, 한편으로 시종 권력적 절대자의 등장을 요구하면서, 다른 한편으로 절대주의로서의 다양한 특이성을 낳고 있었다. 다시 말해서 ① statesmen의 다원성, ② 권력집중의 대극對極으로서의 수평화와는 반대로, 수평화가 촉진되는 기능적 결과로서의 집중에 대한 기대(따라서 수평화는 공의公議 등용, 인재 흡수로 끝나서 의사화擬似化하게 된다), ③ 절대권력자의 성립에 매개되지 않는 기구지배 원리의 조숙, ④ 국가 관념에서의 대외공동태의 계기의 불균형적인 고양이었다. 그리하여 이 같은 점들이 시급한 국가형성에 수반해서 진행되었으며, 봉건적 권력의 절대군주에 의한 국내적 수탈이 불철저한 그대로 남게 되면, 그만큼 봉건적 분파주의를 내면화 시키게 되어 도리어 결과적으로 모순을 확대재생산하게 되었다. 권력적 절대군주의 등장은 절대 불가피한 요청이었다.

그런데 천황은 1869년 9월, 다음과 같이 말하였다. "짐이 들으니 밝은 군주의 덕으로 아랫사람들을 이끌고 평범한 군주는 법으로써 사람들을 대한다고 한다. 생각하건대 어지러운 적이 언제나 있는 것은 아니니 군주의 덕 여하에 있을 뿐이다".[52] 여기서는 statesmen이, 그 실현에 모든 노력을 기울이고 있는 제도적 지배=‘법’에 대항해서, 군주의 덕 지배의 원리가 주장되고 있다. 법은 ‘난세’에만 필요한 지배수단이며, 따라서 일시적·우연적인 존재로 간주된다. 때문에 동태성動態性이 ‘난세’＝일시적이고 우연적인 변태變態로서가 아니라 오히려 늘 같은 모습의 사회형태에서는, 물론 그 체제는 타당할 리가 없다. 그렇다면 바야흐로 사회의 계층에서 군덕자君德者의 원리를 기초 지워주는 사회형태가 존재하는지도 모른다. 그리고 만약 군주의 덕의 사회적 기초가 존재하는 경우에는, ‘statesmen’에서 확대순환적인 모순을 가지고서 집중국가의 형성을 방해하는 것으로 관념된 천황의 전통적 군덕성君德性은, 집중체제의 창출에 있어서, 사회의 기저에서 어떤 형태로든 처리되어야 한다. 다시 말해서 최고도 내지 일정한 정도로 이용하든가, 아니면 혁명적 내지 점차적으로 부정하든가. 그들 중에서 어느 한 쪽의 경우, 새로운 ‘국가Staat’는 어떠한 구체적 규정을 받게 될 것인가. 우리는 여기서, ‘위威’에 의해 구성되는 권력국가와 군‘덕’에 의한 지배의 구체적인 연관을, 그것이 형성되던 통치제제 속에서 추적해야 할 지점에 도달한 것 같다.

저자주

1 『기도 다카요시 일기(木戸孝允日記)』(일본사적협회(日本史籍協會)) 제2, 52쪽. 1871년 6월 11일조.

2 『이와쿠라공 실기(岩倉公實記)』 하권, 217~218쪽.

3 예를 들면, 마르크스주의의 교조적인(dogmatic) 이해하에서는, 모든 역사적 대상에 대한 접근의 제1문제가, 언제나 따라서 선험적으로(a priori) 경제적 분석을 추구하는 것인데, 그 경우에는 접근방법 자체가, 이미 비역사적으로 되어 있다. 필요한 것은, 대상 자체의 논리에 따르면서 마지막으로, 객관적 규정인(規定因)으로서 경제구조의 존재를 검출(剔出)하는 것이다. 경제의 규정성은 모든 시대와 사회를 객관적으로 관통하는 것이지만 규정 형식은 모든 시대에서 역사

적으로 다르다. 사적 유물론 자체가, 제1의적으로 경제사회인 시민사회에서, 그것에 대한 자각적 분석(자본론)을 통해서 비로소 성립했던 것이다.

4 H. Heller, *Staatslehre*, 1934, S. 129.

5 6 H. Heller, Ibid., S. 135.

7 국가를 Machtapparat로 파악하는 사고형태는, 말할 것도 없이, 르네상스 이탈리아의 Signorie에 나타난 stato 개념에서 시작되어, 유럽 각국 절대주의의 국가형성 과정에서 점차로 실현되기에 이르렀다. 그런 의미에서 그 국가 개념은 절대주의의 운동방향의 지표(merkmal)로 채택될 수 있다. 예를 들면 영국 절대주의는 필머(R. Filmer)에 의한 가부장론적 변증에서 홉스에 의한 구성적(constructive) 권력론적 변증으로 바뀌었으며, 프랑스에서는 보댕에서 동시에, 국가 개념의 이중성이 존재하며('서장'의 주 8 참조), 그 후 루이 14세, 리슐리외의 권력국가 개념으로 순화되었다. 여기서 절대주의는 근대국가 건설이라는 자신의 역사적 사명을 완전히 수행하고 자신을 대체하게 될 부르주아 체제의 출현을 기다리게 된다. 카시러(Cassirer, Ernst)의 프랑스에 대한 예리한 지적을 보라. "절대왕권에서 표현된 국가적 통일로부터, 비로소 프랑스 민족의 국민적 통일은 자신의 의사에 따라서 생겨나게 된다. 후자는 전자 안에 자신을 기초 지워서, 전자 자체를 확신하게 된다"(E. Cassirer, *Freiheit und Form*, 1922, S. 481). 그러니 영국에서, 로크가 비판을 필머에 집중시키고 홉스를 향하지 않았던 것을 떠올려볼 수 있겠다.

8 근대국가 형성의 기본적 지렛대(테코)가, 절대왕권에 의한 봉건귀족의 지배특권의 '수탈(收奪, Enteignung)'에 있다는 것에 주목한 사람은, 말할 것도 없이 막스 베버였다(Wirtschat u. Gesellschaft, S. 124ff., 650ff. Politik als Beruf, *Gesammelte Politische Schriften*, S. 401). 절대주의는, 하부구조에서의 자본주의의 본원적 축적을 권력적으로 행했을 뿐만 아니라, 오히려 그것의 전제로서, 정치적 '수탈'을 통해서 모든 행정수단을 국가기구의 정점에 집중시킴으로서, 근대 '국가'의 본원적 축적을 감행했던 것이다.

9 『이와쿠라공 실기(岩倉公實記)』 중권, 670~671쪽.

10 1868년 9월, 기도와 오쿠보 사이에 판적봉환에 대한 의견이 일치되어, 사쓰마에서는 고마쓰 다테와키(小松帶刀), 구로다 기요타카(黑田淸隆) 등이, 도사(土佐)에서는 고토 쇼지로(後藤象二郎), 히젠(肥前)에서는 소에지마 다네오미(副島種臣)가, 조슈에서는 히로사와 효스케 등이 각각 획책했다(참조,『오쿠보 문서』제3, 16~19쪽 주 6번). 다른 번에 대해서도 그들이 은밀히 공작했다는 것은, 기도가 1869년 2월 9일 이와쿠라에게 보내는 편지에 나타나 있다. 거기에는 "토지와 인민의 반환(返上)을 건의하는 데 사태가 이르렀다"고 기뻐하면서 "은밀히 힘을 다했더니, 동행(東幸)하고 있는 간토(關東)에서도 필시 몇 개 번에서 반상

론(返上論)을 건의(建言)하는 곳도 있을 것으로 여겨진다"고 했다(『기도 문서』 제3, 254쪽).

11 『기도 다카요시 문서』제2, 232쪽, 오쿠보에게 보낸 편지.

12 예를 들면, 1869년 1월 10일 오쿠보는 고마쓰 기요카도(小松淸廉, 小松玄蕃頭), 이지치 모리노조(伊地知壯之丞), 요시이 고스케(吉井幸輔)에게, 판적봉환의 상서(上書)가 늦어지고 있는 것에 대해서 독촉했는데, 그 편지에서 "근래 참으로 여러 주장(衆說)이 분분(紛紛)하고 편혹(煽惑)해서 들려오는" 재야(草莽)의 불온 상황에 대해서 봉환의 건의를 서둘러야 할 것이라 했다(『오쿠보 도시미치 문서』제3, 16쪽). 하지만 2월 27일 판적봉환, 번정개혁(藩政改革)의 공작을 위해 귀번(歸藩), 3월 15일 상경(着京), 그 2주일 후(3월 29일)에는 이와쿠라에게 "금화(金札)의 시세가 마친 미친 듯이 날로 심해서 점포에서는 이미 2, 3일 만에 120냥(兩)이나 차이가 나게 되니, 따라서 사람들의 마음도 흉흉해져서 소규모 상인(小前)들에게는 사정이 특히 더 어려워서, 소신(小臣)이 가면서 묵었던 강가에까지 벽보를 붙여서……" 이 같은 정세를 수습하기 위해서는 적당한 재정적인 조치가 긴요함과 동시에 "대체로 조정이 감히 범할 수 없는 위엄을 세우지 않으면 아랫사람들이 명령을 듣지 않게 될 것이고, 명령이 행해지지 않으면 금화는 물론이고 그 모든 일들이 두루 행해질 수 있는 도리가 없게 됩니다"라고 해서(『오쿠보 문서』제3, 132~135쪽), 정치적 해결 없이는 '소규모 상인'의 소동은 다스려지지 않는다고 했다. 이를 통해서 '소규모 상인'들의 움직임이 영향을 미치고 있다는 것이 분명하다. 기도에 대해서는 주 10, 15, 50을 참조.

13 『이와쿠라공 실기』중권, 682쪽.

14 1870년 9월 13일, 9월 16일, 오쿠보에게 보낸 편지, 『이와쿠라 도모미 관계문서(岩倉具視關係文書)』제4, 439쪽, 440쪽.

15 『기도 다카요시 일기』제2, 70~71쪽. 1871년 7월 14일조.

16 위와 같음, 65쪽. 1871년 7월 7일조.

17 위와 같음, 67쪽.

18 위와 같음, 52쪽.

19 위와 같음, 15쪽. 1871년 4월 2일조.

20 『기도 다카요시 문서』제3, 242쪽. 기도 이외에 정치사회의 '평균화'를 일관되게 주장한 근대국가주의자는 이토 히로부미였다. 이토는 유신 당시에는 비현실적으로(unrealistic) 그런 '조리'를 주장하고 있었다. 제3절 주 1을 참조.

21 『기도 다카요시 일기』제2, 21쪽.

22 이 표현은, 유럽의 전형적인 연역적 사고에 대해 카시러가 사용한 것이다(E. Cassirer, *Philosophie der Aufklärung*, S. 313).

23 1869년 1월 10일 고마쓰 기요카도(小松淸廉, 小松玄蕃頭) 외 두 사람에게 보낸

편지. 『오쿠보 도시미치 문서』 제3, 17쪽.

24 1869년 10월 29일 니로 다쓰오(新納立夫) 궁내대권승(宮內大權丞)에게 보낸 편지, 『오쿠보 도시미치 문서』 제3, 312~313쪽.

25 데카르트 『방법서설』, 『데카르트선집(落合太郎譯)』 제1권, 21쪽. 데카르트에 의하면, 복수(複數) 주체에 의해 만들어진 건물은, 한 사람에 의해 만들어진 건물에 비해서, "부분적으로는 …… 보다 나은 기술도 찾아볼 수" 있지만, 일반적으로 그 건물의 '배치와 설비'(配備)는 '불균형'이어서 "이성을 사용하는 인간의 의지가 아니라, 오히려 우연이라 해야 할" 정도의 것이다(22쪽). 국가도 그와 마찬가지다. 그에 의하면, "옛날의 스파르타는, 화려하게 번영했다고 하는데 법률이 모두 이상해서 좋은 풍속에 반하는 것조차 있었다는 것을 보면, 결코 그 나라의 법률의 각각이 특별히 뛰어났기 때문이 아니라 그들 모든 법률이 단 한 사람에 의해서만 제정되어, 단일한 목적을 향하고 있었기 때문이다"(23쪽, 강조는 인용자). 주체의 단일화는, 모든 부분적 규정을 넘어서 질적인 비약을 가져다주는 것이다.

26 1868년 1월 23일 이와쿠라 도모미에게 보낸 편지, 앞의 『오쿠보 도시미치 문서』 제3, 192~193쪽.

27 『기도 다카요시 일기』 제1, 111쪽, 1868년 10월 1일조.

28 1870년 8월 20일 산조에게 보낸 편지, 『기도 다카요시 문서』 제4, 103쪽.

29 1869년 12월 18일 귀번(歸藩)에 즈음해서 '동지'(同志)에 나눠준 의견서, 앞의 『오쿠보 문서』 제3, 350~351쪽.

30 1869년 12월 18일 니이로 다쓰오에게 보낸 편지, 앞의 『오쿠보 문서』 제3, 306쪽.

31A 1870년 8월 20일 산조에게 보낸 편지, 『기도 다카요시 문서』 제4, 103쪽.

31B C. Schmitt, *Die Diktatur*, S. 116f., S. 130.

32 위와 같음 A, 103~104쪽.

33 위와 같음, 104쪽.

34 위와 같음, 104쪽. 비슷한 것을 1870년 8월 16일 이와쿠라에게 보낸 편지에서도 말하고 있다.

35 국가에 대한 자유는, '평균화'의 원리와 상호기능적인 근대국가의 원리다. 그것에 의해 국민의 충성을 중간단체를 넘어서 국가에 일차적으로 집중시킬 수가 있기 때문이다. 따라서 단순한 국가에 대한 자유는, '개인'의 실체 관념을 중핵에 둔 자율과는 질적으로 다르다. 다시 말해서 후자는, 개인의 국가로부터의 자유를 기초로 하며, 시민사회의 성립에 매개되어, 자율사회의 보호자로서의 국가에 대한 자유를 성립시키는 것이다. 그런 의미에서 단독의 전자는 한정된 특수한 자유이며, '자유'의 개념 연관의 전체를 포함하는 바의 일반적 자유는 아니다.

36 『이와쿠라공 실기』 중권, 685쪽.

37 38 E. Cassirer, *Freiheit und Form*, S. 480.

39 F. Meinecke, *Die Idee der Staatsräson*, S. 210.

40 41 42 『이와쿠라공 실기』 중권, 686~687쪽.

43 「유신전후의 입헌사상」. '공의' 관념이 관료정부를 강화하기 위한 것이었다는 점은, 이미 나온 연구가 충분히 논하고 있다(오사타케 다케키(尾佐竹猛), 『유신 전후에 있어서의 입헌사상(維新前後に於ける立憲思想)』, 스즈키 안조(鈴木安藏)『메이지 초년의 입헌상상(明治初年の立憲思想)』, 도야마 시게키(遠山茂樹)『메이지유신(明治維新)』265쪽 각주 9, 이노우에 기요시(井上淸)『일본현대사(日本現代史)Ⅰ』317~319쪽). 우리가 여기서 지적해두고자 하는 것은 다음과 같은 점이다. 복잡한 지향을 가진 제 계급이―공경(公卿), 근왕 제 번주(勤王諸藩主), 하급 사무라이(下士), 재야(草莽), 향사(鄕士)―각각의 입장에서 도막(倒幕)운동에 참가했으며, 따라서 대정봉환 후의 사회상황은, 여러 흐름(潮流)이 소용돌이치는 혼란이었던 데 대해서, 그것을 순(純)권력적으로 질서지우는 강력한 절대주권자가 등장하지 않았으며, 거기서 '공의' 관념이 생거나, 그것이 막부 말기 이래 수입되어 있던 '입헌사상'과 합류해서, 훗날 '입헌주의'로 평가받게 되었다는 점이다. 기도가 1868년 11월 13일 노무라 모토스케(野村素介)에게 보낸 편지에서 "고잇신(御一新)이라는 것도 그저 천 명이나 2천 명의 사람들만이 힘을 다해서 여기에 이르렀다고 해도 지나친 것은 아니며, 그래서 크게 중의(衆議)를 취하는 규칙이 마련되지 않으면 안 된다고 생각한다"(『기도 다카요시 문서』제3, 486~487쪽)고 했을 때, 거기에는 그런 복잡한 운동구성에 대한 지극히 현실적인 배려가 이루어져 있다. 재야(草莽)에 대해서 가장 래디컬한(radical) 탄압을 도모하고, 이른바 '권력의 꼬리가 큰(尾大) 폐단' '작은 막부 병립(小幕府竝立)'에 대해서 단호한 태도를 가지고서 절대주의국가 이미지의 실현에 노력한 기도에게서 그러했다. 그래서 '공의'는, 2절에서 분명하게 드러나듯이, 정치사회의 구성에 따라서 상·중·하 층에서 각각을 체제에 흡수하는 데 적합한 기능을 하게 된다(2절 주 29 참조). 이처럼 입헌주의가 절대주의 형성의 전술(tactics)로서 존재하고 있던 한, 카부르가 도식화한 "절대주의의 대신은 명령하고, 입헌체제의 대신은 설득한다"(C. Schmitt, *Der Gegensatz von Parlamentarismus und moderner Massendemokratie*, 1926, in Positionen und Begriff, 1939, S. 57)는, 입헌주의가 본래 갖는 절대주의에 대한 지배형태상의 원리적 대항관계는, 거기에는 존재하지 않는다. 그렇기 때문에 판적반환이 구체적인 일정에 오르게 되자, 곧바로 "공의부(公議府) 따위는 쓸모가 없다는 주장(無用之論)이 많았으며 아직은 오늘날의 국체(國體)에는 들어맞지 않는다면서 일단 폐국(閉局)하자는 내부 평가(內評)가 이루어졌다"(1869년 6월 4일 가쓰라 우에몬(桂右衛門)에게 보낸 오쿠보의 편지, 『오쿠보 도시미치 문서』제3, 197쪽)고 한다.

44 막부 신하 가와카쓰 오오미(川勝近江守) 가문의 1869년(일월은 빠짐)의 「국내 포고서안(國內布告書案)」은, 다음과 같이 말한다.

"3명의 제후(諸侯)가 공평과 바른 이치(公平正理)의 대도(大道)를 부수고, 패 악스런 거동으로 어린 주군을 둘러싸고서 그 존귀한 이름(名)을 가탁해서 자신 의 하나의 취지로써 억지로 모든 일본의 사람들에게 미치게 하려고 한다. 가문 및 국가에 대한 나의 직장(職掌) 충렬의 뜻을 다하겠다고 생각하는 것 보다 이같 은 반역의 폭거를 벌하지 않을 수 없다. 그런데 힘(力)이 정리(正理)를 능가하게 되었다"(『가와카쓰가 문서(川勝家文書)』 357쪽). '정리'를 능가하게 된 '힘'은, 천황의 '힘'이 아닌 점에 주의하라. 막부 권력의 정통화(正統化)의 근거였던 천 황이, 그대로 도막(倒幕) 새 정부의 상징(symbol)이 되었다는 사정은, 메이지 새 정부를 '정리'에 반하는 '사적(私的)' 전제자로 만든 것이다. 군주 자신의 권력 적 승화(昇華)에 의해 절대주의가 생겨날 때에는, 중세적 '정리'에 대한 군주의 '사적' 권력의 자기주장 관철의 결과로서 권력의 '공(公)'적 독점이 생겨난다.

45 1870년 12월 하순 조슈번에 보낸 편지 초안 『이와쿠라 도모미 관계문서』 제4, 492쪽.

46 R. Thoma, *Der Begriff der modernen Demokratie in seinem Verhältnis zum Staatsbegriff*, in Erinnerungsgabe für Max Weber, II, 1923, S. 50. 인용 부분에 서는, 토마는 '국가(Staat)라는 말의 본원적인 의의'에 대해서 말하고 있다.

47 예를 들면 『이와쿠라 도모미 관계문서』 제4, 361쪽. 특히 기도에 있어서는, '일체 국가' 사상 Körperstaatsgedanke는 '권력국가' 사상 Machtstaatsgedanke와 근 사하게 결합되어 있다. 1868년 10월 15일경 노무라 모토스케(野村素介)에게 보 낸 편지에서 기도는, '오늘까지 황국(皇國)의 형세'를 '소봉분립(小峯分立, 작은 봉우리가 나뉘어 있는 것)'이라 규정하고 "이처럼 각각 자신의 산을 높이고자 해서, 황국일치(皇國一致)라는 것은 애초부터 생각이 없었으며 따라서 기맥(氣 脈) 등도 각각 이루어서 천하의 모든 힘(一力)을 다른 곳에 쏟아서 계속해서 대 여섯 개가 아니라" 조정을 최고 정점으로 하는 피라미드형의 집중국가를 상정하 고, "황국이 그 같은 몸체(體)를 이루어 조정이 그 기본을 이루고 각자 순순히 어깨(肩)를 이루어 하나의 봄 하나의 힘(一體一力)으로써 다 같이 황국을 유지 할 때에는 오대주(五州) 강대국이 마침내 어찌 두려워하지 않으랴"(문서 제3, 174~175쪽)고 했다.

48 49 『기도 다카요시 문서』 제3, 241쪽.

50 1868년 9월 29일 고토 쇼지로에게 보내는 편지, 문서 제3, 146쪽.

51 『기도 다카요시 일기』 제1, 363쪽. 1870년 6월 11일조. 하지만 기도의 이같은 개탄은, 1871년 7월 폐번치현 직후에는, 완전히 거꾸로의 옵티미즘(optimism, 낙관주의)으로 전화(轉化)한다. 다시 말해서 그에게는, 절대권력자의 형성도

'일체국가' 사상 실현의 수단에 다름 아니었으므로, 폐번치현에 의한 통일기구의 성립은 곧바로 모든 문제를 해결한 것으로 파악되어, 국내의 실질적 권력관계의 집중의 미숙함은 얼마 후에 당연히 해소되는 것으로 고려할 가치가 없게 된다. 폐번치현의 50여 일 후의 다음과 같은 일기의 한 구절을 보라. "오늘에 이르러 천하의 방향이 하나로 돌아가 남은 것은 다만 유사(有司)가 그 직책을 힘써 널리 재능을 사랑하고 그저 자신의 사를 버리고 공에 따르는 것뿐이다"(『기도 다카요시 일기』 제2, 95~96쪽, 1871년 9월 6일조). '정부의 위권(威權)'의 확립, 그 아래에서 '여러 성(諸省)' 기구의 정비 등등 근대국가가 조리(條理) 그대로 실현된 이상, 여기서는 '관료의 면려(勉勵)'가 있는 한, 국가의 앞길은 양양(洋洋)하다. 그 밑바닥에는 그야말로 근대적 국가주의자에 걸맞게끔 기구(機構)의 자기발전의 사고가 일관되게 흐르고 있다. 거기에 이르러서 그 자신은 "이제 오늘 다시 추구할 바는 없으며 또한 이름을 다툴(爭名) 마음도 없으며 그저 어디 조용한 땅(閑地)을 얻기를 희망할 뿐"(앞의 일기)이라는 완전히 손떼는 식의 낙관주의를 낳는 것이다. 그런 낙관주의는 잠깐 동안에 그치며 사족반란(士族反亂), 백성들의 봉기(一揆, 잇키) 발생으로 파탄에 이르게 된다.

52 『법령전서(法令全書)』 1869년, 381쪽.

2. 통치체제의 창출

1889년, 이토 히로부미는 유신 이래의 메이지국가의 역사적 특질을 이념형적으로 도식화해서 다음과 같이 말하고 있다.

20여 년 전의 천지(天地)를 생각해보면 주권자와 신민(臣民) 사이에는 많은 경계 영역(界域)이 있어서, 다시 말해서 제후(諸侯)의 깃발 아래에 기타 사졸(士卒)과 같은 사람은 그 중간의 장벽이 되어, 전국 일반의 인민은 반드시 무인 가문(武門)의 주재(主宰)에 속하지 않을 수 없었다 하더라도, 일단 봉건 제도를 폐지한 결과는, 위에는 일천만승(一天萬乘)¹의 군주, 아래에는 신민이 있을 뿐이어서, 더러

ㅣ 천자(天子)나 천자의 자리를 가리킨다. 중국 주나라 시절에 천자는 병거(수레) 1만 승을 소유했

그 중간에 우뚝 서서 위와 아래를 격리시키는 장벽 같은 것은 모두 배제하게 되었다. 그래서 이때를 당해서 그 중간에 존재하는 것은 오로지 국가의 관리(官吏)가 있을 뿐이다. 하지만 국가의 관리는 주권을 움직이는 기관에 지나지 않으며, 결코 군주와 신하 사이에 있으면서 위와 아래를 차단하는 경계영역이 아니다.[1]

절대주의에 의한 근대국가의 건설은, 인민과 국가의 직접 교통기관으로 관료기구를 만들어내고, 거기에 세로의 '상하관통上下貫通'을 가져다주며, 나아가 일상사회의 가로의 국가적 경계, 다시 말해서 국민사회의 형성을 준비한다. 따라서 국가의 관료기구는, 이들 두 개의 기능을 영위하기 위해서 일상사회에 대한 정착의 장을 당연히 요구한다. 일본의 유신국가에서 그것은 '민적民籍' 혹은 '호적戶籍'으로 결정되었다. 그리고 그 경우 봉건적 사회형태의 붕괴가 진행되어, 봉건지배의 단일적인 집중이 불가피하게 되어, 한편으로는 보편교회와 다른 한편으로는 봉건귀족의 격렬한 항쟁을 통해서 강대한 절대권력이 생겨나는 경우에는, 사회의 유기적·내면적 연관을 무시한 물리적·외면적 강제에 의해서 지배기구가 영위되고, 국가를 외면화함으로써 봉건반동인 절대주의가 거꾸로 근대적 성격을 국가에서 결실을 맺게 하고, 나아가 그 반작용으로 봉건사회의 분해를 한층 강력하게 촉진하게 되기조차 한다. 여기서 국가는 순전한 권력국가이며, 관료기구는 물리적 강제수단의 행사기구 그 자체다. 하지만 앞 절에서 분명하게 드러난 바에 의하면, 유신국가에는 단일의 절대권력자가 존재하지 않는다. 그래서는 관료기구는 동시에 그대로 물리적 강제의 기구일 수는 없다. 그것은 사회적 정착을 통해서 전근대적 일상생활 형태와의 타협에 의해 지배

다는 데서 유래한다.

체제를 형성하고, 또 그것에 의해 질서를 유지하려고 하는 데 이르게 된다. 거기서 물리적 강제력은, 일상적 사회질서의 바깥에 있어 체제의 형성을 방해하는 '탈적무산脫籍無産'의 무리에 대해서만 향하게 되는 국가권력의 일부분에 지나지 않는다. 강력한 중앙의 군대 없이 유신국가가 성립할 수 있었던 하나의 원인은 여기에 있었다. 그리고 초창기 메이지 국가의 통치체제는, 한편으로 관료제의 창출과 '민적'='호적'의 확정에 의한 기구지배의 기반형성과 더불어 다른 한편으로 '호적' 차원을 통해서, 전통적 일상생활 사회 속에서 질서의 정당성 근거를 찾는 이중과정으로 진행되고 있다. 우리는 먼저 첫 번째 과정부터 추적해보기로 하자.

제도면에서의 지배의 기구화는, 주지하듯이 1868년 윤4월의 「정체서政体書」¹를 반포하면서 시작되었다. 그것은 '정령일도화政令一途化'와 '상하격절上下隔絶 폐단'의 제거를 기도하고, 그것을 담당하는 인적 도구로서 '관인官人'의 정치적 윤리를, "관직에 있는 사람은 사사로이 자신의 집에서 다른 사람과 정사를 논의하지 말라. 만약 만나서 의논하기를 청하는 자가 있으면, 이를 관청에 제출해서 공론을 거쳐야 한다"²고 규정해서, 지배를 통일경영체로서의 '관'의 독점적 운영에 의해서 행하려고 했다. 그런 방향은, 같은 해 10월 "천하와 지방과 부번현府藩縣의 …… 세 정치의 일치"³를 도모하는 번치藩治 직제의 제정에 의해서 지방정치 사회에 침투하게 되었다. 거기서는, 번주藩主를 보좌하는 최고 관료로 정해진 집정執政 · 참정參政의 임면任免에 대해서도, "종래의 관례적인 문벌에 얽매이지 않고서, 인재 등용에 힘써 공적인 천거公擧를 취지"⁴로 한다는 것이 규정됨과 더불어, "번주 곁에 종래

---

¹ 세이타이쇼. 메이지유신 병부의 정치조직을 정한 법. 1868년 윤 4월 발령(發令). 5개조 서약문에 기초해서, 태정관의 권력집중, 삼권분립주의, 관리공선(公選) 등을 규정하고 있다.

두었던 용인用人 등의 직을 폐지하고, 별도로 집사家知事를 두어, 과감하게 번병藩屏의 기무機務에 관여하지 못하게 하고, 오로지 집안 내부의 일을 관장하게 해야 할 것"[5]이라 하여 번주의 가사家事와 번정藩政의 '기무'의 구별이 진행되고 있었다. 1869년 2월에는 "그리고 자칫하면 정령政令이 한결같지"[6] 않음을 개혁하고자 해서 「부현시정순서府縣施政順序」가 정해지고, 판적봉환에 이르러 번주는 지사知事가 되어, 번 수입의 10분의 1이 지사의 가록家祿으로 정해졌으며, 여기서 종래의 봉건영주는 물적 행정수단에서 분리된 인적 행정수단이 되어, 근대국가의 근간으로서의 집중적 기구의 형성은, 비로소 본격화하게 되었다. 그에 수반해서 "백관百官의 수령受領을 폐지하고 위계를 바꾸어"[7] "관직이 없는 자들은 화족華族에서 제 관인의 말단에 이르기까지 위계에 따라 부르도록"[8] 해서, 여기서 전인격적 '신분'에서 분리된 행정수단의 '위계'가 지배기구를 계층화하게 되었다. 물론 신분 일반이 부정된 것은 아니며, 화華 - 사士 - 졸卒의 세 단계로 정리되어 남겨졌고, 거기에 덧붙여서 각 번의 직제상에서도 3대 이상 은혜를 입은 가신은 "상응하는 부조를 받을 수 있다"고 하고, 또한 일정한 가록 외에도 "옛 주군에게 보조를 받는 것은 마음대로 할 수 있다"[10]는 단서가 달렸으므로 아직 봉건 가신관계의 '인습적·신분적' 유대가 완전히 일소된 것은 아니었다. 말하자면, 그것과의 부분적 타협을 통해서 판적봉환은, 전체적인 기구지배화를 약진시켰던 것이다.

그렇지만 위와 같은 타협을 필요로 했다는 것 자체가, 한편에서는 권력적 절대자의 미 성립을 보여주고 있음과 더불어, 게다가 다른 한편에서는 국가기구의 인적 도구로서 자신을 기능적으로 파악해 자각적으로 체계적 기구의 '위계'에 적합하게 하고, 거기서 자신의 활동을 집중할 수 있는 자율적 인간 유형이 아직 보편적으로 성립하지 않았음을 표현하는 것이기도 했다. 여기서 기구 운영의 담당주체의 양성 내지 등용이란 문제가 발생한다. 이미 1868년 1월의 징집徵士제도에서의 "제 번사藩士 및 도시와 지방의 재능 있는 자를 추천하고 발탁하자"[11]는 방침 이래, '공의선거'의 조작에 의해서 '인재등용'이 중시되어 온 것은, 덴포天保[I] 개혁 이후 막부의 신하 및 각 번사들 중에 생겨나 있던 관료적 인간유형, 이른바 막부 말기 운동의 지도자로서의 '하사계층下士階層, 하급 사무라이'을 국가기구에 집결시키기 위해서였다. 그 계층은 신분적·형식적으로는 하층이면서 기능적·실질적으로는 실권적 지도자라는 사회적 지위로 인해서, '위계'도 곧바로 신분 관념으로 용해시켜 「정체서政體書」의 이른바 '존중의 분위기'를 낳았으며 그에 힙 입어 '상하격절上下隔絶'을 가져다주는 경향성은 이미 비교적 적었고, 오히려 자신의 활동을 일정한 공적 역할에 적합하게 만들어, 이른바 '지위를 넘어서지' 않고 자신의 에너지를 집중하는 것이 주체적으로 가능한 유일한 사회계층이었다. 물론 그들은 수적으로도, 중앙정부와 모든 부번의 관직을 충족시키기에 충분한 것은 아니었음이 분명하며, 또한 봉건 치자에 속하는 신분의 제약으로부터 완전히 자유로운 것도 아니었다. 따라서 한층 더, 판적봉환에 따르는 지배기구의 정비는, 기구의 담당자로서의 주체적 인간에 대한 요청을 예리하게 수반하고 있었다.

다시 말해서 1869년 5월, "치란治亂과 안위의 근본은 임용할 사람을 얻느냐 얻지 못하느냐에 달려 있다"[12]는 원리에 따라서, "관제를 개혁하고 인재를 공선입찰公選入札하는 법"[13]을 정해서 참여, 부지사副知事 선거에 대해서는 신분의 귀천에 구애받지 않고서 선거 자격을 부여했다. 인격지배에서

[I] 에도 후기 닌코(仁孝) 천황 때의 연호. 1830~1844.

기구지배로의 이행이, 그 구체적 실현에 있어서는 거꾸로 인격에 의존하는 것은, 확실히 하나의 역설이다. 그런 연관은 지방＝부번현의 동향 속에서 해명될 수 있다. 예를 들면, 구보다久保田번(아키다秋田)에서, 새로 설치된 정무소政務所의 인사원칙은, "관직을 주는 것은 위계질서에 구애되지 않는다"[14]고 하여 신분과 관직의 분리를 규정하면서, 나아가 일반적으로 "관직을 위해서 사람을 뽑는 것이지 사람을 위해서 관직을 뽑지 않는다"[15]고 하여 관직의 인격에 대한 우위를 예리하게 정식화했다. 인격지배를 배제하고 기구지배를 형성하는 과정은, 그리하여 구체적인 임면任免원리의 차원에까지 관통되고 있었다. 게다가 그와 동시에, "유사有司들은 관官을 범하지 않고, 사대부는 지위를 바꾸지 않을 것을 필요로 한다. 다만 사람을 다스리는 데 있지 법을 다스리는 데 있지 않다, 정치를 하는 것은 사람에게 있다. 번의 사무라이, 능히 그 뜻을 받들어 일심협력－心協力, 각 번이 그 관무官務를 다하면, 번의 직무를 빠트리는 일은 거의 없을 것이며, 그로써 태평의 치治를 한 쪽에서 열기에 족할 것"[16]이라 하여, 정政＝치治에서의 '법'에 대한 인격의 우위가 강조되었다.

앞의 '관'의 '인'에 대한 우위는, 기구의 조직 원리로 나타난 것이며, 뒤의 '인'의 '법'·규칙에 대한 우위는 기구의 운용론, 즉 정＝치의 차원에서 강조되고 있다. 따라서 그 관계는 본래 절대주의의 운동 원리로서 서술된, 절대군주 인격지배의 주체적 관철에 의해 거꾸로 객관적 기구지배가 생겨난다는 관계에 조응하는 것으로, 양극을 매개하는 것은, 앞에서 우리가 전제 없이 서술한 인격 개념의 전환—고정적 신분에 침전한 '덩치가 무거운'[17] 비능동적 인격에서 기구와 법을 조작하는 주체적 인격으로—이었다. 특히 유신에서 절대군주의 미숙은, 기구의 작위 과정에서 '관인'의 주체적

능동성을 한층 더 강하게 요구했다. 그리하여 기구의 '위계'에 수동적으로 조직되고, 동시에 기구의 규칙을 주동적으로 운용하지 않으면 안 되는 인격은, 엄격한 윤리적 규율을 스스로에게 부과하지 않으면 안 된다. 1869년 8월 교토부의 「국중규칙局中規則」이 "관원들은 각자 그 맡은 것을 지키고 그 지위를 벗어나서는 안 된다. 때문에 관직에 있는 사람이 일을 하는 동안에 스스로 존대尊大하고 태만해져서 아무렇게나 다른 사람에게 위임하거나 혹은 자신이 마음대로 해서 껴안고 있는 두 가지 폐단은 가장 엄격하게 경계하는 바다"[18]라고 규정한 까닭이 거기에 있었다. 책임윤리는 여기서 발생하는 것이다. 이상 관료제 창출에서 신분적 인격의 배제와 주체적 인격 요청의 공존은, 그 시대의 역사적 변혁성을 여실히 표현하는 것이었다.

종합적으로 말하면, 일찍이 17세기 영국에서 페티W. Petty가 완성된 관료기구에서의 "형식적인, 좋지 않은 말駄馬 같은 대리관代理官",[19] 즉 비기능적dysfunctional[20]이면서 재생산형再生産型[21] 인간 유형으로 20세기의 정치학자에 의해 주목받고 있는 관료에 대비해서, "관직은 그 설립 당초에 있어서는 가장 유능한, 가장 발명적인, 그리고 가장 융통성 있는 인적 도구만이 잘 수행할 수 있다"[22]고 말한 진리가, 일본 초창기의 관료제에도 실현을 요청당하고 있었다.

최정점에서 천황이 '군덕'자君德者에 머물러 있던 데 대해서 얼마나 급격한 진보인가. 그리고 그런 전국의 '인재'를 흡수한 새로운 국가기구에 의해서, '상하관통上下貫通'에 의한 중앙정부와 인민 간의 직결이 시도되었다. 거기에는 이미 국가 외의 자주적 조직은 존재할 필요가 없으며, 또 존재해야 하는 것도 아니다. 그 전 해 내란의 한가운데에서, "병력이 있는 자는 그 힘으로써 하고, 재화가 있는 자는 그 재화로 해서, 위와 아래가 일반의 힘을 합해서 사해四海를 평정하는 공을 심어야 할 것"23이라고 인민의 자주적 협력을 호소해서, 농병대農兵隊조차 전국 각지에 조직된 그런 적극성은 소실되고, 오로지 '분규·분쟁이 끊임없이 일어나는紛擾百出' 사회를 기구적으로 질서 지워서 체제를 형성하려고 한다. 절대주의의 원리는 여기서 결실을 맺은 것처럼 보인다. 다시 말해서 1869년 7월 27일의 「부현봉직규칙府縣奉職規則」에서 말하기를, "관직에 있는 사람은 각각 그 힘을 직무에 다할 것을 요한다. 지현사知縣事는 대참사大參事에게 위임하고, 대참사는 소참사小參事에게 맡기는 등의 일은 결코 있어서는 안 된다. 자연히 중요한의 권權이 아래로 옮겨가 아래의 정이 가려지고, 마침내 한쪽만 두둔하고依怙 치우치는偏頗 폐단을 낳아서, 만민이 위의불복'하는 바탕을 이루는 것에 대해서, 언제나 관장官長된 자는 마음을 잘 써야 할 것"24이라 했다. 권력의 아래로의 이행이, 도리어 '아래의 정이 가려지는 것下情壅蔽'을 부르는 것으로 여겨지는 점에 주의해야 할 것이다. 단일적인monokratisch 근대국가는, 그리하여 먼저 모든 권력의 위로의 집중에 의해서 중간단체의 권력을 배제하고, 거꾸로 '하정상통下情上通'을 가져다준다. 권력은 바야흐로 어떤 매개자 없이 직접적으로 사회의 기저에까지 내려가서 지배체제를 형성하려고 하는 것이다.

그런데 1868년 이래의 체제 창출의 전기前期 과정에서는, 절대권력이 없는 채로 집중을 행하지 않으면 안 되는 사정으로 인해서, 피치자의 기구적 파악 즉 '상하관통上下貫通'에, 동시에, 외견적 자주성의 형태를 취하게 하려고 했다. 1868~1869년에 각 번에 채용된 메야스바코目安箱, 일종의 건의함 제도는 그 단서였다. 다시 말해서 태정관太政官 하달達에서 그 목적은 "하정을

ⅰ 危疑不服, 의심하고 불안해하면서 복종하지 않는 것 .

관철하고 만민을 안도시켜서, 각자 생업을 편안히 할 수 있게 해주면 된다고 지극히 어진 사식思食, 희망적인 생각을 하는 동안, 조정의 존엄을 꺼리거나 혹은 관리役人의 권위를 두려워해서 자연히 민정民情이 막혀서는 안 된다고 해서, 이번에 메야스바코目安箱를 내놓게 되었다"25고 했다. 그 경우 '하정관철下情貫徹'이 '만민의 안도'와 '생업'의 보호를 가져다주는 '지인至仁'의 채널로 여겨지고 있는 점에 주의해두고자 한다. 이런 메야스바코는, 자율적 시민이 보편적으로 성립하지 않은 곳에서는 당연히 "아래의 정을 통하게 하기 위해 설치한 것인데, 근래 사적인 원망으로 사람을 비방하거나, 혹은 자신이 무거운 죄를 범하고서도 도리어 잘못이 없다고 하거나, 또는 윗사람의 유익함을 명분으로 삼아 자신의 이익을 도모하는 류의 일들이 종종 적지 않은"26 폐해를 낳아, 공적 기구에 대한 아래로부터의 지주일 수 없었으며, 1870년 윤 10월에 일찌감치 폐지되었다.27 메야스바코 제도와 더불어, 예를 들어 오사카부大阪府에서는 1869년 3월, 이윽고 5개월 후에 오도시요리大年寄, 주도시요리中年寄라는 '소역인所役人' 되어가는 '의사자議事者'가 저변에 설정되고, 마찬가지로 집중의 외견적 자주성을 보장하려고 했다. 다시 말해서 "의사자議事者를 두는 것은 상하의 정을 잘 통하게 해서 사람들의 편의를 도모하는 것이 본의로서"28라고 했다. 그리하여 '메야스바코'나 '의사議事'를 통해서, '상하관통'은 ① 권력의 위로의 집중과 더불어 오로지 ② 권력 그 자체의 하강지배에 의해 수행되는 것이 아니라, ① 권력의 기구에의 집중과 ② 집중권력에 대한 일상사회로부터의 자발적 지지를 환기시킴으로써 귀결되려 하고 있다. '만민안도萬民安堵', '생업生業 보호의 지인至仁', '사람들의 편의'의 강조가, 그 같은 '공의公議'='입헌주의'29(1절 참조)와 병행해서 나타난 것은 그 때문이었다.

하지만 바야흐로 판적봉환 이후의 기구 조직화의 원칙인 1869년 7월의 「부현봉직규칙府縣奉職規則」에서는, '만민의 위의불복危疑不服'의 권력적 방위防衛, 다시 말해서 위로부터의 질서유지만이 문제가 되고 있다. 권력국가는, 자기의 유용성을 권력 작용 그 자체의 결과로서 부정적으로negative 표시하는 데 지나지 않는다면, 여기서는 일견 완전히 권력국가 원리가 관통하고 있는 것처럼 보인다. 하지만 1절에서 본 것처럼 절대 권력이 존재하지 않는 상황이 여전히 변하지 않는다면, 기구와 일상사회를 연결시켜 집중통치체제를 형성하기 위해서는, 당연히, 메야스바코나 의사자議事者 대신에 보다 명확하게 제도화된 독자적인 체제의 연결고리가 필요하게 될 것이다. 정치사회의 수평화와 일상사회에서의 국가기구의 유용성의 현시顯示를 짊어지고서 '호적戶籍', '민적民籍'이 여기서 등장해, 근대국가 체제 편성의 고리가 되어간다.

일반적으로 국가지배는, 그 근본적 계기로서 한편으로는 물리적 강제력의 독점과 다른 한편으로는 일상적 질서=사회형태에 대한 적합성을 확보하려고 한다. 따라서 국가의 탄생기에 있어서 먼저 진행되는 것은, 사병私兵을 부정한 공적公的 군사력의 형성과 일상적 행정구획의 확정이다. 유신정부는, 도막倒幕 내란이 종료된 1869년 초부터, 한편으로는 '부번현府藩縣'을 시작으로 재야草莽에 이르기까지 무제약적인 병력모집을 금지하면서 '친병親兵'(1868년 11월), '상비대常備隊'(1870년 2월)를 형성하고 있다. 병권兵權=국내경찰권이 미분화된 채로, 마침내 1872년의 징병으로 나아가는 그런 공적 강제력, 다시 말해서 '조정의 상비군'의 창출 과정[30]은, 권력국가를 지향하는 statesmen에게는 국가의 운명을 좌우하는 가장 기본적인 과제로 여겨졌다. 그럼에도 불구하고 1만 석石 3명(1868년 윤 4월) 내지 5명(1870년

11월)의 징병에서는 집중체제 창출의 기능을 전담하기에는 너무나도 약소
했으며, 따라서 정치사회의 수평화는 국가의 일상적 지배의 장으로서의
'호적'의 확정에 짐 지워지면서 물리적 권력의 행사는 '탈적脫籍'의 단속으로
서의 호적 확정에 종속된 형태로 기능했으며, 호적 편제 그 자체는 일상사
회에서의 그것의 유용성의 주장에 의해 정당화되어 전통적 촌락사회의 지
배자에게 짐 지워졌던 것이다.

① 먼저 '탈적脫籍'의 단속은, 1868년 3월 7일 "왕정이 완전히 새롭게 되
었는데 천하에 부랑하는 자들이 있어서는 실로 안 되는 것이므로, 사무라이
신분은 말할 것도 없고, 농민과 상인이라 하더라도 모두 탈국脫國, 國은 藩하지
않도록 엄격하게 단속하기 바란다"[31]고 한 데서 시작되었는데, 같은 해 8월
14일에는 다음과 같은 하달을 각 번에 내려서, 도막倒幕운동에 분주奔走했던
'뜻 있는 부랑자浮浪有志'를 체제에 조직화하는 방침을 분명하게 밝혔다.

근래에 뜻 있는 무리들이 천하의 형세가 어떻게 할 수 없게 되자, 종종 번적(藩籍)
을 벗어나 사방으로 돌아다니면서, 의를 부르짖고 어려운 일에 목숨을 바쳐, 수
백 년 동안의 정을 훔치는(偸情) 분위기를 바꾸어, 크게 국가의 명맥을 유지하게
되었다. 오늘날 조정의 복고(復古)의 기운을 만나게 되었지만, 그것이 과연 그런
주장을 한 사람들의 힘에 의한 것인지는 분명하지 않다. 그런데 이제 조정이 일신
(一新)해서 그 모든 것을 친히 제어하게 되었으니, 황국 일체의 정령이 서게 되었
고, 부번현 역시 모두 한 길로 같이 돌아가게 되었다. 앞으로는 만민이 천하에 돌
아갈 수 없는 부번현은 없게 될 것이다. 만약 그 호적을 벗어나 부랑(浮浪)해서
그 몸을 마치거나 혹은 그 본(本)을 떠나 별도로 받아들여주는 곳이 있다면, 그것
은 크게 정체(政體)에 배치되는 것이다. 만일 탈주하는 기풍이 성행해서 요행의

길이 열리게 되면, 법에 어긋나고 제도를 파괴하게 될 것이므로, 과연 누구와 더불어 국가를 유지할 수 있겠는가. 이미 올해 봄에 부랑 건에 대해서 바라는 것을 내놓은 적이 있으며, 다시 또 종래의 공을 없애지 않고 장래의 해를 막기 위해서 뜻있는 무리들에게 법을 집행해야 하는 취지로써 구래(舊來)의 탈번(脫藩) 등의 무리는 이번에 모두 옛 지역(舊地)으로 복귀해서 호적을 바로 하고 신의를 다해서, 그 진퇴가 적절함을 얻어 유신(一新)의 정치를 도울 수 있게 되기를 바라면서, 이런 조치가 있다는 뜻을 알려주길 바란다.[32]

도막倒幕 에너지의 조직화는 옛 번舊藩으로의 복귀를 통해서 행해진 점에 유신의 비혁명적 성격이 나타나 있는데, "상하격절上下隔絶의 우려가 없도록 하는" 것을 목적으로 하는 위의 포고와 동시에 하달이 있어, 단속 기능은 새로운 군무관에게도 짐 지워졌던 것이다.

② 하지만 소극적인 탈적의 단속과 더불어, 유신의 체제형성에서 보다 중요한 것은, 적극적인 호적의 편제에 의해 권력기구의 일상적 기능, 다시 말해서 행정[33]을 가능하게 해서 정당한 체제를 낳게 된 것이다. 1868년 10월 29일 교토부 「호적사법서戶籍仕法書」[34]는 "그야말로 도하都下의 인민이라는 것을 분명하게 해서, 특히 인원이 늘어나서 번영하고 가문들이 세상을 살아가는 것이 번창하도록 하고, 빈궁에 시달리는 자가 있으면 구제해 주려는 고마운 생각에서 나온 것" 다시 말해서 "인민의 보전을 영원하도록 하고 산업을 편안하게 하기 위해서"라고 하면서, '호적편제를 내놓았던' 것이다. 그것이 '쇼야庄屋', '도시요리年寄'''''' 별로 먼저 편성되고, 나아가 '다이

─────────

I 에도시대 촌락의 장, 지방(地方, 지카타) 3역(三役)의 최고위. 연공납입(年貢納入) 책임을 지며, 촌의 자치 일반을 관장했다. 주로 간사이(関西)에서의 호칭이며, 간토(関東)에서는 나누시(名

쇼야大庄屋'가 모아서 '우정국郵政局'을 통해서 '부府'에 집중되는 방법으로 이루어진 점에 주의해두고자 한다.

나아가 1869년에 이르면, 호적의 편제는 점차로 유신정부의 중심정책이 되었다. 2월의 「부현시정순서府縣施政順序」는 이미 "호구戶口의 많고 적음을 아는 것은 인민 번육繁育의 바탕이며, 호오戶伍를 짜는 것은 사람들이 협화協和하는 근본이다. 모름지기 교토부에서 편제하는 제도를 본받아야 할 것"35이라 했는데, 3월 「태정관령太政官令」은 같은 것을 보다 상징적으로 표현했다. "호적이라는 것은 치도治道의 바탕으로서 무릇 모든 정사가 그로부터 나오지 않는 것이 없어서, 호적이 명확하지 않으면 교화와 인휼의 도道도 설 수가 없으므로 참으로 긴요한 일이라 하겠다".36 이후, 탈적 부랑의 단속 및 귀적歸籍과 더불어 '인민의 번육繁育과 산업 보호의 바탕'으로 여겨지는 호적 편제가 나란히 진행되는데, 거기에 수반해서 존양 낭인浪人만을 의미하던 '탈적부랑脫籍浮浪'이, 동란 상황에서 발생한 일반의 '탈적무산脫籍無産'=방랑자放浪者도 의미하게 되어, 그 보호에 중점을 두었다. 다시 말해서 동분서주하던 "낭인들의 …… 숙모나 딸 등이 상황이 어려워 흩어지게 된"37 자들은, 아직 전자에 들어간다 하더라도 인플레이션이나 가택의 소실 기타 등의 이유로 "살아갈 길이 막막해서, 노인과 아이들 그리고 부녀자들이 거리를 돌아다니는"38 자는 모두 무적무산無籍無産으로 여겨지고, 그 같은 "무산의 자들에게 생업을 주고 무뢰無賴한 무리들을 선량함으로 돌아가게 해서 관내에 백성들이 거처를 얻도록 조치하는 것을 지방관의 임무"39로 여겼다. 군사 권력의 역할이 여기서도 이미 부분화되지 않을 수 없

主), 북쪽과 도호쿠(東北)에서는 기모이리(肝煎)라 불렀다.

∥ 에도시대 조와 무라(町村)의 행정에 임했던 지도적인 입장에 있던 사람.

었다. 그리고 그 같은 궁핍한 백성들을 "그 지방에서 보살펴서 그들에게 맞는 공업工業에 나아가도록"[40] 한다는 방침은, 기술적으로는 각지[41]에 개간 사업을 일으키게 하고, 정치적으로는 체제 내외의 한계에 있는 인민의 구제, 인휼을 통해서 호적의 체제정당화 기능[42]을 객관적으로 보증하려는 것이다. 만약 그것이 가능하다면, 그 전 해부터 도막의 에너지로 이용되었던 재야草莽 중에 완강하게 '탈적'해서 촌락 질서에서 벗어난 자는, 법외자法外者, outlaw로서 일상화 체제의 바깥으로 추방되며, 이미 중앙정부의 근대적 개혁에 대한 적대자가 되어 있던 존양 낭사浪士, 낭인 사무라이는, 정치적 에너지의 원천인 생활 질서=사회로부터 소외되게 된다. 한편으로 '서양풍西洋風'의 모방하에 근대 관료제를 만들어내고 있던 중앙관료는, 우리가 뒤에서 보겠지만 전통적 사회와 타협함으로서, 도리어 양이파攘夷派 즉 정치화되어 있던 향사층鄕士層의 사회적 기반을 빼앗으려 하고 있었다.

③ 호적편제는 그리하여 통치체제의 정당화의 지렛대가 되었을 뿐만 아니라, 오히려 그것과 결합해서 정치사회 수평화의 가장 중요한 관건이 된다. 수평화는 본래적으로 권력의 역학적 압하壓下를 수반하는데, ②에서의 호적 기능은 수평화의 그 같은 역학성力學性을 해소시켜서, 이른바 비권력적인 평준화로 나타나게 한다. 수평화의 장으로서의 호적의 기능은 역사적으로는 말할 것도 없이 판적봉환에서 분명하게 나타난다.

1869년 12월의 「호적편제어포고안戶籍編製御布告案」[43]은 "호적편제는 나라를 다스리는 데 중요한 임무要務, 백성들을 이끌고 기르는 근간으로서 인민 호구의 숫자가 분명해지지 않으면 교육의 혜택도 행해지기 어려우니, 실로 민정의 기초"라고 함과 동시에 "따라서 이번의 황친皇親을 제외한 나머지 두루 천하의 인원은 모두 호적편제 해야 한다"고 하여, 왕가를 제외한 모

든 사람을 '신하Untertanen'로 평준화하려고 했다. 그래서 "호적은 귀천의 차
이와 관위의 유무를 논하지 않고서, 널리 천하 인민의 체제를 하나로 만들
고 가장을 호주로 삼는다"⁴⁴고 규정함으로써, '천하의 인민'을 동형화同形化
해서 그들을 국가기구의 지배하에 두고자 한다. "황친을 제외한 나머지 천
하의 인민은 모두 지방관의 관속이기 때문에 관내에 거주하는 자는 그 직
분에 따라서 모두 그 지역의 호적에 편입시켜야 한다"⁴⁵고 한 까닭이다. 따
라서 "무릇 사람들의 시종隷侍과 노비奴婢, 지금까지 원적原籍 없이 그 주인 가
문의 적籍에 섞여 있던 무리는 모두 그 직분에 따라서 그들이 거주하는 곳에
서 1호의 새 호적을 만들어야 한다. 물론 앞으로는 황친과 화족 그 외에 후
다이譜代나 게라이家来는 없어질 것이므로, 부리고 있는 시종과 노비는 모두
별도로 임시 고용한 자로 보아야 할 것"⁴⁶이라 하여, 상급 신분의 억누름과
동시에 하급 신분의 북돋음이 행해진다. '신직승니神職僧尼'도 '촌정村町의 쇼
야莊屋과 도시요리年寄' 또는 '지방관'이 '지배하도록 한다'고 해서,⁴⁷ '에타히
닌穢多非人, 천민' 역시 "그 곳 또는 근처의 촌정村町에 부속시켜 쇼야와 도시요
리가 지배하도록 하고, 그 촌정 호적의 한 지류末江同體로 편입시킨다"고 했
던 것이다.

　무릇 근대국가가 개별성이 유동하는 역동적 사회상황에 대한 대응에
서 '보편적 형식'으로 성립하는 한, 그 국가인민의 동형화가 행해지지 않으
면 안 된다. 그것에 의해서만 인민을 중립의natural 인적자원Menschenmaterial으
로 파악하는 정치의 역학적 기술화도, 따라서 또 정치의 정칙화定則化도 가
능해진다. 스타토stato, 국가의 형성자인 마키아벨리에서의 '기초관념'이 '인
간의 동형성Gleichförmigkeit der Menschennatur'에 있다는 것은⁴⁹ 그런 의미에서 상
징적이다. 일본에서도 이토 히로부미가 메이지 초년에 '천성天性 동체同體의

인민'50의 보편적인 신민화를 바란 것도 역시 같은 관념 형태에 속한다. 여기서는 인격의 질적 평등성은 아무런 문제가 되지 않는다. 주체적 인격은 정치적으로는 절대군주로 상징되는 statesmen이며, 일반적으로는 이른바 만능인萬能人(다빈치L. da Vinci)에 한정된다. 따라서 일반적 인격가치로서의 실체적 개인 관념은 여기서는 성립하지 않는다. 그것은 말할 것도 없이 '시민'의 보편적 성립을 기다리지 않으면 안 된다. 절대주의에 의한 인간의 수평화가 국가의 영역에 한정되어 사회적 내지 인격가치적 평등을 가져다주지 않는 까닭은 거기에 있다. 그렇기 때문에 호적상의 외면적·형체적 수평화에도 불구하고, 전통적 사회의 실질적 잔존에 한정되어, 근대 일본을 통해서 신분 관념은 배제되지 않으며, 따라서 사회적 특권도 역시 강고하고 존속해서, 수평화는 내용적으로는 '이에家'를 단위로 하는 수평화에 머물러 도리어 개인의 석출析出을 방해한다.

그런데 1869년 호적의 논리는 판적봉환의 그것과 완전히 조응해서(거기에 호적의 비중이 나타나 있지만), 수평화를 완성시키지 못하고 주지하듯이 이른바 '족보' 편성을 취해서 화華 - 사士 - 평민의 세 가지 적을 설정하고 있는데, 얼마 후 그것은 폐번치현 이후의 이른바 임신壬申 호적에서 "그 지역에 등록하는" 주소편성으로 바뀌며, 동시에 모든 인민에 대해서 가장을 호주로 삼는 '이에' 단위의 동형화·수평화도 완성되어, 기구지배의 객관적 조건을 형성한다. 먼저 그것은 "이번의 편제 법은 신민 일반(화족, 사족, 졸卒, 사관祠官, 승려僧侶, 평민까지를 말한다. 이하 이에 준한다)은, 그 주거지에 대해서 그들을 수록하며 오로지 빠짐없기를 취지로 한다"51고 제1칙에 규정해서 명확한 Untertanen allgemeinen(신민 일반)의 범주를 형성했다. '호적'은 여기에 이르러 동시에 자각적으로 '민적'이 되어, 종래의 계층적인 신분은 '민적'의 평면에 맞춰지는 것이다. 한 예를 든다면, "에타히닌穢多非人 등의 명칭을 폐지하고 일반 민적에 편입시켜……"라고 한 것과 같다.

그리고 나아가, 그런 주거屬地주의 호적의 확립에 의해 비로소 근대국가의 '영토' 개념이 '인민' 개념과 결부되어 성립할 수 있었으며, 따라서 거기에 세로의 수평적 '신민'과 더불어 가로의 '국민' 관념이 처음으로 등장할 수 있었다. 유신정부의 포고布告, 하달達, 고유告諭 등의 공문에 '국민'이란 용어가 일반적으로 쓰이기 시작한 것은 1871년 4월의 호적법 제정의 별지포고別紙布告 이후로서, 그 이전에는 거의 보이지 않았다는 것은 중요한 지표가 된다. 호적법의 포고에서는, '전국 인민의 보호'의 제도적 기초로서 호적을 규정하고, 거기서 "그 적에서 벗어나고 그 숫자에 빠져 있는 자는 그 보호를 받을 수 없는 이치로서 스스로 국민의 바깥外이 된 데에 가깝다"[53]고 했다. 그리하여 '영토'와 '국민' 관념의 성립을 담당하는 것이었기 때문에, 호적법 자체도, "중고中古 이래로 각 지방 민치의 취지를 달리해서 동과 서가 조금만 떨어져도 곧바로 사정이 달라지고, 또 멀고 가까움이 있으면 그 지향을 서로 달리한다"[54]고 규정되어, 봉건적 할거割據를 타파하는 "전국 총체의 호적법"[55]으로 선언되었다. 자본주의적 국민경제도 지배의 기구화도 여기서 국가원리상의 기반을 얻게 되었다고 할 수 있겠다.

하지만 임신 호적에서 볼 수 있는 그 같은 급진은, 당시의 사회형태에 따라 구체적 지배형태로부터 큰 거리를 지니고 있었다. 그렇기 때문에 호적의 선진 지대인 교토부로부터 '실사實事와 분리'된 것으로 공격당하지 않으면 안 되었다.[56] 1871년 6월 각 지방에 반포된 호적법에 대해서, 교토부는 "우리 부當府는 예전에 이미 그 방법을 세웠을 뿐만 아니라 편제도 실행해서, 그런 논의와 법에 친하며 실지實地에 당當해서 그 이해理害를 논하더라도 …… 중요한 그 법이 민간에 내려가 도리어 쓸데없는 것을 키워서 어진 정치의 취지에도 어긋나는 양상이 되면 지극히 유감스러운 일"이므로, 구체적으로는 ① 속지주의에 의하면 '가거家居의 인차鱗次와 인원人員의 출입'은 파악할 수 있지만, "관내 사족에게 부과하는" 경우에는 "관내 각 구區의 적籍을 모으지 않으면 알 수가 없으며" 화족, 신사와 사찰, 졸농卒農에 대해서도 역시 같은 번잡함을 면할 수 없으며, ② "때때로 호장戶長에게 제출하고, 호장이 그것을 적에 덧붙이거나 빼어, 매년 매월, 관청에 그 계屆를 제출하게 한다면, 당연한 것이지만 때때로 관청에 제출해야 하는 번거로움을 어찌 꺼리지 않겠는가" 라고 해서, 현실적 지배에 있어서는, 여전히 3대 신분이 중요한 역할을 하며, 또한 저변에서는 오로지 '쇼야·도시요리'의 기능이 큰 의미를 지니고 있는 상황을 무시해서, 신민 평균 및 국가기구와 사회의 직통直通을 관철시키려고 하는 호적법을 비판했다. 그런 비판에 대해서 중앙정부는 나아가 "이번의 취지는 …… 정부가 인민의 보호를 분명하게 하려는 데 있다. 족속族屬을 나누어 일을 부과하고 호구를 알려고 하는 것 따위는 제2, 3의 일이다 …… 오늘날 정부가 목적으로 하는 바는 족속 고유의 문지門地를 타파하고 단연코 사민四民에게 동일평균同一平均의 권리를 부여해주려는 취지다. 이것은 그 나라 안의 일반 지역에 대해서 편제하고 촌리군시村里郡市 사이에 사족, 졸卒, 평민 상하 족속을 나누어 몇 개의 범주로 구분하는 제도를 실시하려는 까닭의 대강大綱"이라 반박했다. 호적의 의미를 단순한 '호구의 파악'에서 구하는 견해가 얕은 이해에 머물러 있다는 점은 여기서 분명해질 것이다. '인민의 파악'은 어떠한 지배체제도 그것을 행한다. 문제는 그 역사적 형태 여하에 있다. 그런데 교토부는 그것에 대해서도 다시, 지배형태와 호적법의 괴리를 찔러, '호적'에 의해서 사회의 평균화를 가져오려고 하는 유신정부의 도착倒錯을, 논리의 극한까지 밀고 나갔다. 이렇게 말하고 있다.

족속 고유의 문지를 타파하고 사민에게 동일평균의 권리를 부여해주려고 한다는, 서면상에 나타나 있는 것은 오늘날 그 서류가 처음인 듯하다. 하지만 시정(施政)상에는 오히려 공로로써 사족(士族)이 된 자가 있고, 죄과에 의해 서인(庶人)으로 내려간 자도 있다. 하물며 문지를 타파하고 권리를 평균하는 것은 호적을 가지고 할 수 있는 것이 아니지 않은가 …… 정부가 목적으로 하는 바를 행하기 위해서는 오늘날 시정을 할 때 먼저 해야 할 것들이 많이 있을 것이다. 문지를 타파해서 사민을 동일하게 만든 후에 그 서류와 같은 것이 가능하지, 문지가 타파되지 않고 사민이 동일하지 않은데 호적에만 족속을 나누지 않고서 편제하는 것은 먼저하고 나중에 해야 할 바를 알지 못한다고 해야 할 것이다.

이리하여 주제의 시기적 영역을 조금 벗어나서 1871년 호적법의 분석을 시도한 결과, 구체적인 지배형태와 국가Staat 원리의 관계가 문제가 되기에 이르렀다고 한다면, 우리는 다시금 본 장 본래의 시기로 되돌아가서, 집중체제 창출의 사회적 담당자와 체제의 기초에 놓여진 사회 형태를 고찰할 필요가 있다고 하겠다. 그리고 여기서도, 문제는 이미 명백하다. 다시 말해서 기구의 사회적 정착을 저변에서 담당한 것은, 호적편제사戶籍編製史에서 볼 수 있던 것처럼 구래의 소역인所役人, 오도시요리大年寄, 촌역인村役人, 쇼야庄屋, 나누시名主 계층 이외의 것은 아니었다. 『법령전서法令全書』『법규분류대전法規分類大典』『각부현사료各府縣史料』에 집록되어 있는 연일의 포고, 하달 등의 곳곳에서 그것을 엿볼 수 있다. 한 예를 들어두기로 하자. 먼저 군대의 형성에 따르는 민병民兵의 해산과 '탈적'자의 행정체계질서에의 긴박에 대해서는, 히라마쓰가문平松家 단양대丹陽隊의 해산귀적解散歸籍이 다음과 같이 촌역인을 매개로 해서 행해졌다는 것. "이번 부랑 사무라이 일동의 귀읍歸邑 건에 대해서 말씀드리자면, 교섭의 취지를 잘 아는 만큼 촌역인을 불러내어 옛 적籍으로 되돌아가서 각자 산업에 종사할 수 있도록 한다는 것을 말했으며, 위에 이름이 있는 자들의 촌역인에게 인도했다는 것에 의거해서 보고드립니다"57(1869년 5월, 날짜는 빠짐).

그런 촌역인 층이 거의 대부분 옛 막번幕藩 체제에 이어진 사람들이라는 것은, 예를 들면 1872년 '도쿄부 도요타마군豊多摩郡' 내의 모든 정촌町村의 '신新' 구장區長, 호장戶長이 모조리 막번 시대의 나누시名主, 쇼야庄屋였다는 것58에 의해서도 방증된다. 1869년, 중앙의 '공론공의公論公議'의 주장에 응해서, 예를 들면 에토 신페이¹ 참의參議의 출신 번인 사가번佐賀藩 등 개명적인 번과 현에서는 '마을마다 쇼야' 공선이 행해졌는데, 그 경우에도 "각 군령은 그 마을에서 전지田地를 많이 경작하는 농민을 적절하게 선거인으로 정한"59 것이며, 따라서 하등의 '계층'으로서의 변화가 일어나지 않았다.

그리하여 구래의 촌락 질서가 새로운 체제의 기초로 자리 잡아 간다. 여기서는 유동화해가는 국내사회의 전진과 전통질서의 접촉점에서 생기는 문제, 다시 말해서 '다른 곳에서 들어온' 자들의 호적을 통한 체제로의 조직화 문제는 어떻게 처리되었던 것일까. 그 경계선의 처리방법은 구체적

ǀ 江藤新平, 1834~1874. 막부 말기, 메이지 초기의 정치가. 사가(佐賀) 출신. 사가번(佐賀藩)을 탈번(脫藩)해서 존양운동에 참가했다. 유신 이후, 사법경(司法卿)으로서 사법제도의 확립에 힘썼다. 나중에 참의(參議)가 되어, 정한론을 주장하는 사이고 다카모리(西鄕隆盛)에 동조했지만 패배해서 하야했다. 민선의원(民選議院) 설립건백서에 서명했다. 사가의 난(佐賀の乱)을 일으켰으며, 패배해 형사(刑死)했다.

지배형태의 적어도 하나의 성격을 단적으로 보여주는 것임에 분명하다. 1869년 도쿄부의 하달에 있는 「타소래주봉공인고입사법서他所來住奉公人雇入仕法書」[60는 "이번 호적 편제에서는 토착 백성들의 인원과 생산을 분명하게 하기 위해서지만, 다른 곳에서 옮겨와 거주하면서 농사짓는 자, 1년이나 계절별로 계약해서 농사짓는 자의 숫자도 많이 있을 것"이라 하여 그 편제 방법을 정했다. 다시 말해서 다른 곳에서 온 '집을 빌린' 자에 대해서는, "집 주인이 그 자의 태어난 곳의 지명과 신상 및 농사짓는 곳을 물어서, 조토시요리町年寄에게 제출하고, 조토시요리는 곧바로 조사하여 별 문제가 없는 경우 그것을 주텐토시요리中添年寄에게 제출한 다음에 가택을 빌려주어야 한다"고 했는데, 그 경우 주의해야 할 것은 "만일 분명치 않은 자가 머물러 있을 때는, 집주인은 물론이고 조토시요리도 규정을 넘어선 것으로 된다"고 규정된 점이다. 그 점은 '고용雇入'인에 대해서도 역시 마찬가지로, "다른 곳에서 기한을 정해서 고용奉公, 호코인으로 온 사람은 고용 주인이 자세하게 물어서 조토시요리에게 제출하고, 만일 분명치 않은 자를 고용할 때에는 주인이 규정을 넘어선 것이 된다"고 했다. 권력국가적 강제가 전통적 지배에 의존하고 있는 측면이 선명하게 드러나고 있다.

게다가 1869년 호적이 '후다이譜代의 예종隷從'을 폐지하고 주종관계를 '고입雇入', 즉 사적인 계약관계로 전환시켰음에도 불구하고, 여기서는 그런 사적 계약관계가 그대로 공적 지배관계와 동일시되고 있다. 그것은 사회 형태 내에서의 계약관념의 미성숙과 구체적 지배에서의 전통성을 적확하게 표현하는 것이라 하겠다.

하지만 유신국가의 촌역인 층에 대한 이런 정착 과정은, 본래 결코 원

Ⅰ 다른 곳에서 온 사람을 고용할 때 지켜야 할 사항 등을 정한 것.

활한 것은 아니며, 전통적 사회의 위기에 대한 대응으로서, '비등'하는 백성 봉기—揆, 잇키의 진압과정에서 진행된 것이었다. 사회적 분화가 아직 미성숙하며, 따라서 유럽의 절대주의가 출범할 때처럼 장대한 전국적 농민=종교 전쟁의 전개는 없었지만, 상업자본의 성장에 수반해서 막번 체제 중엽 이래 전국에 비등한 백성 봉기는 부분적으로는 이미 '요나오시世直し, 세상을 좋게 바꾸어 줄 것'를 요구하며 행해지고 있었으며, 내란이 종료된 후의 그 같은 혼란의 세계에서 전쟁이 사람들을 내몰고, 물가 특히 쌀값의 등귀騰貴, 1869년의 흉작에 의한 궁핍은 나아가 그런 경향을 한층 강화시키지 않을 수 없었다. 1869·70년 두 해 동안 일어난 봉기의 숫자는, 국가체제가 조금 안정되는 1871·72년 두 해에 비교하면, 『메이지 초년 농민소요록明治初年農民騷擾錄』에 수록된 것만 보더라도 후자의 40건에 대해서 70건에 이른다. 다시 말해서, 1개월에 봉기 소요가 3건을 넘어선 것으로 된다. 그들 봉기는 다양한 형태로 행해졌는데, 1871·72년에 비하면 쇼야의 부정 반대, 촌역인 배척이 훨씬 많다. 그것은 아마도 한편으로는 나누시·쇼야 층이 고리대 혹은 상업 자본과 결합해서 농민수탈을 심하게 했다는 데서 비롯되었을 것이다. 아이즈會津에서의 요나오시 봉기의 경우에 대해서는, 이미 그것이 증명되고 있다.[61] 또한 아마도 위의 사정과 관련이 있거나 혹은 관련이 없다 하더라도 1868·69년의 지독한 곤궁[62]이 나누시·쇼야의 특권적인 지위와 역할에 대한 관습적인 묵종默從을 깨트린 데서 비롯되었을 것이다. 여기서 촌락공동체는 붕괴에 직면하게 되었다.

촌락지배층의 절대주의 국가에 대한 긴박緊縛은, 그 같은 상황에 대응하면서 이루어졌다. 따라서 봉기의 처단에 있어서는 종종 "다이쇼야大庄屋, 조토시요리町年寄 등의 대처를 제출하지 않은 몇 사람에게는 근신을 명하기도"(1869년 7월 시마네현島根縣 기쓰키시杵築市) 하고, 쇼야와 나누시를 '고시가쿠 도리아게오시코미鄕士格取上押込'[63] '야쿠기 도리아게오시코미役儀取上押込'[II](1869년 12월 후쿠오카福岡 기쿠군企救郡)[64] 등에 처해서 그 책임을 물었으며, 리세이里正를 면직한 다음 쇼야를 새로이 임명하고, 구미가시라組頭,조직의장 등을 선거할 때 지켜야 할 사항選擧心得을 바꾸기도 했다. 그런데 그 같은 재편성은 권력적인 그것으로 관철되어 갔을까. 바꾸어 말하면 촌역인 층은 단순한 권력수단이 됨으로써, 거꾸로 전통적 지배형태를 스스로 파괴해갔을까. 아니었다. 다시 말해서 봉기의 발생이 "시정施政 처음에 돌보고 기르는撫育의 순서가 갖추어지지 않아서, 한 때 인민들이 돌아가야 할 곳을 잃어버려"[65] 일어난 것인 한(1869년 정월 시나노가와信濃川 부근의 봉기), 봉기를 미연에 막으려는 지배 방법은, 한편으로는 어떤 경우에는 "촌역인이 엄하게 돌아다녀서 그런 일이 없는 것처럼 말하는"[66] 것으로 여겨짐(1870년 아오모리靑森 시치노헤쿄七戸鄕 봉기 이후 촌의 기모이리肝入, 로메이老名[III]에게 내려진 포고)과 동시에, 다른 한편으로는 교화에 의한 공동체적 촌내 '화목' 관념의 유지, 강화에서 찾았던 것이다.

1869년 11월의 오카야마현岡山縣의 네 군 이상에 걸쳐서 대규모 봉기가 있은 후, 이듬해 4월 번에서 내려진 마을 「백성들에게百姓共へ」라는 고유告諭가 그것을 증명해주고 있다. "쇼야에게는 다시 또 만사에 마음을 써서, 마을 내의 단속은 말할 것도 없으며, 촌장된 자는 언제나 소작농小前, 고마에 백

I 고시(鄕士)는 에도시대 무사의 신분인 채로 농업에 종사하는 자. 무사의 대우를 받던 농민, 평시는 농업, 전시에 군사에 종사했다. 고 사무라이(鄕侍)라 하기도 한다. 따라서 그 신분에 대한 엄격한 재검토를 의미.

II 야쿠기는 임무나 역할, 그에 대한 재검토를 의미.

III 촌역인을 말함. 쇼야, 나누시 등.

성들을 자기 자식처럼 돌보고, 마음가짐이 어긋난 자에게는 친절하게 가르침을 더하여 바른 길로 이끌어서, 역시 가장 좋은 것은 마을 전체가 화목해서 어버이와 자식, 그리고 형제처럼 될 수 있도록 이끄는 것은 위에 대한 충절로서 그 역할에 있는 것이므로, 위에서처럼 소작농 농민들이 많은 것을 말하게 되면 필경 그와 더불어 마음가짐이 어긋나 있는 자들도 마음대로 하지 않는 염치가 있게 될 것이다".**67** 그리하여 가부장적 촌락공동체를 관념형태에서 강화하는 것이 쇼야의 책임이 되고, 나아가, "모두 협력해서, 한 군, 한 마을이 한 집안처럼 화목해서, 유신의 취지를 받들어 각자 농사에 힘써야 한다".**68** 전통적 질서의 강화, 그것이 유신의 취지를 받드는 것이다! 지배체제의 형성에 수반해서 권력이 사회적 생활질서까지 내려가는 과정을 추적했을 때, 거기서 발견한 것은, 전통적 질서원리와 '권력국가'의 완전한 유착이었다. 그것은 말할 것도 없이, 백성 봉기에 대한 경우 만은 아니었다. 보다 일반적으로도 "효자, 의복義僕, 절부節婦, 기타 아름다운 덕과 선행 …… 하는 자를 보거나 듣게 되면, 그 곳의 번현에 두루 알리고 또한 …… 악행하고 악의를 가진 자를 보거나 듣게 되면, 그 가족과 조합을 비롯해서 그 어른된 자도 불러서 할 수 있는 일을 다하고 백방으로 가르침을 베풀어야 할 것이다". 혹은 또 "신직神職, 촌장村長, 정노町老 이하의 남녀에 한정하지 않고서 그 인원을 헤아려서 날짜별로 사람들을 모아, 교전敎典을 읽어서"(1870년 정월 3일)**69**라고 하여, 교화의 중요성을 말하고 있다. '신직神職, 장로長老'는 이미 1869년 호적에서 같은同形 인민의 하나로 되었다. 하지만 바야흐로 체제의 저변에서는 여전히 교도자敎導者로서의 적극적인 기능이 기대되고 있었다.

저자주

1 1889년 오쓰(大津)에서의 연설, 「도쿄 니치니치신문」 1889년 4월 18일, 제5238호.

2 『메이지문화전집』 제2권 정사편(正史編), 44쪽에 의함.

3 4 5 위와 같음, 53~54쪽.

6 『태정류전(太政類典)』 제1편 제69권에 의함.

7 8 1869년 7월 8일 하달(達), 『법규분류대전(法規分類大全)』 관직문(官職門) 1, 관제총(官制總), 34쪽에 의함.

9 10 1869년 12월 2일, 태정관포 제1104호, 『법규분류대전』 관직문 1, 관제총, 491쪽.

11 『메이지문화전집』 제2권 '정사편', 24쪽.

12 13 『법규분류대전』 관직문 1, 관제총, 31쪽에 의함.

14 15 16 『아키다번번정쇄신지취(秋田藩藩政刷新旨趣)』 1869년 5월 1일, 「아키다현사(秋田縣史)」 제4책 현치부(縣治部) 1, 8~9쪽.

17 막부 말기의 고정화된 신분제에 대한 니시 아마네(西周)의 표현, 『오가이전집(鷗外全集)』 11권 저작편(著作篇), 「니시 아마네전(西周傳)」, 24쪽.

18 1869년 8월 22일 교토부(京都府) 국중규칙(局中規則), 『교토부사료(京都府史料)』 35(내각문고(內閣文庫)의 정리번호, 이하 각부현사료(各府縣史料)에 대해서는 같음) 제도부(制度部) 직제류(職制類).

19 *The Economic Writings of Sir William Petty*, edited by Charles Henry Hull, 2 vols, 1898. 오우치 효에(大內兵衛) 외 옮김, 『조세공납론(租稅貢納論)』, 岩波文庫, 132쪽,

20 R. K. Merton, *Social Theory and Soial Structure*, 1951, p.153f.

21 cf. K. Mannheim, *Ideology and Utopia*, 1936, p.102. 만하임은, 완성된 기구에서의 관료(혹은 경에서의 기술자, 노동자)의 규칙에 수동적인 작업을 주체적인 '행위(Action)'와 준별해서, '재생산형 행동양식(reproductive mode of behavior)'이라 불렀다.

22 앞의 페티, 『조세공납론』 132쪽.

23 1868년 5월 8일 「태정관포(太政官布)」 제37호, 『법령전서』 1868년, 156~157쪽.

24 『법령전서』 1869년, 281쪽.

25 1868년 7월 19일, 『도쿄부사료(東京府史料)』 23, 부치(府治) 1.

26 1869년 7월 27일, 「태정관달(太政官達)」 『태정류전』 제1편 제13권.

27 각 번의 메야스바코의 설치 사실에 대해서는 오사타케 다케키(尾佐竹猛), 『유신전후에 있어서의 입헌사상(維新前後に於ける立憲思想)』 313~320쪽 참조.

28 1869년 3월 「오사카부포달(大阪府達)」, 후루야 소사쿠(古屋莊作) 편, 『류취오사카부포달전서(類聚大阪府布達全書)』 1885년, 제6권, 20쪽.

29 그리하여 유신 전후의 '공의'사상＝입헌주의는 세 방향으로 기능했다는 점이 분명해졌다. 다시 말해서 ① 봉건제후와의 타협, ② '재야' 내지 '인재'의 기구로의 흡수, ③ 저변에서의 새 권력의 미온적인 정착이다.

30 군대성립 과정에 대해서는 이노우에 기요시, 「천황제 군대의 성립(天皇制軍隊の成立)」(『일본의 군국주의(日本の軍国主義)』I 수록) 참조.

31 『태정류전』제1편 제79권, 보민(保民), 호적(戸籍) 2.

32 1868년 8월 14일 각 번에 보낸 하달「구래의 번을 벗어난 무리들을 옛 지역으로 돌려보내라(舊來脫藩等ノ輩舊地へ復歸セシム)」『태정류전』제1편 제79권.

33 "지배는, 일상적으로는 in Alltag 훌륭해서 행정이다"라는 막스 베버의 테제는, 메커니즘에 의해 지배하는 근대국가에서는 특히 큰 타당성을 갖는다고 하겠다 (Vgl. M. Weber, Wirtschaft u. Gesellschaft, S. 126).

34 『교토부사료』21, 정치부 제8 호구류(戸口類).

35 『태정류전』1편 69권.

36 『법령번서』1869년, 136쪽.

37 1869년 7월 19일 도쿄부 결의,『도쿄부사료』41.

38 1869년 10월 23일 병부성(兵部省)의 조회(照會)에 대한 도쿄부의 회답부전(回答附箋),『도쿄부사료』41.

39 1870년 11월,「현에 복적하는 기아 양육과 궁민 구조, 효자와 절부에 대한 상여 등의 처분 방식을 상주함(度會縣復籍棄兒養育窮民救助孝子節婦賞與等ノ處分方ヲ奏ス)」에 대한「민부성답의(民部省答議)」『태정류전』제1편 제79권.

40 1870년 9월 4일의「탈적자복적규칙(脫籍者復籍方規則)」에 대한「하마타현사(浜田縣伺)」에 대한 중앙정부의 반(返),『태정류전』제1편 제79권.

41 도쿄 기타 탈적궁민을 취업시키기 위한 개간사업이 기도되었고, 얼마 후에 산업적 목적으로, 1870년 개간규칙(開墾規則)에서 1871년 개간국(開墾局)을 설치하는 데까지 이르게 되는데, 사업은 번쇄하므로 생략한다.

42 여기서 말하는 '정당화'란, 예를 들면 막스 베버에서의 순수한 신념 형태상의 개념으로서의 '정통화(正統化, Legitimierung)'와 물질적 이해관심에서의 권력의 '효율성(效率性)'의 중간개념이다. G. 페레로도 말한 것처럼 "권력의 정통성은 그 유용성에 의해서 시인"(G. Ferrero, Macht, 1944, S. 210)되는 것이므로, 특히 체제의 형성기에는 양자의 한계는 흔히 유동적이다. 호적 편제가 "그야말로 인민이라는 것"의 확정과 "생업보전(生業保全), 번육의 바탕"을 위로부터 부여하는 것으로 여겨지는 경우, "아래로부터의 정통성"을 '위로부터' 환기, 흡수하려고 하는 것이다. 페레로가 정식화한 것처럼, "권력은, 데모크라시에서도 군주제에서와 마찬가지로 위로부터 생겨나는데, 정통성은 군주제에서도 데모크라시에서와 마찬가지로 아래로부터 생겨나는" 것이라 한다면, 여기서는 "반대

방향에서의 권력과 정통성의 이같은 2중운동"이 아직 미분화=일치된 그대로
에 머물러 있다고 할 수 있을 것이다(Vgl. G. Ferrero, 앞의 책, S. 451.).

43 1869년 12월 민부성(民部省)의 『어포고안호적편제예목(御布告案戶籍編製例目)』와세다(早稻田)대학 사회과학연구소에 소장된 『오쿠마문서(大隈文書)』.

44 위와 같음, 『호적편제예목(戶籍編製例目)』1(『예목(例目)』의 번호는 서열을 타나낸다. 원문에서는 모두 1이다).

45 위와 같음, 『호적편제예목』2.

46 위와 같음, 『호적편제예목』3.

47 48 위와 같음, 『호적편제예목』5.

49 W. Dilthey, *Weltanschuung und Analyse des Menschen seit Renaissance und Reformtion*, Gesam. Schrift, 1923, Bd. II. S. 29.

50 서장(序章)의 주 13번

51 『태정류전』제1편 제79권, 보민, 호적 2.

52 1871년 8월 28일, 포(布) 제449호, 『법령전서』1871년, 337쪽.

53 『태정류전』제1편 제79권. '국민'이란 용어는, 그 이후 공문서에서 일반화되었는데, 예를 들면 1871년 10월 12일의 화족(華族) 일반에 대해서 내린 '칙유(勅諭)'에서도 다음과 같이 말하고 있다. "짐(朕)이 생각하건대 우내(宇內)의 열강들이 개화해서 부강하다는 소리를 듣는 자는 모두 그 국민의 근면의 힘에 의하지 않는 바가 없다. 그리고 국민이 능히 지혜를 열고 재주를 연마해 근면의 힘을 다하는 자는, 원래 그 국민된 본분을 다하는 자이다. 지금 우리 일본이 옛 제도를 개혁해서 열국과 나란히 달려 나가려고 하니, 국민이 일치해서 근면의 힘을 다하지 않으면, 무엇으로 그것을 이룰 수 있겠는가. 특히 화족은 국민 중에서 귀중한 지위에 있으며, 다른 사람들이 모두 주시하는 바로서"(『법령전서』1871년, 371쪽). 칙유·칙어에서 '국민'이란 용어가 있는 것은 이것이 처음이다. 물론 학제 발령, 징병령 제정 전년도의 일이다. 여기서는 일반적·형체적 국민 관념의 성립과 실질적 국민으로서의 봉건지배 신분의 존속의 관련이 분명하다. 유럽에서도 Nation 관념은, 그 형성기, 절대주의 시기에는 귀족 이외의 사람들을 의미하지 않았다. 예를 들면 루터에서는 Nation은 인민 Volk에 대해서 Bischöfe und Fursten을 의미했다(Vgl. F. Hertz, *Zur Soziologie der Nation und des Nationalbewusstein*, in. Archiv für Sozialwissu. u. Sozialpol. Bd. 65, 1931, S. 10).

54 55 호적법 포고문, 『태정류전』제1편 제79권.

56 교토부와 중앙정부의 호적법에 관한 논쟁은 모두 『교토부사료』21, 정치부 제8, 호구류(戶口類).

57 『법규분류대전』병제문(兵制門) 1, 병제총(兵制總), 2쪽.

58 『도쿄부 하타마군지(東京府豊多摩郡誌)』에서 들고 있는 신주쿠조(新宿町, 165

쪽), 도쓰카조(戸塚町, 649~650쪽), 나카노조(中野町, 331~332쪽), 시부야조 (渋谷町, 486쪽) 기타 모든 마을에서 새 구장(區長), 호장(戸長)은 막번 이래의 나누시(名主), 쇼야(庄屋)였다. 그 같은 예는, 말할 것도 없이 무수하게 많았다. 그래서 구장, 호장은 나카노현의 '대장성에사(大藏省ㅗ伺)'가 말하듯이 '개칭' 한 데 지나지 않는다(「나가노현사(長野縣史料)」 4, 제도연혁(制度沿革), 1883 년 9월 5일).

59 구메 나오타케(久米直武)·나카노 레이시로(中野礼四郎),『나베시마 나오마사공 전(鍋島直正公傳)』권 6, 424쪽 이하. 오사타케 다케키(尾佐竹猛), 앞의 책, 222쪽.

60 1869년 본부(本府) 달(達)(월, 일은 불명)『도쿄부사료』42, 호구(戸口) 1.

61 쇼지 요시노스케(庄司吉之助),『메이지유신의 경제구조(明治維新の經濟構造)』 211쪽 이하.

62 내란 직후의 1869, 1870년은, 흉작과 인플레이션으로 인해, 사회는 혼란 그 자체 였다. 분세이(文政) 년간 이래 시모쓰케국(下野國) 가와치군(河内郡) 다이호촌 (大宝村)에서 이정(里正)이었던 한 촌역인의 일기는, 무엇보다 아주 생생하게 그런 상황을 전해주고 있다. "1869년 6월 6일. 비 내림. 매일 비가 내려서 찬 기운, 밀(小麥)이 아닌 것이 생겨나 지난 겨울 이래로 아이즈(會津)는 가슈(加州)처럼 되어 가고 있다 …… 지역이 번창하고 상품들의 가격도 비싼 것이 말로 다하기 어렵다. 우동 소바 한 그릇에 260문(文) 가량, 여숙(旅宿) 1분(分), 오이 1분 2주 (朱) …… 때문에 여러 지역의 상인들이 매일 수 백 명씩 들어와 물건을 파는 여자 가 없는 곳이 없다 …… 아이즈 쪽은 지난해부터 2분 금은이라 하고, 여기서도 아이즈금(會津金), 사쓰마금(薩摩金), 시코쿠금(四國金), 주고쿠금배(中國金 杯)라고 해서 금의 성분을 알지 못하며, 무려 여섯 개나 되어 거래도 안 되는 상황 …… 게이조(慶長) 금 1냥(兩)이 950냥에서 1000냥으로 되어……"(스기야마 에키이치로(杉山益一郎)·도치기 미사부로(栃木彌三郎),『노농관근시작(老農 關根矢作)』170~171쪽). "1870년 1월 3일, 밤에 비가 조금 내리다 …… 지난 해 가짜 금화가 발행되어 금은, 좋지 않은 금은이 많아서 통용되는 것에 대해서, 지난 겨울은 진위(眞僞)에도 불구하고 금전(金銀)은 바른(正眞) 물품임에도 사 람들이 의심하는 것에 대해서는 어쩔 수가 없다, 금화가 통용되는데도 부족하게 되었으며, 게다가 금화에도 좋지 않은 게 많이 나와 의혹이 있어서 쉽사리 거래 가 안 되는 듯하다. 그래서 지난 가을 무렵부터, 시중 곳곳에서 돈을 만들어, 우쓰 노미야(宇都宮)는 미야찰(宮札), 오타하라(太田原)는 오타하라찰, 닛코(日光) 는 닛코 찰, 그 지역이 한정된 돈이 나와서, 태정관 본찰(本札)도 5냥찰(兩札) 10냥찰 이상은, 통용되지 않아서 수수료(切賃) 없이는 통용(通用)이 어렵다(迷 惑)고 한다. 그리고 또 도쿄 시내의 상사(商社)에서 나온 도쿄찰, 민부성 상사에 서 나온 돈이 있어 …… 금전은 그야말로 장식물(置物)처럼 되었으니, 이상한

세상이다. 도처에 밤도둑이 찾아들고, 불 지르는 도적들이 유행하니 불온한 일이다"(앞의 책, 172~173쪽). 1869년의 흉작에 대해서는 오쿠보, 기도 모두 불안한 심정을 편지와 일기에서 말하고 있다(『기도 다카요시 일기』 제1, 1869년 8월 17일조, 258쪽, 『오쿠보 도시미치 문서(大久保利通文書)』 제3, 니로 다쓰오(新納立夫)에게 보낸 1869년 10월 25일자 편지, 307쪽). 물론 그들의 궁극적인 공포는, 그 결과 일어날 수 있는 '농민봉기(土民蜂起)'였다. 그것은 "한 때의 소요다, 실로 오늘의 흥폐에 달린 일이 많다"고 했다(『기도 다카요시 일기』 제1, 1869년 9월 6일조, 263쪽). 이와쿠라조차 "전국에 아사(餓死)가 없는 곳에서 그야말로 어떤 목적이 없게 될 때에는 유신의 일도 그림의 떡이 되지는 않을까 하고, 정말이지 비오는 날씨에도 걱정스럽고 불안한 마음 뿐"이라 하고 있다(1870년 3월 29일 오쿠보에게 보낸 편지, 『이와쿠라 도모미 관계문서』 제4, 361쪽). 호적이 '생업보호' 기능을 주장하는 것은 그같은 상황에 대한 대응이었다.

63 쓰치야 다카오(土屋喬雄)·오노 미치오(小野道雄) 편, 『메이지 초년 농민소요록(明治初年農民騷擾錄)』, 460쪽.

64 위와 같음, 506쪽.

65 위와 같음, 208쪽.

66 위와 같음, 93쪽.

67 68 위와 같음, 328쪽.

69 1870년 정월 3일, 선교대포교(宣敎大布敎)의 '교관(敎官)'인 자'의 「지방순행심득(地方巡行心得)」 『법령전서』 1870년, 2쪽.

3. 집중형태의 특수성

Statesmen에 의한 '건국建國'은, 그것이 사회적 저변에 이르렀을 때 완전히 이질적인 전근대적 지배형태에 부딪혔으며, 게다가 그 경우 절대권력의 미성숙은 그들의 압살보다도 오히려 '농민봉기'에 대한 질서 방위의 방법을 통해 전근대적 공동체 관념의 의식적 강화로 체제를 방향 지웠던 것인데, 그 결과 국가와 일상사회의 연결방법 다시 말해서 정치적 집중의 형태 자체는 과연 변화를 겪게 되었을까? 또 변화가 있다고 한다면 어떠한 형태였을까?

일반적으로 권력과 소유, 또 정치와 사회적·문화적 제 영역(윤리, 종교)이 즉자적으로 결합해 있는 전근대의 체제상황에 대해서, 근대국가의 정치권력은 그것이 사회 저변까지 정착했을 때 비로소 사회구성으로부터 구체적으로 규제된다. 다시 말해서 하부구조로부터의 규정 과정은, 국가Staat의 성립을 획기劃期로 삼아서 방법적으로 분명하게 한 것이다. 일본의 유신국가도, 그것이 지배의 기구화를 담당해서 형성된 한에서 마찬가지였다. 그런데 절대주의는 그야말로 위의 획기점에서 역사적 전환의 지렛대로서, 권력과 사회의 융합을 분리시키기 위해 먼저 사회의 권력에 대한 규정력을 최소한으로 한정하고, 거꾸로 봉건사회의 강압적 붕괴조차 감행하는 것이었다. '예외국가例外國家'라는 특질은 여기서 생겨난다. 그리하여 '만능의 왕권'을 결여한 유신국가는, 현재의 시점에서는 그 같은 '예외'의 방향으로 나아가는 것이 불가능했다. 가장 전형적으로 '권력집중' '상하평균'의 절대주의 국가 이미지를 그리고 있던 기도 다카요시조차도, 1869년 8월 이토 히로부미에게 보낸 편지에서, 한편으로 '만국의 각립角立하는 세상 속'에 있으면서 "군주라는 자가 애초부터 낡은 습관에 안주해서 그 다스림을 힘쓰지 않는" 것은 의심의 여지없이 허용될 수 없는 이치라고 하면서, 다시 또 "그렇긴 하지만 몇 천백 년의 낡은 폐단은, 인민 역시 그 은혜를 입은 것이 적지 않아서, 만인 중에서 그것을 듣고서 곧바로 깨닫는 자가 채 한 사람도 안 되는 그럴 때에는 아직 때가 이르지 않았다고 해야 하리라. 함부로 논할 때에는 도리어 오늘날 나라를 고치는 좋은 주장이 없어지게 된다"[1]고 하여, 전통적인 '낡은 폐단'과의 타협이 필수적이라 생각한 것은 그런 사정을 말해준다. 집중체제의 창출이 독립된 순 정치권력적인 그것으로서가 아니라, 비정치적인 심정을 매개로 행해지게 되는 까닭이 여기에 있었다.

1869년 2월에는, '선을 권하고 악을 징계하고' '풍속을 바로 잡아'서 "충효, 절의, 덕행 있는 자를 널리 세상에 알리는 것을 부현 시정의 요체로 여겼으며,2 나아가 1869년 7월 27일의 민부성 규제規制는 다음과 같이 말하였다. "민정은 치국의 근본으로 가장 중요한 일이다 …… 부번현과 서로 힘과 마음을 합쳐 교화를 넓히고 풍속을 돈독하게 해서 생업을 장려하고 돌보고 기르는 방법을 다해서 구휼할 수 있는 대비를 해서 상하의 정을 서로 통하게 해서 사람들로 하여금 안도하게 해주어야 한다".3 또한 2일 후의 지현사知縣事에게 구두로 전달한 바에 의하면, "지현사는 그 (천조天朝의) 적자赤子를 기르고 돌보는 중요한 임무에 대해서, 깊이 조정의 인휼仁恤하려는 취지를 선포하여 삶을 즐기고 생업에 편안한 그런 다스림과 교화가 행해질 수 있도록 노력하고 힘을 다해야 할 것"4이라 했다. 그에 따라 각 부번현은, 한편으로 "덕을 펼치는 도를 체현하고 힘써 관대함에 거하여 어루만져 달램綏撫을 취지로 한다 …… 백성들로 하여금 의혹을 풀고 나아가야 할 곳을 알게 한다"5는 돌봄의 교화에 의해서 "윗사람을 믿고 의뢰하며 기쁜 마음으로 따르도록"6 하기 위해 노력하면서, 다른 한편으로 충신, 효자, 절부節婦, 의복義僕의 모범을 포상해서, '상하'의 도덕적·정서적 관통에 의한 '민'의 수동적 복종을 이끌어내도록 했던 것이다. 도쿄와 니가타新潟 두 부현 사료에 나타난 충절, 효양孝養, 정절貞節의 '정표旌表' 사례는 그런 상황을 구체적으로 말해준다. 단순히 그런 사례를 수적으로 볼 경우, 예를 들면 도쿄와 니가타의 각 부현사료에서 들고 있는 것에 한정시키더라도, 다음 표7와 같이 1868~1870년은 혼란기임에도 불구하고 많은 수에 이른다(71·72년이 적은 것은, 계몽의 거센 바람의 시대였기에 당연하지만, 그래도 2년만에 끝나고 72년부터 다시 증가한다).

	1868	1869	1870	1871	1872	1873	1874
도쿄부 (효자만 산출)	20		28	4	4	25	
니가타현 (충효절의)	15	12	12		2		22

포상에 의한 모범인격Vorbilder의 설정은, 어떠한 내용의 것이든 간에 그 자체가 인격적 감화의 통로에 의해서 지도 내지 지배를 행하는 것을 의미하며, 기구지배의 원리에 대한 질적인 대항성을 내포하는 것이다. 메이지 초년인 이 경우 포상 대상이 거의 대부분 '가벼운 자輕ㅕ者', 다시 말해서 도쿄에서는 치료직종採療治職·차지인借地人 등 지방에서는 빈궁한 농민에 한정된 것8에서도 이해할 수 있듯이, 모범의 설정은 사회의 저변에 일정한 인간유형을 모델로 정착시키고 그것에 질서를 결정시키려는 것이다. 그런 모범적 인간 유형이란 어떠한 것인가. 포상 사례에서 추출되는 바에 의하면 그것은, 포상문褒賞文의 거의 전부에 공통된 문구가 보여주듯이, '곤궁한 가운데' '부모 말씀을 거스르지 않으며' '병이 완전히 낫기를 기원하기 위해서 신불神佛에 참예하고' '묘소 참배를 게을리 하지 않으며' '가업을 게을리 하지 않는'9 자, 다시 말해서 '효행'을 중심으로 하는 전통적 윤리로 향하는 데 주체적 에너지의 모든 것을 흘러보내는 전통지향형 성격personality에 다름 아니다. 거기에 생활상황에 대한 자각의 계기가 완전히 결여되어 있다는 것은 아니다. 따라서 그것은 또 무의식적인 환경에 대한 모방을 통해서 재생산되는 전형적인 전통적 생활양식도 아니다. 다만, 주체적 자각의 계기는 전통적 가치에 대한 기울어짐 속에 매몰되는 것이다. 그러므로 거기서는 주관에 의해 구성되는 가치적으로 주체적인 자기 세계는 존재하지 않으며, 거꾸로 전통세계로의 자기 투입이 결과로 나타나게 된다. 그래서 저변

에서 계획적인 정치는 당연히 소멸하고 전통적 질서는 도리어 '주체적'으로 강화될 수 있다. 앞 절의 끝부분은 그것에 조응하는 것이며, 메이지 이래의 근대 일본 사회에서 도리어 전근대적 가부장적 질서원리가 원리로서 견고화하는 것 역시 그런 관계의 확대재생산에 기초한다. 그래서 그 같은 모범적 인격에서의 '충절' 관념도, 도쿄부 사료가 보여주는 것처럼 봉건적 충성 이외의 것일 수 없다고 하겠다. 그것은 용어상으로도 정확하게 '연계봉공인年季奉公人, 1년 혹은 계절 고용인'의 '주인主人方, 슈진카타'에 대한 충성이며, 그 실행방법도 "농사일을 다할 때까지 움직이지 않으며 …… 밥을 먹지 않고서 주인집의 번영을 기원"[10]하는 따위의 일이었다. 봉건제후에 대한 가신의 충성은 기도에 의해 '소충소의小忠小義'로서 배제되어야 할 것으로 꼽히고 있는데,[11] 여기서는 가신의 충성과 같은 의식형태에서의 미분적 '소충소의'가 모범의 위치를 부여받고 있다. 그 같은 상황에서 지배관계 역시, 양부養父가 "극형에 처해지자 대신하겠다고 탄원하는 효심이 기특한 사례에 대해서 격식을 벗어났다고 해서 사형에서 한 등급 감해주었다"[12]고 한 것처럼, 공적 책임의 사적 윤리로 무매개적인 종속으로써 행해지는 것은 당연하다고 하겠다.

위에서 든 점들로 미루어 볼 때, 유신국가의 '상하관통' 과정에서 저변을 향해서 설정된 인격적 모범의 본원적 성격은, 수용자에 있어서는 ① 이념적 모범Ideal으로서 모범의 가치와 경험적 자기 사이에 질적인 거리 의식을 포함하며, 그 때문에 자율규범으로 기능하는 것이 아니라, 또한 ② 선택 가능한 다면적 가치를 가진 모범형으로서, 모범가치에 대한 자주적 평가가 기대되는 것이 아니라, ③ 전통적 생활 속에 배양된 동질적 원형Vorbild으로서 전면적인 연속성을 갖는 것이었다.[13] 그리고 유신정부가 그런 전통적 질서의 원형을 모범가치로서 설정함으로써, 그 모범은 전통 붕괴 상황에서 피치자 일반에 대해서 의사擬似 이념적인 그것으로 출현하며, 거기에 앞에서 말한 전통적 질서의 '주체적' 강화가 생겨나게 된다. 모범이 그 같은 성격의 것인 한, 그것은, 한편으로 피치자에게 있어서는 전통적 생활양식의 재생산 내지 그것으로의 복귀에 의해서 도달가능한 안이한 목표가 됨과 동시에, 다른 한편으로 권력은 전통적 가치로부터 정당화되기에 이른다. 그런 상황14에서는 유신국가의 혁명성은 '위로부터'도 '아래로부터'도 추방된다.

1870년 정월의 대교선포大敎宣布는 그런 상황에서의 집중형태를 실현하는 것이었다.

같은 해 7월의 「대교의 취지에 관한 건大敎御趣意ノ儀」에 대해서 지방관들에게 보낸 훈령은 이렇게 말하고 있다. "대교의 요지는 신명神明을 공경하고 인륜을 밝혀서 백성들로 하여금 그 마음을 바르게 하고, 그 직무를 다해서 조정에 봉사하는 데 있다. 가르침으로 이들을 이끌지 않는다면 그 마음을 바로 할 수가 없으며, 정사로써 다스리지 않는다면 그 직무를 다할 수가 없다. 이것이 교敎와 정政이 같이 순조롭게 행해져야 하는 까닭이다", 또한 "크게 변혁變革과 경장更張이 이루어졌지만, 대교大敎가 차분해지지 않아서 민심이 한결같지 않으며 그 방향에서 헷갈리고 있다. 이것이 대교 선포가 급한 일인 까닭"15이라 했다. 여기서는 '정'과 '교'의 구체적인 '상순相順' 즉 병행성은, 가치적으로는 경신敬神, 정심正心, 효직效職(政)으로서 '교'→'정'의 통일적 연속을 내포하는 것으로 여겨지고 있다. 그리하여 집중과 귀일은, 객관적 질서로의 내면적 자각을 통해서 행해지는 민주적인democratic 정치적 집중은 물론 아니며, 또한 모든 내면성을 무시하는 절대권력에 의

한 집중과도 완전히 대척적으로, 도덕적 가치에 의한 집중으로 되어 왔다. 물론 일반적으로 지배체제의 존속에 있어서 일정한 신념체계의 존재는 불가결한 전제다. 다만 역사적 전환의 지렛대인 '예외국가'로서의 권력 그 자체의 체계적 경향성을 가지는 절대주의는, 중세적 신념체계의 붕괴를 전제로 하고 있으며, 그로부터 불가피하게 '정치적인 것das politische'이 '윤리적인 것das ethische'으로부터 독립하게 되었다. 거기 '신'은 권력에 패배하여 그 수단으로 변하게 된다. 그렇게 탄생할 것으로 기대되었던 일본 절대주의는, 완전히 거꾸로, 자기의 산파역産婆役으로 전통적 신념체계를 요청하고 있는 것이다.

그러면 전통적 사회질서의 재편과 도덕적 집중의 원리가 결정된 맥락에서, 저변과 정점을 잇는 유대의 도덕내용은 어떻게 되는가. 바꾸어 말하면, 저변에서의 '모범'은 도덕의 차원에서 어떠한 일반화에 의해서 국가에 집중되는 것일까.

1868년 3월에는, "억조億兆의 군주라 하지만 그저 이름뿐인 것이 되어버렸으며, 그 때문에 오늘날 조정의 존중은 옛날의 배가 된 것 같지만, 조정의 위엄은 배로 쇠약해져서, 위와 아래가 서로 떨어진 것이 마치 하늘과 땅 같다. 이런 형세인데 무엇으로 천하에 군림하겠는가"하고 비분강개하면서, "존중만을 조정의 일로 하는" 것은 "짐으로 하여금 군주의 도를 잃어버리게 하는" 것이라 하여16 권력군주에 대해서 적어도 포부를 보여주던 천황은, 이듬해 1869년 2월 다시 한 번 '인민'에게 호소하여 저변의 집중을 형성하려고 하자, 익히 알려진 「오후인민고유奧羽人民告諭」17가 말해주듯이 "고오미야사마天照皇大宮樣의 자손으로서" '일본국의 부모이신' 존재가 되어 있었다. 저변의 '모범'이 '효자'를 중심으로 구성된 전통적 가치의 체현자였던 데 대응해서, 천황 역시 그 가계와 부모로서의 인자함에서 집중적으로 상징될 자격을 구하고 있다.

말할 것도 없이, 1절에서 유신국가 구축의 논리의 하나로 검출된 일체 국가 사상에 전통적 윤리 측에서 대응하는 것으로서, 여기서 국가는 이미 기구메커니즘가 아니라 전통과 '풍의風儀'의 공동태로 되지 않을 수 없다. 다시 말해서 1869년 2월 교토부에서 한 군에 5권씩 배포해, "관리役人된 자는 물론이고 뜻있는 자는 그 취지를 굳게 익혀서, 노인과 아이 그리고 부녀에 이르기까지 열심히 가르치고 타이르도록 해야 한다"라고 전달한 「고유대 의告諭大意」18에 나오는 것처럼, "우리 일본은 신의 나라神州라고 해서, 세계 모든 나라들 중 우리 일본 보다 나은 풍의는 없다"며 일본 국가의 특수성을 찾고 있다. 도덕적 집중은 도덕 이념에서의 집중은 아니다. 그리고 이념 없 는 일반화는, 소박화 이외의 아무것도 아니다. 여기서 '국가에 대한 충성'도 역시, "사람이 금수와 다른 까닭은 도리를 분간하며 은의를 잊지 않는 마음 이 있기 때문이다. 즉 충효라는 것도 그런 마음으로"라는 말로 표현되는 것 처럼, 동물과 구별되는 일용적 인류 일반, 다시 말해서 '도리'와 '은의'에 동 일화되고 있다. 그런 상황에서 일본 국가가 다른 국가에 대해서 자신을 질 적으로 구별하는 고유의 국민도덕을 갖기 위해서는, 다른 나라 사람들을 '금수'의 지위로 폄하하든가(쇼와 일본은 그것을 했다. 서장 참조), 일본을 인간 도덕의 본원지로 하는 것 외에 달리 방법은 있을 수 없다. 그 이외의 경우 도덕적 우수성은 단순히 양적인 그것이며, 따라서 언제나 능가할 수 있는 가능성을 내포하게 된다.

과연 '고유'는 그 하나를 골랐다. "원래 신의 땅의 풍의는 외국보다 낫 다고 하는 것은 아주 오랜 옛날 천손天孫이 이 나라를 여시고 윤리를 세우신 이래로 황통이 조금도 변하지 않고서……." 윤리는 천황의 조상이 정한 것이다. 그런 '사실'에 매개되어 비로소, 이념 없는 인간 일반의 일상 도덕은 특수 일본의 도덕으로 전화될 수 있다. 거기서부터는 필연적으로 천황의 만세일계성萬世―系性, 지금까지 한 계통으로 이어져왔다는 것의 강조가 생겨난다. 무릇 그것에 의해서만, 한편으로는 현재, 장래의 일본도 역시 인간 윤리의 본원지가 될 수 있기 때문이며, 다른 한편으로는 또 천황에 대한 '은의'는 일회적인 것으로서가 아니라 역사의 중압을 내재시킨 연륜이 있는 축적물로 되기 때문이다.

> 외국과 같이 국왕이 때로 세상을 바꾸어 입은 은혜도 2대, 3대이던가, 군주의 연원도 100년이나 200년이라서, 어제의 군주는 오늘은 원수, 어제의 신하는 내일은 적이 되는 그런 얄팍한 것이 아니다. 개벽 이래로 흔들림 없는 황통, 개벽 이래로 변함없는 하민(下民)의 혈통이므로 위아래의 은의가 한층 두텁고 더욱 깊다. 이것이 곧 만국에 비해 더 나은 풍의로서 천손께서 세우신 가르침, 군신의 대의라는 것도 이것이다.

국체는 "역사로부터만 생겨나는"[19] 것이며, '충성'도 역사적 전통 그 자체다. 여기서는 권력의 정통화가 완전히 전통에 의해서만 행해진다.

역사적 연속에 대한 주체적 단절의 의식을 가지고서, '건국'된 국가장치가, 촉박한 국내외적 상황 때문에 자신을 사회적 기저까지 관철해야 하는 여유를 갖지 못하고서, 저변에서 전통적 사회질서에 의존하려고 했을 때, Statesman에서는 국가구축의 최대의 장애로 여기던 전통적 군덕자는, 그것이 그야말로 권력 이전의 존재였기 때문에, 거꾸로 체제의 집중에 있어서 거대한 정치적 에너지를 기대하게 된다. 물론 이 시기에는 아직 기대의 실현은 달성되지 않았지만.

그리하여 만약 우리가 예를 들면 바커E. Barker가 영국과 유럽 대륙에 대해서 했던 것을 따라서, 유신국가의 집중형태에서의 '형태型'를 규정한다면, 집중이 먼저 '법'의 영역에서 일어나고 거기서 권력 장치의 절대전제를 미온에 머물렀던 '조기 집중형early centraliztion'[20]의 영국과, 집중이 전형적으로 권력집행administration의 영역에서 행해진 '후기 집중형late centraliztion'[21]의 유럽대륙에 대해서 ─ 행정 영역과 더불어 도덕 영역에서 집중이 시작되지 않으면 안 되었던 일본은 19세기 후반의 세계에서 '초超후기 집중형ultra-late centraliztion'이라 할 수 있겠다.

하지만 그 같은 도덕적 집중형태가 결론지어졌다 하더라도 이상 2, 3절의 순서대로 우리가 검토한 과정은 시간적인 순서로서가 아니라 어디까지나 논리적·구조적 과정이므로 유신국가에 있어서는, 앞에서 서술한 지배의 기구화가, 바야흐로 그 반대물과 공존하고 있는 것이다. 대교선포에 대한 훈령이, 가치적으로 윤리의 주도성을 선언하면서, 사실적으로는 '정교상순政敎相順'을 주장했다는 점을, 여기서 예리하게 떠올려야 할 것이다. 역시 1869년 3월 「행정관포行政官布」는, 한마디로 말해서 "백성을 다스리는 요령은 정치와 교육을 병행하는 데 있다"[22]고 정식화하고 있다. 그리고 이 질異質 원리의 병행이 동일한 지배체제에 요구되는 이상, 그 사이의 내분의 알력은 면할 수 없었을 것이다. 전형적인 사실을 제시해두고자 한다. 1870년 7월, 존양파尊攘派 공경으로 야마카타현 지사였던 오하라 시게토미는 이

| 大原重德, 1801~1879. 에도 말기의 공경(公卿). 존왕론을 주창했으며, 안세이(安政)의 대옥(大獄)에 연루되었다. 막부 정치의 개혁에 힘썼으며, 유신 후에는 참여(参与)를 지냈다.

와쿠라에게 보낸 편지23에서 다음과 같이 말하고 있다. "지난해 이후 민심도 상당히 비등하고 동요한 이후의 일이기 때문에 한층 더 신중해져서, 제일 먼저 민심을 편안하게 하는 것이 조정의 취지라고 생각합니다". 그리고 "아래 백성들의 정서는 그저 새롭고 이상한 것을 싫어합니다". 그런데—

"요즘처럼 열심히 법이네 규칙이네 하면서 그 지역 사람들의 정서도 살피지 않고서, 안찰부 또는 감독사로부터 독촉 받거나 하면, 정말이지 제가 뭐라고 할 수가 없습니다 …… 여러 가지로 괴롭습니다, 옛 관습을 우선시하여 일들을 처리하게 되면 민심 역시 안정될 것입니다." 관료제 원리와 전통적 지배원리의 대항은 이미 분명하지만, 다시금—

"지금의 상황으로는 그저 서양풍으로만 흘러서, 그저 규칙과 법에만 의존하고 있지만, 황국은 스스로 황국의 방식이 있어, 무법 중에 법이 있어서, 정과 법을 병행하여 그 폐단을 제거하고 서서히 해가다 보면 자연스레 될 것인데, 민법 안에 있으면서 법 안에 있다는 것을 알지 못하고서, 무리하게 몰아서 법 안에 넣으려고 하면 도리어 비등함을 낳을 뿐이며, 결코 법에 들어오는 자가 없을 것입니다. 규칙 규칙하면서 규칙을 밀어붙이면 백성들의 형태는 법에 의거하더라도 민심은 결코 기뻐서 복종하는 것이 아닙니다"라고 했다.

이 편지의 전문은 자기변명, 인사에 대한 불만 등의 감정적 요소가 뒤섞여 있어 실로 혼란스런 논리로 점철되어 있음에도 불구하고, 그 밑바닥에는 권력 작용과 그 '규칙'의 독립, 다시 말해서 정치 고유영역의 형성에 대한 지향에 대해서 정서적 지배 속에 권력 작용을 해소시키는 '무법無法의 법'의 원리가 두드러진 대조를 이루면서 대항하고 있다. 조금 더 들어보기로 하자.

"마을에는 대체로 쇼야庄屋라는 자가 있어 모든 일들을 잘 알고 또 처리하고 있습니다. 아래쪽에서 그냥 해결되는 일들도 많이 있습니다. 그것을 폐단이라 할 때에는 아래쪽도 어떻게 할 수가 없어서, 사람들의 마음을 화합하는 데人心=和 도무지 이를 수가 없습니다. 안타까운 일입니다."

정서적 지배는 인격적 접촉의 일상적 유지保持에 의해서 비로소 가능하게 되므로, 중간세력의 지배기능의 온존이 여기서 필연적으로 되는 것이다. 그래서 지배의 세로축적인 집중 원리에서의 '병행'의 모순은, 체제의 횡단면에서의 '상하' 대항으로 된다. 다시 말해 여기서는, 권력의 관통에 대한 "아래쪽에서 그냥 해결되는" 즉 중간 단체의 지배기능의 유지가 주장되며, 그것에 의해서만 '인심일화'는 기대할 수 있다고 서술되어 있다. 막부의 신하가 "천자에게 권력이 없으니 세상의 힘써야 할 일들이 제대로 안내를 받지 못해서, 거칠고 격렬한 주장을 펴는 무리들이 이런저런 사사로운 뜻을 교묘하게 해서, 천하를 명분으로 일을 일으키고 있다"[24]고 했으며, 봉건과 사족이 "봉건은 군주와 대대로 계약을 맺어, 위아래가 서로 친하며, 일이 있으면 죽을 힘을 다해 그 사직을 지켜서, 황실의 울타리가 된다. 군현의 백성들이, 그저 명령내리는 관리 보기를 여관逆旅 주인 보는 것만도 못하다"(미토水戶, 지쿠고筑後 등 22개 번 고시들의 건의)[25]고 하여, 옛 관례=봉건의 '아름다운 풍속'을 조정 권력의 확립=군주제에 불가결한 요소라고 하면서, '군현'의 관료국가에서의 비심정성非心情性을 공격했다는 것은 말할 것까지도 없지만, 문제는 아직 거기에 있지 않았다.

전통과 관료제의 알력관계는, 새 정부가 그 군사력의 기반으로 의뢰했

┃ 貢士, 1868년 여러 번에서 선발되어 번의 주장을 대표하면서, 의사소(議事所)에 나가서 의사(議事)에 참여했던 사람.

던 향사들에서도 나타났다. 아니 오히려 옛 관습이 가장 순수한 형태로 유지되어온 '협중峽中의 향鄕'26에서는 보다 강렬한 형태로 전개되었다. 유명한 도쓰가와+津川 향의 소동은 그 한 예였다. 다시 말해서 1867년(게이오 3), 종래의 향내의 역원윤번제役員輪番制, 돌아가면서 역원이 되는 것가 개혁되어 선거에 기초한 효조슈評定衆가 정해졌으며, 나아가 유신 이후 그들 효조슈 중에서 13명의 '오래된 가문'은, 중앙정부 친병‖ 담당으로부터도 직접 지명을 받아 중요한 역직을 차지했으며, 유신정부의 충실한 정책실행자로서 '서양식 훈련洋式訓練'을 향사들에게 실시하는 관료가 되었다. 분쟁은 거기서 배태되었다. 때마침 징집 군대의 형성에 수반해서, 도쓰가와 향사가 '궁궐禁闕' 수비에서 벗어나게 된 것이 불만이 폭발하는 계기가 되었다. 그래서 투쟁은 향내의 새 관료 '13명당=三名黨'과 '수구파' 사이에 전개되었다. 그 때 수구파 다시 말해서 일반 향사들의 반대 근거는 무엇이었을까.

예로부터 우리 고장은 신분이 평등해서 위아래 구별이 없었다. 언제나 촌역인(村役人)을 받들어 지도자로 삼는 한편, 그를 보좌해서 모든 일의 진퇴를 평결하는 외에 대장(上長)이라는 것은 없었다. 그런데 지난 1867년 겨울부터 공평을 빙자해 2, 3명을 마음대로 임면하니, 스스로 안팎의 일을 처치하고, 더구나 자못 촌역인을 무시하는 태도로써 했으며, 1868년 4월 촌역인들이 교토에 올라가 담판을 해서, 관할 감사(監司) 이하의 직명(職名)을 폐지하고, 이후 각 구미(各組) 촌리(村吏) 대표(總代) 및 피선인(被選人) 협의사항을 집행하는 것으로 결정한 것을, 지

‖ 鄕土, 에도시대 무사의 신분인 채로 농업에 종사한 자, 또는 무사의 대우를 받았던 농민, 평시에는 농업, 전시에는 군사에 종사했다. 鄕侍, 고 사무라이.
‖ 御親兵, 고신페이, 1871년 천황을 호위하기 위해 설치된 군대.

금도 전혀 바꾸지 않는다. 특히 근래에 가장 놀랄만한 것은 오래된 가문 10명 건이다. 그것은 그들 자신이 만들어 명령이라 한 것으로 생각하는 수밖에 없다.[27]

　구래의 전통적인 공동체적 원리에서 가하는 관료에 대한 통렬한 비판을 보라. 그리고 중앙정부에 대해서는, "오래된 가문 13명을 운운하지만, 향중에서는 특히 오래된 가문을 내세우는 자는 일체 없으며, 그 신분도 역시 고르게 동등하다. 때문에 그들 13명당에서 차출한다거나 하는 오래된 가문의 조서는 반드시 폐기되어야 하며, 어용御用하는 자는 모두 종래의 그대로 쇼지庄司, 대리인目代이 지도할 수 있기를 바라는 바"[28]라고 청원했던 것이다. 그 소동은 1870년 두 차례에 걸쳐서 재판 처단에서 수구파의 거두가 중형에 처해져 점차로 끝나게 되는데, 물론 그것은 전형적인 한 예에 다름 아니다.

　잘 알려진 것처럼 백성 봉기도 역시 종종 전통의 파괴자에 대한 그것의 옹호라는 형태를 띠지 않을 수 없었다. 1869년 2월 기후현岐阜縣 오노군大野郡에서 일어난 봉기는 그런 예에 속한다. 다시 말해서 "유신 때에 우메무라 하야미¹가 그 지역의 지사知事가 되자, 급하게 낡은 폐단을 제거하고자 해서, 그 명령하는 바가 모두 신기한 것에서 나왔다"라는 상황에 대해서 구래의 질서를 지키고자 해서, 그로부터 새로운 '권농방勸農方, 상법방商法方' 관료에 대해서, "사람들이 그들을 질시하는 것이 심했다. 때문에 그런 어려움을 당한 사람도 모두 그들 양국의 사람들에 다름 아니었다"[29]는 사태가 일어났다.

　이 같은 상황은 결코 위의 한 예에 머무는 것은 아니며, 오히려 가장 일

──────────

¹ 梅村速水, 1842~1870. 미토번(水戸藩) 출생. 메이지초기 초대 다카야마현 지사.

반적이었다고조차 할 수 있을 것이다. 예를 들면「후쿠시마현 가와마타 지방에서 일어난 소요에 대한 조사 서류福島縣川俁地方騷擾一件探索書類」30「사카타현 상황조사서酒田縣狀況探索書」(1872년 3월)31 등에서 말하는 것은 1, 2년 후의 일이지만, 모두 전란과 흉황凶荒 이후 피폐가 심한 상태에서 상업고리대적 측면을 지니거나 혹은 그와 결합한 '세이산카타生産方' '가와세카타'' (「가와마타탐색서川俁探索書」에는 그들 둘을 겸한 경우를 들고 있다) '호보카타'' 등의 '규칙적' 세금 징수에 대한 반항을 봉기의 원인으로 들고 있다. 여기서 다시 이해할 수 있는 것은, 저변에서 전통적 공동체로부터 규탄당하고 있는 관료적 규칙지배의 사회적 담당자는, 다름 아닌 상업자본 내지 상업자본화한 지주, 정치적으로는 '소역인所役人'이었으며, 그것은 또 번藩체제 이래의 지방 명망가이기도 했다는 점이다. 다시 말해서, 여기서는, 기구의 담당자는 일면에서는 전통적 질서의 파괴자임과 동시에, 다른 면에서는 '상하관통上下貫通'을 방해하는 전통적 중간세력이기도 했다.

그렇기 때문에, 예를 들면 1869년 어느 하급무사가 제출한「에치고 지역 민정에 관한 건의서越後國民政ニ關スル建議書」32는, "옛 막부시대에는 없던 다이쇼야大庄屋'를 '신규 위촉'해서 "다이쇼야 및 쇼야의 힘을 빌리고 자신은 한가함을 훔쳐서, 일시적이나마 치안이 그야말로 소홀해진 것은 이른바 속리俗吏 무리들이 논하기에 충분치 않습니다"라고 해서 기구지배 원리의 철저하지 못함을 비판하였고, 그렇게 해서는 "사람들이 반드시 도쿠가와 씨의 옛날을 그리워하며 앞으로의 이반離叛을 길러서, 민정에 큰 누가 됩니다"

I 爲替方, 메이지 초기 국고출납기관, 국가에 수납하는 금전의 감정, 수입, 우소, 지출 사물을 다루었다.

II 捕亡方, 호보란 도망간 자나 죄인을 잡는 일은 하는 사람.

라고 하여, 구래의 질서에 대한 향수는 도리어 기구지배를 관철시키지 않는 데서부터 일어난다는 점을 예리하게 지적했다. 그 건의서는 따라서, 나아가 "신규 다이쇼야는 물론 구래의 다이쇼야 혹은 와리모토割元, 촌역인의 하나라 하는 것도 폐지해서, 유민들이 입는 피해를 제거하는 것이 중요하다고 생각합니다. 게다가 군현의 제도도 이루어지지 않아 다이쇼야는 진짜 영주처럼 되어, 앞으로는 더욱 제어하기 어렵게 되었다고 할 수 있습니다. 그래서 어쩔 수 없이 김을 매야 한다芟鋤고 생각합니다"라고 건의했다.

봉건적인 번의 해체 이후에 권력의 상하교통을 차단하는 중간세력은 그야말로 거기에 존재하고 있었다. 여기서 '다이쇼야'는 일찍이 "3000석 정도부터 1만 석 남짓 되어 …… 사무라이 신분과 쇼아의 중간"이었던 '와리모토割元'의 계보로 여겨지고 있지만, 「건의서」에 의하면 '다이쇼야'만이 아니라, 재촌지주在村地主인 '리세이里正' 역시 "몇 대로 세습하여 자연히 권위가 있다", "백성들이 관리보다 무서워했다"는 정도의 전통적 지배자이며, 그로 인해서 "관의 사정官情, 이정里政, 민정民情이 서로 다른" 비국가적인 중간세력을 이루는 것이었다. 따라서 '나누시名主' '이정'에 대해서는, '입찰입찰入撰札'같은 제도가 아니라 '민정상달民情上達'과 '필벌必罰'의 "두 조항과 규칙이 서게 되면 권위도 자연히 가볍게 이루어져서, 간악한 이들奸曲도 어찌지 못하고 백성도 안도할 수 있어, 낡은 폐단도 씻어낼 수 있을 것이라 생각합니다"라고 했다.

이것과 앞의 오하라 시게토미大原重德의 건언을 비교해보라. '민심일화民心一和'의 달성 방법은, 앞에서는 공동체 원리로의 복귀와 관료제 지배에 대한 반대와 중간세력의 존속이며, 여기서는 권력의 완전한 집중과 관료제 지배의 관철과 중간단체의 완전한 배제다. 체제의 진행방향에 대해서 말한다면 완전히 반대되는 것을 바라고 있다. 근대국가 원리로서의 집중에서의 '전근대적인 것'의 이용은, 그리하여 당연히 양극으로부터 비판을 당하지 않으면 안 되었다. 그들을 자신의 가치판단으로부터 해방시켰을 때 양자에게 공통되는 것은 무엇인가. 너무나 명백하게도, 그것은 권력적 집중과 정치사회 수평화의 정표대응관계[33]이며, 지배 기구화의 그것에 대한 조응이다. 그리하여 우리는 바야흐로 이 장의 끝에 다다른 것 같다. 즉, 유신국가는 도덕적 집중에서 자기모순의 마지막 해결책을 찾고 있었음에도 불구하고, 권력적 집중이 관철되지 않는 이상, 국가 저변의 수평화는 불가능했던 것이다. 따라서 1절에서 검출된 불균형적 수평화의 촉진에 의해서 권력집중을 귀결시키려고 하는 논리는, 이미 살펴본 것처럼 그 자체 모순의 소산이며 수평화를 가져다줄 수 없을 뿐만 아니라, 구체적 지배형태에서의 계층성과 다원성 사이에 심각한 알력을 재생산하는 것으로 작용하게 된다. 그래서 권력 운용 면에서의 다원성도 도덕적 집중과의 대비에서 부조화浮彫化되며, 따라서 조숙하게 형성되는 단일 기구는 운용 주체의 다원성과 운용대상의 비수평성에 끼어서 기능적으로 완성될 수 없을 것이다. 또한 국가를 일의적으로 대외적 공동태로서 파악하려고 하는 일체국가 사상도 정치적 '상하관통'과 '평균화'의 미완성 부분에서는 당연히 오로지 도덕적 형태에서만 실현되어야 했으며, 게다가 그 경우, 일용적 인륜 일반 밖에 있을 수 없는 전통적 사회에서는 고유의 국민도덕을 형성하는 길은, 극도의 교화에 의한 주입 이외에는 있을 수 없으므로, '근대적' 통일국가를 실현하려고 하면 할수록, 나아가 일본의 지배형태는 한층 더 근대성을 상실하고 도덕교화를 자기의 중시원리로 삼는 데 이르지 않을 수 없었다. 일본의 근대국가가 도덕국가임과 동시에, 만방무비萬邦無比의 교화국가로 되는 이유는 거기에 있었다. 그리하여 집중체제의 창출은 동시에 모순의 체계성의 창출임에 분명했다.

사태의 사상적 연관은, 서장에서 고찰한 천황제 국가 확립의 경우와 놀랄 정도로 부합한다. 다만 결정적으로 다른 점은, Statesman＝국가주의자Étatist에서 전통적 질서원리가 가치적으로는 완전히 부정되어야 할 것으로만 존재하고, 따라서 그들의 지배방법론 속에 일정한 확실한 지위를 점하지 않고서, 그로부터 집중에서의 도덕적 형태도 저변에서의 공동체 관념의 강화도 아직 항구적인 것으로 제도화institutionalize되지 않았다는 것이다. 근대 일본을 방향지우는 데 있어 결정적인 그 한 가지를 가져오기 위해서는, 양자를 역사적으로 격리된 것으로서, 유신의 2단계인 폐번치현廢藩置縣과 이후의 계몽시대, 나아가서는 민권운동이, 각각의 방법으로 필시 유신 당초의 집중형태에 대항해서 나타나게 되었을 것이다. 그 때에 유신 당초의 위기 대처 방법이, 보다 고도로 재생산되어 제도 차원으로 고양되기에 이른다. 따라서 우리는 다음 장에서, 1871년부터 1888·1889년에 이르는 시기를 구획하고 나아가 체제와 운동의 구조적, 기능적 연관을 추출해내지 않으면 안 된다.

저자주

1 1869년 8월 7일 편지, 『기도 다카요시 문서』제3, 414쪽. 이것은 이토 히로부미의 「하룻밤의 고담준론(一夜之御高論)」에 대한 답신이다. 따라서 이때의 이토의 의견에 대해서는 알 수 없지만, 그 편지 내용과 이토의 지론을 같이 고려해보면, 아마도 급진적인(radical) 개혁에 의해서, 급격하게 절대주의 권력국가를 형성하려는 생각이었다는 것은 의심할 수 없다.
2 1869년 2월 5일 「부현시정순서(府郡施政順序)」 『태정류전』 제1편 제69권.
3 7월 27일, 제674호, 『법령전서』 1869년, 79쪽.

4 7월 29일, 제690호, 「지현사 귀현에 대한 우대신의 구달(知縣事歸縣=付右大臣口達)」『법령전서』1869년, 288쪽.

5 앞의 1869년 2월의 「부현시정순서」에 대한 「가사마쓰현 상신(笠松縣上申)」『태정류전』제1편 제69권.

6 위와 같음.

7 표는 『도쿄부사료』 43, '충효절의(忠孝節義)'와 『니가타현사료(新潟縣史料)』정치부(政治部) '충효절의'에서 들고 있는 사례로 작성.

8 『도쿄부사료』 43, '충효절의', 충신과 효자의 포상문 마지막에 "가벼운 자에게는 기특한 건에 대해서 포상하고 기려서"라고 한 것이 많다. 도쿄부에서는, 1868년 수상자 20명 중에서 '나누시(名主)'는 1명, 1870년에는 28명 중에서 '조토시요리(町年寄)' 1명, '지면차배인(地面差配人)' 1명 있을 뿐이며, 나머지는 모두 '직인(職人)' 내지 '소상인(小商人)'이다.

9 위의 사료. 지면 관계상 포상문의 예는 들지 않겠지만 간단하고 추상적인 것이 아니라 구체적인 사실을 꽤 상세하게 적고 있다. 다만 그 사실이 유형적이고 본문에 인용한 문구가 거의 대부분 보이는 것이 특징적이다.

10 위의 사료, 1868년 6월 18일자, 다카나와 미나미초(高輪南町) 에이키치(榮吉)에 대한 포상문의 한 구절. 다른 것에도 같은 문구가 많다.

11 1870년 12월 8일 시나가와 야지로(品川弥二郎)에게 보낸 편지, 『기도 다카요시 문서』 제4, 161쪽.

12 1869년 8월 12일 간다(神田) 아이오이조(相生町) 지효에가게(治兵衛店) 세이치로(誠一郎) 집에 사는 히코타로(彦太郎)에게 준 포상문, 앞의 『도쿄부사료』.

13 가치적 모범에서의 이념성과 전통적 모범에서의 무의식적 감염성(感染性)을 카데고리적으로(kategorische) 구별한 사람으로는, 예를 들면 막스 셀러가 있다(Vgl. M. Scheler, *Vorbilder und Führer*, in Zur Ethik und Erkennknislehre. Schriften aus de, Nachlass, Bd. I. 1933, SS. 167, 168). 물론 우리의 논점은 우연히 그 점에서만 합치한 데 지나지 않는다.

14 모범을 설정하는 '이런 상황'은 1868~1870년에 한정된다. 1871년이 되면, 각 부현에서의 '충효절의'를 비교할 때, 도막(倒幕)운동의 중심지이며 또 statesman의 배양지였던 야마구치현(山口縣)의 모범의 성격이 다른 것과 현저하게 달라지고 있다(가고시마(鹿兒島), 사가(佐賀), 고치(高知)는 사례가 산발적으로 분류, 수록되어 있어 비교할 수가 없다). 다시 말해서 ① 수량적으로도 도쿄부와 다른 곳에서 건수가 두드러지게 감소한 1872년에 도리어 무려 50건에 달한다. 그것은 모범 설정 무대에 대한 관념의 차이를 나타내주고 있다. 즉 야마구치현에서는 그야말로 계몽운동 가운데서 모범이 설정되어야 했다. ② 포상 받은 사회계층은, 거의 대부분이 '호장(戶長)' '다이쇼야 가세이(大庄屋加勢)' '부호장(副戶

長)', '증인(證人)'(나중의 총대인(總代人)), '한토야쿠(畔頭役)' 등의 촌역인 층에 한정되어 있다(예증적인 집계에서는 8분의 6을 차지하고 있다). 그것은 모범과 사회적 지도자의 일치를 보여주고 있다. ③ 게다가 중요한 것은, 포상사유 중에 "보국(報國)에 대한 생각이 깊다" 등의 국가 관념을 나타내는 문구가, 거의 대부분에 반드시 보인다는 점이다. 예를 들면 1872년 한토야쿠(농업) 미조베 고키치(溝部恒吉)에 대한 포상문은 "민속(民俗)이 완우(頑愚)하고 또 빈민이 많은데, 고키치가 언제나 그들을 위무(撫恤)하고 설득하기를 유신 개혁의 정체(政體)로써 한다"는 식이다. 효자의 모범조차 "국가와 부모의 은혜(恩光)에 민감한 자"여서, '국가' 관념을 필요조건으로 하고 있다. 물론 단순한 '지효(至孝)'도 존재하기는 하지만(이상은 「야마구치현사료(山口縣史料)」 13, 정치지부(政治之部) '충효절의' 소전(小傳)). 그래서 ①②③이 종합된 결과, 모범은 정치적 가치의 체현자로서의 지도자이며, 따라서 수용자와는 인간 유형이 다르다. 여기서 모범으로의 도달은 의식형태의 전환에 의해서만 가능해진다. 말할 것도 없이 야마구치현과 본문에서 말한 도쿄부 기타 다른 곳과의 차이는, 권력국가와 전통질서의 원리적 차이의 지리적 표현이다. 유신의 일본에서 정치양식의 지역차는, 그리하여 질적인 그것을 내포하게 된다.

15 『아키다현연혁사 대성(秋田縣沿革史大成)』 하, 179쪽.

16 1868년 3월 「억조안무국위선포의 서한(億兆安撫國威宣布の宸翰)」 『메이지문화전집』 제2권 정사편 상권, 33~34쪽.

17 1869년 2월 20일 「행정관포(行政官布)」 178호, 「오하인민고유(奧羽人民告諭)」 『법령전서』 1869년, 90쪽.

18 1869년 2월 3일, 「행정관포」 198호, 『법령전서』 1869년, 48쪽 이하.

19 일본의 '국체(國體)' 관념은, 흔히 일본주의자에게서는 독일 국민정신(Deutschtum)의 모방하에 '일본국민정신'으로 선전되곤 했다. 하지만 양자는 결정적으로 다르다. 다시 말해서 독일 국민정신 개념은 "역사 없이 생겨난" 것이다(Vgl. E. Cassirer, *Freiheit und Form*, S. 478f). 그것은, 독일의 역사적 현실을 넘어선 자유의 왕국을 미래에 대한 요청으로 정신에서 결정시킨 것이었다(Erinne, Fichte, Reden an die deutsche Nation). 그렇기 때문에 '독일정신'은 19세기 독일 국가주의에 대한 최대의 '저항소(抵抗素)'가 되었다(Vgl. H. Hellers Einführung in F. *Hegels Die Verfassung Deutschlands*, von P. Reclam, 1922, S. 4). 그에 비해서 일본의 '국체' 관념은 역사에서만 생겨나며, 거기서는 아무런 주체성이 존재하지 않았다.

20 21 E. Barker, *National Character and the factors in its formation*, 1927, IV a. rev. ed. 1948, pp. 56, 59. 바커는 여기서 헨리 2세 이래의 법 영역에서의 집중이 관료주의(officialism)로부터 영국을 방위했던 점을, 대륙 국가들에 대해서 자랑

스레 말하고 있다. 영국 근대화의 추진성도 역시, 집중의 그런 특수성에 주요한
한 원인이 있다고 하겠다.

22 1869년 3월 3일 「행정관포」 제98조, 『법령전서』 1869년, 48쪽.

23 1870년 7월 28일 이와쿠라에게 보낸 편지, 『이와쿠라 도모미 관계문서』 제4,
411쪽.

24 막부 신하 가와카쓰(川勝) 가문의 「모의견서(某意見書)」 1868년 월일(月日)은
빠져 있음, 『가와카쓰가 문서』 36쪽.

25 「공의소일지(公議所日誌)」 『메이지문화전집』, 제1권 헌정편(憲政編), 67쪽.
그리고 비슷한 논의가 65~68쪽에서 각 번 고시(貢士)들에 의해서 반복되고 있
다. 물론 전면적으로는, '법' 관념의 존부가 양자를 결정적으로 나누고 있다.

26 오노 다케오(小野武夫), 『향사제도의 연구(鄕士制度の研究)』 131~132쪽, 180
쪽 참조. 남조(南朝)의 유신(遺臣)으로 칭한 도쓰가와(十津川) 향사(鄕士)는,
도쿠가와 막번 체제하에서는 공조(公租)를 면제받고 있었다. 향사에게는, 그
같은 옛 귀족향사 유형과 '공로'에 의해서 성씨(苗字)와 칼 차는 것(帶刀)을 허락
받은 자들이 있다. 전자는 이른바 향사공동체를 형성하고, 후자는 농민사회에
정착해서, 지배체제의 대리인(agent)이라는 성격을 강하게 갖는다. 1868년 '친
병'(御親兵, 고신페이)으로 조직된 것은, 주로 전자였으며, 따라서 '친병'이 향사
로부터 선발되었다고 해서, 그것만 가지고 새 정부의 사회적 계급적 기초가 향사
계층에 있었다고 하는 것은, 반드시 정당하지는 않다. 메이지 정부의 정치사회
적 기초는, 사회계층으로서는 주로 후자이며, 구체적으로는 존양파로서 정치화
한 적이 없는 소역인(所役人) 계층에서 찾아볼 수 있다. 소역인은 다시 관료화하
는 지방 역인과 보다 공동체적 촌역인으로 구별된다. 이 절의 주 30번 참조.

27 니시다 마사토시(西田正俊), 『도쓰가와향(十津川鄕)』, 도쓰가와촌사편찬소
(十津川村史編纂所), 301쪽.

28 위와 같음, 303쪽.

29 『메이지초년농민소요』 116쪽.

30 『오쿠마 문서』(와세다대학 사회과학연구소 소장). 이런 '탐색서류(探索書類)'
는 저변의 정치사회의 구조분석에 중요하다. 예를 들면 ① 세금 징수 상황은 "가
재(家財), 농구(農具), 전지(田地)를 팔아치우고 처자도 남의 고용살이로 내보
내거나 또는 팔아버려서 60세 이상의 노인은 쌀겨를 먹고 사는 자도 적지 않다.
빨리 상납하라고 준엄하게 말하는 호보카타(捕亡方)를 향해 집 이외의 가재 등
을 바꾸어주는" 정도이며, 그럴 때 차압된 구체적 분담은, 호보카타 만이 아니며,
예를 들면 '마쓰자와촌(松澤村)'처럼 "가재를 군장(郡長)이 바꾸고, 오장(伍長)
에게 조사하게 하고, 물품은 나누시카타(名主方)에게 맡기는" 분업의 경우도
있었다. 다만 그 마을의 경우에는, "무엇보다 나누시는 가구별 취조는 벗어나고

싶다고 요청하고 있다." 이는 나누시의 사회적 지위를 보여주고 있다. ② 무라
(촌) 역인=나누시 보다 한 계층 위의 지방 역인(地方役人), 예를 들면 '세이산카
타'의 성격은 "금화 융통을 위해서 현청(縣廳)에서 금 5만 냥(兩) 정도 후쿠시마
(福島), 가와마타(川俣) 두 곳의 세이산카타를 맡은 자들에게 건네주고 그들에
게 빌려주게 하고, 분기별 이자는 현청에서 모두 세이산카타에게 주고자 하는
취지"에서 이해할 수 있듯이, 국지적(局地的) 유통회로의 핵심이었다. 현청은
그들과 서로 의존하고 있다. 그러므로 "세이산카타 중에는 이즈쓰야(井筒屋)의
누구처럼 가와세카타(爲替方)를 맡고 있다"고 하듯이 겸임 상태도 보기 드물지
않았음에 분명하다(그럴 때 가와세(爲替, 돈 교환)의 수수료(切賃)는, 상품은
1냥(兩)에 대해서 100문(文), 하품은 1냥에 대해서 3문(匁)이었다). 따라서 또
직접 유통에 참가하지 않는 지방역인, 즉 '호보카타' 등도 '고하마촌 부채가게
조시로(小浜村扇屋長四郎)'로부터 '뇌물(賄賂)'을 받는 등의 사실을 통해서, 그
런 계층으로 층화(層化, einschichten)되었다. 그리하여 ①②로부터 봉기에 있
어서는 "민심은 세이산카타"를 시작으로 하는, 우리의 범주로 말하면 지방 역인
층에 증오를 향하게 된다. 무라 역인에 대해서는, 그것이 전자의 에이전트화하
고 있을 때 반항한다. 주 32번에서 보게 될 '다이쇼야'는, 그런 지방역인층에 속한
다. 이상의 자료는, 백성 봉기의 발생사유에 대한 그것이다. 따라서 거기서부터
거꾸로 ① 지방 역인층이 일상적으로는 무라 역인을 통해서, 공동체 촌락 위에
기생하고 있는 사실이 분명하며, ② 그런 모순이 폭발한 봉기는 기생자에 대한
공동체로부터의 공격으로서, 전통옹호 형태를 취하는 것도 역시 당연하며, ③
따라서 봉기를 진정, 방지시켜 백성을 질서에 흡수하기 위해서는, 공동체 관념
의 강화가 행해지는 것도 이해할 수 있다. 그래서 지방 역인층은, 공동체에 기생
해서 그것을 부식시킴으로써, 거꾸로 객관적으로는 공동체를 강화한다는 역설
적인 싸이클로 기능한다.

31 위의 『오쿠마 문서』. 이 「탐색서(探索書)」에도 주 30번과 같은 관계가, 장내(庄
內) 상인과 현(縣)의 그것으로서, 부분적으로 기록되어 있다.

32 위의 『오쿠마 문서』. 첫머리에 "어리석은 제 생각으로는, 조세의 건은 쇼야(庄
屋)들이 말하는 민심 불온은 결코 위임해서는 안 된다고 생각합니다"라고 결론
짓는 그 건의는, '하대부(下大夫) 이나바 하나미(稻葉穗波) 가문의 부하 구스미
사부로에몬(久須美三郎右衛門)'이 제출한 것이다. '다이쇼야'의 강대한 권력에
대해서는 다음과 같이 말한다. ① "옛 막번제(舊藩領) 하에서는 종래 다이쇼야가
없어 정체(政體)가 간이(簡易)한 나머지 분위기가 잔인한 것은 그저 사적인 영
역이었으며, 다이쇼야 또는 와리모토(割元)라 하면서 3000석 정도에서 1만석
남짓 거두어들이고 있습니다. 번에도 그런 예가 없습니다만, 사무라이 신분과
쇼야 사이에 있으면서 권위를 누려서, 한 덩어리의 토지를 소유하지 않고서도

음식, 의류, 가택이 지극히 호화로운데, 그 씀씀이가 어디서 나오겠습니까. 모두
뇌물 또는 거두어들이는 마을에서 높은 비율로 징수해서……." 봉건적 촌락 질
서에 기생해서 유통과정을 독점하고 있는 것이 분명하다. 유신의 기구는, 지방
에서는, 다시 말해서 구체적 지배에서는 그 규칙적 운영성을 그것에 기초지우
고, 거꾸로 또 그 같은 유통의 확실성의 보장이 되기도 했던 것이다. ②다이쇼야
는 이 같은 봉건적 특권자였으므로 정치적으로는, "백성들이 제출한 안건에 대
해서는 쇼야에게 조사시키켜서, 다시 다이쇼야에게 제출하게 하니, 조사는 그 이
상 올라가지 않았던 것"이 비로소 '관'에 차출되니, 그리하여 상하관통은 완전히
"그대로 멈춰서 …… 실로 안타까운 사정"으로 되었던 것이다. 게다가 '나누시들
도, 다이쇼야의 신망을 잃어버리면, 자신의 간계도 부릴 수가 없으므로 빈번하
게 아부해대는" 상태라서, "나라의 분위기가 아무리 큰 소리로 외쳐대도, 아무래
도 다이쇼야에게는 이르지 않으며, 그래도 어떻게 되거나 하면 높은 분들에게
말하라고 해버리는" 그런 상황이 기록되어 있다. 물론 중간세력의 성격은 에치
고(越後), 사카타(酒田), 후쿠시마(福島) 같은 일반적 소상품 생산의 발전이 뒤
처지고, 따라서 거대 기생 상업자본이 강한 지방과 서일본 선진지대는 크게 다르
다. 후자의 일부에서는, 국가기구는, 보다 저변에까지 하강해서 촌역인 층에서
부락총대(總代), 한토야쿠(畔頭役)에까지 이르러, 그들을 자신의 담당자로 만
들었다. 주 14번의 야마구치현의 포상 사례의 특질은 그 점을 말해주기도 한다.
양자를 비교할 때, 지배의 기구화가 저변까지 관철된 것은 상품생산의 일반적
발전 없이는 불가능하다는 것을 이해할 수 있다.

33 카시러가 리슐리외와 루이 14세의 절대주의(absolutism)와 루소의 데모크라시
(democracy)에서의 보편적 의지의 성립 사이에는, 사실적인 뒤집음에 의해서
연결되는 '사상적 방법적인 상관관계(gedankliche und methodosche Korrelat)'
가 있다고 할 때(E. Cassirer, *Freiheit und Form*, S. 483), 권력집중과 수평화의
정(正)대등성을 실로 예리하게 찌르고 있다. 전자의 완성이 후자 성립의 불가결
한 전제였다.

천황제와 파시즘

이 논문을 시대상황과의 대결 없이 비역사적으로 보면 혹은, 행론(行論)의 철학적 기저를 일관되게 복재(伏在)하고 있는 사고방식으로서, '이성' 개념의 맷돌로 '감성적인 것'을 갈아 부수고 있다고 보는 입장도 있을는지도 모르겠지만, 그렇다 하더라도, 나는 여전히 일종의 '보편주의자'이며, 또한 그렇게 되고 싶다. 다시 말해서 '보편주의' 일반에 대한 조잡한 부정에 대해서는 단연 부정적이다(1996년).

들어가며

일본 파시즘이, 이탈리아의 파쇼나 나치즘과 비교해서 두드러진 '왜소함'을 가지고 있음은 이미 훌륭한 저작에 의해 널리 알려져 있다.[1] 그 성립 과정이, 격렬한 '변혁'에 의한 것이 아니라, 점차적인 총력전 국가로의 이행이라는 특징을 지니고 있다는 것. 많은 운동의 지도자는, 민주주의 일반에 대한 자기 부정의 충동에서 자기의 정치적 사실주의를 무기로 삼아 대중을 선동하고, 자주적 결사를 타도하고, 자기의 정치권력을 획득해가는 것이 아니라, 언제나 궁극적으로는 기존의 국가기구 특히 군부의 일부에 의존하는 자세로만 움직여 나갔다는 것. 그리하여 모든 파시스트들은, 국내적으로는 천황 앞에 경건한 신하이며, 국제적으로는 세계의 부정을 시도하는 비할 데 없이 공격적인 허무주의nihilism로서의 나치즘Nazism에 대해서 허겁

---

[1] 여기서는 구체적으로 밝히지만 않았지만, 역시 마루야마 마사오에 의해 이루어진 일본 파시즘 분석과 연구들, 예컨대 「군국지배자의 정신형태(軍國支配者の精神形態)」를 비롯한 일련의 글들을 가리킨다고 하겠다. 『현대 정치의 사상과 행동』(한길사, 1997)에 번역, 수록되어 있다.

지겹 뒤쫓아가는 추종자일 뿐이었다는 것. 이들 모든 특징들이 보여주는 것은, '반동反動'화로 불리는 과정에서도 마찬가지로, 일본 사회의 역사적 경과가 명확한 단락을 얼마나 갖지 못했는가, 그리고 그것에 대응해서 그 경과를 영위하는 인간이, 역사적 연속을 차단할 수 있는 주체적 행동성을 얼마나 결여하고 있었는가, 하는 것이다. 따라서 아마도 "반동은, 이 나라에서는, 생각에 빠져 더디게 걷듯이, 지루하게 끊어지다가 이어지면서 언제 끝날지 생각할 수도 없다"는 낙후된 조국 덴마크에 대한 브라네스의 탄식과 비슷한 상황이 존재할 것이다(G. 브라네스,『19세기 문학의 주류』). 지루한 반동은, 어쩌면 반동 이전의 것인지도 모르지만, 여기서 반동과 반동 이전의 구별은 하지 않겠다. 지루한 반동이 어떤 형태로, 어떤 상황하에서 그러했는가. 이 글에서 찾아보려는 것은 오로지 그것이다. 일본 파시즘이 생겨나는 과정에서도, 그것이 붕괴되는 경과에서도, 그리고 일본에서, 메이지유신에 이은 거대한 역사의 단락이라 할 수 있는 '패전과 그 전후前後'의 상황은 정신의 세계에서 대체 어떤 연속성을 갖는 것일까?

1. 작동 구조 (1)

일본에서 향토鄕土는 국가의 향토이기도 했다. 향토를 떠난 개인도 없지만, 향토를 떠난 국가도 없었던 것이다. 어떠한 나라든 일반적으로 도시에서 기계화의 정도가 진행됨에 따라 생활양식 전반에 걸친 만국 보편의 규격화가 행해지므로, 거기서 조국은, 물질적 생활양식 가운데서가 아니라, 언어

❙ Brandes, Gerorg Morris Cohen. 덴마크 출신의 유명한 문학비평가. 코펜하겐대학에서 가르치기도 했다.

와 관념 속에만 존재하게 된다는 경향을 가진다. 질서에 대한 내면적 자각과 국가의 존재이유의 합리적 인식이 없는 경우, 생활의식에서의 탈국민화는 실로 용이하게 발생해서 일반화한다. 메이지 이래의 일본에서 합리적인 질서감각은, 대중뿐 아니라 어떠한 계층에도 존재하지 않았다. 국가는 '일촌일가一村一家'의 연장이며, 가와 촌에서의 전인격적인 심정적 결합이 곧바로 공적인 국가질서의 지주支柱라 여기고 있었다(충효일치). 따라서 도시에서 '향당사회鄕黨社會'(이토 히로부미)와의 연결을 잃어버리는 것은, 동시에 조국을 잃어버리는 것이었다. 게다가 한편에서, 근대 국제사회의 권력정치적 상황에 대처하기 위해서, 도시와 기계화가 국가이성으로부터 요구되고 있었다. 여기서는 국가 자체가, 국가 이성과 국가 심정의 강한 내적 모순을 포함하고 있었다.

그와 같은 곳에서 거대화된 도시와 기계와 사회의 기구화라는 병폐에 대한 지각력知覺力과 반발은, 그 자체 병리적인 조숙한 발육을 이루게 된다. 유럽의 근대사회에서 기계화는, 인간의 내면적 이성에 의해 추진되었다. 그로 인해서 모든 인간관계를 합리적으로 또 대량적으로 처리할 수 있기 때문에 한쪽에 개인의, 사생활에서의 자유—사적인 것의 비非공개와 공개에 관한 결정권—가 보증되는 한, 인간의 비기계적·유기적 부분을 결코 침범당하지 않는다고 생각되었다. 그리고 조국에 대한 감정 역시 그것이 합리적으로 통제될 수 있는 것으로 간주되는 이상, 기계화의 전진과 적대할 필요는 없다. 그런 곳에서 기계화의 전도前途에 대한 비관주의pessimism가 발생한다면, 인간 일반의 위기가 기계에 의해 초래된다고 지각했을 때 뿐이다. 따라서 그것은 동시에 이성 일반에 대한 비관주의를 수반하며 거기서 비합리정신의 고양이 시작된다. 하지만 일본에서는, 그 같은 종착역에 이르기 전에 이미 기계화는 '서구적 유물론화唯物論化'이며, 국가의 심정에 반하는 것이다. 인간 일반과 '정신의 위기'의 자각(발레리P. Valery)이 아닌, 자연과 전통에 의해 생활하고 있는 '일촌일가'의 향토와 그 심정이 기계에 대한 반항의 담지자Träger인 것이다. 역사의 역동성dynamics은 인간의 심층에 이르지 않으며, 그 때문에 도리어 안이하게 얼핏 보기에 일찍이 나타나게 된다.

향토주의는, 그래서 일본의 대외적 긴장이 증대되고, 자본주의 공황의 타격이 농촌에서 심각해짐과 더불어, 조국＝향토의 적을 공격하면서 떠오르게 된다. 내셔널리즘nationalism의 극단화ultra와 '국가개조國家改造'의 심정적 주장이, 사회생활의 획일적인 기구화, 도시의 무습속성無習俗性에 반발한다. 재벌의 전제, 정당의 부패, 모든 일본 근대사회의 병리현상은, 모두 다 그것에 결부되었다. 대외적 소극정책과 국내의 규칙 합리적 기구가 그 병폐의 근원인 것이다. 지금이야말로 일본이 예로부터 자연히 생성해온 제도로 돌아가야 한다. '민속의 성속成俗'으로서의 향토 자치를 주장하는 것이, "권력자의 명령에 순종하라는 것이 아니라, 너희들 스스로 순수한 마음과 순수한 정을 만족시켜라"라는 구호하에 운동을 일으킨다(곤도 세이쿄,[1] 「성속의 점화와 입제의 기원成俗の漸化と立制の起源」『주오코론中央公論』1932년 6월호). 일본의 역사적 중첩성에서 생겨난 제도와 기구의 괴리가 폭발적인 에너지를 발휘하기 시작했다. 그러나 그 제도는 '자연히 다스려지는' 것으로 규범의식을 내부에 갖춘 것은 아니므로, 거기서는 '심정心情'의 힘밖에 발산되지

---

[1] 權藤成卿, 1868~1938. 제도학자, 농본주의 사상가. 고쿠류카이(黒竜会)에 가입해, 러시아에 대한 개전(開戰)·한일합방을 주장했다. 『농민자치본의(農民自治本義)』를 썼으며, 혈맹단사건(血盟団事件)과 5·15사건에 영향을 미쳤다.

않는다. 조직적 행위가 생겨날 여지가 없다. 그러므로 행동의 전문가가 필요하다. '파괴자'가 대기하고 있었다. 이노우에 닛쇼 일파처럼, "우리는 파괴를 받아들여서 쓰러질 각오로 지내고 있으므로, 건설하는 생각까지 연구하자는 분위기는 없었다"(『닛쇼자서전日召自傳』)고 하여, '벌閥' 타도에 열광하는 우익 '급진 파시즘' 운동의 하나의 유형이 그것이었다. 그들 운동가들은 향토에 틀어박히는 것이 아니라, 거꾸로 그것을 떠나서 '동분서주'한다. 그들은, 향토와 농민을 위해서 '천황친정'을 실현해야 하며, 비일상적인 세계에 활약하는 '지사志士'라 생각하고 있었다. 그래서 또한 그들의 행동 그 자체는 무뢰한outlaws의 그것이지만, 정신 형식에서는 천황에 대한 철저한 충의자忠義者들이었다. 오히려 역설적이지만, 충의자라는 것에 의해서 무뢰한이 되었던 것에 지나지 않는다. 어떠한 행동규범도 인정하지 않는 허무주의자nihilist가 아니라, 최고 가치에 대한 헌신으로 다른 모든 것을 무시할 수 있다고 생각하게 되었을 뿐이다. 그들도 나치 지도자들도 모두 이상한 사람들異常者이긴 하지만, 나치 리더의 히스테릭한 열광은 어디까지나 자신의 충동에서 나온 것인 데 대해서, 일본의 광기는 보통 사람은 흉내 낼 수 없는 '천황 신앙'에 응고되어 있던 일종의 '신흥종교'형의 조직자organizer였던 데 지나지 않는다. 그 같은 유형의 인간이 어떻게 큰 손을 휘둘러 '활동'할 수 있겠는가.

천황제하에서 "천황은 도덕적 가치의 실체이자 1차적으로 절대 권력자가 아니라는 데서, 윤리적 의사의 구체적 명령을 행할 수 없는 상대적 절

I 井上日召, 1886~1967. 국가주의자, 군마(群馬) 출생. 니치렌슈(日蓮宗)에 귀의해서, 닛쇼(日召)라 했다. 혈맹단(血盟団)을 결성, 국가혁명을 계획하고 일인일살주의(一人一殺主義)를 주창했다. 이노우에 준노스케(井上準之助)·단 다쿠마(団琢磨)를 암살했다. 재판에서 무기징역을 언도받았지만, 은사(恩赦)로 출옥, 2차대전 이후 호국단(護国団)을 설립했다.

대자가 되며, 따라서 신민 일반은 모두 해석 조작에 의해서 자신의 자의意意를 절대화시키고, 그것이 다시 상대적 절대자가 된다. 여기서 절대자의 상대화는 상대적 절대자의 보편화"(이 책 69쪽)이므로, 천황 절대라고 내세운 원칙을 어디까지나 일관되게 밀고 나가는 것은, 천황을 제외한 모든 '자의적인 상대적 절대자' 즉 권력자에 반항할 수 있다. 일본에서 공산주의를 제외한 거의 모든 운동이 일군만민주의—君萬民主義를 슬로건으로 내세운 것은, 그 같은 사정을 이용한다는 일면을 지닌다. 그리고 일본에서의 반反속물주의와 '정의감'의 주요한 배양틀도 그런 이데올로기 속에 있었다. 천황제적 속물이란, 내세운 원칙은 천황의 절대를 인정해 두고서, 실제는 자신의 자의意意를 관철시킨다거나, 천황을 가치의 궁극 목적으로 하는 것이 아니라, 자신의 입신출세의 단순한 이정표(거기에 가까이 가는가, 또는 거기에 가까운 자에게 가까이 가는가 하는 노력의 인식표)로 여겨버리기 때문에, 천황 '목적'주의는 그 같은 천황 '존재'화 경향에 대한 분개의 힘으로 되는 것이다. 그리하여 천황과의 직통 의식에서 오는 사회의 계층질서의 무시가, 외견적인 무뢰한들을 낳음과 더불어 나아가 원시인原始人 찬미를 가져다준다. "일상의 작은 일, 비상한 큰 일에 즈음해서 원시인적 무인武人의 전형이어야 한다"(대화회 강령大化會 綱領)는 것이, 그들 대부분의 모토였다. 이상적 인간으로서의 '원시인'에서, 비로소 천황과의 심정적 결합이 완성되며 일본 예로부터의 자연 제도가 부활한다. 여기에 흑룡회' 이래의 '법치주의 형식' 부정관否定觀이 강력한 기동력을 발휘한다. 그들이 파괴만을 행하려 한 것도, '근대'의 어두운 장막을 걷어치우기만 하면 자연히 (원시적

Ⅰ 黑龍會, 고쿠류카이. 1901년 우치다 료헤이(内田良平)를 중심으로 결성된 국가주의단체. 다아시아주의를 내걸고, 대륙진출을 주장했다. 1946년 해산되었다.

으로) 본질 가치가 드러날 것이라 생각했기 때문이었다. 그래서 7·5사건 (1940년)의 가게야마 마사하루가 말했듯, "우리의 궐기는, 단순히 초야에 있는 신하의 충정으로, 국체를 옹호하고, 유신을 돕는다는 하나의 길에 몸을 바치려 한 것일 뿐이며, 어떠한 정책도, 이론도, 정치운동도 아니었던" 것이다(『칠오사건공판기록七五事件公判記錄』). 정치적 사유, 합리적 정신은 모두 부정된다. 여기서는 자기 행동의 무계획성을 오히려 자랑하기까지 한다. 일본적 아나키스트anarchist는 개인의 자유를 관철한 결과 생겨나는 것이 아니라, 반대로 그것을 방기하는 곳에서 발생하는 것이다. 그러나 그들의 의식에서 어떠하든 간에 사실로서의 정치운동인 한 계획은 피할 수가 없다. 그러므로 한편에서는 10월사건에서의 오카와 슈메이॥ 일파처럼, 어떤 '개조계획'을 생각하지 않으면 안 되었으며, 그러한 경우 그들의 입장에서는 당연히 쿠데타 후에 발동하는 칙령에 대한 계획이 이루어지므로, 천황 절대원칙을 관철하는 입장은 구체적인 정치운동에서는 자기파탄 경향을 내포한다. 그와 같은 행동에서의 계획화에 대한 가치의식에서 나오는 공격은 우익 상호 간의 알력이 되어 드러난다. 그것은 절대자를 둘러싼 것이므로, 그 자체가 절대적으로 심각하게 된다. '천황의 사용私用'이야말로 최대의 죄악이다. 따라서 절연시켜야 한다. 사분오열은 불가피했다. 우익 운동의 에너지가 '경세제警世劑' 밖에 안 되었던 이유는, 여기에 있다.

하지만 향토는 또한 '자연히 다스려지는' 것이기 때문에, 곤도權藤가 말한 것처럼, 결코 "의식주와 남녀의 그것을 벗어날 수 없는" 것이다. 메이지

I 影山正治, 우익 사상가 중의 한 사람. 국학자, 가인(歌人). 정치단체 다이토주쿠(大東塾)를 결성했다(1939년).

II 大川周明, 1886~1957. 대표적인 우익 사상가 중의 한 사람. 이슬람에 흥미가 있어, 스스로 코란 전체를 번역하는 등 일본의 이슬람 연구에 기여했다.

이래의 천황제가 그 사회기구의 저변에 두고서 '국가의 기초'로 중시했던 무라村의 자치는, 정치권력이 그 자체로서 독립해서 존재하는 것을 허용하지 않는 무위자연無爲自然의 공동체였기 때문에, 한편에서는 '정쟁과 알력 완화 작용'(이토 히로부미)을 지니고 있기는 했지만, 다른 한편으로 거기에는 어떠한 보편적 규범정신도 존재할 수 없었다. 그리하여 무규범의 세계에서 제도는, 동물적 접촉에 의해서만 그 범위에서만 존재할 수 있다. '생물 자연의 욕구'의 상호관계야말로 향토라고 한다면(곤도, 앞의 논문), 향토의 일상생활을 그만두고 동분서주하는 것은, 향토로부터의 지지를 얻을 수는 없다. 그러므로 향토주의는, 당연히 '구체적 생활'의 가치를 강조하면서, 부락에 뿌리를 둔 형태로 생겨나게 된다. 그리하여 현대 사회에서의 '구체적 생활'을 중시하는 한, 특히 공황하에서는 일상생활의 어느 정도의 합리화를 피할 수 없다. 그럴 경우 농업경영의 합리화는 '생물 자연의 욕구'를 충족시키려는 것이므로, 실로 자연스럽게 행해지며, 그것이 내면세계의 '순수한 마음과 순수한 정'이라는 속성을 침해하는 일은 결코 없는 것이다. 그것은 주체적 행위가 아니라, 자연의 운명이므로, 사회경제상의 생산관계를 변혁시키려 하지 않는 것은 물론, 어떠한 정신세계의 변화도 가져다주지 않는다. 예를 들면, 급진 파쇼의 한 유형을 이루는 애향숙愛鄕塾 다치바나 고사부로'처럼 '이상부락 건설운동理想部落建設運動'을 행하는 경우를 보라. 그들은 공격과 파괴만을 행하는 것은 아니다. 향토(그들은 형제촌兄弟村이라 불렀다)의 부락 경영 측면에서, 축산조합과 화훼부花卉部나 실비 진료

| 橘孝三郞, 1893~1974. 국가주의·농본주의자. 이바라키현(茨城県) 출생. 1931년 애향숙을 창립했다. 이노우에 닛쇼(井上日召)를 알게 되어, 5·15사건에 참여했다. 무기징역을 언도받고서, 1940년 가출옥했다.

소실비진료소小實費診療所까지 설치해 개량 운동을 게을리 하지 않았다(다치바나 고사부로橘孝三郎, 『옥중통신獄中通信』 1974). 뿐만 아니라 브렌타노Brentano, Lujo의 『영국경제발달사』나 오펜하이머Oppenheimer, Franz의 『사회학체계』 등을 통해서 사회과학을 열심히 공부하기도 했다. 그 점은 가게야마 마사하루처럼 '이론'을 완전히 거부하는 것과는 대척적이다. 그러나 그 차이는 전인간적인 차이는 아니다. 다치바나는, 가치의 세계에서는 망막茫漠하여 합리적 이해가 불가능한 왕도낙토주의자王道樂土主義者이지만, 행동의 세계에서는 "도저히 어떻게 할 수 없는 지극한 정"에서 모든 합리적 배려를 무시하고 5·15사건에 참가한 것이다. 그리고 행동결과에 대해서는 "성스러운 적인가 옳은가 그른가 묻지 말라, 그저 오로지 조국을 껴안아라"라고 주창한다. 막연한 가치관에서 나온 '지극한 정'의 결과는, 정확한 가치판단을 할 수 없는 것이 당연하다. 거기서는 가치판단의 분명한 척도 그 자체가 없기 때문이다. 그저 조국을 껴안기만 하면 그것으로 가치와 행동은 모순 없이 이어진다. 어떠한 행동도 지극한 정에서 나오는 한, 그 자신에게는 정당하다. '껴안으면 된다'는 그런 정신 형식이 사생활을 관통할 때, 거기서 생겨나는 것은 지금도 우리가 체험하고 있는 일본형 남녀관계이다. 게다가 그것은 어버이와 자식의 온정溫情관계와 밀접하게 연속된다. 바로 '생물 자연의 욕구' 체계다. 천황제 정신의 실체는 그것이었다. 그리하여 욕망 자연주의 아래서는 어떠한 행동도 모두 당연한 것으로 담기게 된다. 일상생활의 합리화나 사회과학 연구도 그 일부에 지나지 않는다. 다치바나와 그 제자 하야시 쇼조林正三, 서양화가의 통신을 보면, 고급스러운 서양화나 원서에 대한 관심이 신흥종교적인 심정적 신앙성과 "다만 모든 것에 감사하고 기뻐할 따름"(예를 들면 하야시)이라는 자연의 운명에 대한 철저한 순종이, 당사자

에게는 어떠한 이상함도 느끼게 하지 않으면서 기묘한 조합을 보여주며 공존한다. 그 같은 정신구조야말로 일본 파시즘의 '국가개조'를 단락キ니目 없이 행하게 한 바탕이었다. 천황제 내부에 존재하는 근대국가로서의 합리적 기구화와 전근대적 공동태共同態로서의 전통적 심정의 가치화라는, 두 개의 경향이 낳게 되는 심각한 모순을, 다시금 매개하고 봉합하는 것은 그 같은 정신 이외에 다름 아니었다. 다만 심정 그대로 어디까지 행동이 나아가는지 헤아려 알 수 없는 욕망 자연주의naturalism에 일정한 한계를 두기만 하면 되는 것이다. 거기에 모든 생활을 공간적인 향토 속에서만 행하게 하는 진정한 향토주의가 나타난다. 그것은 메이지 이래의 일본에 일관되게 존재하던 것이며, 다치바나 등은 그것의 병리현상에 지나지 않았는데, 쇼와 대공황 후에는 국가의 모든 기관의 원조를 얻어서 훨씬 더 대규모로 전개되었다. 청년단, 농민학교, 산업조합화 등의 운동이다. 야마자키 노부요시,[1] 다자와 요시스케[2] 등이 그 지도자가 되어 활약하게 된다. 그들은 모두 '구체적인 생활의 체험'을 강조함으로써 농촌 사람들이 향토에 정착할 것을 권장하려고 했다. 그것은 도시로부터의 귀농을 촉진하는 것도 되기 때문에 아마도 그만큼 도시의 '불안'을 감소시킬 수 있을 것이며, 또 감격중感激症으로 향토를 떠난 우익 급진화radical도 막을 수 있다. 사실 그들은 거의 대부분 이구동성으로 일본인과 청년의 '뜨거워지기 쉬운' 성격을 언제나 비판하고 있다. 그리하여 구체적인 생활체험이라는 일차적인 것 이전에, 추상적 이론을 배제하고, 국가기구가 인간을 획일화하는 점을 비판한다. 예를

---

[1] 山崎延吉, 1873~1954. 이시카와현(石川縣) 출신. 일본의 농정가, 교육자. 중의원 의원, 귀족원 의원을 역임했다. 아이치현(愛知縣)의 농업 개선에 힘썼다.

[2] 田澤義輔, 1885~1944. 근대 일본 농촌청년운동의 지도자.

들면 다자와는 농민교육에 대해 이렇게 말한다. "추상적인 학리學理 수업을 받고 있는 고등학교나, 법학과 문학 계통의 대학생활 등을 발원지로 하는 오늘날의 학생 생활의 양식은, 아무래도 농민을 양성하는 교육으로서는 적절치 않다"(다자와 요시스케, 『농촌갱생과 청년교육農村更生と靑年敎育』 1933; 야마자키 노부요시, 『농촌비상시와 농민도의 진수農村非常時と農民道の 眞髓』 1934).

추상적인 이론의 배제는, 한편으로는 '생활'을 떠나서 '행동하는' 우익 '심정이론心情理論'을 막는 것이고, 아울러 다른 한편으로는 마르크스주의의 배제였다. 일본에서는 자신의 정신풍토 속에서 마르크스주의가 생겨난 것이 아니라, 거꾸로 한번 일본적 풍토를 떠난 '이론'의 세계에 들어서는 행위를 거쳐서 비로소 마르크스주의자일 수 있었으며, 그에 힘입어 비로소 일본 사회의 총체적total인 비판자가 될 수 있었으므로, 아무리 그 이론이 일본의 현실에 의해 실증되더라도, 일본적 풍토에서 본다면, 그 실증 자체가 위로부터의 연역론인 것이다. 마르크스주의는 일본에서는 유럽에서의 근대 관념론의 사상사적 위치와 평행하는parallel 것이었다. 그리하여 구체적인 삶Leben의 가치를 주장함으로써 일본의 마르크스주의를 밀쳐낼 수가 있다. 그런 의미에 관한 한에서 그런 향토주의는, 마치 유럽 독일에서의 생활철학Lebensphilosophie과 비슷한 기능을 수행하는 것이다. 그럴 때 향토주의로부터는, 집단의 관료기구화의 결과가 나타나는 위로부터의 지도가, 때로는 동시에 연역 논리를 내재하는 마르크스주의의 지배의 위험과 결부되어 이해되는 것이다. 사회의 획일적 기구화는 사상에서의 마르크스주의의 지배와 평행하는parallel 것이다! 그것만이 아니다. 우익의 급진주의radicalism도 궁극적인 목적으로서의 '천황'의 가치로부터 직접 행동을 이끌어내는 것이므

로, 그것도 집단과의 관계에서 마르크스주의와 비슷한 위험으로 파악된다. 그래서 예를 들어 청년단은 단원 개인이 직접 전국 조직에 속하는 것 같은 단일조직이 아니라, 먼저 '향토적 존재'라고 주장하게 된다. "청년단은 당시의 정부가 명해서 만든 것도 아니며 학자들과 사상가들이 발기해서 만든 것도 아니다". 그것은 예로부터 존재하는 자연의 제도다. 그래서 "획일적인 것은 아니며 …… 밑바탕에는 지방에 있는 것이다"(다자와, 앞의 책). 향토주의는, 바야흐로 모든 영역에서 국가기구가 방대한 '전문 기술인'＝관리를 만들어내서, 향토를 획일적으로 처리하고 있는 점을 비판한다. 교육에서 행정에서. 모든 점에서 '자치自治'가 부활해야 한다. 거기서는 '획일화되지 않는' 전인격적인 인간 결합이 행해진다. "『학교 교육에서 사숙의 부활로學校敎育より私塾の復活へ』, 이것이 당국자의 교육제도 개혁을 기다릴 수 없는 사회의 급박한 개혁의식의 표현"인 것이다. 그것은 지도자의 '인격을 중심'으로 하며, 가토 간지처럼 '사제공동주의師弟共働主義'의 평등원리에 입각해, 교육에서도 마을 행정에서도 '하늘'이 부여한 직분에 따라서 개성의 활용을 행한다. 그야말로 야마자키가 말하듯이, 오로지 천지자연의 법칙에 따라서 어떠한 인위적 규칙이나 물리적 권력에 구속당하지 않는 '자유자영自由自營' 상태다. 물론 그것은 오로지 자신의 주체적 규범에 따른다는 의미에서의 자유는 아니다. 그래서 자연의 자유인 한, 부자유도 역시 자연적 생리적 조건으로부터만 생겨난다. 야마자키에 의하면, 자유를 빼앗는 계기는 질병과 암우暗愚와 범죄와 빚이다. 거기서 법과 빈부가 자유의 척도가 된 것도 그들이 생리적 조건을 구속하는 한에서다. 그래서 자유는 조금도 정신의 자유를 의미하는 것이 아니다. 도처에서 볼 수 있는 그들의

I 加藤完治, 1884~1964. 농민운동의 지도자. 만주개척과 이민을 적극 주장했다.

도덕 교화의 태도에도 불구하고, 그 정신구조의 깊은 부분을 이루는 것은, 결코 도덕이 아니라 생리生理라는 틀에 지나지 않는다. 아니 오히려 여기서는 생리의 차원은 심정이나 내면의 차원과 떨어져 있지 않은 것이다. 그것은 잠재적인 최대의 비도덕이다. 내가, 앞에서 우익의 두 번째 유형에서 서술한 부분과 그대로 들어맞는다는 것이 분명하다고 하겠다.

그 같은 부자유를 제거하기 위해서, 생활의 기술 합리화가 진척되지 않으면 안 된다. 그것은 그야말로 자연생리적인 필요다. 위생설비의 개량, 신용조합이나 고講의 합리화와 더불어, '암우暗愚'도 개량하지 않으면 안 된다. 다자와는 이렇게 말한다.

'참된 농민'은, "먼저 경제적인 농가 경영 지도자를 만들어 판매에 관한 지식과 경험을 풍부하게 가진" 자가 아니면 안 된다. 그래서 당연히 "여전히 생산 기술에 치우쳐" 있는 재래의 농민지도 체계가 비판당한다. 그것을 사회적 실태 측면에서 번역하자면, 계통농회系統農會를 통해서 행해지던 메이지 말기 이래의 생산기술 개량방침에 대해서, 신용 - 판매 - 구매 면에 상당한 역점을 두는 산업조합주의를 주장하는 것을 의미한다. 또한 기술론으로 파악하면, 그것은 자연에 대한 기술만이 아니라 인간관계의 기술과 시장의 기술을 강조하고 있다. 생리적 자연의 필요에서 나온 합리화가, 인간의 자연교류와는 질적으로 다른, 인간의 교류 기술을 주장하기 시작한 것이다. 얼마나 모순인가. 여기서는 향토는 무위자연의 그것에서 조금 변질되지 않으면 안 된다. "향토는 단순한 자연이 아니라, 향토인의 체험에 의해서 파악되는 토지이며, 향토인에 의해서 인격적으로 착색된 자연이다"(대일본연합청년단편大日本聯合靑年團編, 『향토를 어떻게 연구해야 할 것인가鄕土を如何に硏究すべきか』1934). 변질은, 미세한 데 머물러 있다. 어째서

그러한가. 기술의 관념은 동질의 많은 대상을 동일 규칙에 의해 처리하려는 것이므로, 대상을 부단히 동질화하고 보편화하는 경향을 가진다. 하지만 무릇 모든 추상화된 관념의 세계의 존재를 거부한 향토주의로부터는 직접적 감각적 체험을 넘어선 세계는 이해되지 않는다. 따라서 여기서는 향토를 넘어선 보편적인 것은 존재하지 않는다(공동체 국가). 그리하여 보편화의 대극對極에 집단을 넘어선 단위로서 개인이 발견되므로, 향토보다 작은 보편적인 사회단위도 역시 존재하지 않는다(일촌일가一村一家). 기술의 대상은 향토의 접촉 범위에 제한되며, 그 주체도 향토이지 개인은 아니다. 그러므로 뒤에서 보듯이 산업조합화는 모든 부락을 단위로 행해진 것이다. 그래서 '경영'이라는 주체적·계획적 관념이 요구하는 것은 "생활의 건설은, 향토의 건설의 기초 공작이며, 향토의 건설은, 그것이 우리의 생활에의 지표"(앞의 책)라는 것으로 된다. 여기서는 생활은 완전히 무자각적인 전통적 행동양식에 의해 행해지는 것은 아니다. 다만 자각은 자신의 세계와 규범을 만드는 것이 아니라, 주체적 자각을 모두 전통적 생활에 투입시키려 하는 것이다. 여기서 전통은 '주체적'으로 강요된다. 따라서 전통·생활을 떠나서 현대식modern 소비생활을 하는 것은, 그런 사이비pseudo '주체적 인물'로부터 지탄 당하게 된다. "인간세상의 가치는, 그의 가문과 학력과, 응대하는 세속적인 재주와 용모 등에 있는 것이 아니라", 오로지 향토에 정착해서 생활을 건설하는 '근로'에 있다. '혁신'이란 먼저 그런 '새로운 가치를 발견하는' 것이었다(다자와). 그 '가문'이란 향토의 전통적 생활에서 유리되어 있는 한에서의 기생지주寄生地主 명망가名望家를 의미하며, '학력'이란 확실히 관료와 '월급쟁이'를 말해준다. '관리'를 훌륭하게 보고, 월급쟁이를 좋다고 하는 '잘못된 관념'을 바로 잡으려는 것이다(야마자키). 도시화한 기생지주의 향토로부터의 추방은 대체 무엇을 의미하는 것일까. 또한 관료의 배제는 무엇을 가져다주었는가. 우리는 바야흐로 향토주의에 입각해 있는 사회상황을 문제 삼게 되었다.

2. 작동 구조 (2)

본래 기생지주는, 농업생산물의 수탈을 행하면서, 생산과정에서 해방됨으로써 시장유통에 참가하는 일본 자본주의의 구조적 모순의 매개자였으므로, 농업관계의 봉건성과 자본제 생산양식의 모순이 격렬해짐과 더불어 당연히 분해되어야 하는 운명에 처하게 되었다. 한편으로 농촌 유리遊離와 다른 한편으로 농촌 정착. 과연 메이지 말기에 기생지주제는 제도로서 완성됨과 동시에 분해를 현재화顯在化하고, 거대 기생지주는 농촌과의 인격적 결합을 잃게 되어 기구에 의거해 지배를 행하려고 했다. 계통 농회가 그것을 맡게 된다. 여기에 이르러서는 기구지배와 인격지배의 매개자인 기생지주제 그 자체가 스스로 모순의 매개자를 요구한다. 자작농 상층=중농이라는 범주를 유지하는 것이 경제정책상의 중핵에 놓여지고, 그와 더불어 국가기구에서의 규칙성과 촌락공동체의 인격적 비규칙적 정치관계의 매개를 새롭게 담당해야 할 재지중간층(독농篤農)이 육성되는 연유가 여기에 있었다. 그래서 천황제에서는, '독농' '농촌 중견분자中堅分子'가 끊임없이 요청되었으며, 게다가 상품유통 과정에 편입되는 사회계층이 확대됨에 따라 그들 '체제의 중간층' 역시 하강하고, 또한 다원적 사회영역에 미치게 되면서 중시되기에 이르렀다. 1920년의 반동 공황 이래 부락 실행조합의 지도자가 된 것은 그들이었는데, 쇼와 대공황은 그런 경향에 하나의 신기원epoch

을 만들었다. 거대 기생지주, 중소 지주, 자작농 상층과 연쇄체계를 이루던 계통 농회의 계층적 농촌지배기구가 기능이 약해지게 되고, 국가가 직접적으로 공동체의 지도부인 중농 상층부분을 장악하게 되었기 때문이다. 대공황의 결과, 농촌은 '위험을 잉태한 안정 상태'가 되어 있었다. "빌려준 것도 받을 수 없었으며, 빌려온 것도 갚을 수가 없었다, 저당抵當한 물건은 그것을 처분하려고 해도 살 사람이 없어서, 지금은 이렇게도 저렇게도 움직일 수 없는 상태에 있으며, 부채가 있는 자도 그 부채 때문에 조상 대대로 전해온 전답을 남의 손에 넘기지 않을 수 없는 그런 일도 없고, 또한 오랫동안 살아온 가옥을 버리고서 다른 곳으로 유랑하지 않으면 안 되는 그런 분위기도 없다 …… 다시 말해서 오늘날은 위기를 잉태한 안정 상태라고나 할까, 농촌의 기구가 파괴된 것 같은 상태"에 있으므로 "하루아침에 경기가 회복되면, 그럴 때 곧바로 채권자가 채권을 정리하려고 할 것이므로, 우리 일본 농촌의 중소 농업자는, 완전히 그 채권 정리를 위해서 그야말로 판을 뒤집어버려야 하는 …… 진정한 농촌의 위기"가 예상되었던 것이다(제63의회 농촌의원동맹 스케가와 게이시로'의 발언, 『제63회 비상시임시회의 의사록第六十三回非常時臨時議會議事錄』). 그에 대한 대응책은, 농촌의 사회경제 제도의 총체적인 혁명이거나, 아니면 국가에 직접 의존하는 것이다.

여기서 공동체를 대표하는 촌장, 실행조합장 등의 재지중간층의 국회·정부에 대한 청원운동이 맹렬하게 전개되었다. "각 지역 각 방면에서 앞을 다투어 구제 보조救濟補助를 정부에 강력하게 청원하는 상황은, 마치 적국敵國의 성과 도시에 침입해서 체포分捕를 다투는 것과 같은" 것이 있었다(같은 의회에서의 아라카와 고로'' 외 8명의 건의안). 그에 부응했던 자들은 누구

─────────────

l 助川啓四郎, 농업 문제와 농업행정 전문가로, 중의원 의원을 지냈다.

인가. 고토 후미오¹를 중심으로 한 '혁신 관료'였다. 그 수단은 무엇인가. 산업조합에 의한 전 농촌의 전면적인 조직화였다. 그 과정에서 농촌에서 공간적으로 떨어져 있던 단순한 명망 기생지주는 제거되는 경향을 갖는다. 산업조합 기구와 공동체 습속習俗을 이어주는 것은, 재지 지도자가 아니면 안 되므로. 그런 전면적인 조직화 역시, 기구의 규칙과 그 유효성을 보증해주는 물리적 권력에 의해서 행해진 것만은 아니며, 두 개의 다른 물질을, 양서류兩棲類로서의 촌락의 장長인 인격적 '보살핌'에 의해서 매개하는 것이다.

그는 한편에서는 관료제의 명령과 규칙의 형식에 대해서 충실한 실행자이며, 다른 한편에서는 규칙의 권력적 가제가 아니라, 오로지 온정적 보살핌에 의해서 명령의 실질적 시행을 보증한다. 그야말로 "산업조합의 경영은, 그 경영을 맡은 사람에 달려있다"(고토後藤 내무상, 앞의 의사록)는 것이다. 그리하여 그 '사람'이야말로 앞에서 말한 향토의 합리화와 전통적 가치의 온존을 도모하는 '혁신적 인물'이었다. 그는 '학력'에 힘입어 도시에서 '출세'하려는 자도 아니며, '가문'에 의해서 '기생寄生 생활'을 하는 것도 거부한다. "마음과 힘을 같이 갖춘 …… 진정한 농촌 사람"이며 "조직인이라는 자각"을 가진 지도자다. 그러므로 "국가조직을 통해서 농업이 귀한 업무라는 것을 깨달아 …… 자가自家의 농업경영에 힘쓰는 한편으로 농촌 백성들의 사표가 된다고 하겠다"(농림성 경제갱생부農林省經濟更生部, 『농산어촌 중견인물 양성시설에 관한 조사農山漁村中堅人物養成施設ニ關スル調査』 1939).

유럽의 고전적 파시즘에서, 사적인 '당黨'의 실질적 지배와 '국가'의 공

Ⅱ 荒川五郎, 1865~1944. 히로시마 출신. 농정 문제에 관심이 많았으며, 중의원 의원을 지냈다.
Ⅰ 後藤文夫, 1884~1980. 오이타현(大分縣) 출신. 관료. 대만총독부 총무장관을 지냈다.

적 상징symbol의 모순을 이어 맞추기 위해서, 보살핌 활동에 의해 심정적인 매개를 행하는 '알선 역할' 체계가 생겨났다는 것은 라스웰H. D. Lasswell의 연구에 의해서 밝혀졌는데(*Power and Society*, 1952), 일본에서는 폐쇄적인 전인격적 집단인 공동체와, 일정한 상황에 나타나는 일정한 행동만을 규율하는 규칙 체계로서의 국가기구를 매개하는 자로서 '중견인물'이 요청되고 있었다. 그러나 사태는 그에게 그렇게 첨예하지는 않다. 국가 자체가 공적 기관임과 동시에, 심정의 통합체로서 이른바 공동태共同態이기도 하므로, 매개되어야 할 모순은 공과 사가 아닌 규칙과 심정 사이에 있었다. 심정의 담지자Träger는 아직 '사'가 되어 있지 않다. 그래서 '전체주의적 조직화'도 '사'를 대상으로 할 필요는 없다. 그에게 있어서 합법적 저항의 통로는, 공적 국가라는 이름에 의한 사적 당파에 대한 그것과 개인과 그 자주적 집단이란 이름에 의한 사적 당파에 대한 그것으로 이중으로 존재하기 때문에, 조직화의 쐐기가 된 '알선자'는 우선 사적인 심정을 사적인 당파에 동화시키고, 나아가 그것을 공적인 국가 관념과 결합시킬 필요가 있었는데, 일본에서는 공=사 일체의 정의적情義的 공동체를 국가기구가 장악하면 되는 것이다. 그리하여 앞에서 말했듯이 역사의 주기cycle가 한 번 뒤처짐으로써, 근대국가의 병리에 대한 과민증도 생겨나는 대신에 옛 세계에서 행하는 '치료'도 쉬워진다. 조직화는 오로지 부락을 단위로 하는 조합화에 의해 행해진다. 그래서 메이지 이후의 천황제하에서 행해진 일본 사회의 획일화는, 무라村 공동체들로부터 거의 대부분 개성을 빼앗아 버렸다. 따라서 부락 단위의 조직화는 쉬웠다. 예를 들면 독일의 각 단체사회가 개체성individuality의 보루이며, 그것이 도리어 그 나라의 질적 통일을 오랫동안 방해했던 것과는 질적으로 달랐다(*European Political Systems*, ed., by T. Cole). 나치와 격차가 생기는 원인의 하나는 여기에 있었다. 그래서 '농촌의 조합조직화'는 모든 '부락 기타 그것에 준하는 구역'을 단위로 하며 특별한 사유가 있을 때에만 초町 - 무라村의 구역에 의거해 조직하는 것이 허용되었으며 (부채정리조합법負債整理組合法), 기타 조합법 조문 참조), 종래 농회의 지도 하에서 부락농회로 불리던 농가조합은 그대로 단체로서 산업조합에 가입할 수 있게 되어(1932년), 지주단체로부터 벗어나는 경향이 생겨나게 되었다.

'혁신 관료'는 그런 농촌 조직화를 원형으로 삼아 전체 국가의 '근본적으로 다시 세우기를 계획했던' 것이다. "그것은 현재의 산업조합 중심의 농촌경제 갱생계획의 확대강화를 의미함과 동시에, 중소상공업자의 상업조합 및 공업조합 운동과 협조 제휴함으로써, 나아가서는 거대한 협동조합주의의 동향을 띠고 있다"(1933년 11월, 제1 내정각료회의에서의 고토後藤 농상의 의견)고 한다. 분명히 그것은 직능職能 국가 구상이었다.

말할 것도 없이 직능단체가 정책 형성과정에 참가하려는 경향 그 자체는 사회의 분업화와 국가의 사회통제가 진행됨에 따라, 다시 말해서 "오늘날의 제 국가는 여러 종류의 산업단체의 집단에 다름 아니며, 국가의 정치는 산업의 사무 처리에 다름 아니다"(도쿠가와 요시치카德川義親, "귀족원개조사견貴族院改造私見", 「호리쓰신문法律新聞」 1924년 5월 10일)는 그런 상황이 나타남에 따라 당연히 발생하는 것이었다. 따라서 사실적 경향으로서는, 이미 1900년 제1회 선거법 개정 시기부터 나타나, 다이쇼大正 년대 자본제의 급속한 진행에 의해 두드러지게 되어, '헌정憲政'과 의회의 건전함은, 선거의 기반을 '각 실업 유지단체'에 두게 되고(예를 들면 사카이 다다시치堺忠七, 『가나자와정전사金澤政戰史』 1925), 나아가서는 귀족원도 직능대표에 의해 구성함으로써, 한편으로 직능을 넘어선 가로橫의 계급연대, 다시 말해서 이른바 국내적 국제주의internationalism를 종단적縱斷的 분업사회 안에 매몰시키면서, 다른 한편으로 "국민 전체의 …… 모든 직업사회에 잠재하는 사상, 감정, 이익"을 국가에 통합함으로써 달성된다고 생각되었다(도쿠가와 요시치카, 앞의 논문; 고라이 긴조五來欣造, 「귀족원개혁과 노자문제貴族院改革と勞資問題」『사회정책시보社會政策時報』1925년 2월 1일).

하지만 쇼와의 '혁신관료'에 의해 제출된 직능국가론은, 단순히 의회를 직능 대표로 구성하려는 것에 머물지 않았다. 국가 그 자체를 조합화하고, 관료기구는 직접 조합을 장악하려는 것이다. 슈미트Carl Schmitt 식으로 말한다면, 종래의 의회정치라는 틀 안에서, '양적인 의미에서의 전체화'를 진행시키려는 데 머물지 않고 "국가 그 자체의 정치적 에너지"의 강함의 문제로서 전체화가 진행되려 하고 있는 것이다(in *Position und Begriffe,* 1939). 거기서 의회는 불필요한 것으로 된다. 혁신관료들이 그리고 있는 그러한 '적극적'인 국가 이미지는, 무솔리니Benito Mussolini에 의해 분명하게 된 이탈리아 파쇼에서의 조합협동체의 국가 이미지와 아주 비슷하다.

하지만 그런 구상은 과연 실현될 수 있는 것인가. 분명히 아니다. 그 이유는 모두 그런 구상을 낳게 된 과정 그 자체 속에 있다. 그러면 그 자기모순이란 무엇인가. 정치사회의 저변에서 출발해보기로 하자. 공동체의 조합화는 공동체 그 자체의 분해에 다름 아니다. '부채정리조합' '출하出荷조합' '신용조합' '구매조합' '농업공동경영조합' 등등의 조합이 한 부락에서 만들어지는 경향은, 극한적으로는 하나하나의 생산 목적, 하나하나의 소비 목적 마다 즉, 생활영역의 구별이 가능한 모든 측면에 대해서 조합조직이 생겨난다는 것을 의미하므로, 거기서 공동체란 기능단체의 집합에 지나지 않게 된다. 모든 생활에서 일체화하고 있는 공동체는, 여기서 완전히 분해한다. '우리'와 '나'가 분화되지 않은 공동체 고유의 인간관계는 존재의 여지가 없기 때문이다. '나'는, 어떤 목적에 따라서 어떤 조합에, 다른 목적에 대해서는 다른 조합에 가입하고, 그들의 집합이 생활을 형성하게 된다. 타인과 하나의 조합에서 공동으로 한다 하더라도, 그것은 하나의 목적에 관한한도 내에서다. 무한정한 일체화는 불가능하다. 그 같은 부단한 분해화 경향성을 갖는 조합화가 향토의 전통적 일체화를 체험함으로써 생겨난 '혁신운동'의 결과라 한다면, 그 이상으로 심각한 원인과 결과의 상극은 무릇 어디에도 존재하지 않을 것이다. '갱생운동'이 실질적으로는 근소한 효과 밖에 올리지 못한 것은, 당시의 조사를 보더라고 분명한데(도쿄대 농학부 농정학연구실東大農學部農政學研究室, 『갱생운동하의 농촌更生運動下の農村』 1938), 그들 양자의 모순은 마침내 일본 파시즘이 무너지는 날까지, 아니 오늘날까지도 일관되게 농촌 지배의 비능률을 결과했다. 1943년 중의원衆議院에서는 여전히 그 문제의 해결에 고심하고 있었다. 거기서는 흔히, 농업단체가 너무나도 "직역적 성격에 치우쳐서"(1943년 2월 3일, 아카기 무네노리赤城宗德 대의사代議士, 국회의원의 발언), 일촌일가일국一村一家一國의 공동체 관념에서 생기는 농촌의 자주성('우리'='나')을 결여한 것으로 여겨졌다(예를 들면 1월 30일, 이시사카 시게루石坂繁의 발언).

게다가 공동체의 조직화는, 국가기구가 농촌을 직접 장악하기 위한 통로였기 때문에, 그것은 곧바로 공동체의 기구화를 의미하였다. 정서적 일체화는 여기서 분명하게 파괴되고, 향토의 자각에서 나왔을 '아래로부터'의 운동은 완전히 '위로부터의' 명령 체계를 낳게 되었다. 그래서 농촌의 산업 조합화가 한 걸음씩 나아갈 때마다 끊임없이 '관료주의'와 '자주성'의 모순이 분쟁의 표적이 되었다. 자주성의 주장은 '운동'에 대한 지향을 가지며, 통합의 주장은 '관료주의'를 낳는다. 신체제운동은 그런 양자의 모순을 구하려 했지만 실패했으며, 1943년 '결전태세'를 위해서, 농업단체의 일원적 편성을 행할 때에는, 마침내 '부락 단체는 적화赤化의 온상'이라는 비판이 등장했다. 그 의미는 아마도 이중적인 듯하다. 하나는 부락단체가 '운동'의 기반이 된다는 것이며, 다른 하나는 부락조합이 단순한 기구 …… 의 명령체계의 장場이 된다는 것이다. 후자에 대해서는 '통제'가 '사회주의'와 혼동된 사실을 상기하면 될 것이다. 여기서 직능국가론은 자기모순을 넘어서, 완전히 파탄하고 있다. 그것을 낳았던 부락의 에너지도 거부당하며, 그 에너지와 모순되는 결과로서의 기구화도 부정된다.

하지만 만약 농촌에서 파탄되지 않더라도, 직능국가는 완성되지 않았을 것이다. 공동체의 조합화를 원형으로 한 '상공업조합과의 제휴'는 불가능했기 때문이다. 도시와 중간자본(비료상肥料商, 미곡상회米穀商會)의 배제가 산업조합화의 슬로건인 한, 중소 상업자는, 상공회의소와 '상권옹호연맹商權擁護聯盟'에 의해 '반산업운동反産運動'을 전개한다. 그 대립의 해소는, 직능국가이고자 하는 한에서 중소 상업자에게 종래와는 별개의 구매자를 부여하던가, 아니면 그들 자신에게 다른 직업을 부여하는 것 외에는 없다. 그래서 거대한 새로운 구매력을 만들어낼 수 있을 정도의 변혁이 없는 한, 현실의 길은 후자이다. 전체 국가가 완전히 다른 관점에서 행한 강제적 '전업과 폐업'이 아마도 유일한 것이리라. 그것이 어떠한 운명을 짊어지고 있는가에 대해서는 뒤에서 다룰 것이다. 그러나 어쨌든, 일본의 직능국가 구상이 자기 내부에 포함된 모순에 의해 실현이 불능했음에도 불구하고, 그 모순의 현실적 발현이 모조리 태평양전쟁 중에 시작되어 거대한 형태로 나타났다는 것은 무엇을 의미하는가.

　이 같은 전체국가 이미지는 소규모의 대외전쟁의 반복에 의해서 구제되고 있었다. 천황제에서는 지배기구로서의 국가와 공동체로서의 국가가 미분화되어 있었으므로, 기구화를 촉진하는 국가원리의 어떠한 약점도 공동체 국가의 위기가 찾아오면 요구에서 벗어나고, 나아가 자신을 진행시킬 수 있다. 국가의 '비상시'라는 외침에 의해 정부가 위기를 벗어나 문자 그대로 '임시'를 거듭함으로써, 지배를 다시 계속하는 것은, 일본 정치사회의 상도常道이며, 거기에 일본 내셔널리즘의 부단한 극단화와 전쟁을 조성하는 경향성이 생겨난 것인데, 같은 법칙성이 이 경우에도 일관되고 있었다. 그래서 우리는 레더러E. Lederer와 더불어 다음과 같이 말할 수 있겠다. "우리가 지금 일본에서 가지고 있는 것은, 중국에서의 전쟁을 위한 사회의 조직화이며, 자원과 정신의 동원이다"(E. Lederer, *State of the Masses*, 1940). 나치스와 파쇼는 파시즘을 국내에서 만들어냈으므로 같은 부정否定 원리를 세계로 확대시켜 전쟁을 일으켰지만, 일본 파시즘은 그와는 완전히 반대로 전쟁에 의해서 그 과정에서만 파쇼화를 진행시킬 수 있었던 것이다.

3. 일본적 낭만주의(romanticism)의 특질

일본 파시즘의 작동구조가 이상과 같은 것이라면, 그것은 고전적 파시즘과 원리적인 차이를 가지고 있다. 일본에서 파시즘은, 특정 사회계층(농촌 재지중간층)을 운동의 기초적인 힘으로 출발했으며, 농촌 향토의 조직화에 의해 체제편성의 단위를 만들고 그 원형하에 국가의 전체 조직화를 행하려고 한 데 대해서, 나치즘은 결코 특정한 사회계층을 운동의 기반으로 하지 않았다. 거기서는, 자본주의 사회의 전반적 위기 상황에서 생겨난 사회 제계층 전반의 불안정과 동요를 현대사회가 제공할 수 있는 모든 수단을 사용해서 시시각각으로 조직하고, 그 순간적인 에너지의 종합總和으로 체제가 획득되고, 나아가 유지되고 있었다(그러므로 나치즘은 프란츠 노이만이 말하듯이 지배유지의 수단으로서 '불안의 제도화Institutionalisierung der Angst'를 자신의 과제로 삼고 있었다. 거기서는 모든 것의 불안정과 동요를 끊임없이 재생산시키는 것이 모든 정치행위의 전제다(F. Neumann, *Angst und Politik*, 1954). 그런 의미에서 전체주의는, 그 이름의 통상적인 용어법을 넘어서, 나치즘이 행하는 모든 행동의, 모든 공간적·시간적 부분에 예리한 상징성을 가지고서 침투해 있었다. 그로 인해 프롤레타리아트나 농민과 같은 특정 계급의, 조합의 조직화로부터 사회혁명까지를 포함한, 사회구성 운동은, 오히려 운동 불능 상황에 빠지게 된 것이다(철저한 반혁명으로 불리는 까닭이 여기에 있다). 뿐만 아니라, 특정성特定性을 가진 정당이나 특정 의견을 주장하는 대표자의 토론과정에 의해 정치사회가 구성되는 자유민주주의liberal democracy 일반이 원리적으로 부정된다. 그래서 거꾸로 특정한 나치즘의 전체 지배가 생겨났으며, '통일전선'의 필연성도 거기에 있었다.

나치즘은 유동流動을 전제로 하며, 일본은 향토에의 정착을 전제로 한다. 저쪽은 인위적 수렴을 결말로 하며, 일본은 정착자의 확대를 목표로 한다. 그래서 저쪽은 유대인 배격을 통해서 독일인의 수렴을 가져오며, 세계 부정을 계획해서 체제의 재생산을 기도한다. 그리고 일본 파쇼화의 과정은, 향토에의 복귀의 확대로서 '전향轉向'을 가져오며, 천황제 국가로의 '귀화歸化'로서 '팔굉일우'의 전쟁을 행하는 것이었다. 이들 두 개의 과정은 병행하면서, 서로 영향을 주고받으며 진행되었다. 그래서 만주사변에 즈음해서는, "만주사변이 그 세계관적 순결함으로 마음을 흔들었던 대상은, 우리의 동시대 청년들의 일부였다. 그 시대의 일급의 가장 마지막과 같은 마르크스주의적이었던 학생은, 전향이라는 형태가 아니라 정치적인 것의 어떠한 오염도 당하지 않는 형태로, 더 솔직하게는 그 새로운 세계관의 표현에 감명 받았다. 당시의 새로운 결의는, 당시 좌익 경제학의 의견을 흘끗 보면서 나아갔다. 또한 나라의 운명은 그들이 떠벌렸던 전망을 타파하는 듯 한 결과를 잇달아 낳았다, 라고 우리는 그 무렵 판단하였다"(야스다 요주로保田与重郎, 『미의 옹호美の擁護』 1941)는 그런 상황이 나타났다. 향토주의가 '구체적 생활'을 강조함으로서 '추상적 학리學理'를 지극히 솔직하게 떨쳐낸 것에 대응해서, '전향'은 '추상이론에서 구체적 상황의 직접적 감각적 체험으로'라는 방향을 걸었다. '삶Leben으로'의 복귀였다. 그래서 그 과정은 '솔직'할 수 있었다.

객관적 인식이라는 외줄기 창의 비균형적 사상은, 바야흐로 구체적 체험이라는 외줄기 창의 비균형적 실감實感으로 전환하는데, 그 경우 많은 전향자들이 가족과 향토의 온정으로 순진하게 되돌아갔던 것이다(고바야시 모리토小林杜人 편저, 『전향자의 사상과 생활轉向者の思想と生活』 1935; 오노 요이치小野陽一, 『공산당을 벗어나기까지共産黨を脱する迄』 1932」). "일반적으로 말하면 학교의 성적도 좋고, 진지했던 자가 많았던"(고바야시, 앞의 책) 좌익운동가는, 지금은 그 '방향의 잘못'을 바로잡아서, 다시금 무라村에서는 모범 인물이 된다. 농촌의 '사표儀表'이며, '조직인'이다. 그것은 앞 절에서 향토파시즘이 요구하고 있던 '중견인물'에 다름 아니다. 농촌에 정착할 수 있었던 전향자는, 그렇게 해서, '혁신운동'의 조직자organizer가 된 자들이 많다(고바야시, 앞의 책).

지식인층intelligentia에서도 '성실'과 '순수한 의욕'에 역점을 두는 경향은, '정치'에 대한 '애완견과 같은' 예속을 단절하고 '문학하는 자'의 '아름다움'을 확보하려는 데 이르는 과정을 '개종改宗'이라 생각하게 하지 못했다. '정치주의'와 '공식주의'(가메이 가쓰이치로龜井勝一郎)를 떨쳐버렸을 뿐이므로, "나는 언제나 곧바로 나아가게" 된다(나카지마 에이지로中島榮次郎, 「낭만화의 기능浪漫化の機能」『니혼로만하日本浪漫派』1935년 3월 창간호). 순진한 향토로의 복귀는 순진한 문학으로의 복귀와 평행적이다. 농본주의와 문학 세계에서의 일본 낭만주의는 대응한다. 전자가 '혁신자'라면, 후자 역시 하나의 '유행에 대한 도전'이다(「일본낭만파광고日本浪漫派廣告」『고기토コギト』1934년 11월). 전자가 관료기구의 명령정치에 반대해서 비정치적인 자주적 공동체를 만들려고 하는 운동이라면, 후자도 '시무時務', 다시 말해 정치를 거부하고(야스다 요주로) 아이러니의 세계에서 '고고孤高한 반항'을 행하려고 한다(가메이 가쓰이치로, 「낭만적 자아의 문제浪漫的自我の問題」『니혼로만하』1935년 3월 창간호). 다만 후자는, 어디까지나 미적 감각체험—그 자체가 추상세계 속에 있다—의 세계를 떠나지 않았을 뿐이다.

그리하여 구체적인 삶의 체험으로의 복귀는, 국제관계 인식 차원에서 번역한다면 추상적 국제주의에 대해서 구체적 일본을 중시하는 것이다. 특히 일본에서는 향토는 국가의 향토이기도 하므로 한층 더 그러하다. 그래서 신의 나라神國가 발견되어 "'소비에트 러시아를 지켜라'라고 말하는 것이 가능하겠는가. 나는 그럴 수가 없다"(오노, 앞의 책)는 것으로 된다. 그 점에서도 역시 일본 낭만주의는 대응한다. '일본 문예의 전통을 사랑하는 것'이다. 하지만 미적 감각에 틀어박히는 것으로 인해, 낭만주의에는 현실제도의 해체를 좋아하는 감각이 생겨나게 된다. 제도는 실체이며 형식인데, 미적 감각은 모든 존재를 단순한 동기Anlass로서 미美를 환상적으로 보지 않으면 안 된다. 거기서 형식 파괴를 낳는다(C. Schmitt, *Politische Romantik*, 1924). 다만 일본 낭만주의는, 그 영위를 일본의 역사 속에서만 행하는 것이다. 야스다 씨는, 일본의 가장 아름다운 전통으로, 고대 왕조제도의 붕괴로부터 새겨난 고토바後鳥羽 상황上皇과 사이교I의 실존적 단가短歌, 봉건사회의 해체과정에서 생겨난 바쇼II의 불안 철학을 들고 있다(야스다 요주로保田与重郎, 『고토바인後鳥羽院』 1942). 여기에는 '거대한 외침'도 없으므로 군국주의도 없다. 전쟁 중에 마르크스주의는 이미 현실세력으로서는 사라졌으며, 게다가 그것이 보여주는 방향은 일본이 나아갈 것으로 보이는 방향과는 완전히 다른 것으로 생각되어, 과연 그럴까 하면서도 오로지 전쟁 수행이라는 외줄기 창의 군국주의에는 절대 반대하면서, 자신의 행동방향을 오로지 암중모색하던 청년 지식층은, 그런 낭만적 해체감각을 통해서 '일본인'이 되고, '군국주의'의 명령질서의 해체에 대한 희망을 가졌으며, 그래서 '조국'의 운명에 따라갔던 자들이 상당 부분 있었던 것으로 여겨진다.[1]

하지만 현실세계를 법칙적·구조적으로 정리해서 파악할 수 있는 관념을 무너뜨리는 것으로서의 해체감각은, 야스다 씨처럼 '전통미'를 찾는다는 형태는 아니며, 현실세계 속에서 그것과의 예리한 긴장을 가진 형태로도 나타났다. 쓰루미 준노스케 씨가, 전향의 결과 발생한 일본의 실존주의라

I 西行, 1118~1190. 헤이안(平安) 후기의 가인(歌人), 승려. 속명은 사토 노리키요(佐藤義清).
II 芭蕉, 1644~1694. 에도 전기의 하이쿠를 짓는 하이징(俳人, 일본 고유의 단시인 하이쿠를 짓는 사람).

부르는 것은—'실존주의'의 정확한 파악 방식이라고는 할 수 없지만[2](구노 오사무久野收·쓰루미 준노스케,『현대 일본의 사상現代日本の思想』, 이와나미 신서岩波新書)—그런 현상의 표현이었다. 하지만 그 경우에는 전향의 방식 그 자체가 달랐다. 전향이란, 야스다 씨들처럼, 원래 연속하는 '솔직한' 심정의 세계에서 단순히 이론과 정치를 떨쳐버리는 것만으로 이루어진 것은 아니다. 그 과정은 나름대로 엄격한 것이 있었다. 투옥당하고 다시 가족에게 끼치게 되는 미안함도 무시하면서 '주의主義'를 밀고나가는 것은, 자신의 고통이기도 하지만 그 전에 '염치없는' 짓이었다. "초가집 지붕 아래의 약간 어두운 방에서, 할머니는 여전히 오래된 가구들 사이에 누워계실까 …… 누이는 반신불수가 된 어린아이와도 같은 노인을 보살피면서 내가 비운 자리를 대신하지 않으면 안 되는 것이다 …… 나는 염치없는 놈이다"(이소노카미 겐이치로石上玄一郎, 「발작發作」『주오코론』 1957년 문예특집호). 본래 인류와 일본 사회의 미래를 위해서 가장 비非이기적인 행동 방향을 취한 그들이, 현실의 순간에는 가장 이기적인egoistic 역할을 하고 있는 것이다. 그리하여 마침내 "나는 지금까지 언제나 '미래'가 있다고 생각하면서 살아왔다 …… 계급도 착취도 없는 사회, 기아도 빈곤도 노예상태도 없는 자유롭고 밝은 세계가 올 것이라 생각하면서 살아왔다. 그런 신념은 지금도 변하지 않았다. 다만 그것은 이미 내 자신의 미래는 아니다. 나의 미래는 저 독방 벽으로 단절되어, 손으로 잡아서 바라볼 수 있을 정도로 어이없는 대용품이다"라는 생각을 하게 되었다(이소노카미 겐이치로, 앞의 작품, 거기에는 "어느 청춘의 기록"이라는 부제가 붙어 있다). 인류와 사회의 미래와 나의 미래, 보편에 대한 자신의 희생적 헌신과 사적 환경 속에서의 현재의 이기주의, 이들 두 계열의 교차점에 서서 어느 한쪽을 선택할 것을 강제당하고 있었다. 전향은 그 결과였다. 게다가 또한 '사회와 보편의 가치'는 '지금도 변하지 않은' 신념이라 한다면, 두 계열의 모순에 대한 의식과 감각은 전향 후에도 점점 더 예리해질 것임에 틀림없다. 실존주의는 다름 아닌 그런 모순의 강렬한 의식인 것이다. 그것이 가져다주는 허무주의는, 보편적·장기적 가치가 현재 자기와는 무의미하다고 느끼는 것이므로, 그 자체가 이미 보편가치가 존재한다는 것을 전제하고 있다. 오히려 그런 내적 긴장을 지니고 있기 때문에 점점 더 공허nihil한 양상이 강하게 나타나게 되므로, 능동적 허무주의와는 결정적으로 다르다. 자기의 내면에 틀어박히는 것이 여기서 발생하며, 천황제 파시즘에 대한 능동적 참가는 불가능하게 된다. 사회적 행동을 하지 않는다는 것뿐이다.

물론 위에서 말한 것과 같은 옥중에서 두 계열이 교차하는 고통은, 이런 유형에 특수한 것은 아니며, 투옥당한 사람들의 거의 대부분이 (따라서 야스다 씨 등을 제외하고) 겪었던 것이며, 그런 의미에서는 전향 현상의 가장 일반적인 정신적 발생 형식을 이루는 것이었지만, 그런 고통을 전향의 경과 속에서 사상화 하고, 일반적인 관념으로까지 생각해내고, 전향한 후까지도 계속 가지고서, 두 계열의 모순 의식을 자신의 행동원리로 하지 않을 수 없는 것이 실존주의형이므로, 그것은 전향의 결과를 순진한 향토에 정착하는 것이라 생각하기도 하고, 혹은 생각했던 농본주의형과는 질적인 차이를 가지고 있다. 그런 농본주의형에 가까운 사상적 방향을 지식인들의 세계에서 대표하는 자가 시마키 겐사쿠¹였다. 그런 유형에 속하는 사람들에게서 대중운동에 대한 관심은 여전히 쇠퇴하지 않았다. 오히려 운동의 결과, 조금이라도 사회관계를 개량할 수 있다면, 그것에 의해, 다양한 의

---

¹ 島木健作, 1903~1945. 소설가. 전향문학을 대표하는 작가의 한 사람.

미에서 전향의 보상이 가능할지도 모른다고 기대했던 사람들이 많았다. 산업조합운동, 신체제운동의 저변에서 열성적인 활동자가 되었던 것은 거기서 유래한다. 그것은 정치가 아니라 '근로자 측에 선'(시마키 겐사쿠) 행동으로 생각되기도 했으며, 현실에서도 그러했다. 그래서 향토적 '혁신운동'은 신체제운동까지 끊이지 않고 계속되었으며, 점차로 범위를 확대해서, 아리마 요리야스¹ 등의 관료적인 국책비판 장려, 자치적인 국책 건설 운동 등에 흡수되어간다.

    그것이 향토로 복귀하는 확대과정이며, 전 일본 정신풍토의 '전향기轉向期'를 이루는 것이었다. 그 확대된 동심원 모양의 파문이 사라진 지점에 실존주의형이 위치하며, 또 도시노동자의 전향자에서 보이는 '직접 물질생활'을 확보하는 것만을 행동 목적으로 삼는 유형도 여기에 위치한다. 그런 한계 원주圓周 위에 있는 자들과 그 바깥에 있는 자들은 주의를 요하며, 경계를 요하는 자로서 끊임없이 헌병憲兵과 특고경찰特高警察의 감시와 억압 하에 놓이게 된다. 개성적 의견을 개성적으로 지킨다는 정신적 습관을 가지지 못한 일본에서는, 당연히 소수가 되지 않을 수 없었던 침묵의 저항자들이 그것이며, '비非국민'적 행동의 원천이었다. 완전한 비非전향자는, 공산주의자의 일부에 한정되어 있었다. 그들은 구체적 상황과의 접촉을 차단당한 진공眞空 지역에서 억압을 견뎌내면서, 마르크스주의의 역사적 법칙을 차입해준 문헌을 통해서 실증하는 것에 전념하는 그런 종류의 행위로 자신의 사상을 지켰다. 일본의 어디에도 존재하지 않았던 것은, 자기의 세계의 자유를 지키고자 해서, 파쇼화의 초기부터 끝가지 수미일관하여 철저하게 저항한 자유주의자였다. 독일과의 큰 차이가 거기에 있었다.

---

¹ 有馬賴寧, 1884~1957. 정치가, 농정연구가. 훈1등 백작.

일본의 자유주의자는, 국가 그 자체는 상대화할 수 없었으므로 국가의 '운명'에 지나치게 순종했으며, 전쟁 말기가 되어 '평화공작平和工作'을 행하는 경우에도 지나치게 상층 지배자와의 교류에만 의존했다. 가와이 에이지로는, 일본의 자유주의자에게서는 "그들의 자유주의는 의식되지 않았으며, 조직화되지 않았으며 …… 강렬한 신념이 되는 데 이르지 못했기" 때문에 적과 동지가 구별되지 않는다(가와이, 「혼돈스런 사상계混沌たる思想界」, 『주오코론』1934년 2월호)고 비판했는데, 그런 상태는 저항불능증抵抗不能症을 낳았으며, 나아가 그 결과가 공산주의자를 분파sect화시키는 하나의 원인이 되기도 했다. 일본의 파쇼화 과정은 나치스처럼 민주주의의 규범을 파괴하고, 모든 인간관계의 자주제도를 부정하는 형태가 아니라 거꾸로 전통적인 일본 제도로의 복귀라는 형태로 진행되었으므로, 메이지유신 이래 오로지 국가의 대외적 독립과 국제사회에의 진출만을 추구해온 일본의 지도적 지식층으로서는 가장 저항하기 어려운 것이었다. 그것만이 아니었다. 자유주의 지식층은 향토주의가 파시즘의 원동력이 되어 있다고는 생각하지 않았다(급진 우익에서조차 자신이 외래의 파시즘과 동일시되는 것을 거부하고 있었다).

제2차 고노에近衛 내각의 신체제운동은, 그들 자유주의자들로부터도, 독농주의자篤農主義者들로부터도, 농촌형 전향자들로부터도, 일부의 마르크스주의자들로부터도, 급진 우익으로부터도, 각각 혹은 온건, 혹은 평화, 혹은 농촌개량, 혹은 사회합리화(생산력 이론), 혹은 천황친정 식으로 각

河合榮治郎, 1891~1944. 경제학자, 사상가. 도쿄대 교수. 이상주의적 자유주의 입장에서 마르크스주의에도 파시즘에도 반대했다. 1938년 저서가 발매금지되고, 이듬해 대학에서도 휴직 처분을 받았다.

각 별개의 기대와 더불어 환영받았으며, 예기치 않게 모든 계층의 모든 종류의 심정이 동원되는 결과를 낳았다. 그것은 '비상시'의 오랜 지속에서 오는 울분감에다 고노에의 타고난 성격personality 등의 우연적 요소가 겹쳐진 결과 비로소 가능하게 된 것이었으므로, 모든 요소를 강인한 작위作爲에 의해 끌어 모아가는 나치즘과는 중대한 차이를 보여주면서도, 마침내 전쟁 이전의 일본에서 최초이면서 최후의 동적인 전체주의 양상을 나타내는 것으로 되었던 것이다.

4. 구조적 붕괴

일찍이 프러시아 군국주의의 프리드리히 대왕은, 침략행위의 정당화는 오로지 그의 정복행위 후에 고용한 변명학자들이 해야 할 일이라고 했다. 전쟁의 이데올로기적인 이유 여하에 관계없이, 군사행동은 그 자체의 법칙성에 따라 진행되지 않으면 안 된다. 아니, 이데올로기는 전투의 필요에 부응해서 만들어내지 않으면 안 되는 것이다.

　　18세기 기마전騎馬戰 시대에도 그러했으니, 하물며 20세기 총력전總力戰 시대에 있어서겠는가. 군사 행동의 성패는 모든 사회의 에너지의 집중과 배분 여하에 의해 좌우되므로, 정치지배자는 그 자신의 이데올로기가 무엇이든 그것을 떠난 리얼한 인식에 기초해 군사적 필요에 부응하는 합목적적 편성을 하지 않으면 안 된다. 여기서는 생산과 소비, 노동력과 병력, 이동과 정착, 물자와 심리 등의 모든 사회적 요소는, 그 양에서도 질에서도 또한 시간에서도 조금의 지나침도 없이 전투행위에 계획적으로 결합되어 있지 않으면 안 된다. 아무리 천황제 국가가 자기를 무위자연의 심정의 체계로 생각하고, 전쟁을 팔굉일우의 교화 과정이라 생각하려 하더라도, 그런 경향은 마치 철로 만든 다리처럼 일관되고 있다. 그래서 만약 프리드리히 대왕처럼 이데올로기를 현실의 전투의 필요성하에 복종시킬 수 없다고 한다면, 전쟁 사실주의realism는 천황제 도덕을 파괴하고, 천황제 도덕은 전쟁 사실주의의 충분한 발현을 저지하게 될 것이다. 우리가 앞에서 본 혁신관료들에게 직능국가 구상은, 전 체제를 합목적적으로 편성하려는 것이었다. 그리고 그것이 봉착하게 된 모순은, 그런 구상의 기반이 된 촌락공동체 사이에 존재하고 있었다. 그래서 바야흐로 총력전 체제하의 일본에서 그런 모순은 모든 국가 영역에 미치게 된다.

일본에서, 총력전 국가원리의 발현을 상징하는 것은 '인적 자원의 동원·배치'가 모든 국가정책을 형성하는 데 근본적인 발상의 축이 되었다는 점이다. 2차 대전 이후에는 일반적으로 '인적 자원'이라는 말이 전근대적인 천황제로부터 생겨난 것처럼 생각되지만, 오히려 정반대로 그 말의 등장은 일본에서 점차 근대 국가(사회가 아닌)의 원리가 완전히 관철되기 시작했다는 것을 의미한다. 말할 것도 없이 마키아벨리Machiavelli, Niccoló 이래의 근대정치의 원칙은, 슈미트Schmitt, Carl의 말을 빌자면, 인간을 '인적 자원 Menschenmaterial'으로 파악하는 것부터 시작되었다(*Die Diktatur*, 1921). 그렇게 함으로써 비로소 많은 사람들을 일정한 방향으로 조직해서 통합하는 인간 처리의 기술이 생겨날 수 있었던 것이다. 그처럼 씩씩한 정치 관념은, 일본에서는 메이지유신 당초의 기도 다카요시와 이토 히로부미에게 존재한 이래 어떠한 지배자에서도 끊어지지 않았다. 바야흐로 총력전이 요구하는 것은, 그야말로 그 원리의 관철에 다름 아니었다. 나치는, 그 원리만을 철저하게 관철함으로써 모든 종류의 가치합리성을 파괴해버렸다. 거기서

는 모든 조건이 편의적인 권력을 위한 수단처럼 되어버리는 극단적인 목적합리주의가 관철된 결과, 일정한 궁극가치로부터 행위규범을 연역해내는 가치합리성은 종류의 여하를 묻지 않고서 모조리 유린당했으며, 결국 허무주의가 생겨났던 것이다. 인간의 행동에서의 목적합리성과 가치합리성의 배반은, 나치스에서 극한적으로 실행되었던 것이다. 그것은 정치가 행하는 윤리의 추방과정의 마침표였다. 거기에는 아무런 체계성도 없다. 상황의 변화에 따른 권력방향의 부단한 변모modification가 있을 뿐이다. 정치권력의 논리logos의 관철은, 비논리적인 정치의 폭풍으로 귀착된다. 하지만 일본에서는 그 같은 무시무시한 정치의 태풍은 불지 않았다. 시대는, 앞 절에서 보았듯이, 향토로의 따뜻한 휴식ヤブ入り¹에 의해 가려졌던 것이다. 그것은, 인간을 냉혹한 기계의 부분으로 만들어버린 도시화와 기구화機構化에 대한 저항이기조차 했다. 그래서 고도의 국방국가는 '황국정신皇國精神'을 지키기 위해서 필요하다는 외침의 범위에서만 존재할 수 있었다. 현실의 국방국가는, 따뜻한 '황국정신'과는 거의 인연이 없는 냉혹함을 가진다. 그것은 일본에서는 오히려 기피되지 않으면 안 되었다. 그런 상황에 있으면서도 단호하게 냉혹한 지배를 감행하는 강렬한 지배자는 존재하지 않았다. 사이토齋藤, 오카다岡田, 히로다廣田, 고노에近衛 등을 보라. 그래서 총력전 체제로의 길은 멀었다. 그것은 사실로서의 전쟁이 장기화함으로써 서서히 가능해지는 것에 다름 아니었다. 1세기 반이나 이전의 인간인 프리드리히 대왕과 비교해서 얼마나 정나미 없는 침략자들의 집합인가. 전쟁을 주체적으로 행하는 것이 아니라 전쟁이라는 사실에 이끌려서 겨우 전쟁체제를 만들어낼 수 있었던 것이다.

---

¹ 야부이리. 휴가를 얻어 잠시 고향으로 가는 것.

1938년, 중일전쟁 중에 국가총동원법이 시작되어 "실제상 모든 자유권은 정지"되고 "사회적 불균형의 대담한 배제"를 행하려고 했다(나치 이론가 쾰로이터Koellreutter, Otto가 비평한 말, 『신국가관新國家觀』 1940). 그러나 그 '대담함'이 어느 정도까지 가능했는가. 인적, 물적 자원의 합목적적인 배치가 총동원의 과제라고 한다면, 그것은 당연히 비합목적적인 전통적 직업 분포의 변경을 수반하지 않으면 안 된다. '전업轉業' 문제가 여기서 제기된다. 그래서 1938년의 사회상황은, 전쟁으로 이익을 얻는 사람이 늘어나고, 군수공업 숙련노동자의 수입이 급상승하며, 소비부문과 상업부문의 노동자나 '교수' 등의 수입이 내려가서 사회계층 간의 유동이 생기고 있었다. 국가총동원법은, 거기서 일어난 불균형을 강제적으로 떠들어대려는 것이었다. 하지만 현실은 어떠했는가. 과제와는 완전히 반대로 "사업 그 자체를 가능한 한 현상에 두고서 유지하는 것이 주안"이 되어 있었다(상공차관商工次官 무라세 나오요시村瀬直養의 설명, 중의원조사부衆議院調査部, 『전실업대책자료轉失業對策資料』 1937). 전통적 직업분포로 되돌아감으로써 전시의 혼란을 피하려는 것이 무슨 총동원인가. 그러나 도시에서의 가족주의의 기반이 전통적 일계성—系性을 가진 '가업家業'으로서의 중소 상공업에 있는 이상, 천황제의 심정도덕을 스스로 파괴해버리는 것을 결의하지 않는 한, '전업과 폐업'에 의한 '인적 자원'의 재편성을 능동적으로 행하는 것은 불가능했다. '전업과 폐업'은, 전쟁경제의 법칙이 실현됨으로써 먼저 실업자가 생기고, 그 결과로 이른바 자연도태自然淘汰 현상으로 행해지는 것 외에는 없다. 그 경우에는 사회 붕괴 현상이 나타난다. 앞 다투어 먹고 살 길을 요구하는 곳에서는, 사회의 제도는 무시되고, 규범은 상실된다. 그리하여 '경제신체제'는 다시금 "중소기업은 이를 유지, 육성한다. 다만 유지 곤란

한 경우에는 자주적으로 정리, 결합시키고 또 그 원활한 이전을 조성한다"고 하지 않으면 안 되었다. 그래서 총력전 국가는, 태평양전쟁의 격화에 의해서, 내몰린 상황에 처해진 경우에, 처음으로 본격적으로 현실화되기에 이르렀다. '전업과 폐업' '징용'은, '인적 자원'의 합리적 재편성의 구체적 수단이었다. 그리고 그 원리는, 인간을 그 물리적 단위량에서 취급하므로, 말할 것도 없이 그 현실 단위는 노동력으로서의 '개인'이다. 그래서 그런 원리가 관철되는 곳, 일본의 향토는 완전히 산산이 분해되지 않으면 안 되었다. 전쟁이라는 지상명령至上命令이 그것을 강행시키려고 했다. 그것은 결코 흔쾌하게 행해진 것이 아니었다. 지배자 자신의 '이에家'와 '향토'에 대한 신뢰는, 총력전의 논리를 논리적으로 관철하는 것을 허용하지 않았다. 그래서 결국, '이에家를 파괴하는' 부인 징용은 실현되지 않았다. 하지만 그때 만약 질서에 대한 내적인 자각에 의해 일본의 국가가 구성되어 있었다면, 합리적 재편성은 국민의 합리적 선택과 자발적 복종을 수반해서 그야말로 '원활'하게 영위되었을 것이다. 그들을 위해서 유감스러운 것은 천황제 국가에는, 그 같은 내면적 규범성이 존재하지 않았다. 그것은 자연 심정의 체계임과 동시에, 다른 한편으로 절대주의 국가에 고유한 것으로서의 물리적 강제에 의한 외면적 행동 틀의 설정과 그것에 대한 수동적 순종을 가지고 있을 뿐이었다. 노동력 배치와 근로의 요청은, 모두 적나라한 물리적 강제에 의해서만 보증되었다. 태평양전쟁 이전 '신체제' 무렵까지는 '비非국민'에 대해서는 주지하듯이 추악한 탄압을 거듭했음에도 불구하고, '국민'에 대해서는 그래도 놀랄만한 따뜻함을 계속 보여준 천황제가, 태평양전쟁 돌입 후에는 '국민'에게도 마찬가지로 그 '직역職域'에서 위협과 감시로 임하기 시작했다는 것은 그런 사정에서 유래하고 있다. 그래서 위협의 정치

는, 그것이 궁지에 내몰린 상황에 뿌리내리는 한, 실질적인real 지도력을 잃게 된다. 위협이, 그 시기와 경우에 따라서 적절하게 쓰인 것이 아니라, 전면적이며 항상적인 성난 외침의 정치가 되기 때문이다. 황도주의皇道主義도 성전聖戰도, 팔굉일우도 모든 것이 성난 외침의 문구가 되어 끝나버렸다. 여기서는, 엄밀한 사회상황의 관찰과 단념한 피치자들의 유도誘導가 일어날 수가 없다. 총력전 국가의 기구화機構化가 필연적으로 낳게 된 '차별상'을 무시하는 경향은 배가되어, 총력전에 필요한 합리적 배치를 잘못하게 했다. '개별차個別差'의 무시가 한도를 넘어선 경우에는, 그것은 이미 군사행동의 법칙에 반하는 것으로 되기 때문이다(한도는 역사적·사회적으로 다르다). "같은 전장에서조차, 장병들이 받는 명령은 같지 않았으며 …… 만나게 되는 것은 천태만상이었다". 거기서 당시, 예리한 비판이 나오고 있었다. "대동아전쟁은 국민 전체에게는 하나의 그것이었다. 그러나 국민 각자에게 그것은 한편으로 완전히 별개의 개인적 체험이며 각양각색의 만남으로 체험되었다 …… 그런데 우리는 지극히 많은 경우에, 가장 일반적인 형태로 1억 국민의 결의를 말하고, 각오를 주장했으며, 국민 개개인이 전쟁으로 만나고 있는 개개의 사정 차이에 대해서는 언급하지 않는 것이 도리어 보통으로 되어 있다 …… 그러나 …… 전쟁생활에서의 차별상에 대해서 구석구석까지 미친 고찰을 덧붙여두는 것은, 전쟁 정치의 요체이며 또 국민 전체로서의 책임이기도 하다고 생각된다"(오쿠마 노부유키大熊信行, 「가업을 잃은 경우와 직업을 잃은 경우家業を失ふ場合と職業を失ふ場合」 『주오코론』 1943년 4월호).

그래서 징용과 전업 및 폐업이 수동적으로 강행됨으로써, 총력전 체제는 비로소 성립했는데, 그것은 곧바로 일본사회의 전면적인 붕괴를 의미했던 것이다. 일본에서 직업Beruf 모럴의 발효지醱酵地로서의 '가업'은 그렇게 분산되었다. 이미 노동은 어떠한 내면적 사명감에 의해서도 떠받쳐지지 않았다. 다만 끌려서 가고, 명령에 따라서, 감시하에, 규정시간 만큼 규정대로 움직이게 된다. 생활의 기조는 사적인 충동이며, 행동의 틀은 물리적 기구이지 자주적 떠받침을 갖는 제도는 아니었다. 오히려 제도의 붕괴가 제도화되고 있었다. 여기서 징용공의 '비능률'과 '불량화' 문제가 발생했다. 징용공만이 아니었다. '동원된 학생들'에게도, 이어서 정착한 숙련노동자에게도. '직장'은 이미 자기의 직장이 아니었다.

"어째서 불량하게 되었습니까. 그 원인은 그들에게 희망을 갖지 못하도록 한 것에 있습니다. 임금을 주고, 돈이라는 관념 외에 개인의 장래성에 희망을 갖게 했습니까 …… 하나의 일에 종사한다면 계속 그 일을 해나갈 수 있어야 합니다. 그런 것에 대해서 현재의 소년공에게 희망을 갖게 하는 것이 필요하다고 하게 된 사정은, 소년공에게만 해당되는 것은 아니었습니다"(고베시 후생국장神戶市厚生局長 나가이와 덴조長岩田積의 의견,『긴키중경지방 전시근로후생협의회 의사록近畿中京地方戰時勤勞厚生協議會議錄』1943년 5월). 그리고 그런 병리病理─그야말로 일본 정치사회에서 처음으로 나타난 병리라는 이름에 걸맞은─의 해소책을 둘러싸고서 '일원적' 총력전 기구는 분열하게 된다. 징용공의 비능률을 멈추게 하기 위해서는 "사람의 징용과 동시에 이에家도 징용해야" 한다는 주장이 공장 측에서 국가를 향해서 나오게 되는(아이치현 대동제강愛知縣大同製鋼)가 하면, 국가관료는 "하여튼 보내준 노무 자원을 유효하게 쓰지 못한다"면서 공장 측을 비판한다(사가현 직업과장滋賀縣職業課長). 결국 '공장 바깥'에서 '공원工員의 생활'을 틀 짓기 위한 단속은, 산업보국회産業報國會가 맡아야 할 것인가 대정익찬회大正翼贊會

가 담당해야 하는가. 공장은 산업보국조직의 일원적 계통화를 도모하고, 국가관료는 다시 자기를 주장한다. 총력전 국가는 획일적 강제 이외에 정치수단을 가질 수가 없었기 때문에, 거꾸로 복잡한 현실 앞에서 완전히 파탄된다. 거기에 남은 것은 공허한 권력기구와 제도를 갖지 못한 '대중' 아닌가.

그런데 '인적 자원의 상황에 부응하는 합리적 배치'는, 당시 이미 지적된 것처럼, 당연히 노동력의 재생산 조건으로서의 '최저 소비생활의 합리적 확보'를 전제로 하지 않으면 안 된다(오코치 가즈오大河內一男, 「전시국민생활론戰時國民生活論」, 사카에다 요시키酒枝義旗·오코치 가즈오·나카가와 도모나가中川友長, 『국방생활론國防生活論』 1943년 수록. 당시 경제생활론에서는 가장 뛰어난 것이다). 따라서 징용과 직업재편성 과정은, 동시에 배급제도화 과정이었다. 그리하여 여기서도 우리는 '직역職域'에 나타난 같은 원리가, 소비생활 영역에서도 관철되고 있다는 것을 쉽게 발견할 수 있으며, 추체험追體驗할 수 있다. 기존의 업자 체계의 '실적주의'와 배급의 '인구할당주의'의 모순, 평균치 배급의 '개인차' 무시 경향과 그것의 자기해결책으로서 '암시장闇, 야미' 구입의 전반화, 배급합리화를 위한 도나리구미隣組 관료조직의 출현, '공동헌립共同獻立'과 '이에家'의 독자성을 주장하는 것의 대항, '실정배급實情配給'에 대한 불만의 교착(이들 모든 것에 대해서는, 예를 들면 좌담회 「배급과 전시생활配給と戰時生活」『주오코론』 1942년 7월호). 그리하여 소비생활에서도 제도는 소멸된다. 그리고 제도화 경향을 갖지 못한 행동은 마치 난반사亂反射하듯이 상호 충돌을 가져올 뿐이므로, 거기서는 어떠한 사회적 에너지도 생겨나지 않는다. 다양한 '훈련'이 행해지더라도 그것은 외면적 구속력을 가질 뿐이었다. 여기서도 잔존하는 것은 역시 물리적 기구와 무無제도였다. 대중의 관심은, 소비의 장으로서의 사적인 '이에家'에 수렴된다. '이에'는 결국 공적인 의미를 잃어버리고 본래의 상태로 되돌아갔던 것이다. 무규범적 규범으로서의 가족주의는 유효성을 잃어버리고, 가족국가로서의 천황제는 여기서 위와 아래 두 개의 차원으로 결렬되었다. 농촌에서는, 징병과 징용의 결과로 야기된 노동력의 부족은, 재래의 생산합리화의 얕은 바닥을 여실히 드러내기라도 하려는 듯이 곧바로 중견 자작농민의 중소 기생지주화 경향을 가져다주어, 공동체는 다시금 분열, 축소되었다(「식량증산연구좌담회食糧增産研究座談會」『주오코론』1943년 2월호). 그리하여 일본에서의 생활의 소비화 현상의 발효지가 기생지주화라는 것은, 메이지 이래 변한 적이 없다. 그래서 농촌에는 한층 더 '이기주의적' 가족이 상대적으로 증대했으며, 순수 일본의 제도로서의 향토는 점차 붕괴하게 된다. '가족(및 향토)과 국가의 연속성'은 단절되려 하였다.

그리하여 일본 전국에서 국가 관념은 공중에 떠돌고 있었으며, 대중이 어느 정도 내세운 원칙으로서의 천황제 국가를 정말로 신앙하고 있더라도, 현실 생활 속에는 국가가 없었다. 그러므로 관찰자가 보기에 "각자는 국가의 질서와는 다른 세계에 살고" 있었으며(『일본경제년감日本經濟年鑑』40집), 국가에서 보자면 "소극적 수동의 심정에 떨어져" 있었다(안도 기사부로安藤紀三郎 국무대신 훈시).

예전의 천황제에서는, '아래로부터 위로'의 욕망의 '정직'한 고백이 천황을 정점으로 하는 '위로부터 아래로'의 온정의 '하사품'이 되어 연결되고 있었으므로, 실제 최대의 비非도덕과 형식에서의 최고의 도덕은 근사한 상호보완으로 비도덕적 도덕국가를 형성하고 있었다. 지금 여기에 보이는 천황제의 모습은, 그 형식에서의 도덕과 실질에서의 욕망 자연주의의 완전한 괴리를 보여준다. 양자는 같은 사람 속에 공존하면서, 각각 자기를 순수화(!) 했다. 천황과 가족주의는 단순한 형식으로 변하고, 사적 욕망과 이에家는 아무런 내적인 통제도 받지 않고서, 그 실질 그대로를 드러냈던 것이다.

그래서 그것은 천황제의 극한적 귀결에 다름 아니었다.

나오며

기구만이 국가일 때, 군사적 패배에 의한 기구의 붕괴가 가져오는 것은 당연히 국가 그 자신의 소멸이다. 천황제의 병리가 낳은 것은 그대로 전후 일본의 정신상황으로 이어져서, 국가 관념의 상실로 나타나고 있다. 그것은 결코 '매국賣國' 지배자에서만 그런 것이 아니라, 일본사회 그 자체의 깊은 심리적 밑바탕에서 용솟음치고 있었다. 천황제에서는 '천황의 지배기구'가 별개의 '조국' 관념으로 존재하지 않았기 때문에, 기구가 붕괴되면 당연히 조국도 같이 소실되어야 하는 운명이, 본래, 내포되어 있었다. 그 점이 독일과의 질적인 차이를 가져다주는 하나의 근본적인 원인이었다. 2차 대전 이후의 독일과 현재 일본의 차이를 생각하면 될 것이다.

이와 같은 상황의 정치적 기능이 어떤 점에서 좋고 어떤 점에서 좋지 않은가 하는 것은, 여기서의 문제는 아니다. 그러나 '조국' 관념이 없다는 것의 결과는, 예를 들면 점령군의 군사기지화에 대한 반대투쟁에도 나타난다. 자기 또는 자가自家의 생활수단이 직접 위협당하는 때와 장소에서는 투쟁이 급진적으로radical 행해지지만, 그 시간적·공간적 범위 바깥에서 생활하는 '국민'은, 의외일 정도로 행위가 없다는 점은 부정할 수 없는 사실이다. 그래서 투쟁은 분산되고, 간헐적으로 된다. 압도적인 대부분은, 평온한 사적인 생활로의 경사진 면을 언제나 걷고 있다. 거기서는 국가적인 관심조차도, 잡지와 신문의 향수라는 형태로 사생활의 단순한 소재가 되어 있다. 그리고 그것을 예전의 '국가주의'로부터의 완전한 단절로서 안심하는 것은, 적어도 너무 빠른 것이다. 천황제에 내재적인 욕망 자연주의 경향이 외적인 국가와의 연계성을 잃어버렸을 뿐인 것으로조차 생각되기 때문이다. 그 경우에는 정신 형식의 기축에서의 변화는 없으며, 다른 것은 외적인 조건에 지나지 않는다. 전통적 행동태도가 하나의 조건반사라는 것은 막스 베버의 학식을 빌지 않더라도 이해할 수 있는데, 그로부터 '전통'의 틀이 제거되는 경우 나오는 행동태도는, 유동해서 그치지 않는 외적 조건에 대한 무자각적인 반응 밖에 없을 것이다.

　　그런 반응을 어느 정도의 '괴로움'을 가지고 행하더라도, 반응이라는 의미의 자각은 존재하지 않는다. 패전 직후의 충동적인 일본사회는, 일본 총력전체제 병리의 '공공연한' 개진開陳에 다름 아니었는데, 체제의 안정과 사회기구의 재확립과 더불어 충동도 역시 안정된 순환을 하게 된다. 여기서 아무리 '민주주의'가 존재하고 있더라도, 그것은 자기에 대한 규범성을 갖는 것으로서가 아니라, 사적 욕망의 자기주장 형식으로 되어버린다. 행동의 틀은 여기서도 기구이며, 기구의 물리적 규격 앞에 인간은 획일화된다. 현재 현저하게 나타나고 있는 보수 감각은, 그런 상태를 '바꾸고 싶지 않은' 감각인 것이다. 하지만 그것은 곧바로 현재의 '어떤 것'을, 다른 조건에 조작을 가하면서 '지키려고' 하는 의식이라 할 수는 없다. 오히려 거기에는 모든 작위적 태도가 존재하지 않는지도 모른다. 그 경우 사회는 외적인 조건에 지나지 않는 것이므로, 만약 어떤 사회적 대변동이 생길 경우에는 반사행동도 역시 순간적 변동의 무방향적인 발산이 될지도 모른다.

이 같은 연쇄반응을 방지하는 것은 우리의 최소한의 과제다. 보수 감각은 보수의식으로, 인권 관념의 단순한 '사私'적 성격은 보편적 규범으로, 그리고 모든 사람이 같은 욕망의 '사'는 개성으로서의 '사'로, 각각 전화轉化하는 길을 찾지 않으면 안 된다. 그런 전화 경향은, 말할 것도 없이 이미 나타나고 있다. 보수 감각 위에 입각해 있었으며, 지금도 역시 그러한 평화운동은, 보수의식·인권관념·국가관념의 형성의 원인이 되기도 하고 결과가 되기도 할 것이며, 자주적 집단을 '어떻게 해서든 유지하려고' 하는 노력도 역시 현존하는 어떤 것을 다음 시기에 전통으로 만드는 사상이 된다. 하지만 또한 그 점에 입각해서, 현재 일본의 보수반동 운동은―향우회鄕友會든 자위연맹自衛聯盟이든 간에, 운동으로 펼치고 있는 곳에서는―모두 그런 전화를 불러일으키는 기능을 하고 있다. 현재 그대로의 수동적 소비화消費化를 단순 재생산해내려 하고 있다. '보수정당'이 그 같은 정신적 기반에 입각해 있다는 것은 말할 것도 없다. 따라서 지금 일본 정치의 귀추는 그 점을 둘러싸고서 정해지려 한다고 할 수 있겠다.

전후 일본의 이른바 '민주주의'주의Democracy-ism(!)는 '거론하지 않는' 일본적 풍습에 대한 공격에 급한 나머지, 그 같은 전하의 사상적 의미에 대한 배려를 거의 결여하고 있었던 것이 아닐까. 내면의 '사私'적인 것privacy을 팽개치는 것이 장려되고 유행한 것은 그 한 예라 하겠다. 그래서는 본래 존재하지 않는 개성적 세계는 점점 더 상실된다. 하지만 단순한 공격이나 바싹 마른 절망적 정신으로부터도 행해질 수 있지만, 그 어떤 것에 대한 저항은 자신이 가지고 있는 것에 대한 확신 없이는 행해질 수 없다, 라는 점은 무엇보다도 파시즘의 역사가 가장 잘 가르쳐주는 것이다.

저자주

1 야스다(保田)와 전쟁 중의 청년학생들의 태도에 대해서는, 하시카와 분조(橋川文三), 「일본낭만파비판서설(日本浪漫派批判序説)」(흑의회(黑の會) 편, 동인잡지(同人雜誌) 『도지다이(同時代)』 4호, 1957년 3월 이후 연재)이 도움이 된다.
2 덧붙인 문장은 '신편(新編)'에 가필한 것이다.

천황제의 파시즘화와
그 논리구조

들어가며: 일본에서의 강력지배의 논리

일본 국가는 어떠한 전쟁 경험을 했는가. 그 물음을 다른 말로 한다면, 총력전 국가의 궤도 속에서 일본의 국가는 역사상 그때까지 경험한 적이 없는 어떤 정치적 원리를 지니게 되었는가, 혹은 그 위에 걸치게 되었는가, 하는 것으로 된다. 또한 그 경우의 '새로운' 정치원리를 담당한 인간 유형은 어떠한 것이며, 그 '새로운' 정치원리를 운영할 수 있었던 사고방식은 어디서 나왔는가, 하는 문제가 된다. 총력전 국가가 요구한 정치원리는 한 마디로 말하면 지배의 비인격화다. 다만 그 지배의 비인격화는 일견 모순된 두 개의 의미를 포함한다. 하나는, 말할 것도 없이, 인간적인 연계에 의해 지배가 행해지는 것이 아니라 체제mechanism가 지배하는 것이다, 라는 지배관이 강한 형태로 전면에 나서게 된 것이다. 그러나 다른 하나는 보통의 구체적 인격을 훨씬 넘어서는 능력을 가진다는 의미에서 비인격적인 강력한 지배인격을 요구했던 것이다. 체제에 의한 지배를 요구하는 것이 동시에 강력한 인격에 의한 지배의 요구가 되는 것은 얼마나 모순인가. 그러나 그들 두 가지

의미의 병존은 정치 논리의 맥락 속에서는 결코 모순되지 않는다. 아니 오히려 그런 모순 속에 특수하게 정치 세계의 논리가, 그 특징점에서 집중적으로 표현된다. 그런 의미에서는 정치의 논리가 논리학적으로 보는 한, 반反논리적이다. 왜냐하면 논리는 추상적 보편적인 '무인격적 진리'임에도 불구하고 정치는 영원히 인간에 의한 인간의 조직화이기 때문이다. 그래서 어느 정도 기계적인mechanical 합칙성合則性으로 사회관계를 규제하려 하더라도 거기에 인간적 결단이 들어가지 않을 수 없다. 오히려 메커니즘이 인간을 조직화하는 운동을 시작하며, 그 출발점에 결단이 존재하는 것이다. 정치의 정치로서의 특징은 자동화automation가 불가능한 점에 있다. 그러므로 메커니즘이 전체 사회를 뒤덮게 되면 될 수록, 바꾸어 말하면 거대해지면 질수록 결단의 의미도 거대해진다. 거기서는 당연히 거대한 인격의 존재가 요구된다. 게다가 전체적 메커니즘은 사회 각 영역에서 대·중·소의 메커니즘의 통체統體로서 생겨나는 것이므로, 그것에 대응해서 결단 인격의 계층제hierarchy가 존재하지 않으면 안 된다. 그 경우 전체 메커니즘의 결단자는 소小메커니즘 결단자의 결단능력에 대해서 기하급수적으로 큰 결단능력을 요구당하는 것이다. 디모크Dimock, Marshall Edward 식으로 말하면, 그는 보편자가 아니면 안 된다(cf. *Philosophy of Administration*). 다시 말해서 거의 신神에 가까운 것이다. 정치지배를 기구화 한다는 근대화의 시도가 떠오르게 되자, 초월자와 경험적 인격과의 동일화가 요구된다는 역설이 정치의 논리인 것이다. 일본의 경우 일찍이 한 번도 초월자와 인격이 절단된 적이 없기 때문에, 그런 역설은 역설로서 발현되지 못하고 전통적 지배원리의 존속과 병행해서 메커니즘 지배의 원리가 점차적으로 강해지게 된다는 식의 경로를 걷게 된다. 다만 그들 양자는 원만하게 공존하는 것은 아니다.

전통적 지배자는 구체적 인간군에 대한 심정적 권위를 가지는 것이 지배자로서의 역할이라 여기는 데 지나지 않기 때문에, 그것을 그대로 결단자로 이동시켜 놓더라도 도움이 되지 않는다. 공존시키기 위해서는 결국 재래의 단순한 권위자를 결단자로 다시 단련해내지 않으면 안 된다. 그런 '결국'의 목표가 달성되기까지의 당분간은 당면한 현재의 권위자, 즉 미래의 결단자를 대신해서 그 이름하에 현재, 결단자의 기능을 대행하는 것이 필요하다. 본래 그런 것으로 여겨지는 강력지배 인격(즉, 천황)의 대리代理 강력지배 인격을 어떻게 만들어낼 것인가. 그것이 만주사변 이후의 메커니즘 지배원리의 추진에 수반해서 일어난 '강력 내각' 출현의 요구였다. 그것이, 정치의 논리가 집중적으로 드러나게 된 정치의 시대에서의 일본 정치의 논리형論理型인 것이다.[1]

저자주

[1] 고전적 정치의 논리에서 대리(代理)는 원리나 전체의 대리인 것이다. 강력한 지배 인격은 그런 형태로 생겨난다. 신이나 원리나 전체를 대신해서 구체적인 인간군을 통제하는 것이므로, 거기서는 냉혹한 독재력이 생겨난다. 지금까지 일본의 경우 대리는 장래 원리와 전체를 대리하는 데 이르게 될 것이라 예상되는 자의 대리인 것이다. 따라서 대리자는, 직접, 원리와 전체에 결부되지 않으며, 다만 어떤 특정한 인물에 연결되고 있을 뿐이므로 용서 없이 결단하는 강함을 갖지 못한다. '장래'의 일은 알 수 없으며, 또 '사람'의 운명은 정해진 것이 없다는 '반성'에 구속당하면서 계속 그러는 것에 자신이 없어진다. 거기에 제왕적 존엄은 없다.

1. '국방국가 이념'의 기초

그런데 그 같은 관련하에 생겨난 첫 번째 방향의 의미를 먼저 살펴보기로 하자. 만주사변 이래 그 기운을 길러서 특히 2·26사건[1] 이후 히로다廣田 내 각 때에 지배적으로 되었던 '고도 국방국가' 요구에서 '국민총동원'에 이르 는 과정은, 소/중/대의 각종 천황에 의한 인격적personal 지배관계의 축적에 의해서 정치사회를 구성해가는 심정적 화합의 원리를 무너뜨리고, 군사적 인 관점에서, 목적의식을 축으로 하는 계획성으로 사회관계를 규제하려는 것이었다. 고도 '국방'이라는 사고방식 자체가 이미 군사부문의 확충을 의 미할 뿐이라는 것은 결코 아니다. 오히려 거꾸로 "근대 국방은 그 범위가 정치, 경제, 교육, 종교, 예술 등의 정신적 및 물질적 양 방면에서 모든 국민 생활의 각 부문에 이르기까지 확장하는 것이며, 국방은 단순히 군비를 충 실히 하고 무력전 준비를 하는 것으로 충분치 않다. 국방의 충실은 국민 생 활의 전 부문에 걸쳐서, 일원적으로 통제 계획해서 일단 유사시에는 곧바 로 국가 총동원이 가능하도록 준비해야 할 것"(호리우치 마코토堀内誠, 『고 쿠론國論』 1936년 8월호)이라는 당시 전형적이고 또 가장 일반적인 주장 속 에서 엿볼 수 있듯이, 인간관계에서의 물질적 및 정신적인 모든 영역의 운 행을 일정한 군사목적에 맞추어 정합적으로 행할 수 있도록 하는 것, 그것 을 의도하고 있었다. 히로다 내각은 국방의 필요로부터 보건설비의 확충, 다시 말해서 특수한 사회정책의 추진을 계획하기조차 했다. 그것은 물론 강한 군사와 강한 노동력을 얻으려는 의도에서 나온 것에 다름 아니었다.

그것과 관련해서, 만주사변 이래의 '혁신'운동의 전략 목표가 흔히 '근 대 국방의 건설'이란 이름으로 불리게 된 의미를 찾아보지 않으면 안 된다. '근대 국방'이라는 슬로건은 국민을 속여서 미혹시키기 위한 단순한 정치

---

[1] 1936년 2월 26일, 육군 황도파(皇道派)의 영향을 받은 청년장교들이 1483명을 이끌고, '쇼와유 신 단행, 존황토간'(昭和維新, 尊皇討奸)을 내걸고 일으킨 반란사건, 쿠데타 미수사건.

적 슬로건으로 사용되었다고 한정시킬 수는 없다. 오히려 반대로 본심에서 '근대 국방' 건설을 바라고 그것을 지렛대로 삼아 사회의 기구로서의 합리화를 기도했던 것이다.

일반적으로 볼 때 허위의 이데올로기를 일관된 문제의식의 통제하에 구사하는 '정치가'는 메이지를 제외하면 그 후의 근대 일본에서는 예외적이며, 따라서 국민을 기만하는 정치적 슬로건을 사용하는 것은 많은 경우 아주 단기적인 현재 상황에서 자신의 지위status를 유지한다거나 올리는 것만 생각하는, 그처럼 '한정된' 이기주의의 '편의적 배려'에서 나온 것이었다. 현대 일본 정치가의 거의 대부분은 그런 범주에 속한다. 좌익에서조차 그 같은 정치적 인간 유형이 더러 있다. 그러므로 만약 '근대 국방'이라는 명분에 담긴 반면의 '진보성進步性'¹을 기만의 수단으로 이용한 것이 상당 부분 나타난다 하더라도, 그들은 거의 대부분 당시의 '혁신운동'의 일반적 상황이 본심에서 '근대 국방'을 신앙하고 있었음을 전제하는 것이며, 그런 상황에 편승하려 한 것에 지나지 않는다.

그러면 어째서 앞에서 말한 것과 같은 내용을 갖는 '고도 국방국가' 이미지가 일본 국민의 '근대화'에 대한 여망을 짊어질 수 있었을까. 그런 이미지의 실체적 기초를 이루는 국가의 정책 다시 말해서 전쟁준비, 중국 침략정책 속에서 '근대'를 찾아냈기 때문은 물론 아니다. 그 비밀의 절반은 확실히 일본의 메이지 이래의 숙명인 세계정세 추수주의追隨主義에 있으며, 그 무렵 세계 최고 형태였던 통제국가의 경향에 일찌감치 가까이 가려는 것이 가장 모던하다고 생각하는 정신적 풍토가, 고도 국방국가론에 강력한 매력을 안겨주었다는 것은 확실하다. 메이지 이래의 일본은 자신이 근대가 아니며 게다가 근대 세계의 일각에 자리 잡아 근대 국가들에 나란히 서려고 했으며, 또한 어느 정도 나란히 서는 것이 가능했다는 것으로부터, 국가 그 자체의 감성 깊이 심리적인 근대주의를 지니고 있었다. 만약 전근대 그 자체에 머물러 있었더라면, 그것은 그것대로 근대 세계의 일원으로서의 실패를 지렛대로 삼아 근대 세계로의 대항의식을 확립하고, 현재 동양 국가들에서 볼 수 있는 자기형성의 에너지를 산출할 수 있었을지도 모르겠다. 그리고 근대는, 그것을 원리 차원에서 파악한다면, 자기형성 이외의 아무것도 아니다. 그렇다면 그 같은 경우에 도리어 일본은 근대주의가 아니라 근대의 원리 그 자체를 실현할 수 있었을지도 모르겠다. 근대가 아닌 것이 사람들 앞에서는 '근대'가 아니면 안 된다. 그런 차이를 메우려는 성급한 심리적 충동이 일본 국가의 근대주의일 뿐이었다. 그와 관련해서, 일본이 근대 열강의 일원으로서의 자리에서 완전히 탈락한 태평양전쟁 후의 오늘에 있어서도, 그런 심리적 경향은 다른 형태로 지속되고 있다. 열강의 일원의 측근이라는 형태로. 그러나 또한 그런 실패를 내적 계기로 삼아 자기형성의 길을 추구하는 운동도 전쟁 이전 보다는 한층 더 강해지고 있다. 다만 분명하게 말해두지만 두 열강의 물리적 중간을 걷는다는 그 자체가 자기형성의 길인 것은 절대로 아니다. 문제는 어떠한 것이라 하더라도 자신의 내부에 형성의 원리를 갖는 것이다. 어쨌든 그 같은 심리적 근대주의가 고도 국방국가론을 낳는 데에도 힘이 되었다는 것은 사실이다.

하지만 앞의 비밀의 절반은 다른 데에도 있다고 생각된다. 그것은 보다 추상적인 논리적 방법이 가져다주는 감각적 효과라는 점에서, 고도 국방국가론이 근대적인 것으로 받아들여진 점에 있다. 다시 말해서 고도 국방국가론은, 그것이 가져다주는 논리의 감각 때문에 근대에 대한 심리적 충동을 동원할 수 있었다. 그것은 무엇 때문이었을까. 고도 국방국가론의 논리가 어떠한 것이었기 때문일까. 관점과 시각의 일의적—義的 한정('국방')과, 모든 계기의 기능적 종합이라는, 그런 논리에 의해서였다. 그것이야말로 메이지 이래 일본이 추구해온 근대국가 이미지를, 논리 차원에서 만족시키는 것이 아니었을까. 한 지점에의 집중과 전체의 종합은, 근대국가 그 자체의 논리다. 그리고 지금 고도 국방국가의 논리가 우리의 표상 세계에 심어주는 피라미드형의 이미지는, 하나의 역학 법칙으로 관철된 하나의 거대한 석조 건축이었다. 그것은 세계 속의 근대국가를 만든 사람들이 마찬가지로 그렸던 이미지였다. 그리고 또한 일본이 메이지 이래 도쿄 자체에도 부과하고, 도쿄를 중심으로 한 전국의 결합방식에도 부과한 이미지였다. 지금이야말로 지난 숙원이 '국방'이라는 시좌視座하에 달성되려 하고 있다고 느껴졌다. 그런 의미에서 '근대 국방국가'라는 이름은 그야말로 상징적이었다.

그뿐이 아니었다. 그런 사회관에서의, 정의의 명석함과 모든 것의 사회적 계기에 대한 관계구조를 파악하는 것은, 그 무렵의 다이쇼 데모크라시의 후유증이라 할 수도 있는 시좌의 원점 상실의 불안을 구제해주었다. 어떻게 보면 자기 나름대로의 사회 이미지가 생겨났는지 알 수 없게 되어 그저 그날그날의 직접적 욕구에 몸을 맡겨버리고 떠돌아다니는 것은, 대단한 고통이었다. 그 같은 상태는 다이쇼 시대의 인격주의 속의 한 유파에 의해 원리적으로는 이미 등장해 있었다. 인간관계를 일정한 관계 방법으로 규율해가는 형태의 휴머니즘이 아니라, 인간관계를 인간들끼리의 심정적인 유착으로 가져다주는 형태의 휴머니즘이 지배적인 경향으로 되자, 접하게 되는 사람들의 숫자와 종류가 늘어나면서 세상을 보는 통일적인 시각을 잃어버리게 되었다. 만나는 사람마다 그것에 유착해가며 우월함이 과잉된 삶의 방식을 계속해가면, 자신의 인간세계에 대한 방향은 산란해져서 방법적인 통일성을 잃게 되는 것이다. 그렇다고 해서 두 번째 유형의 휴머니즘을 신앙하는 한, 시각을 스스로 만들어내는 힘은 나오지 않는다. 통일적인 시각을 충동적으로 추구하면서 그것을 몸에 지닐 수는 없다. 거기서는 무익한 고민만 생겨난다. 바로 그 때다. 분명한 정의(게다가 현실적 정의)를 가지고 관계인식을 부여해줄 수 있는 것이 나타나게 된다. 정의는 논리의 세계에서의 결단이다. 결단능력을 결여하고 게다가 무결단을 견뎌낼 수 없게 된 정신상황은, 정의에 의한 결단을 부여받게 됨으로써 구제될 수 있다. 그 결과 사회를 볼 수 있게 된다. 눈병이 나았을 때 느낄 수 있는 맑게 보이는 그런 기분이 부여되었다. 유럽에서는 근대 초기의 합리주의는 '계몽Aufklärung'으로 불렸다. 그것은 '밝혀준다'는 의미에 다름 아니었다. 일본에서는 작은 계몽이 몇 번인가 있었다. 그 때도 하나의 극히 작은 계몽으로 받아들여졌던 것이다.

게다가 아직 그것만도 아니었다. 국방이라는 시각을 설정하고 그 지점에서 전체 사회를 방법적으로 조망했을 때 비치는 명료하게 있어야 할 사회 이미지는, 현실의 여러 사회영역의 실태와 분명한 거리를 가지고 있었다. 때마침 마르크스주의가 사회의 필연법칙을 인식함으로써, 법칙으로부터의 어긋남을 포함하는 현실 사회에 작용을 가하는 힘을 부여해준 것과 마찬가지로, 그런 이미지는 사회적 행동력을 제공해주는 것이었다. 논리는 일반적으로 일상과의 단절 감각을 안겨준다. 그러나 사회과학의 논리의 특색은, 단순한 단절 감각을 안겨주는 데 머무는 것이 아니라 역사적인 연속선 위에서의 단절 감각, 다시 말해서 미래 감각을 제공해주는 데 있다. 그것은 과거를 대상으로 하는 경우의 역사적 사회과학에서도 다를 바 없다. 과거도 역시 재구성될 때에는 미래상을 제시하는 것이다. 그러므로 사회과학은 현재를 넘어서려고 하는 사회적 행동력을 불러일으킨다. 고도 국방국가론은 그것에 유사한 감각 효과를 가지고 있었다. 그것은 세계와 인류에 보편적인 법칙을 정립하려는 것이 아니므로, 아무리 보아도 과학일 수는 없다. 그야말로 '일본 과학'에 다름 아니며, '일본 과학'은 물론 과학은 아니다.[2] 그러나 그때까지, 사회과학적 사고방식이 거의 생겨나지 않았으며, 따라서 또 국민들 사이에 침투하지도 않은 곳에서는 '일본 과학'의 합리성이 국민적 규모에서 사회과학을 대신했던 것이다. 그것은 바로 직전에 좁은 비국민적 규모에서 '후쿠모토이즘'이 수행하고 있던 기능과 거의 평행적이었다. 이상에서 든 논리 감각에 관한 설명을 고유명사로 치환시켜 보면, 어쩌면 후쿠모토이즘 자체의 설명이 되는 지도 모르겠다, 라고조차 생각된다. 또한 그것은 역시 바로 직전에 좁은 문단적 규모에서 생겨났던 '신감각파新感覺派'의 기능과 몇 가지 점에서 평행적이었다. 후쿠모토이즘, 신감각파, 그들의 유행의 밑바닥에 깃든 논리에 대한 감각은, 고도 국방국가론을 받아들이는 사람들 속에 깊은 거의 무의식의 동질성을 인정할 수 있다는 것임에 틀림없다. 아마도 그럴 것이다. 그 증거로 후쿠모토이즘을 믿었던 좌익 지식인들은, 상당 부분 고도의 국강국가론자가 되어 갔다. 그래도 중견 간부는 이전의 정치적 입장에 제약 당했으므로, 전형적인 국방국가론자가 되지는 않는다(그 이유는 지금 여기서는 말하지 않겠다). 가장 전형적인 것은 후쿠모토이즘의 논리의 감각에 은근히 끌리고 있던 팬들이, 같은 경향에서 얼마 후에 '일본 과학'에 끌려간 경우에 생겨났던 것이다.

---

[1] 福本イズム, 1920년대 유행했던 일본 사회주의의 한 갈래로서, 후쿠모토 가즈오(福本和夫)에 의해 주창되었다. 재건일본공산당의 이론적 바탕이 되었으나, 코민테른의 비판을 받았다. 그와 더불어 급격하게 영향력을 잃어버리게 되었다.

1 하나뿐인 국가팽창주의 유파(流派)에 대해서, 넓은 의미의 국방론을 '진보적'인
   우익으로 본 것은, 당시의 국방론자와 관료들이다. 경보국(警保局)의 「출판경
   찰자료(出版警察資料)」에서의 분류도 역시 그러했다.

2 '일본 과학'이 과학 그 자체와 미묘한, 그러나 결정적인 구조적 차이를 가지는
   것을 전형적으로 보여주는 자료는, 니시다 기타로(西田幾太郎) 「일본문화의 문
   제(日本文化の問題)」와 쓰치야 다카오(土屋喬雄) 「일본국방국가건설의 사적
   고찰(日本國防國家建設の史的考察)」이다. 전자는 다음과 같이 말한다.
   "연구는 숨기는 것도 가리는 것도 없으며, 아름다운 것을 아름답다고 하고, 추한
   것을 추하다고 해서, 어디까지나 공명정대하지 않으면 안 된다 …… 아침 햇살에
   피어나는 야마자쿠라(山櫻)라 하는 것처럼, 예로부터 우리를 길러 온 일본정신
   에는 이러한 공명정대함이 있다고 생각한다. 학문적 정신이란, 그러한 공명정
   대의 정신에 기초한 것이지 않으면 안 된다"(강조는 후지타). 후자는 그것을 이
   어받아 "이런 쇼와의 전환기를 지도하는 정신은 …… 과학을 포섭한 본래의 정당
   한 일본정신이지 않으면 안 된다."
   이 문장을 읽으면, 근대과학에서의 즉물적 관찰과 비판적 인식의 정신적 기초를
   이룬 칼뱅주의(Calvinism)의 '공명(公明)'을 떠올리면서, 위태롭게 동일시하고
   있다. 하지만 양자의 미묘한 차이는 결정적인 차이라 하겠다. 니시다와 쓰치야
   가 말하는 '공명'은 미학적 심정을 솔직하게 토로하는 것을 가리키는 것이며, 판
   단에 임해서 주관적 심정이 개입하는 것을 스스로 준엄하게 거부하는 것을 의미
   하는 '공명'과는 범주적으로 다르다. 니시다와 쓰치야의 생각하에서는, 또한 '일
   본 과학'하에서는, 순수 심정의 범주가 생겨난다(그것은 국학[國學, 고쿠가쿠]).
   거기에 어느 정도의 실증성이 성립했다. 그러나 순수이성의 범주는 생겨날 수
   없다. 따라서 인식론은 심정에 대한 반영론(反映論)으로 결정하는 것이며, 거기
   서부터는 이성에 대한 반영론도, 또 이성에 의한 구성론도 나오지 않는다. 다시
   말해서 가학(歌學, 가가쿠)은 나오지만 과학(科學, 가가쿠)은 나오지 않는다.
   그 점을 간파하지 못했기 때문에 경제학(과학)과 '일본 과학'의 결합이 가능하다
   는 생각이 나오게 되었다(다양한 의미에서의 편승을 별도로 한다면).

2. '사유(私有) 공영(公營)의 원리'

이미지는 현실 속에 그 디딜 곳을 갖는다. 근대국방국가 건설론도 예외는

아니며, 논論으로서의 진행은 동시에 현실정치 속에서 하나의 경향의 진행과 서로 수반하는 것이었다. 그런 경향의 전형은 전력電力을 국영화한다는 것이었다.

그 정책 자체에 대해서는 많이 말하지 않겠다. 히로다 내각 때 논단의 모든 부분에서 떠들썩하게 내세웠던 그 계획은, 혁신관료 오쿠무라 기와오[1]에 의해 무섭게 입안되었으며 또한 그에 의해서 가장 강력하게 지지되었다. 그 원리는 말할 것도 없이 소유와 경영의 분리였다. 그리고 그것이 전체주의적 '혁신'의 열쇠가 된 것은, 그것이 노리는 것의 하나가 다음의 점에 있었기 때문이다.

생산설비를 사유로 해둠으로써 설비의 확대·축소 결정에 대해서 의회를 거치지 않아도 되게 하려는 것, 따라서 그런 안의 원리가 모든 정책체계를 관통할 때에는 의회의 실권은 명백하게 제로가 된다는 것, 그런 것들이 기대되고 있었다. 당시 '혁신'이라는 말은 정치적으로는 의회주의를, 사상적으로는 자유주의를 우선 부정하는 것을 의미하였는데, 그 혁신은 그런 안의 원리를 지렛대로 삼아 실현될 수 있다고 생각되었다. 그 정도로 중요한 그 원리는, '사유 공용共用의 원리'나 '사유 공영公營의 원리' 혹은 '민유民有 국용國用의 원리'로 불리면서, 신체제운동까지 넓은 의미의 국방론의 핵심key 슬로건이 되어 있었다. 물론 '사유 공용의 원리'는 아리스토텔레스에게서 빌려온 말인데, 아리스토텔레스의 범주가 적용될 수 있다는 점에 그야말로 그 안의 특징이 있었다. 그것은 이미 "하늘 아래, 그리고 모든 땅과 해안가에 있는 토지는 모두 왕의 땅이며, 사람들은 모두 그 신하"라는 일군만민 사상에서 조금 떨어져 있을 뿐이다. 자본가적 사적 소유권은 움직이지 않는

---

[1] 奧村喜和男, 이른바 '혁신관료'의 대표적인 사람. 체신성 관료로서, 내각정보국 차장을 지냈다.

강력함을 가져 왔으며, 그것을 통제하려는 것도 이미 한 사람의 사적인 권·력으로는 불가능했다. '국國'은 '공共'의 대리기관이라는 것에 의해서만, 통제력을 발휘할 수 있었다. 그 같은 상황에 대한 일정한 적합성을 갖기 위해 도모한 것이 '혁신원리'였던 것이다.

그 때문일 것이다. 오쿠무라는, 전력 국영안의 장점을 설명하면서, "나의 주장에는 …… 전체주의적인 공익 유지라는 점도 들어있는 것처럼 받아들여지는 듯하며, 또한 사회정책적인 자본주의라는 병의 근원 배제라는 주장도 물론 들어 있는 것으로 보일 것"(「게이자이조호經濟情報」 1936년 8월 21일호)이라 하여, 종래대로의 일본 국가의 이익을 일방적으로 밀고나간다는 의미에서의 전체주의는 아니며, 사회 전체라는 관점에서의, 다시 말해서 '공共'이란 입장에서의 전체주의라는 것을 강조했다(구체적으로는 대중의 전기 요금이 내린 것을 가리키고 있다). 국가는 바야흐로 그 같은 의미에서의 전체를 위한 메커니즘이 아니면 안 된다, 라고 주장했다. 그것은 나중에 태평양전쟁에 들어선 이후 오쿠무라가 '대정익찬회大政翼贊會'를 주창했던 것과 비교하면, 다분히 다른 뉘앙스를 가지고 있다. 그들 양자의 내면적인 연계를 찾아내는 것은 흥미로운 문제이지만, 유감스럽게도 여기서 그럴 여유는 없다. 지금은 문제를 좁게 한정시키지 않으면 안 된다. 그것은, 그 같은 국가관 자체의 변화를 불러일으키는 사유 공영의 원리를 구사할 수 있는 사상은 어떤 것인가 하는 물음이고, 또한 그 원리의 인적인 담당자는 누구인가 하는 물음이며, 나아가 그 원리를 발생시킨 사회적 기초는 어떤 현상인가 하는 물음이다.

그 원리하에서는 국가는 사적인 것의 존재를 인용하고, 그 위에서 사적인 것을 공적인 관점에서 운영·조작하는 것에 다름 아니다. 그것을 할 수 있는 사상적 입장은, 일본에서 기존의 그것으로는 거의 마르크스주의뿐이었다. 다이쇼 초기부터 '사회 문제'에 대한 관심이 일어났으며, 그것과의 연장선 위에서 마르크스주의가 받아들여졌으므로, 일본에서 그것을 수행한 사고방법상의 역할 중 하나는, 실로 주관적인 것의 객관적 역할을 탐구하는 발상법을 심어준 것이었다. 사적인 것을 사회적인 관점에서 평가하고, 또 개인적인 것을 그것이 제도에서 갖는 의미라는 측면에서 판단한다는, 그런 사고의 기법을 명료한 방법적 자각을 가지고 일본에 가르쳐준 것은 마르크스주의였다. 일찍이 메이지 국가를 건설할 때에 이토 히로부미가 요구했던 공과 사를 준별峻別하는 사상은, 마르크스주의에 의해 한층 더 발전한 형태로 받아들여졌다고 할 수 있겠다. 거기서는 공과 사의 단순한 준별이 아니라, 양자의 그야말로 '분리' 위의 '결합'을 찾아내는 것이 일관되게 문제가 되기 때문이다. 이렇게 본다면, 사유 공용의 원리를 구사하는 사상은 마르크스주의에 의해서 배양된 어떤 하나의 사고방법 이외에는 없다. 적어도 마르크스주의적 분위기 속에서 사고하는 경험을 거치지 않으면, 그런 원리를 생각해낼 수도 없을 것이며, 또 현실에 적용할 수도 없을 것이다. 그러면 고도 국방국가론의 중핵원리를 만든 것은 일본에서는 마르크스주의적 사고방법이다, 라는 실로 근사한 결론이 나오게 된다. 일본 사상사의 거꾸로 선 성격을 그만큼 상징적으로 말해주는 것은 달리 없다. 그러나 군이 말할 것도 없는 것인지는 모르지만, 그것은 고도 국방국가론이 마르크스주의와 같다는 아주 거친 주장을 내세우는 것이 물론 아니다. 우선 그 경우 '마르크스주의적 사고방법'은 마르크스주의로부터 얻은 어떤 하나의 사고방법을 가리키는 데 머무르는 것으로, 마르크스주의의 중요한 구성부분인 공산주의와 혁명에 대한 신앙이 빠져버린 것인지도 모르겠다.

사유 공용의 원리는 원리로서 보면 말할 것도 없이 근대 행정 그 자체의 원리다. 그것은 근대 행정법 이론의 중심문제가 공용징수 문제라는 것을 생각해보면 금방 알 수 있다. 그렇다면 지금 나온 결론이 의미하는 것은, 일본에서 근대 행정원리를 원리로 내놓은 것, 그것은 마르크스주의 없이는 혹은 마르크스주의적 풍토를 거치지 않고서는 불가능했다는 것이다. 일본에서는 마르크스주의는 공산주의 운동을 일으켰다는 의미만 갖는 것은 아니다. 그에 덧붙여서 실로 거대한 사상사적 역할을 수행하고 있다. 앞으로는 어떻게 될지 알 수 없지만 적어도 전중戰中과 전후戰後의 시기에는, 형태와 모습을 달리해서 다양한 사상적 생산품 속에 들어가 그들에게 큰 영향을 미쳤다. 그런 역할들 중에서 가장 크고 긍정적인 것은 무엇보다도 그것이 거의 처음으로 인류세계에 보편적인 법칙에 대한 관념을 일본에 안겨준 것이다. 다시 말해서 자연법적인 관념을 처음으로 우리에게 안겨 주었다. 그 점에서 유학과 조금 비슷한 면이 있기도 하나, 유학 쪽은 다만 중국 한 나라에서 검증된 이론에 지나지 않았다. 그래서 서양의 존재가 확인됨과 동시에 보편적 의미를 잃어버리지 않을 수 없는 운명을 지니고 있었다. 아니 그 전부터 인도의 존재를 무시할 수 없는 이상, 그리고 거기에 고유한 불교이론을 묵살할 수 없는 이상, 보편이론으로 받아들이기란 심히 어려웠다. 그 어려움 그리고 그런 어려움을 어떻게든 타개하기 위해서 치렀던 사상공작사思想工作史를 여기서 서술할 필요는 없을 것이다. 일본사상사에서의 마르크스주의가 갖는 획기적인 의미를 분명하게 하기만 하면 그것으로 충분하다. 그 같은 결정적인 의미를 갖는 사상은 그 작용 영역에서도 보편화하는 경향을 갖는 것이며, 따라서 좋든 싫든 간에 다양한 영역과 다양한 장소와 각종 진영에서 다양한 작용을 하게 된다. 그래서 자연법적 관념의 형성이라는 정통적인orthodox 의미와는 다른 다양한 변형된 의미가 생겨난다. 그 하나로서 근대 행정의 원리가 산출되었으며, 그것이 앞 절에서 서술한 일본형 근대국가 건설 과정에 스며들어 고도 국방국가론을 결정시켰던 것이다. 마르크스주의를 거치지 않고서는, 천황제와 이질적인 형태에서의 파시즘 즉, 전형적인 반동조차 불가능했다. 아니, 형태조차 갖출 수 없었다고 할 수 있을 것이다.

여기까지 오게 되면, 이미 사유 공용의 원리의 인적인 담당자에 대해서도 상당 부분 분명한 이미지가 떠오르게 된다. 한 마디로 혁신관료라 불리는 그들은 거의 대부분 다이쇼시대 말기에 제국대학을 나온 수재들이었으며, 적어도 그 학생시대에 마르크스주의의 교양을 몸에 갖추고 있었다. 게다가 마르크스주의의 가치판단에 다소라도 관계가 있는 부분에까지 들어갈 정도로 깊이 몸에 갖춘 것은 아니며, 앞에서 말한 한에서의 사고방법을 몸에 갖추는 정도에 머물러 있었다. 오쿠무라를 위시해 훗날 기획원企劃院 심의실審議室의 중심 그룹인 모리 에오토毛里英於兎, 무라타 고로村田五郎, 가시와라 헤이타로柏原兵太郎, 사코미즈 히사쓰네迫水久常, 야마조에 리사쿠山添利作, 미노베 요지美濃部洋次 등은 모두 1925, 6년에 대학을 졸업했다. 또한 모두 학생운동에 가담하거나 혁명운동에 참가하지 않고서 곧바로 관료로 들어온 사람들이다. 그리고 사코미즈 히사쓰네처럼 일찍부터 선배들 중에서 다음 세대를 짊어질 유망한 관리를 찾아내 그에게 접근하려고 마음먹는 것을 중요한 처세술로 여긴 자도 있었다. 아마도 거의 대부분 그러했을 것이다. 사코미즈 히사쓰네와 미노베에게 그 다음 세대를 짊어질 선배는 기시 노부스케'였다. 마르크스주의 이념이나 사상이나 시대비평에 관한 부분은 완전히 갖추지 못했다는 것은 그것을 보더라도 분명하다. 무엇보다 미노베 요지는, 관료

| 岸信介, 1896~1987. 일본의 농상무관료, 정치인. 제56, 57대 내각총리대신. 제61~63대 내각총리대신을 지냈다. 사토 에이사쿠(佐藤榮作)는 동생.

가 된 후에도 자신이 사는 바로 앞의 빌린 집을 미와 주소三輪壽壯 등의 일본노동당의 본부 사무소로 빌려주기도 할 정도로는 옛 친구들과의 접촉을 가지고 있었다(고등학교 시절에는 시가 요시오¹ 등과 교우가 있었다).

그들 중심 그룹에서 마르크스주의는 학생시대의 주변 상황에서 상당부분 자연스럽게 큰 의도적 노력 없이 머리에 들어온 것이었으며, 또한 그 정도였다. 머리에 들어와 정착한 것은, 마르크스주의가 사회를 파악하는 방식, 다시 말해서 전체 기구적인 파악 방식이며, 따라서 또 세계관을 존중하는 자세였다. 그것은 일본에서는 실로 참신한 사고방식이었다. 메이지 시대의 선의의 관리처럼, 목민관으로서 피치자를 한 사람 한 사람 교도해서 끝까지 군郡 전체, 현縣 전체, 국가國 전체를 좋게 다스리려는 것은 불가능하고, 사회는 결국 구체적 인간에서 독립한 인간의 관계 그 자체이므로, 그 관계의 구조 즉 메커니즘을 파악하고 그것을 움직이는 것으로 사회문제를 해결하는 것이 정치다, 라는 사고방식이 '전기구적 파악주의全機構的把握主義'에서 나오게 된다. 그것이, 실천적으로는 만주경영을 행하고, 이론적으로는 고틀Gottl-Ottlilenfeld, Friedrich von이나 슈판Spann, Othmar 등을 읽는 과정을 통해서¹ 앞에서 본 고도국방국가론에 담겨 있는 사고방식에 이어져간 것으로 생각된다.

더 넓은 범위에서 혁신관료에 속하는 사람을 들어보면, 마르크스주의적 교양과 사유 공용 원리의 내면적인 이어짐이 더 분명하게 파악될 수 있을지도 모르겠다. 그러나 지금 여기서는 검토하지 않겠다. 다만 한 가지, 사유 공용원리를 떠받쳐주는 것은 전기구적 파악과 동시에, 그것에 기초한 기구경영을 중시하는 사고방식이며, 거기에 경영Betrieb의 소유에 대한 독

---

¹ 志賀義雄, 1901~1989. 정치가, 공산주의운동의 활동가. 중의원 의원, 일본공산당 중앙위원, 일본공산당 위원장 등을 역임했다.

립성이란 인식이 생겨난다는 것, 그리고 그 같은 선을 추진하는 인물은 관료들 중에서만 아니라 실업계에도 간간이 생거나, 그들이 앞의 혁신관료에 대응해서 고도 국방운동을 행했다는 것, 그 점을 말해두고 싶다. 마침 번햄Burnham, James이 마르크스주의적 교양을 토대로 삼아 전체주의적인 '경영자 혁명'을 생각한 것과 비슷한 형태를 이루어, 경영 기술가가 경영 지배권을 요구하게 되는 현상이, 혁신관료가 마르크스주의적 교양을 토대로 삼아 전개한 전체주의적 국가 이미지와 결부되어 나타난 것이다. 번햄의 경우에는 두 계기가 그 개인에 있는데, 이 경우에는 두 계기가 사회적 분업을 이루고 있다. 그런 경영기술의 경영지배화 현상은 구체적으로는, 오코치 마사토시처럼 경영기술의 새로운 방법을 고안함으로써 경영자(경영지배자)가 되려는 인물의 배출로 나타났으며, 거기에 또 새로운 경영기술의 발명에 관심을 기울이는 일종의 마니아적 양상이 생겼으며, 동시에 또 그런 운동이 고도 국방운동과 결부되어, 고도 국방을 위해서는 이러저러한 경영의 합리화·종합화가 필요하다는 명목하에 전개되었다. 그 경우, 경영이 소유자와 일단 분리된 형태를 취함으로써 경영이 기술화되는 방향으로 나아 갔을 때, 혹은 그 같은 방향으로 향하려 했을 때, 오코치 같은 '기술자engineer' 출신이 경영자가 되어갔다는 현상이 생겨난 것은 무척 흥미롭다. 사회가 메커니즘화 된 적이 없는 일본에서는 예로부터, 기술자는 공업기술자 만을 가리키고 있었다. 그래서 사회를 메커니즘화 하려는 움직임, 따라서 그것의 경영을 기술화하려는 움직임, 따라서 산업의 경영도 기술화하려는 움직임이 나타났을 때, 거기에 일어난 '기술' 개념의 의미 전화를 매개하는

ㅣ 大河内正敏, 1873~1952. 공학자, 실업가. 도쿄 출생. 도쿄대학 교수. 이화학연구소(理化學研究所) 소장으로, 연구소의 발전과 연구소 콘체른 60여 개 회사를 창립, 조직화에 힘썼다.

인간계의 현상으로서, 재래라는 의미의 기술가가 새로운 의미의 기술가가 된다는 현상이 나타났던 것이다. 그 무렵 그 같은 인물로는 오코치 외에, 마키다 다마키,[I] 단타쿠마[II] 등이 유명하다.[2]

그런데 사유 공영의 원리 및 지금까지 서술해온 제 현상의 사회적 기초는 존재하는가. 1930년쇼와 5년 무렵부터 격렬해진 농촌 공황의 결과, 직접 경작자인 '재지 중간층'(촌장, 부락조합장 등)이 기생지주의 인격적personal 지배를 벗어나기 위해 '국가'에 직접 원조를 요청해서, 이른바 '구농국회救農國會'를 전후해서 무리를 지어 의회 진정陳情운동을 전개했다는 것. 또한 그것과의 관련하에 산업조합운동 중에 농촌에 시장의 논리로서의 인간관계의 '기술'이 중시되어 왔다는 것. 그에 대해서는 지금 말하지는 않겠다. 다만 구농국회를 전후한 상황은 그 후에도 일관되게 변하지 않았다는 것의 한 예를 들어두기로 하자. 1939년에 생겨난 히라노 리키조[III] 등의 농지제도 개혁동맹의 그 후의 대회에서는, 전국 각지에서 모여든 사람들이 거의 대부분 비슷한 발언을 하고 있다. "국가와 우리들 사이에 하나의 계급이 존재하는 것은 좋지 않다", '중간착취자'를 배제하고 '농지의 국가관리'를 실현하자, 라는 것이 그 주장이었다. 1940년의 의회에서는 '농지국가관리법안'을 제출, 거기에는 자작지를 제외한 농지, 즉 경작하지 않는 지주의 소유지를 국가에 '수용'할 것, 자작지를 국가가 관리할 것, 결국 농지에 관한 사적 권리는 경작권 뿐이라 하고, 그 경작권을 '세습'하는 것 등이 입안되어 있었다. 물

[I] 牧田環, 실업인. 미쓰이(三井) 광산 중역, 쇼와(昭和)비행기공장 초대사장을 지냈다.
[II] 團琢磨, 1858~1932. 실업가. 후쿠오카(福岡) 출생. 미국에 유학, 공부성(工部省) 삼지광산국(三池鉱山局)에서 근무한 후, 미쓰이(三井)로 옮겼다. 훗날 미쓰이합명회사(三井合名会社) 이사장에 취임했다. 미쓰이 재벌의 최고지도자가 되었지만, 혈맹단원에게 암살당했다.
[III] 平野力三, 1898~1981. 농민운동, 정치인. 농림대신을 역임했다.

론 그것이 전근대적인 요구를 포함한 것이라는 점은, 가산제家産制 경작권의 주장을 보면 분명하다. 다만 흥미로운 것은 그들이 말하는 농지관리자로서의 국가는, 내용상 실질적으로는 천황도 아니며 또 어떠한 사람도 포함하는 것이 아니다. 그야말로 '기관'을 가리킨다. 지방의 농업진충회農業盡忠會 같은 직접적 집단의 지배를 허용하지 않는 '기관'인 것이다.[3] 메커니즘 지배관과 완전히 일치하지 않는가. 또한 '토지수용'을 강조하는 부분도 역시, 행정권의 최대의 발동을 기다리고 바라는 것으로, 혁신관료들의 동향과 잘 조응하고 있다. 그 같은 경향은 그 외에도 전국 각지의 농촌에 다양한 형태로 산재했던 것이 아닌가. 또한 도시의 중소 상공업자의 지향과도 비슷한 형태가 있었던 것으로 생각된다. 세세한 산재 사례를 여기서 들지는 않겠다. 그리고 또한 그 같은 경향에 의존하면서 추파를 보내는 형태로, 혁신관료들은 자신들의 계획을 세우고 있었다. 이미 오쿠무라가 자신의 안을 '사회 정책적' 요소를 가진 것으로 선전했다는 것은 앞에서 말했다. 보다 일반 이론의 형태에서는 모리가 발언하고 있다. 그런 발언 속에 그들의 확신 없음이, 그들의 계획의 붕괴 원인이, 나아가서는 그들의 사회적 기초에 대한 의존이 단순한 추파에 지나지 않는다는 것이 나타나 있다. "대중이라는 것은……민족의 생활을 담당해가는 경우의 최후의 실천자다. 그러므로 책임자이기도 하다. 하지만 그런 대중의 실천책임이라는 것을 국가 전체의 요청에서 보아 타당성을 갖게 하기 위해서 지도해가는 것이 바로 지도자다". 그러나 그 지도자는 나치스처럼 구체적인 한 사람의 인간은 아니다. "국가가 계획적으로 일을 해간다"는 것이다. "상당한 경영적인 직능職能을 국가는 갖는다". '국가'는 지금까지와 같은 감독적 기능에서 경영적 기능을 갖는 것으로 변하지 않으면 안 된다, 라는 것이다. 그러나 추상적인 '국가'로는 알 수가 없다. 정치지배는 직관直觀 능력도 갖춘 인조人工 인간이 나타나지 않는한, 결국은 인간에 의해 행해지지 않으면 안 된다. 그래서 역시 '국가'의 인간적 측면이 분명하게 되어 있지 않으면 안 된다. 모리의 논의를 밀고 나가게 되면 분명하게 정해진 것은 아니지만 그것은 '관료'여야만 하는 것으로된다. 다시 말해서 그들 자신인 것이다. "그 경영적인 기능에 이어지는 관료라는 것은, 어떠해야 하는가". 그것은 지금까지와 같은 '법률입안·운용·해석의 보수적 엔지니어conservative engineer'와는 달리 "앞으로는 창조적 엔지니어creative engineer가 아니면 안 된다"라고 한다.[4] 혁신관료의 이미지를 그야말로 총괄하고 있지 않은가. 하지만 그들이 말하는 '국가'는, 그것을 인간적측면에 대해서 보면 그들 자신이라는 것은 끝내 단언하지 않았다. 그들은다만 '국가'의 기능에 '이어져' 있을 뿐이다. 그 같은, 그들의 말을 역설적으로 사용한다면, '창조적 메커니즘'으로서의 '국가'를 움직여 가는 지도자는어디에 있는가.

저자주

1 미노베 요지는 만주 경영에서 혁신관료로 단련되었으며, 모리는 고틀과 슈판에
   의거해 이론적으로 '공부'한 듯하다(미노베의 전기(傳記), 「양양호(洋洋乎)」).
2 기술자 출신의 경영자가 늘어나게 된 것을 크게 장려했던 사람은 후지와라 긴지
   로(藤原銀次郎)이다(「실업인의 기분(實業人の氣持)」). 그것은 일본 파시즘체
   제의 소산물이다.
3 내무성 경보국(內務省 警保局), 「쇼와 17년 년중 사회운동 상황(昭和十七年中ニ
   於ケル社會運動ノ狀況)」에 의함. 그 같은 성격의 '혁신운동'에 관해서는, '공산
   주의운동'과는 달리 고문도 없으며 조작도 행해지지 않으므로, 본질적인 점에서
   는 틀림없는 것으로 보아도 좋을 것이다.
4 잡지 『짓쿄노 니혼(實業之日本)』 1941년 정월호 좌담회에서 발언한 것이다.
   부분적으로는 「양양호(洋洋乎)」에도 채록되어 있다.

3. 지배권의 군(軍) 이행의 의미

여기에 이르러 이 글 첫 머리의 두 방향에서 두 번째의 그것, 즉 강력 지배
인격의 요구를 문제 삼아야 할 지점에 이르렀다. 다만 지면 관계로 인해 이
하에서 간략하게 서술하는 수밖에 없겠다. 우리는 사이토 내각 이래 빈번
히 강력 내각을 요구하는 목소리가 나왔으며, 그럼에도 불구하고 결국 강
력 내각을 얻지 못했으며, 마지막으로 천황의 대리인으로서의 고노에 후미
마로'에게서 그것을 찾았던 옛날의 경과를 떠올리는 것으로 만족하기로
하자. 비할 바 없는 명문의 '도련님'에게 비할 바 없는 강력한 자를 요구하는
것은 얼마나 도착된 것인가. 그 결과는, 당시 일본에서 유일한 '힘'이 있는
곳인 군부에 지배권은 넘어갔다. 여기서 넓은 의미의 국방은 무너지고 좁
은 의미의 국방이란 입장, 즉 구체적 전쟁의 실행만을 자기 목적으로 하는
지배체제가 생겨나는 근원이 있었다. 이미 강력 내각이라는 형태로밖에,
군부라는 장소의 형태로밖에 강력 지배자를 구할 수 없다는 데에, 파시즘
적 넓은 의미에서 국방국가론의 공중누각과 같은 성격이 있었다. 문제는
초인간적 능력을 갖는다는 의미에서 비인격적인 지배자를 갖는 것이 아니
었던가. 그것만이, 바라고 있던 방대한 비인격적 메커니즘을 움직여가는
결단자일 수 있지 않았던가. 앞에서 말한 것처럼 고도 국방국가론은 그 논
리의 세계에서는, 명석한 정의의 한정이라는 형태로, 결단의 계기를 가지
고 있었다. 그러나 그 실현과정에서는, 현실의 결단자를 결여하고 있었다.
혁신관료는 자신이 만든 계획이면서도, 자신이 책임 있는 지도자가 되려고

I 近衛文麿, 1891~1945. 정치인, 도쿄 출생. 1937년 내각을 조직하고 중일전쟁에 돌입. 전후에
전범(戰犯)으로 지목되어, 음독자살했다.

하지는 않았다. 겸허하게도 지도자를 다른 데서 찾고 있었던 것이다. 그러나 재래의 지배자들은, 누구도 자신이 천황의 권한을 넘어서는 강력자가 되려고는 하지 않았다. 그것은 전자 이상으로 겸허했다. 천황은 지금 우리가 밤낮으로 눈앞에서 검증하고 있듯이, 그렇게 강력한 지배자일 수 있는 자질은 아니었다. 그렇다면 내각이나 그 안의 5상 회의나, 그리고 마지막으로는 천황에 가장 가까운 입장에 있는 자들 중에서 지혜로운 자에게, 강력함을 구하는 것 외에는 방법이 없는 것이 당연했다. 그것은 동시에 메이지 이래의 일본의 국가구조의 난점을 어떻게 해서든 호도하려는 괴로운 방책이기도 했다. '제국헌법'에서의 통수권의 독립은, 절대적 결단자를 전제로 하는 사항이었다. 그렇다면 내각과 군부, 국내정치와 국방의 분열은 불가피했으며, 통일국가는 영원히 미확립으로 남을 것이었다. 하지만 메이지 시대에는 군부 지도자도 내각의 지도자도, 다 같이 메이지유신을 감행했던 전우 동지들이었으므로, 그 친구로서의 인간적 유대로부터 생기는 의사소통이, 강력 결단자의 부재를 커버해서 통일국가체제를 확보하고 있었다. 천황조차도 실질적으로는, 그 친구 동지들의 일원이었다. 청일전쟁의 위기도 러일전쟁의 위기도, 그것에 힘입어 어렵게 헤쳐 나올 수 있었다. 그것은 물론 제도적 해결은 아니었다. 제도적 해결은 친구들 그룹에 의한 개인적personal 해결이 불가능하게 된 시대, 다시 말해서 쇼와의 과제로 이월되어 온 것이다. 그런데 위에서 말한 과정이 진행되었다. 우정도 아무것도 없는, 그저 자신의 소속 분야의 세력을 넓히는 것뿐이라 생각하는 이기적인 각 성 지도자들끼리의 담합, 그것은 결국 강력자의 대용품에 다름 아니었다. 메이지 시대의 온갖 풍상을 다 겪은 강자들조차 몇 사람이 스크럼scrum을 짜서 비로소 대용품이 될 수 있었던 것을, 천황에게 가장 가까운 사람들

중에서 '인품'과 '지혜'가 있는 자를 골라 본들 그 한 사람의 '힘'은 요구되는 '힘'에 대해서 거의 제로에 가까웠다. 군부, 그것이 그 무렵의 호칭에 의해서 스스로 속박당해서, 뭐니 뭐니 해도 결단자답게 행동하지 않으면 안 되었다. 도조¹ 수상이 "기요미즈淸水의 탑에서 뛰어내리는 기분으로" 전쟁을 시작했던, 그 자살적인 심정은, 결단 능력이 없는 자가 최대의 결단자답게 행동하지 않으면 안 되는 시대의 고뇌를 엿볼 수 있게 해준다. 그 무렵의 군부 지도자가 전후가 된 후에도 자신의 전쟁책임을 통감하지 않는 것은, 주관적인 심정으로는 이해 가능한 것이다. 그들은 "어쩔 수 없이" 체면상 결단인 것처럼 보이는 행동을 보여주지 않으면 수습되지 않는 장면이 된 이후에 개전開戰했을 뿐이다. 그야말로 "우리도 역시 전쟁은 싫었다"는 것이다. 여기에 일본의 정신구조 안에 있는 '결단' 유형이 드러난다. 결단이란 체면을 동기로 하는 그야말로 자살행위, 그것에 다름 아니다. 합리적 추론을 거의 끝까지 밀고나간 결과, 당면한 상황하에서 불투명한 부분을 최소한으로까지 줄이고, 그 위에서 행동으로 나아가기 위해 행하는 능동적인 결단이 아니다. 후자의 경우에는, 결단의 결과의 참된 부분과 잘못했던 부분은 나중에 분명하게 드러나게 되며, 따라서 결단에 대한 반성과 책임이 성립한다. 전자의 경우에는, 삶에 대한 욕구가 근원적으로 존재하는 한, 뒷머리를 끌려가면서 하는 결단에 다름 아니다. 다시 말해서 앞을 보지 않는다. 기동적인 행동력은 여기서는 생겨나지 않는다. 또한 그것은 현실의 다의성多義性을 복수의 일의성一義性으로 분해해서 추리하는 과정을 거치지 않

---

¹ 도조 히데키(東條英機), 1884~1948. 육군, 정치가. 제40대 총리대신, 통제파(統制派)의 중심인물, 수상 재임시 몇 개의 대신을 겸임했으며, 태평양전쟁을 시작했다. 도쿄재판에서 A급 전범으로, 군국주의의 대표 인물로 간주되어 처형당했다.

고서, 일거에 무리하게 일의성을 일시적으로 부여해 보여주기만 하는 것이므로, 오랫동안 지속될 리가 없다. 바로 다음 순간에는, 다의적인 현실에 다시금 압도되어 현실상황 앞에 굴복하게 된다.

그 같은 종류의 결단의 최대 규모의 가장 전형적인 것이 태평양전쟁의 개시었다. 그렇기 때문에 최초의 긴장은 곧바로 어디론가 사라져버리고, 1년이 지나자 전투정신은 국내에서 지극히 작아져버렸다. 그리고 패전에 의해 국가가 흩어져 없어진 후에도(그렇게 히스테릭한 내셔널리즘을 가지고 있던 나라가 한 번의 패전으로 국가의식을 그렇게 상실해버린 예는 세계사에서 보기 드문 것이다), 그런 종류의 결단 유형은 지속되고 있다. 국가의 산일散逸과 더불어 결단도 산일해서, 국내의 크고 작은 제 집단의 운영에서, 일상 사생활에서, 자살 또는 자살적 행위는 크게 유행하고 있다. 그러나 우리는, 국가와 더불어 최대 규모의 천황제형 결단을 내렸으며, 그 필연적 결과를 지니게 된 것은, 아무리 기질적으로 자살을 좋아하더라도, 이미 어느 정도에서 결단을 내리지 않은 것이지 않을 수 없었다. 데카르트가 존중했던 것 같은 유형의 결단력이 적어도 우리 속에서 생겨나기까지는 말이다.

태평양전쟁의 개시가 자살행위였다는 것의 제약하에서, 전사한 국민은 대부분 자살적으로 죽었다. 해군예비고 학생들이 전사하기 직전의 일기에는, 다음과 같이 적혀 있다. "절대로 죽지 않으면 안 된다 …… 죽지 않고서는 아무것도 얻을 수 없다. 미련 없이 깨끗하게 죽어서 비로소 이처럼 복잡하게 뒤얽힌 기분도 풀리게 될 것 같다"고. 지배자에 대한 비판도 일상생활에 대한 애착도 한 몸 가득히 차 있지만, 그것을 발언하면 영창에 들어가 살아남게 된다. 그렇게 되면, 살고 싶으니까, 살기 위한 수단으로 비판을 입에 올렸다고 되기 십상이다. 그러나 그들은 "자신의 생명이 아까운 것이 아니다. 자신의 생명을 버리는 경우에도 그것에 대한 아무런 발언권이 없다"는 것을 분개하고 있었다.[1] 그것을 증명하기 위해서는 죽어서 보여주지 않으면 안 된다. 죽어서 비로소 비판할 수 있는 것이다. 그런 자살 속에, 비판과 해방과 구제와 그리고 구체적 생명을 넘어선 추상적 권리에 대한 자각이 어려 있다. 국가의 운명을 한 몸에 받아들인 자살에서, 일본의 국민적 사상사에서 비로소 초월적 자각이 생겨났다는 것을 주목하지 않아도 될 것인가. 그들의 죽음을 떠나보낸 사람은, 그 최후의 정신 속에 빛나고 있는 한 알의 빛나는 무엇을 잊을 수는 없을 것이다. 우리의 빠른 결단을 부끄러워하고, 빠른 결단 밖에 내릴 수 없던 지배자에게 계속 지배당하는 것을 부끄러워해서, 너무 일찍이 자살적인 결단을 거부한다는 의미에서 결단 내리지 않는다는 것을 맹세하면서, 그 한 알을 계속 지켜보고 싶다.

저자주

1 야마다 에이조(山田榮三) 「해군 예비학생(海軍豫備學生)」. 두 개의 인용에서, 앞의 것은 이 책에 인용된 것이며, 뒤의 것은 야마다 씨가 자신의 체험에 기초해 앞의 인용을 해석 평가한 문장에서 따왔다. 저자는 그 후 패전과 더불어 포로가 되었으며, 그 때 미국·영국·호주 군대가 '정의(正義)'라는 이름하에 날조한 군사재판과 잔학 행위를 행하는 것을 경험하고서, '정의'는 어느 나라에도 어떤 이데올로기에도 독점될 수 있는 것은 아니다, '정의'는 초월적 이념이라는 생각을 심화시켰다. 본문 속의 한 알의 무엇이 발전하고 있는 것이다. 그런 생각은, 어떤 이데올로기도 동일시해서 이데올로기 사이의 선택을 배제해버리는 생각과는 다르다. 또한 지금의 현실에 만족해서 초월로의 노력을 행하지 않는 것과도 다르다. 이 책은 훌륭한 책이다.

'료안'의 사회적 구조

'쇼와 원년'의 신문에서

료안(謬闇) 한자의 의미는, 『논어(論語)』 등에서는 '참으로 어둡다'이므로, '하늘이 비추다' 등과는 반대를 나타내는 말일 것이다. 일본어에서 언제부터 어떤 의미로 쓰여 졌는지는 조사해보아야 하겠지만, 그렇게 하지 않은 것은 이 글의 치명적인 결점이다. 부끄럽기 짝이 없다. 아마도 '헤이안(平安) 시대' 이후의 궁정(宮廷)에서 '한자 문화의 지배화' 이후일 것이다. 이곳의 '자전(字典)'에서의 인용은 처음 나왔을 때, 마음에 두고 있던 나에 대한 친절한 마음에서 그렇게 했을 것인데, 헤이본샤(平凡社) 편집부가 그들의 의지로 인용한 것이다. 내가 인용한 것은 아니다(1966년, 후지타 쇼조).

'료안(諒闇)'이란 옛날부터 있었던 말은 아니다.

1. 료안(りょうあん, 諒闇, 諒陰 , 亮陰) ① 천황이 입는 상喪 중에서 가장 무거운 것. 기간 1년. 본래 천황의 부모에 대해서 행해진 것인데, 다른 사람에 대해서도 행해진 예가 많다. 신하에게도 소복素服을 주어 상을 입게 하는데, 그 기간은 일정하지 않다. ② '료안諒闇의 복服'의 줄임. ③ 아주 어두운 것.

(『일본국어대사전日本國語大辭典』에서)

2. 료안(リョ-アン, 諒闇) ① 천자의, 부모의 상喪을 입는'服' 기간을 말한다. ② 일본에서는 천자 또는 선후先后의 붕어崩御로 인해서 상하上下가 상복을 입는 기간. ③ 료안의 복服의 줄임.

(『대사전大辭典』에서)

1. 내정內廷 - 경찰 - 군대 - 감옥

쇼와 원년은 주지하듯이 일주일에 지나지 않는다. 일주일이 1년으로 계산되는 것은 그야말로 터무니없는 일이지만, 그럼에도 그것은 천황 개인의 사망으로 시간이 구분되며, 그 시간의 척도가 전 국민의 생활에 적용되었기 때문이다. 하지만 그처럼 시간을 구분하는 방식이 무리 없이 통용될 수 있었던 것은 오로지 '야마토 왕국' 시대의 일이었기 때문임에 틀림없다. 그 시대의 일은 이시모타 쇼 씨나 이노우에 미쓰사다[1] 씨나 사이고 노부쓰나[2] 씨의 책을 읽는 것이 좋겠다. 조만간 나도 미치지 못할지라도 손을 대볼 생각이기는 하지만, 능력을 제쳐두고서라도 지금 여기서의 문제는 아니다. 하지만 그 시대의 작은 왕국에서라면, 그 왕국의 대표자 교체는 전체 국민

---

[1] 井上光貞, 역사학자, 전공은 고대사 및 고대사상사. 『일본서기(日本書紀)』를 교주(校注)하기도 했으며, 쓴 책으로 『일본 국가의 기원(日本国家の起源)』 『일본 고대불교의 전개(日本古代佛教の展開)』 등이 있다.

[2] 西郷信綱, 일본의 국문학(일문학)자. 역사학과 인류학에도 관심이 많았다. 『고사기(古事記)』 주석을 하기도 했으며, 쓴 책으로 『고사기연구(古事記研究)』 『일본고대문학사(日本古代文學史)』 등이 있다.

의 생활의 전체적인 구분과 일치할 수 있었다. 적어도 어느 정도까지 그렇게 할 수 있었다. 거기서는 새로운 즉위자가 누가 되는가에 대한 분쟁이 그 구분에 큰 위기를 안겨주고 있었다. 왕이 전체 사회를 대표하는 정도가 크면 클수록, 바꾸어 말하면 왕과 사회의 간격이 작으면 작을수록 왕의 교체를 둘러싼 분쟁은 그 자체가 사회적 성격을 띠며, 따라서 왕국 사회 전체에 미치는 영향도 컸을 것이다. 그러므로 왕의 교체는 사회적 시간의 척도가 될 수 있었으며, 동시에 왕국 전체의 규모에 걸친 위기도 의미했을 것이다. 하지만 천황이 구천九天의 높은 곳에 올라가 아홉 겹의 깊은 곳에 들어가 사회와 멀어짐에 따라, 그 같은 시간의 구분이 갖는 구조는 없어졌을 것이다. 그것과 '원호元號'와의 관련성은 지금은 말하지 않겠다. 어쨌든 '고대' 시대에 이미 천황 개인의 교체가 사회적 시간의 구분과 일치하는 그런 상태는 없어졌다. 하물며 20세기에서 '붕어崩御'니 '료안'이니 '천조踐祚'니 하더라도, 복잡화한 국민의 사회생활을 구분 짓는 일 등이 가능한 것은 아니다.[1]

따라서 그 구분을 통용시키려고 생각하면, 국가기구와 교육기관과 강제장치와 보도수단을 완전히 가동해서, 첫째로 세간의 표면적인 행동양식이라는 점에서 '료안' '천조'를 의례적으로 받아들이게 하고, 둘째로 '교훈'과 '선전宣傳'과 '의례적 행위가 가져다주는 내면에의 조건반사'에 의해서, 국민의식의 표층에 그 구분을 심어주는 수밖에 없었다. 그러므로 '그 일주간'의 신문을 보면, 큰 초호初號 활자로 '심장이 쇠약해지시다御心臟御衰弱', '맥이 불규칙해지시다御脈御結代'로 시작해서, 매일매일 '어御' 자가 우르르 붙은 기묘한 일본어로, 천황의 병상과 죽음과 새 천황의 '훌륭한 모습御英姿', '뛰어난 능력御萬能', '타고난 재능御天才' 등이 공식적으로 보도되었다. 그런 면에서 신문은 「무산자신문無産者新聞」을 제외한 나머지는 모두 관보인 셈이었다. 동시에 '궁정宮廷'을 무장한 군대의 일단이 호위해서 둘러싸고 있는 사진도 있으며, 각 지방신문에는 반드시 그 지방의 경찰서장의 훈령이나 권고 등의 형태로 '가무음곡歌舞音曲'의 정지와 기타 근신이 강요되었다. 정월의 가도마쓰도 하지 않았다. 그런 '강제'가 지도나 훈령이나 권고와 같은 교훈주의 형태를 띠고 나타나는 부분이 근대 일본의 국가기구의 특징이다. 거기서는 '강제조치'가 '도덕적 교훈기관'과 일체가 되어, 강제를 교훈하고 교훈을 강제해서 어느 쪽이 어딘지 알 수 없는 경향이 관철된다. '소작쟁의조정법小作爭議調停法'이나 '노동쟁의조정勞動爭議調停' 등과 같은 경향이다. 쟁의에 관해서 옳고 그름을 분명하게 하는 것이 아니라 '조정'을 경찰관이 하게 된다. 경찰관이 하는 것이므로 물론 '조정'의 결과가 어느 쪽으로 기울어지는지 이미 알 수 있지만, 그래도 '조정'이라는 이름하에, 강제력을 행사하는 것이 근대 일본 국가의 아주 비겁한 특질인 것이다. 그런 특질은 '료안'의 근신조치에도 나타난다. 명령이라면 명령으로 분명하게 해준다면, 이쪽은 반대라면 반대라고 분명하게 하기 쉽지만, '가르침'이라는 구실로 '명령'하면, 반대하는 쪽도 애매하게 되기 쉽다. 그런 애매함이 습관이 되면, 이쪽의 정신구조 자체가 애매하게 되어, 의식의 표면상으로는 '가르침'을 율의律義로 받아들이면서, 생활을 결정하는 심리와 지혜 부분에서는 원칙 없는 자연주의적 이기주의로 된다. 그것이 천황제 국가와 대응하면서 그것과 차원을 달리하는 천황제 사회의 정신구조의 핵심인 것이다. 그런 애매함을 타파하고, 다면적인 지혜와 감각을 토대로 하는 중층적인 결정능력을 우리가 몸에 갖출 때, 바로 그 때 인민주권은 확립된다. 내가 계속 추

ㅣ 門松, 대나무와 소나무 잎으로 만든 장식물로, 새해 초 문 앞에 세운다.

구하는 것은 그런 것이다. 학문 등은 그것을 위한 도구의 하나에 지나지 않는다. 학문지상주의를 내가 부정하는 것도 그런 점에서다. 정치주의 특히 정국주의政局主義를 비판하는 것도 그런 점에서다.

결론을 너무 일찍 말해버린 것 같지만, 서두르고 있기 때문에 어쩔 수 없다고 하겠다. '료안'에 대해서는 '군대'에서의 '요배식',[1] 각 학교(대학까지 포함해서)에서의 '추도식追悼式', '감옥'에서의 '사면免役' 등이 행해졌다. 아마도 거의 완전에 가까운 근신, 다시 말해서 일종의 사회적 행동의 정지가 행해질 수 있었던 것은, 궁내성宮内省 즉, 천황 일가의 가정관家政官들과 군대 내부와 경찰서 내부와 감옥 내부뿐이었으리라. 바꾸어 말하면 먹는 것을 자발적이든 어쩔 수 없어서든, 아무튼 국가에 의해 보증되고 보통의 사회생활에서 격리된 세계에서, 천황 교체의 '의례儀禮'는 거의 완전하게 실행되었다. 사회적 격리 병동에서만 그 의례를 순수하게 배양할 수 있었다. 그 속에는, 궁내성이나 경찰이나 군대의 지휘관들처럼, 그 의례의 실시에 '의해 먹고 사는 자들'과 죄수들처럼 그 실시를 '위해서 먹이고 있는 자들'이라는 양극이 있다는 점을 간과해서는 안 되겠지만, 어쨌든 천황제의 순수형태가 내정 - 경찰, 군대 - 감옥이라는 종적인 근간으로 수도파이프처럼, 일본 사회를 '천상天上'에서 '지하地下'까지 관통하고 있다는 점에 주의해야 할 것이다. 노예의 근대적 형태로서의 죄수를 필수적인 기반으로 하며, 위부衛部의 변형체로서의 군대나 경찰을 기둥으로 하며, 내정의 현대적 형태로서의 궁내성이 '천황의 지위高みくら'를 관리한다는 형태가 가늘지만 이어지고 있다는 것이 '그 일주일간의 기사'를 조금이라도 주의 깊게 바라보면 확인할 수 있다. 다시 말해서 천황제의 핵심은 비유적인 의미에서의 노예제이

---

[1] 遙拜式, 멀리서 연고가 있는 쪽을 향하여 절하는 의식(儀式).

다.[2] 크게 변형되고 있으므로 노예제라 부를 수는 없지만, 그런 정의의 미세 부분을 별도로 하고서 본다면 그렇게 말할 수 있을 것 같다. 만약 그것이 옳다면, 감옥의 양태나 경찰의 양태나 죄수를 만드는 기구로서의 재판의 양태 등을 철저하게 바꾸면 천황제의 초석과 기둥이 없어진다는 것으로 될 것이다.

저자주

1. 료안이라는 호칭(呼稱)은 물론, 고대 일본이 중화제국(중국)에서 받아들인 것이다. 그 말이 『일본서기(日本書紀)』, 『속일본기(續日本紀)』 등의 정사(正史)에서만 쓰이고 있으며, 『고사기(古事記)』에서는 쓰지 않았다는 점은 주의해도 좋을 것이다. 호칭으로서의 료안은 국호(國號), 천황호(天皇號), 원호(元號) 한 셋트의 역사적 현상에 속하는 것이다. 다만 그것은 『고사기』의 편집이 천황제의 성립과 무관「無緣」하다는 것을 의미하지는 않는다. '연(緣)'의 양태, 즉 관계의 형태가 다르다는 점에 주목하는 것이다.

2. 이 같은, 비유적인 의미에서의 노예제라 말하는 방식은, 생활의 기초를 포함해서 존재 전체가 국가에 소속하고 있어서(혹은 소속되어 있어서) 사회에 속할 수 없다는 점에 주목해서 사용한 것이며, 또한 그것에 지나지 않는다.

2. 상원의 '연미복'

내정 - 경찰 - 군대 - 감옥을 중심으로 하고, 거기에 관공서와 학교를 덧붙인 사회적 수용소避病舍를 제외하면, 일반 사회에서는 료안·천조에 수반되는 근신은 국가의 의례로서 의례적으로 행해졌지만, 사회생활을 완전히 규정하는 형태로 행해질 수는 없었다. 세상은 1차 대전의 전쟁경기에 대한 반동 불황이 점차로 심화되고, 그 위에 도쿄대지진 이후의 거대한 동요가 계속되는 그런 시절이었다. 그 결과, 정국도 불안정했다. 다나카 기이치' 정우회政友會 총재의 '금맥金脈문제', 와카쓰키' 수상의 '위증僞證문제' 등은 그런 불안정을 한층 더 촉진시킨 내각의 총사퇴인가 의회의 해산인가는 곧 닥칠 것으로 보였으므로, 정치인들은 모두 다 검은 상복을 입은 채로, 여기서 소곤소곤 저기서 쑥덕쑥덕 거리면서 정국 공작에 여념이 없었다. 그것은 어느 장례식에서도 볼 수 있는, 상복 차림으로 재산 분할에 대해서 흥정하고 있는 광경의, 국가 차원에서의 표현에 지나지 않는 것이지만, 그들 정치인들이 표면상으로는 천황의 일을 이 세상에서 가장 중대한 일로서 과장되게 행동하는 만큼 료안 중의 모습은 마치 만화와 같은 성격을 지니고 있었다. 그리하여 그 주변의 사정을 사양하지 않고서 가장 솔직하게 희화화해서 보도한 것이 「만주 니치니치신문滿洲日日新聞」 1926년 12월 27일자라는 사실은 무척 흥미롭다. '만주'에서는, 식민지인만큼 예를 들면 '가무음곡의 금지'라 하더라도, 일본 국내에서의 '훈령' 형식과는 달리 다롄大連 경찰서장이 분명하게 '명령'하고 있지만, 그 같은 지배의 혹독함 반면에는 '중앙'에 대한 지리적 거리의 크기가 그 기자에게 정신상의 거리감을 가져다주었을 것이다. 그래서인지 아무렇지도 않게, 정치인들의 근신하지 않는 정치공작 양상을 우스꽝스럽게 쓰고 있다. 정치권력은 이미 료안과는 관계없는 거래의 장으로 옮아가 있다는 사실이 그런 형태로 표현되었으리라. 「하원잡감下院雜感」이란 제목의 「만주 니치니치」 기사는 다음과 같이 쓰고 있다.

田中義一, 1864~1929. 군인, 정치가. 육군대장. 야마구치(山口) 출생. 하라(原) 내각의 육상(陸相)으로 군비확장에 힘썼으며, 시베리아 출병을 단행했다. 입헌정우회(立憲政友会) 총재를 거쳐, 1927년 조각했으나, 치안유지법 개악(改惡), 공산당 탄압, 중국에 대한 적극외교정책을 폈지만, 장작림(張作霖) 폭발사건으로 책임을 지고 총사직했다.

若槻, 1866~1949. 정치가. 시마네(島根) 출생. 장상(藏相)·내상(內相)을 역임했다. 1926년 수상이 되었지만, 금융공황 대책을 잘못해, 추밀원의 획책으로 총사직했다. 훗날 제2차 내각을 조각했지만, 만주사변이 발발해 퇴진했다.

개원식 당일 하원은 료안의 분위기가 각 회의장에 가득 차 있어 시끄럽게 굴러다니는 돌덩이조차도 애도하는 마음이 깊어 그야말로 조용히 돌아오고 있다. ● 와카쓰키 수상은 모든 각료들을 대동하고서 아주 조심스레 회의장 자리에 도착해서 모두가 일어선 가운데 삼가 대독하겠습니다, 라고 간단하게 한 마디 하고 ● 두려움에 떨리는 얼굴을 하고서 낭랑하게 칙어(勅語)를 읽어나가자 ● 그 기운은 소리 없이 회의장의 구석구석까지 이르렀으며 귀족원(貴族院) 의원의 대상례복(大喪禮服), 중의원(衆議院) 의원의 연미복에 부드러운 햇살이 밝게 비치어 제국의 기초가 한층 더 굳음을 생각하게 한다. ● 예년(例年)의 육군 중장 대례복(大禮服)에 욱일장(旭日章)을 빛나게 단 나가오카 가이시[1] 군은 신정(新正)의 대기실(控室)에서 멋지게 연미복을 입고서 보통선거가 한참이므로 돈의 힘이 시세가 아니라는 식으로 휙 말려 올라간 호랑이수염을 득의만만하게 꼬고 있다 ● 헌정회(憲政會)의 공실에서는 다모기(賴母木), 혼다(本田) 등의 정무차관(政務次官)과 미키(三木), 나가이(永井), 노무라(野村), 야마미치(山道), 스즈키(鈴木) 등의 참여관(參與官)도 뒤섞여서 모두 새로운 예복에 번쩍번쩍한 모습을 중심으로 다양한 재미있는 이야기가 튀어 나왔다 ● 야마미치 참여관은 차고 있는 칼을 조금 빼서는 이것으로 그다지 자를 수는 없겠지 무심히 자를 수 있다면 해산 분위기지 ● 스즈키 참여관은 해산 분위기를 두려워하는 것은 정 - 본(政本) 양당(兩黨)이다, 해산이 되어보라, 우리 당은 200여 이상은 확실하다고 득의만면해서 지방의 사정을 강연한다. ● 미키 다케요시(三木武吉) 장군은 걸핏하면 엉덩이를 감아 올리는 듯 한 허릿매를 하고서 삐까번쩍한 모습으로 서둘러 복도를 뚜벅뚜벅 걷는다 ● 나가이군 등도 오늘의 대상례복이 근사해 보여서 새로 맞춘 듯하다 ●

---

[1] 長岡外史, 메이지, 다이쇼 시기의 군인. 야마구치현(山口県) 출신. 러일전쟁 때에는 소장, 참모차장을 역임했다.

정 - 본 양당의 공실에 가보면 모두 다 연미복을 입고 있는데 고하시모토(小橋本) 당간사장(黨幹事長), 하토야마(鳩山) 정우 간사장 등이 무슨 일인지 바쁘게 들어갔다 나갔다 하면서 같이 의논하고 있다…….

만약 우리가, 무릇 문장으로 그려내는 회화란 무엇이며, 어떤 것이 요구하는가 하는 근본문제를 포착해서 그 점으로 이 기사를 평가하게 된다면, 메이군ㅅ4君과 료안 의례 그 자체가 대상이 되어 있지 않은 만큼, 그 기사의 패러디로서의 수준은 결코 높지 않을는지도 모른다. 오히려 거기서 엿볼 수 있는 기자의 눈과 설득력은 평범하다. 그러나 그 평범한 감각으로 료안 의례를 바라볼 때 그 같은 회화가 나온다는 데에, 이미 정치부 기자가 속한 사회와 천황제 국가 의례의 절대적인 거리가 표현되어 있다. 그 절대적인 거리를 명목상으로 메우기 위해 료안의 세계와 정계의 사회라는 양안兩岸을 건너뛰고 있는 것이 '연미복' 차림의 정치인들이었다. 그 점을 시각적으로 나타내주는 것으로, 이 기사의 전반에 나오는 회의장의 연미복과, 후반에 나오는 각 정당 공실의 연미복의 대비는 주목할 만하다. 그런 대조야말로 눈에 보이는 듯 한 현실성을 제공해주는 것이며, 또 그렇게 함으로써 그 문장의 회화성을 떠받쳐주고 있는 것이다. 그야말로 '애도'의 뜻을 표하는 것처럼 입고 있는 연미복은, 일단 공실로 옮아가면, 일변해서 '훌륭하게' 잘 차려입은 모습으로 변해버린다. 연미복은 '번쩍번쩍한 모습'이 되어 춤추기 시작하는 것이다. 그 같은 동화성動畵性이랄까, 동적인 시각성이 그 기사에 생명을 부여한다. 상복이 장례식 정면에서 애도의 상징이면서 그 뒷면에서는 서로 맵시를 다투는 멋진 복장이 되는 것은 잘 차려 입는 상류계급 사이에서는 아주 보편적인 것인지도 모르지만, 여기서는 '애도'에 아무런 인간적 실감도 수반하지 않는 국가의 의례 제도인 만큼 정면과 뒷면의 감각적 거리는 크며, 상복의 기능 전환은 그만큼 선명하다. 물론 그런 연미복의 패러디는 정치인의 행동양식을 상징하고 있다. 어째서 연미복이 부르주아 정치인의 상징이 될 수 있었는가에 대해서는 풍속사風俗史를 일별하는 것만으로 충분할 것이다. 메이지 말기에는 '몬쓰키紋付き, 집안의 문장을 넣은 예복' 폐지 시비를 둘러싼 논쟁이 행해지고 있었는데,[1] 1차 대전을 거쳐 일본사회의 중심부의 도시화와 더불어 연미복은 부르주아와 정치인의 예복으로 일반화되었다. 사회현상으로서는 '문화주택'이나 때로는 심지어 '보통선거'와 겹쳐져서 받아들여졌다(나가오카 장군의 경우를 보라). 그런 새로운 유행의 예복을 착용하는 최초의 '대사大事'로서 '메이군' 다이쇼 천황의 장의葬儀가 있었던 것이다. 희화가 생겨나는 것은 당연한 상황배치였다. 희화나 패러디의 본질은, 그럴듯하게 만들어낸 것이 가지고 있는 지나치게 정리된 완결성을 한 조각의 쐐기에 의해 깨부수는 데 있다. 그럴 때 쐐기가 되어 작동하는 것이 허위체계 안에 포함되어 있는 본질적인 특질 하나를 선명하게 표현해서 보여주는 '모사'에 다름 아니다. 그리하여 의식이 펼쳐진 것은 언제나 다소간 희화적인 패러디의 대상이 된다. 그것이 많건 적건 간에 날조된 완결성의 모습을 갖기 때문이다. 그렇다면 지금 여기서 다룬 천황제의 국가의례에서는, 다이쇼 천황이라는 특정한 천황의 장의를 통해서 그 '체계성'이 안고 있는 허위의 계기가 그야말로 크게 느껴졌던 것이다.

저자주

1 예를 들면 『후조쿠가호(風俗畵報)』 메이지 41년 7~ 10월호의 「교부의복폐지론(紋附衣服廢止論)」을 둘러싼 논쟁을 참조.

3. '활기를 띠는' 주식시장

료안의 가운데 정치인들이 권력의 이해타산에 전념했다고 한다면, 부르
주아 쪽은 금전의 이해타산에 열중하고 있었다. 부르주아 사회의 의욕의
동향을 (이성적인 것 보다는) 감각적으로 보여주는 '주식시장'은 12월 27
일에 이미 "쇼와 벽두의 좋은 인기, 도쿄 시장 물이 오르다" "희망에 가득
차 앙등昂騰" "활기를 띠다, 모든 주가 일제히 높다"는 상태였다(「오사카 아
사히신문大坂朝日新聞」 12월 28일).

　　주식시장이 자본주의의 도박장인 한, 그것이 개장되는 경우 성행하는
곳 특유의 찰나적인 흥분을 유발시키는 문구가 흩날리는 것은 당연하리라.
그 개장 상태를 보도하는 신문의 해당 난에 그런 문구가 등장하는 것도 당연
하다. 주사위를 한 번 던지는 것은 이전에 던진 것과는 완전히 관계가 없으
며, 도박의 특질은 앞의 과정이나 선행하는 행위로부터 완전히 분리된다는
점에 있다. 한 번 한 번의 도박은 그저 그 한 번 뿐으로 찰나 그 자체인 것이
며, 도박자는 찰나 그 자체에 모든 관심을 기울인다. 일본어의 '바쿠치博打'
의 '치打'도 바쿠치우치バクチ打ち의 '우치打ち'도, 그 같은 찰나에 대한 투입이
갖는 일발성—發性을 표현하는 어감을 안고 있다. 도박의 그 찰나성은 전후
의 관계로부터 분리되어, 공허에 휘말리게 되는 순간의 특유한 것이 된다.
그런 '공空' 속의 순간에 모든 신경을 던지는데, 스스로의 흥분을 마구 써대
는 다양한 채색의 상처 숫자가 생겨난다. 울려 퍼지는 총소리도 몸에 새기
는 문신도, 자신의 흥분에 스스로 취하기 위해서 필요한 도구라 할 수 있을
것이다.

　　시장의 도박사인 주식 투자꾼들의 세계 역시 다채로운 문구에 의해서

꾸며진다. 자본주의의 무정부성이라는 측면은 거기에 과장된 형태로 표현되며, 생산노동이 갖는 단계적 성질이나 계통성이나 계획성은 여기서는 완전히 모습을 감춘다. 그런 의미에서의 주식시장은 자본주의의 소비적인 '번화가'에 다름 아니다. '물이 오르거나' '활기를 띠는' 까닭이라 하겠다. 그리하여 도시의 번화가와 마찬가지로 자본주의에서의 '상장相場 시장'은, 그 도시나 자본주의의 번화함을 차지해서, 과시하고, 또 미리 축하하는 것으로 그들에게서 빼놓을 수 없는 것이었다. 그리하여 부르주아 사회의 의욕의 동향은 주식시장 속에 지극히 감각적인 모습으로 (오성적悟性的인 모습에서가 아니라) 나타난다. 천황제의 국가의례로서의 료안은 물론 그런 동향을 저지시킬 수 없었다. 왜냐하면 국가 자체가 그런 부르주아의 동향에 의존해서 생존하려고 하기 때문이다. 그래서 '물이 오른다'든가 '활기를 띠다'라는 약간 선동적인 어투의 표제가 대표적인 반#관보 주식 난에 대대적으로 출현하게 된다. 가무음곡을 일반 국민에게 금지한 료안은, 그런 특수한 도박장에 활발하게 모여드는 것을 단속하지는 않는다. 그 대신에 '물이 올랐다'는 큰 표제 뒤에는 하나의 변명이 본문으로 기록되는 것이다. 이렇게 말한다.

대행(大行) 천황의 붕어(崩御)를 애도해서 오사카의 각 시장은 오늘도 임시휴회를 계속하고 있지만 동주단기(東株短期), 스기(杉)의 삼면사(森綿絲), 요코하마(橫浜) 생사(生絲)의 세 시장은 전장(前場)부터 입회를 개시했다. 어쨌든 료안 중이라 입회는 모두 정숙함을 취지로 하는데, 쇼와 원년을 축하해서 사람들의 기운이 장면(場面)에 빛나서 동주단기가 먼저 활기를 띠었고, 이어 스기의 삼면사가 상한가가 되었으며, 요코하마 생사도 오름세를 잃지 않았고, 그것이 다시 곧바로 오사카 시장에 파급되어 휴회 중인 기타하마(北浜) 시장은 좋은 시세를 보여주었으며, 특히 현주(現株) 시장은 도쿄에서 높은 것을 그대로 쏘아대서 일찌감치 동신(東新)의 190엔대 실현을 예상하고 있다는 상황으로, 개원 첫 날의 각 시장은 동쪽에서 서쪽으로 물이 오르고 있다.

료안에도 불구하고 감히 도박장을 개장했다고는 하지 않았다. 료안이므로 '정숙'함을 취지로 하면서, 그러나 자연히 세가 몰려서 물이 오르고 활기를 띠게 된 것은, 오로지 '쇼와 개원改元을 축하해서' 그런 것이다, 라고 한다. 주지하듯이, 천황의 죽음은 동시에 새 천황의 즉위踐祚를 가져온다. 즉위식은 아직 행해지지 않았으므로 정식으로 축하할 수는 없지만, 그러나 료안의 이면에는 언제나 천조와 개원이 있다. 자본주의의 번화가는, 그런 새 천황의 천조를 축하하며, 새 원호의 '새 시대'를 미리 축하해서 화려한 입회와 환성과 박수식을 드러냈다, 라고 한다. 료안의 취지를 거스르는 것이 아니라 료안의 뒷면에 있는 천조와 개원을 축하할 뿐이다. 역시 도박사의 세계는 동전의 안과 밖을 가르는 기세 전환의 빠름을 갖는다. 담당 기자조차 그러하다. 그래서 새 천황의 미래에 대해 미리 축하하는 것은 당연히 태양이 떠오르는 동쪽에서 서쪽을 향해서 '곧게 비치는直射' 것과 같다. "개원 첫 날의 각 시장은 동쪽에서 서쪽으로 물이 오르고 있다"는 마무리의 한 구절은 상징적인 교묘함을 가진다. 천손강림天孫降臨 신화에 빗댄 것을 연상시키는 화려한 수사가 료안이 한창인 시장을 관통하고 있었다.

일본 자본주의의 점술사는 이렇게 해서 천황제의 미래를 축복한다. 그런 축하의 말들 속에는, 그러나 이미 경건함은 없다. 거기에는 오히려, 장엄한 국가의례를 안쪽에서 마음대로 조종하는 사기詐欺 기능의 싹이 보였다. 료안의 허위성은 그 지지자들에게도 확실한 것처럼 보였다.

4. '다롄 거래소'의 무휴업

국가 그 자체도 역시, 다른 나라와 관계있는 국면, 특히 경제전쟁을 전개하는 국면에서는, 천황제의 의례에 충실하지 않으면 안 되었다. 그런 국면은 제국주의적 충동이 각축하는 식민지에서 가장 전형적으로 드러난다.

'만주'에서의 관영 거래소였던 '다롄 중요물산거래소大連重要物産取引所'는, 천황이 사망하기 직전에는 근신을 보여주기 위해서 "언제 임시휴업을 하게 될지 모른다"고 예고하였음에도 불구하고, "27일에 이르러서도 전초부錢鈔部는 여전히 입회를 계속"하고 있었다(「만주 니치니치」 29일). 상하이의 국제시장이 크리스마스 휴일로 쉬는 동안, 은銀 거래에서 투기적으로도 받아들이려 했을 것이다. 여하튼, 당시는 혈안이 되어 통화 전쟁(과 철도부설 전쟁)을 중국 동북부에서 일본 자본주의가 전개하고 있었으므로, 이곳의 '료안'은 선반 위에 올려두고서 다른 나라의 '종교적 휴일'을 이용하려고 한 것도, 그들 국가 상인에게는 당연한 것으로 생각되었는지도 모른다. 그리고 그것을 허용해주고 있는 천황제의 '국가신도國家神道'는 역시 우리 몸을 중시하는 현세 이익주의 만의 그것을 가지고 있다. 종교적 휴일이 단순한 휴일이 아니라 정진精進과 결재潔齋로 삼가는 날이기도 하다면, 크리스마스 쪽이 아무래도 조금 더 보편적이다. 경제적 이익의 기회에 대해서도 종교적 제약을 가한다. 현대 일본 국가의 경제동물economic animal적인 모습은 이미 시작되고 있었다. 거기서는 국가 활동 자체가 국가의례를 배신하고 있다. 원리적인 분열이 대일본제국의 실질 속에 실질적으로 관철되고 있었다.

5. 정치 만화의 부재, '빠져나갈 구멍 찾기'

내정 - 군대, 경찰 - 감옥, 그리고 관공서와 학교가 국가기구의 견고한 척추라고 한다면, 정국과 시장제도와 국제관계 부문은 국가의 활동적 부분이었다. 거기서 국가는 끊임없이 사회와 접촉하고 있다. 따라서 사회가 유동적 상황이 되어 있는 경우 국가의 그 부분은 외면은 어떻든 간에 실질적으로는 동요와 변화와 긴급의 대응에 몹시 바빠진다. 그런 분주함을 장엄한 정적 체계와 양립시키려고 할 때 '연미복'의 희화적 행동양식이 생겨나며, 협잡 도박 「이카사마 ィカサマ 바쿠치博打」 같은 교묘한 사기와 말투가 나타났으며, 그리고 식민지에서의 '근신명령'과 '동물적 이익충동'의 분명한 분열이 출현했다. 그들 국가의 활동적 부분을 담당한 자는 그 활동 속에 있는 한―바꾸어 말하면 그러한 상황 속에서 살아가고 있는 한―사회적 존재였다. 그들의 행동에 나타난 희화와 패러디와 나체裸體도, 그들의 사회적 존재의 측면과 국가의례를 담당한 자가 가지는 측면 사이의 모순의 표현이었다. 그 모순은 갈등이라는 비극적 성질의 그것은 아니었다. 일정한 인간적 상황과 인간의 성질에 운명적으로 뒤얽혀서 풀어낼 수 없는 갈등이 모순의 비극적 형태라고 한다면, 여기에 나타난 모순은, 그것과는 달리, 역연歷然한 '균열'의 양안을 뛰어넘으면서 양립시키지 않으면 안 되는 자가 가진 소란스러운 극적 형식의 모순이었다. 희극적 묘사가 생겨나는 필연적 근거가 거기에 있었다. 다만 그 같은 필연적 근거가 있었다면, 나타난 희극적 서술은 위에서 본 데서도 알 수 있듯이 양적으로도 질적으로도 빈약한 것일 수밖에 없었다. 자유로운 언론이 허용되지 않았다는 사정을 고려하더라도 아직 거기에는 하나의 거대한 사상사적인 문제가 있을 것이다. 그 문제는

당시로부터 50년이 지난 오늘에 이르기까지 연면히 이어지고 있는 일본 신문의 하나의 특징에 전형적으로 나타난다. 그 특징은 정치 만화의 극단적인 진부함일 뿐이다. 그 극도의 별 볼일 없음은 예를 들면 「가디언Guardian」이나 「뉴욕타임즈New York Times」와 비교해보는 것만으로도 충분하다. 그리고 그 시기에 완성된 현대 일본의 신문에서 볼 수 있는 반관보적인 성격도 역시 정치만화의 질적인 결여와 어떤 면에서 깊이 관련된다고 하겠다. 신문에서의 논설이 의견의 공식적인 측면을 담당한다면 정치만화는 패러디 측면을 담당하는 것이며, 논설이 '의식'성을 갖는다고 한다면 정치만화는 '부레이코'ﾞ 같은 성격을 가지며, 양자가 갖추어질 때 비로소 하나의 신문 독자의 의견의 통합체가 등장하기 때문이다. '의식'만을 되풀이하는 곳에는 좋든 싫든 간에 반관보적 성격으로 귀결될 것이다. 정치만화의 부재라는 현상 속에는 아마도, 잠정적으로 한 마디로 말한다면, 부레이코의 웃음과 풍자가 경화된 질서에 대해 갖는 역전력逆轉力, 그 역전력이 가져다주는 권력자의 평범한 사람으로 환원, 비천한 소인小人의 자유로운 투시자로의 상승, 그 환원과 상승이 낳는 평등성에 대한 자각 등 총체적으로 웃음의 문화의 정신적 개발력에 대한 무감각이 깃들어 있다. 예를 들면 그 시대의 가벼운 연극(신문의 경우에는 3면 기사 혹은 사회면)의 유행에도 불구하고 비판적인 희극정신의 미숙함은 여전히 한층 강력하게 자리 잡고 있었다. '미풍양속'에 대해서 눈물 흘리게 하는 가벼운 연극에는, 웃음의 문화의 근저를 흐르고 있는 자타를 객관화하는 것이 부족했다. 눈물로 흐려진 눈에 비평적인 객관화의 시선이 생겨날 리가 없다. 그렇다면 각질화角質化한 질서를 역전시켜 보여주는 '악마적인' 비판력이 생겨날 리도 없다. 그리고 아

ﾞ 無禮講, 신분이나 지위 고하를 가리지 않고 마음대로 즐기는 주연(酒宴).

마도 같은 부족이, 이른바 '다이쇼 데모크라시'의, 사상으로서 그 바닥의 얄음이 일단을 이루고 있었을 것이다(물론 신문은 잡지와 더불어 다이쇼 데모크라시의 중요한 담당자였지만). 그러나 여기서는 지금 말한 문제에 깊이 들어갈 부분이 아니므로 그런 문제의 소재만을 말하고 서둘러 나아가고자 한다.

국가의 활동적 부분을 담당했던 자들의 료안에 대한 태도는 마르크스가 말하는 '빠져나갈 구멍 찾기' 방법을 채택하는 것이었다. 정치인들의 서술에서 '대기실', 주식시장 서술에서의 강림신화의 '빗댐' 등은 그런 방법의 은유暗喩였다. 그러나 당연한 것이지만 빠져나갈 구멍의 존재를 모른다면 빠져나갈 구멍 찾기란 불가능하다. 의례를 포함한 국가제도의 내부에 정통한 자에게만 그런 교활함이 허용된다. 제도를 안쪽에서 조작할 수 없는 자에게 료안은 마치 태풍과도 같은 자연스러운 사고가 되어 들이닥쳤다. 예를 들면 이러하다. 거리의 소상인들은 연말·연시의 '한 몫 잡는' 시기를 앞두고서 그 때 쓸 물품을 산지에서 그들로서는 대량으로 사들인다. 그 양의 여하는 계절마다 반복해온 경험으로 산정된다. 그런데 갑자기 회식이나 연회를 모두 금지하는 료안의 '근신조치'가 내려온다. 그들의 계획은 파산에 이르게 된다. 사회의 연년세세年年歲歲의 재생산으로부터 귀결되는 경험 자체가 파산에 처하게 된다. 사회의 움직임 내에 깃든 변동 '법칙'에 의해서가 아니라 지극히 외적인 사고에 의해서 자의적으로 인간사회의 경험이 파산시킨 것이다. 정월용 '가도마쓰門松', 이듬해의 '달력'을 인쇄하거나 판매하거나 하는 상점은 모두 붕 떠버렸다. 도장 파는 집만이, 이미 사들인 달력이나 일기장 등에 새로운 원호인 '쇼와'를 도장으로 찍어서 사용하려는 사람들의 주문을 받아서 생각지도 않게 아주 바빠지게 되었다. 그 경우도

'바람과 나무가게桶屋'처럼 사회의 자의적인 개입에 의해서 휘둘려지고 있는 것에는 변함이 없다.

6. 소학생의 '취직난', 두 개의 성년식

소상인보다 더 어렵게 된 것은, 물론 프롤레타리아트였다. 그들은 불경기와 '병역'과 '회사'라는 세 개의 압력, 즉 사회경제 전체와 국가의 강제적 의무와 부르주아의 이기주의라는 3대 강제력을 한 몸에 받으면서, 그야말로 살아가기 위해서 악전고투하고 있었다. 그 한 예를 「도쿄 마이니치신문東京每日新聞」 12월 24일―천황의 위독은 발표되어 있었다―의 투서난鐵箒은 상징적으로 보여준다. 그 제목은 "병역과 취직兵役と就職". 거기에 이런 문장이 있다. "내년의 각 학교 졸업기에 또 몇 천 명이라는 소학생들이 극단적인 불경기의 세상 속으로 던져질 것이다". 여기서 '소학생'이란 오식일 가능성이 없지 않다고 생각하지만, 나의 행론行論의 문맥 속에서는 문자 그대로 받아들여도 결코 역사적 현실을 왜곡하는 것은 아니다. 그렇다면 소학생의 일이므로 노동자가 되는 걸로 정해져 있다. 그리고 이어서 말한다. "이들 학생들은 빵을 구하는 절실한 바람을 이루기 위해서 몇 개월 전부터 취직 운동에 혈안이 되어 있다, 나는 그들이 그런 운동을 위해서 모든 지혜를 짜내고 책략을 다해서 얼마나 심각하게 임하는지 목격하고서 동정하지 않을 수 없었다". 소학생을 '생도生徒' 등의 관리들이 하는 구별에 따라 부르지 않고서 '각 학교' 중 하나의 '학생'이라 부르고 있는 것에서도, 그 투서자의 예

┃ 일본의 속담에 "바람이 불면 통장수가 돈을 번다(風が吹けば桶屋がもうかる)"는 것이 있다. 그것은 생각지도 않은 영향이 생긴다는 것을 말한다.

사롭지 않은 '동정'을 느낄 수가 있다. 하지만 더더군다나 당시의 '노동자의 달걀'이 즐겁지 않은 노동자가 되기 위해서조차, 얼마나 필사적인 힘과 지혜를 다하지 않으면 안 되었는가를 말하는 부분에 주목해야 할 것이다. 불경기의 압력이 사회의 어느 부분에 집중되는가, 그리고 어떤 행동양식을 강제하는가가 여기에 분명하게 드러나 있다. 실상은 료안할 상황이 아니었던 것이다.

불경기에 의해 강제당한 그 같은 '취직난'은, 이후 계속해서 쇼와의 세계를 종단했으며, 2차 대전의 전쟁경제에 의해서 일시적인 해결을 보게 되기까지 이어진다. 료안 같은 것은, 그런 중대한 역사적 문제 앞에서는 그 사회적 의미에서 거의 제로에 가까웠다. 그러나 료안은 신문의 첫머리를 연일 점령했으며, 실업 위기는 구석의 조그만 투서란에 단역으로 잠깐 등장할 수 있는 데 지나지 않았다. 사회적으로 무의미한 것이 주역이 되고 사회적으로 중대한 것이 단역 중의 단역이 된다는 전도顚倒가 모든 보도를 지배하고 있던 만큼, 료안의 기사는 모두 과장된 말들로 넘쳐났으며 실업위기 기사는 애절한 예감을 띠게 되었지만, 그러나 사실을 보도하는 신문이 어쨌든 그런 사실들을 전달하면서도 그런 제 사실의 구성 방식, 그 표현 형식에 의해서 사실의 의미의 크고 작음과 유무를 얼마나 역전시킬 수 있는가 하는 것도 역시 우스울 정도로까지 여기서 분명하게 드러난다. 사실과 사실이 표현된 의미는 결코 자동적으로 이어지지 않음은 물론 완전히 거꾸로 되는 경우도 있다. 이데올로기나 표현 형식이 갖는 문제성은 긍정적으로도 부정적으로도 여기에 있다. 그러나 만약 신문 구성의 허위성을 벗겨내고 사실 그 자체의 의미를 다른 각도에서 읽는다면, 앞에서 말한 것처럼 1930년대 전체를 꿰뚫는 '취직난'이라는 실업위기가 이미 료안 전후에 시작되고 있다는 역사적 의미가 보이게 된다. 그리하여 그 위기에 처하게 된 무산자의 사회학적 성격도 이미 새로운 각인을 띠고 있다는 점을 알게 될 것이다. '취직'이나 '취직운동'과 같은, 아마도 그 시대에 처음 보급된 용어 자체가 이미 그 새로운 성격을 말해주고 있다. 세습적 가업이라는 노동 구성 형태가 아니고, 도테이徒弟에서 쇼쿠닌職人, 오야카타親方에 이르는 전통적인 노동 구성도 아니며, 의무교육을 마침과 동시에 '독특한 상품'인 '노동력의 소유자'로서, 아무도 돌봐주지 않는 자유로운 노동시장에 방출되는 것이다. 가업이라면 직종이나 걸어야 할 과정은 처음부터 정해져 있다. 도제의 경우도 대체로 그러하다. 그러나 '취직'이라는 일반명사의 함의 속에는, 분명하게 구체적인 특정성을 거부하는 경향이 내장되어 있다. '취就'의 종류 여하가 일차적으로 문제가 아니라, 어쨌든 '직職' 그 자체가 가장 문제라는 의미의 뉘앙스가 거기에는 담겨 있다. 직에 나아가는 것 일반을 먼저 묻고 있는 것이다. 그리고 그처럼 특정한 구체적 노동형태를 뒤로 물러서서 노동력이라는 상품의 일반성을 추상한 데에, 사용가치에 대해서 교환가치를 우선시하는 상품시장의 구조―그 극치가 만국박람회인데―가 노동 측면에 대한 구조적 대응이 있다. '취직'이라는 말은, 그 같은 황막한 일반성과 추상성을 가지고서 새로운 사회적 범주가 되기에 이르렀다(직공職工이 되는 취직과 대학 출신의 취직의 표면상의 동일화라는 허위도 여기서 생겨나게 된다). 그리하여 혈안이 되어 취직하려는 노력은, 실제의 구체적인 행동양식으로서는 노동시장에서의 자리찾기가 된다. 주술적인 기물이나 보배寶나 기타 등등의 특정한 상징이 아니라 노동의 기회 그 자체를 찾는 것이 된다. 그리하여 성년식의 자본주의적 형태가 탄생한다. 그 성년식에서의 시련은, 시장을 돌아다니면서 생계의 기회를 얻는 것에 다름 아니다.

그런 만큼 그 시련의 가혹함은 불경기시기에 현저하게 드러난다. 지금 나타나는 것은 바로 그런 상태였다. 그리하여 소학교 졸업과 동시에 그런 시련에 처하게 된다면 그들의 성년식은 다른 사람에 비해서 부당하게 빠르며, 따라서 아마도 취직 후에 국가가 강제하는 20세의 성년식을 제2의 성년식으로—그리고 그 시련을—다시 한 번 겪지 않으면 안 될 것이다. 만약 그런 두 개를 이어지는 것으로 볼 수 있다면 그들의 성년식은 부당하게 빠를 뿐만 아니라 부당하게 긴 기간에 걸친 것이라 해야 할 것이다. 성년식에서도 이상과 같은 특징을 가진 자로서 '취직을 희망하는 소학생'이라는 무리가 등장해 있는 셈이다. 그 사회적 성격이 마르크스가 말하는 '프롤레타리아'라는 것은 새삼 말할 것까지도 없다. 확실히 여기서 소개한 투서가 '몇천'의 무리라는 어투로 그런 무리가 많다는 것을 말해주는 데에는, 맹렬함과 거대함에 이미 익숙해진 우리의 오늘의 감각으로 본다면 어떤 목가적인 성격을 느낄 것이다. 규모의 작음도 느낄 것이다. 그럼에도 불구하고 무시할 수 없는 사회집단으로서 '독특한 상품'을 파는 자들이 출현하고 있는 것의 의미는 크다. 료안이라는 천황제 제국의 중대한 의식 때에 즈음해서, 게다가 료안 행사에 충실한 「아사히신문」에서도 무시할 수 없는 일로서, 그런 사회집단의, 사회적으로 강제당한 성년식의 행동양식이 무대 구석에 등장하고 있다. 사회적인 의미로 말한다면 그것이 큰 사건이라는 것은 분명하다. 료안으로 시끄러운 고정된 의례는 그런 사태에 의해서 대극의 한 구석에서 비판당하고 있다고 할 수도 있겠다. 의식은 여기서는 완전히 두 개로 양극화하고 있다. 한 쪽은 율령국가 이래 천년의 번잡한 절차의 역사를 실체화하고 메이지 이래의 지나칠 정도로 정치도학政治道學으로 분식한 공중에 뜬宙吊り 의례이며, 다른 한쪽은 전통사회의 의식이 갖는 상징적인 모

든 것들에서 멀어지게 된 즉물적卽物的 생활의 노력으로서의 성년식이다. 새 천황의 천조를 포함한 국가의례는, 야마토 왕국시대에 가졌던 사회성을 아주 오래 전에 잃어버린 이른바 형해화形骸化된 예전의 성년식에 지나지 않으며, 무산자들이 만나는 새 성년식은 상품의 물신物神이 사회생활을 지배하게 된 곳에서 생활상 강제당하고 있는 성년식의 소외태疎外態다. 앞의 의례는 사회적 대표자로서의 군주의 성년식과도, 그 사회에서 생활의 전부節目라 할 수 있던 수확제收穫祭와도 전혀 관계없이 수행된 초월적 특권의 과시에 지나지 않으며, 나중의 새 의식은 시련의 가혹함만을 산문적으로 집적한 생활의 노고 그 자체다. 한 쪽은 사회생활과의 관련을 완전히 잃어버린 의례의 공허한 추상적 부분 그 자체며, 다른 한 쪽은 생활의 비실용적인 부분으로서의 축제적 요소를 빼앗겨버린 즉물적 생활의 노력으로까지 환원당해버린 의식의 물질적 부분 그 자체다. 그리하여 사회를 넘어선 특권에 높은 자리를 둔 자의 의례와 사회 비용을 짊어진 자의 의식이 양극적으로 비의식화된 형태로 마주서서 존재한다.

그러나 예의 투서가 보여주는 것은 그것만이 아니다. 불경기가 가져온 노동시장에 대한 압력에 덧붙여서, '병역 관계를 남긴' 자를 '각 회사와 은행' 모두가 '혐오'했으며 그 때문에 '취직 불가능'에 떨어진 자가 있다는 것을 그 투서는 지적한다. 투서자는 그런 사정을 "불합리한, 부반否反 사회성인 핸디캡"이라 불렀다. 그것은 틀림없이 앞에서 언급했던 무산자 소년이 만나게 되는 두 번째의 성년식이며, 그것이 가져다주는 복잡하게 얽힌 시련에 다름 아닐 것이다. 20세의 성년식은 이미 징병제하에서 생활사회를 떠나 국가제도상에서 강제되고 있다. 국민의 '자격'이라는 명목하에 그 것은 일반적 의무가 되어 있다. 첫 번째 성년식이 자본주의 사회의 시장 체제에 의해 생활의 즉물적 부분에 수렴되어버린 것과 대조적이다. 본래 성년식이 갖는 정치제도로서의 측면과 직접적 생활에 관한 측면은 그렇게 분해되어 있었다. 말할 필요도 없는 일인지 모르겠지만, 본래의 성년식은 개인사 - 가족사 - 사회사의 제 과정을 동시에 구분하는 획기적인 사안이었다. 한 사람 몫을 하는 인간의 탄생은 동시에 사회를 떠맡게 되는 새로운 담당자의 탄생을 의미했다. 따라서 성년식은 단순히 개인의 직접적인 생활의 역사에서 시기를 구분해주는 계기劃期에 머물지 않으며, 결혼을 매개로 가족사에서 새로운 구성원의 탄생을 통해 사회를 갱신한다는 정치적 의미를 지니고 있었다. 거기서는 생활사적인 계기와 정치적 계기가 동심원 모양으로 겹쳐져 있었다. 그러나 지금, 성년식의 정치적 의미는 모조리 국가제도에 의해서 수탈당하고 있다. 징병제가 그것의 전형적인 표현이었다. 그리하여 성년식의 생활사적인 의미는 자본주의적 시장 속에 완전히 흡수되어 있었다. 그 결과가 지금 본 것과 같은 모순이었다. 그 모순은 무산자들에게 복잡하게 뒤얽힌 고난을 부과한다. 소학교 졸업자라면 환자 기타 특별한 자들을 제외하고는 병역을 남기고 있다. 그래서 임금을 지불하고 사람을 부리는 회사로서는 채용한 인간이 병역에 복무한 경우에는 그 기간 동안 쓸데없는 노동력을 떠안게 되기 때문에, 회사의 이해타산으로 보자면 병역관계를 혐오하는 것은 지극히 당연하다. 거기에는 군국주의의 징병제와 자본주의의 경영 사이에 있는 모순이 선명하게 드러난다. 그렇다고 해서 회사가 그런 쓸데없음에 대한 불만을 국가를 향해 말하지는 않는다. 그 징역에 대한 혐오는 오로지 '일就勞'하지 않으면 살아갈 수 없는 자에게로 향하는 것이다. 국가는 병역을 강제하고 회사는 낭비 없는 노동을 강제해서 한 쪽의 강제는 다른 쪽이 혐오하는 것이지만, 어느 한 쪽의 강제만을 선택

할 수는 없으며, 그들 두 강제 사이의 모순까지도 떠안게 된 것이 '취직 희망자'라는 이름의 프롤레타리아의 달걀이었다. 그리하여 몇 개의 사회적 모순의 중압을 삼각형의 중심과 같은 형태로 한 몸에 떠안게 된 자가 새로운 사회집단으로서의 프롤레타리아트였다. 그리고 마르크스가 말한 '프롤레타리아트'는 그 같은 사회적 십자가를 짊어진 상태에 있는 자를 가리켰다. 따라서 그 시기에 마르크스주의가 요원의 불길 같은 기세로 일본의 지적 세계에 흡수되고 정착되기 시작한 것은 지극히 당연한 일이었다. 하지만 그 같은 '프롤레타리아'가 가져다주는 정신사精神史상의 문제는 다음 절로 미루고자 한다. 지금은 프롤레타리아가 료안하에서 어떻게 처우 받았는지 설명해야 할 문제다. 바꾸어 말한다면 료안은, 그런 새로운 유형의 무산자의 생활에 대해서 어떤 식으로 개입하게 되었는가, 그것이 지금 여기서 당면한 문제다. 그에 대해서는 이전에 나카노 시게하루¹가 소설 「무라기모むらぎも」에서 인쇄회사의 직공 파업에 입각해서 잘 묘사한 것이 있다. 회사의 부르주아는 료안이라 해서 영업을 중지한 것은 물론 아니다. 영업만이 아니라 직공에 대한 탄압 공작도 그치지 않는다. '근신'하지 않고서 오히려 공공연하게 파업 운동을 깨부수려고 한다. 직공의 대표자와 교섭하면서는 거꾸로 '료안'을 구실로 내세워 직공들에게 근신을 요구한다. 료안은 '국가의 큰 일'로서 무산자들의 생활보다 우선시된다. 그래서 료안은 부르주아의 사회생활상의 실권을 증진시키고, 무산자들의 생활에는 일정한 정지를 강제한다. '경제동물'은 어마어마한 국가의례를 통해서 그 생존을 보

---

¹ 中野重治, 1902~1979. 소설가·시인·평론가. 후쿠이(福井) 출생. 일본프롤레타리아예술연맹에 참여, 제2차 대전 이후에는 일본문학회의 중심인물로 활약했다. 시집 『나카노시게하루 시집(中野重治詩集)』, 소설 『노래의 헤어짐(歌のわかれ)』 『무라기모(むらぎも)』, 평론 『사이토 무키치의 오토(斎藤茂吉ノオト)』 등이 있다.

장받고 무산자들은 국가의례를 통해서 점점 더 수탈당한다.

7. 「곰의 눈」·「연어철」·존카라 예인藝人

쇼와 원년 12월 30일자 「홋카이도타임즈北海タイムス」는 "곰의 눈クマノ目"이라는 제목의 칼럼난에서 다음과 같은 사실을 다음과 같은 방식으로 전달했다.

> 지난 27일 아침, 장님 존카라부시(ジョンから節)[1] 무리 약 10여 명이 아오모리(青森) 경찰서에 출두해서, 기무라(木村) 서장에게 "가무음곡을 정지당하게 되면 오늘부터 밥을 먹을 수가 없다"고 호소했다. 기무라 서장, 간곡하게 황은(皇恩)을 설명해주고, "우리가 이렇게 편안하게 지내는 것도 모두 천자님(天子樣) 덕분이 아닌가. 6일이나 7일, 밥을 먹지 않아도 죽지는 않을 테니 먹지 않겠다면 먹지 마라"라고 일갈하자 "예에 그렇게 되는 겁니까" 하면서, 흰 눈을 두리번거리며 물러 나왔다. ● 예능(遊藝)의 고향, 쓰카루(津輕) 남부(南部)에는 존카라, 만자이(万才),[II] 요사래(世去れ) 등의 예능인이 많아서, 매년 정월부터 연어철(鰊花時)을 기대해 홋카이도에 건너가는 것이 보통인데, 료안도 있고 해서 내년에는 그들의 이동도 줄어들 듯 하다.

동물의 눈은 흔히 인간의 볼썽사나운 행동양식을 간파하는 것처럼, 인간이 보면 무언가 느껴지는 것이 있다. 물론 그것은 인간의 자기비판 형식 중 하나일 것이다. 자기비판은 매개자 혹은 매개물을 자신에 대한 비평성

[I] 쓰카루(津輕) 지방의 리듬이 좋은 민요.
[II] 둘이서 주고받는 익살스러운 만담과 재담.

에서 느끼는 것을 통해서 이루어지는 것인 한, 이쪽을 향해서 물끄러미 응시하고 있는 동물의 눈 속에서 우리에 대한 비평안批評眼을 간취하는 것도 결코 이상하지 않다. 특히 그 토지에 특유한 동물이나 어떤 종류의 가축처럼, 그 무렵 접하게 되는—식량食糧, 사역使役, 사육飼育 등에 걸친 가해와 피해 관계를 포함해서—동물, 그런 의미에서 가까운 관계에 있는 동물의 시선에 대해서는 그런 현상이 일어나기 쉬울 것이다. 그것들은 가까우며 동시에 충분한 상호전달이 불가능한 다른 부류이므로, 이쪽의 일을 일방적으로 투시하고 있지는 않은가 하고 우리로 하여금 생각하게 만든다. 특정 사회에서 일정한 조건을 가진 동물이 흔히 신, 혹은 신의 사자로 여겨지는 이유의 일단도 여기에 있을 것이다. 나이 어린 아이가 신의 대리인으로 여겨지는 경우가 있는 것도, 그가 가까운 존재여서 이쪽의 일을 잘 알고 있더라도 이상하지 않으며 동시에 충분한 언어적 전달능력을 가지고 있지 않은 일종의 다른 부류라는 것에 기초한다는 일면이 있을 것이다. 어린아이나 동물의 말이 잘 알 수 없는 다른 부류의 말이므로, 그것은 인간 이외의 자가 인간을 향해서 발하는 특별한 말로서 경우에 따라서는 신의 말로 여겨지기도 한다.[1]

그 같은 가깝고 두려운 동물의 시선이 갖는 특질에 주목해서 「홋카이도타임즈」가 사회적 사건에 대한 풍자적 비평난을 "곰의 눈熊の目"이라 이름붙인 것은 적절하다고 하겠다. 그 지방의 토지의 주인이기도 한 곰의 눈으로 보면, 그곳의 일본인들은 때로 그야말로 위세를 부리면서 볼썽사나운 어리석은 짓을 하곤 하는 것이다. 지금 인용한 칼럼의 문장이 소개하고 있는 사실은 그야말로 전형적인 그것이라 하겠다.

오야카타 히노마루로서 가만히 앉아 있어도 배불리 잘 먹을 수 있는 경찰서장이, 다시 말해서 천황제에 '의지해 먹고 있는 자'가, 그날그날 살아가는 장님 예능인을 향해서 6일이나 7일 정도는 먹지 않아도 괜찮다고 말하는 것이 '료안'이라는 것의 실체인 것이다. 물론 대체로 오야카타 히노마루 무리에게는 가난한 사람들의 일 따위는 거의 절대로 알 수 없다. 그러나 그래도 얼굴을 맞대고 직접 얘기를 나누면, 그때만이라도 알 수 있다는 기분이 되어도 이상하지 않다. 하지만 '료안' 의식의 근신을 관장하는 관리들은, 그 같은 한 때의 순간적인 '이해'도 보여주지 않는다. "우리가 이렇게 편안하게 지내는 것도……"라는 식으로 설교하기 시작한다. 자신은 확실히 편안하게 지내고 있겠지만 상대는 돌아다니는 예능인들이다. 그래서 그 설교 문구는 종잡을 수 없는 메아리가 된다. 그리고 설교가 꼴사나운 메아리가 되면 드러나는 것은 위세를 떨치고 있는 모습, 다시 말해서 벌거벗은 권력의 힘뿐이다. "예에 그렇게 되는 겁니까"하면서 물러나온 장님 예능인들의 응답은 그 언저리의 사정을 냉정하게 그리고 아이러니하게 읽어내고 있다. "그렇게 되는 겁니까"(일이 그런 식으로 되어버리는 건가요?) 하는 의문형의 응답은, 상대의 문법과 전혀 다른 문법으로 사물을 생각하는 자가 보여주는 거리감의 표현이다. 언어가 통하지 않는 절대적 타자성을, 같이 이야기해도 소용없다는 대립감을 보여준다. 종잡을 수 없는 대사를 토해내면서 위세를 떨치면서 도리어 '일갈'하고 있는 경찰서장에 대해서, "예에 일이 그런 식으로 되어버리는 건가요?"라고 놀라지도 않고 경멸하지도 않는 답변을 하면서, 상대의 권력성과 자신들의 무력함을 충분히 인식하여 굴복하지 않고서 '물러난' 떠돌이 장님 예능인들은 냉정하며 유연하며 강

| 親方日の丸, 제 아무리 예산을 써도 정부가 지불해 주겠거니 하는 안이한 사고방식, 그런 생각을 가진 사람.

한 인내심도 있다. 한쪽에서 볼 수 있는 권력의 힘과 두드러진 대조를 이룬다. 그 대조점에 초점을 맞추어 그 작은 사건을 소개한 기자는 대단한 사람이라 해야 할 것이다.

그들 예능인들이 노래하거나 떠들어대는 것은, 최근의 라디오나 레코드에서―그들 재생장치라 부를 수 있는, 소리에 대한 특수한 복제기술[2]을 통해서―불특정 다수의 개개의 편리한 '실내'나 불특정 다수의 임의의 모임 장소인 '오자시키お座敷'를 향해서 '일반적 교환가치'로서 발송된 소비용 민요는 아니었다. 그들의 예능은, 그것 하나만을 끄집어낼 정도의 예술적 독립성을 갖추고 있지는 않았지만, 생산노동과―그것도 사회생활의 재생산에 불가결한 기초 물자를 생산하는 노동과― 연결되어 있었다. '곰의 눈'은 연어와의 연결을 지적해주고 있다.

'연어철鰊花時'이라는 것은, 알을 낳기 위해서 홋카이도 연안에 몰려드는 봄 연어를 수확하는 시기의 일임에 분명하며, 그 때에 수확제收穫祭로서의 풍어제大漁祝い가 행해졌던 것이다.[3] 그 수확제에 즈음해서 쓰카루, 난부의 예능인들이 그곳에 가는 것은, 아무래도 돈벌이 외에는 관계없는 일시적인 통과자로서는 아니다. 에도江戸 시대 후반 이래, 연어가 대규모가 됨에 따라 쓰카루, 난부로부터 떠나온 어부들이 실제로 봄에 연어를 잡는 사람들로서 대거 홋카이도의 어장에 나아가게 되었으므로(야마구치 가즈오山口和雄, 『일본어업사日本漁業史』), 쓰카루와 난부의 예능인들이 그 풍어제의 일환으로 들어오게 되는 것은 집 떠난 노동자들과의 사회습속상의 기존의 연결에 의해서 불러오기도 했을 것이기 때문이다. 그렇다면 그들 예능인들은 그들 집 떠난 어부들의 사회에 빼놓을 수 없는 자들이며, 그 집단 이동자들의 생산 작업에 참여하는 자들이라 할 수도 있겠다. 그것은 굳이 말한다면, 방랑하는 유랑단으로서가 아니라, 쓰카루와 난부 지방의 직접 생산자들 사회의 '지역을 순회하는 예능인'의 이동형식으로서 거기에 건너왔던 것이다. 그런 만큼 행선지의 모든 다른 사회를 돌아다닌 경험을 얻었으며, 그 경험이 갖는 이상함과 괴로움과 고통과 기쁨 등에서 자신의 감동도 타자의 감흥도 불러일으키는 그런, 한 단계 뛰어 오른 예술을 낳을 수 있는 여지는 없었겠지만, 그 대신 특정한 생산노동과 일정한 생활양식이 몸에 지닌 리듬이나 가락에서 벗어나는 일은 없었다. 그러므로 아마도 그들의 기예에는 그들 예능인들의 생활감각과 동시에 그들의 기예를 필수로 하는 직접 생산자들의 생활 감각이 어떤 형태로 나타나 있었을 것이다. 그들 양자의 생활 감각이 지닌 빛과 어둠의 모습들이 분명하지 않은 은밀한 형태이기는 하지만, 드러나 있었음에 틀림없다. 그 빛과 어둠의 요철(凹凸)이나 긴장을 떨쳐버린 것이, 바로 앞에서 말한 '오자시키 소비용의 재생 민속예술'이다. 거기서는 생활이 불가피하게 포함한 모순에 대한 예리한 의식은 철거되고, 인공적으로 밋밋한 상쾌함이 물사物事를 가리고 있다. 그들은 본질적으로 생활이 없는 자들의 그것이다.

'곰의 눈'이 말하고 있는 존카라(아마도 촌가리ㅊョンガリ의 방언적인 변화겠지만)는 일정한 직접 생산자의 생활과 결부되며, 그런 것으로 '료안'의 국가의례에 대해서 존재적으로 대항하고 있었다. 그런 사실에 대해서 언급해 보면, 설령 민속적 민요를 현대적으로 재편하려는 경우에도 현대사회의 생활의 핵심 부분에 있는 긴장이 그런 재편성의 결정핵結晶核이 되어 있지 않으면 안 된다는 점을 이해할 수 있다. 그렇게 될 때 비로소, 예를 들면 루쉰이 산문시 「이와 같은 전사戰士」에서 기대했던 것 같은, '갑주甲冑'도 몸에 입지 않고 '권총'도 갖지 않고서 그저 '손에 익은 던지는 창' 만을 '오늘

또 다시' 지배자 무리를 향해 던질 수 있을 것이다. 노신의 경우 '손에 익은 던지는 창手練の投げ槍'이란 그가 추진한 '목판화 운동' 기타를 상징하는 것이었는지도 모른다. 하지만 목판화에서와 마찬가지로 노래의 세계에서도 같은 비약과 역할이 가능하다. 그리고 그런 가능성이 실현되면, 칼럼 "곰의 눈"의 경찰서장과 그 사회적 동족은—천황제 국가에 의해 살아가는 자들은—한편의 속요에 대해서 문화라는 측면에서 위협을 느끼게 될 것임에 틀림없다. '문화적' 의상으로 장식하는 것으로 자신을 잃어버린 천황제는 현대세계에서는 이미 통용되지 않을 것이다. 앞에서 말한 척추만으로는 생리학 교실의 해골 같은 것에 지나지 않을 것이니 말이다.

저자주

1 의미가 잘 통하지 않는, 일종의 다른 부류의 언어의 특별한 작동방식을 지적하는 것으로 시클롭스키(Shklovsky, Viktor Borisovich)의 주장을 들 수 있다(新谷敬三郎·磯谷孝 編譯, 『러시아 포멀리즘논집(ロシヤ フォルマリズム論集)』 所收). 시클롭스키의 주장과는 직접 관계되어 있지는 않지만, 일반적으로 그런 이질적인 언어는 어떤 경우에는 '주리격설(侏離鴃舌)'로서 '야만' 세계의 그것으로 배제되지만, 어떤 경우에는 '신'의 말로서 고맙게 받아들이게 된다. '외국어'에 대한 이런 양극단적인 태도는 다양한 영역과 국면에서 각각 변형되면서 거듭 나타난다. 그 점은 포괄적으로 연구할 만한 가치가 있다고 하겠다.
2 벤야민(Benjamin, Walter)의 창조성과 촉발력으로 가득 찬 복제예술론(複製藝術論)이 빠트린 것이, 소리의 '재생' 문제다. 그의 방향을 이어 그 문제에 들어서는 것이 기대된다.
3 홋카이도 서해안 지방에서 연어가 얼마나 결정적인 의미를 가지고 있는지에 대해서는, 스가에 마스미(菅江眞澄)의 「에미시노사에키(えみしのさえき)」가 전하는 '비신(鯡神)'에 관한 삽화 하나(연기[緣起])를 참조해주었으면 좋겠다(『스가에마스미전집(菅江眞澄全集)』 未來社, 제2권 所收). 그 안에 다음과 같은 한 구절이 있다. "연어 떼가 오지 않으면 우리는 무엇을 먹고 살겠는가, 어버이, 아내와 아이들의 한숨을 어떻게 하랴. 사람들과 더불어 빌자꾸나. 연어 무리가 오지 않는다면 우리는 무엇을 먹고 목숨을 이어갈 수 있을까. 어버이와 처자

(妻子)의 한탄을 어떻게 할 수 있을까. 모두들 다 같이 빌어주십시오." 비신에게 빌고 있는 것이다.

일반적으로 보아 홋카이도의 연어 기타 수확에 따르는 사회적 관행의 연구는 민속학자들에 의해서 충분히 이루어진 것 같지는 않다. 민속학은 '신개척지'에서 일어나는 관례에 대해서는 대체로 냉담하다는 경향을 띠는 것으로 생각된다. 만약 그렇다고 한다면, 그런 경향은 생활습관의 발생사(發生史)가 갖는 다이내믹한 측면에 대한 일정한 무관심을 말해주는 것이라 해서는 안 될 것이다. 우리가 민속학의 큰 성과에서 배울 경우, 그런 경향은 염두에 둘 필요가 있지 않을까. 무비판적인 예찬은 도리어 성과까지 엉망으로 만들어버린다.

민속학적인 조사가 없기 때문에 홋카이도 연어에 수반되는 습관에 대해서는 에도시대 이래의 약간의 기록과 어업사(漁業史) 연구자들의 연구에서 추측해보는 수밖에 없다. 예능인들을 끌어 모으는 수확제가 어떤 형태로 행해졌는지를 시사해주는 기록 두 가지를 어업사 연구자들의 연구를 빌어 여기에 소개할 수 있게 되었다.

그 첫 번째. 후쿠카와 고쇼켄(古河古松軒), 『동유잡기(東遊雜記)』(寬政 元年)에는 이렇게 적고 있다. "에조(蝦夷) 마쓰마에(松前) 사람들은, 연어를 일 년 중의 모든 것을 다 해결해주는 것으로 여기기 때문에, 연어가 올 무렵에는 무사 가문(武家), 조닌 가문(町家), 고기잡이 가문(漁家)의 구별도 없으며, 의사 가문(醫家)과 종교와 관련된 사람(社人)에 이르기까지 자신들이 사는 집은 명가(明家)라 하고, 각각 해안가에 임시로 집을 지어, 남에게 뒤지지 않겠다면서 연어를 잡아 올리는데, 남자는 바다에서 일하고 부인과 아이들은 연어를 쪼개서 말리는 일을 한다 …… 때문에 마쓰마에에서는, 일본의 풍흉에 조금도 얽매이지 않는다. 연어가 많이 오는 해는 풍년이라 하고, 연어가 적게 오는 해는 흉년이라 한다"(야마구치 가즈오, 『일본어업사』所引).

그 두 번째. 마쓰다 센주로(松田傳十郎)의 주도면밀한 기록 『북이담(北夷談)』의 권6에서는 이렇게 적고 있다. "비(鯡)는 이곳(江差)에서는, 본토의 벼농사와 다르지 않다", "이곳에서 산업하는 것은, 비(鯡)를 제일로 치며, 그것을 수납(收納)이라 한다. 해에 따라서 풍흉이 있다 하더라도, 고기잡이가 좋은 편이다", 그리고 "비(鯡) 떼가 많이 와서 많이 잡은 마을에서는 초비(初鯡)라 하여, 관청에 헌납하기도 한다". 수확할 때의 번성함에 대해서는 "한참 비(鯡)를 잡을 때는 조(町) 및 주거하는 곳들은 자기 집은 다른 곳에서 온 상인들에게 빌려주고, 그 집에 살던 사람들은 바닷가에 나가서 임시 집을 지어, 거기 살면서, 떡, 술, 과자, 과일, 작은 방 그런 것들을 팔기도 하고, 혹은 요릿집이나 찻집 같은 것도 있어서, 밤낮없이 샤미센(三味線)과 북(太鼓) 소리가 울려 퍼지는 것이, 본토 료코쿠(兩國) 부하(抔夏)의 밤 풍경과 다를 바 없었다. 그것을 하마고야(浜小屋)라 한다"

고 쓰여 있다. 연어를 잡을 때 건너온 쓰카루, 난부(南部)로부터 집 떠난 사람들 중에는 관청의 허가증을 지니지 않고서 몰래 들어온 자도 있었던 듯 하며 그들을 '무판자(無判者)'라 부르고 있다.

'일본의 풍흉'과는 전혀 관계없이 연어의 많고 적음에 의해서 풍년 - 흉년을 결정하는, 사회로서의 독립성도 역시, 다소간은, 훗날 '료안 의례'에 대해서 위화감을 보여주게 되는 하나의 요소일는지도 모르겠다.

8. '만주'와 조선의 차이

하지만 일본 제국의 판도 안에는, 천황 교체의 '의례'에 아무런 관계없이 진행되던 사업이 있다. 조선인과 '만주 거주민'의 저항이었다. 일본에서의 그들의 비참한 운명은 지금은 이미 설명할 필요도 없을 정도로 분명하다. 지금은 그들의 저항의 한, 두 가지에 대해서만 서술해두기로 하자. 그 하나는, 중국 동북부에서의 이른바 '만비滿匪'의 선명한 '유격遊擊'이었다. 천황이 임종한 12월 25일의 「만주 니치니치」는, 압록강 상류의 대안對岸지대에서 12월 18일에 "야묘野猫, 북해北海, 철뇌鐵雷라는 두목이 인솔하는 약 600명의 마적단馬賊團"이 "서로 연합해서" 습격해온 결과, '관헌의 대항'에도 불구하고 '마적단'의 '현縣 지사 이하 관민 100여 명'이 '인질'이 되었다는 것을 보도했다. 언제나 있는 일이기 때문이겠지만, 사실 그 자체를 그렇게 심하게 왜곡한 형적形迹은 기사 그 자체로부터는 느껴지지 않는다. 물론 부르는 이름을 제외하고서다. '마적' '마적' 하고 부르고 있지만, '야묘, 북해, 철뇌'라는 별명을 가진 그럴듯한 '두목', 즉 지도자에 인도된 정치적 사회단체였으며, 그렇기 때문에 아주 빠른 기동성을 가지고서 '양동'을 행하면서, 지사 이하

❘ 陽動, 적에 대해 속임수로 하는 전술(戰術), 기동(起動). 소규모의 부대로 시위 공격하여 마치 큰 공격을 받는 것과 같은 느낌을 주는 것.

를 끌고 갔을 것이다. 그 보도의 다음날 12월 26일에도, 그 신문은 '통요'[1]의 깊은 곳에서 '마적'에 의해서 '인질 7명'이 끌려간 것을 보도했다.[1] 그리고 '그들 마적'은 "오랫동안 그 지방에 머물러 있어 지리에도 정통하기 때문에" 토벌은 곤란하다고 쓰고 있다. 습격당한 일본인의 '농장경영자' 쪽이 그 토지의 약탈자라는 것을, 읽는 방식 여하에 따라서는 인정하고 있는 것 같다. 아무리 반동적 방침으로 일관되고 있는 신문에서도 신문인 한, 다시 말해서 어떤 사실을 보도하는 한, 읽는 방식의 훈련만 되어 있으면 거기서 무언가를 알아차릴 수 있을 것이다. 맞지 않더라도 그렇게 멀지는 않은 정도로. 그 보도의 다음날 27일의 「경성일보京城日報」도, 25일의 「만주니치니치」가 보도한 것과 마찬가지로 압록강 상류의 대안지역에서의 '800명의 마적단'과 '관병'의 교전을 쓰고 있다. 아마도 같은 '야묘, 북해, 철뇌'가 이끄는 '마적단'에 대한 '토벌관병討伐官兵'의 전투였는지도 모른다. 하지만, 어쨌든 그렇게 본다면 연일 그런 것이다. 다음 28일에도 「경성일보」는 '만몽滿蒙의 중앙은행'인 '만주은행 창춘長春 지점'에 '마적단'이 침입해서, 사람에게는 단 한 사람에게도 피해를 입히지 않고서, 돈만 1만 엔 가져갔다는 것을 보도하였다. 그런 것을 비폭력 적극 저항이라 할 수는 없을까. '만주은행'이란 물론 일본제국의 은행이다.

중국 동북부의 저항운동에 이어 조선인의 저항에 대한 보도가 눈에 띈다. 하지만 조선의 경우 행동은 훨씬 더 어려웠다. 구석구석까지 일본제국의 지배망이 펼쳐져 있었기 때문이다. 식민지지배라고 한마디로 일률적으로 치부하기 쉽지만, 식민지에서의 지배 밀도 문제는 무시해서는 안 될 것

I 通遼, 중국의 길림성(吉林省) 서부 철리목(哲里木) 맹(盟)의 주도(主都). 서요하 우측 기슭에 있으며, 대정(大鄭) 철로에 연해 있는 기름진 지대.

이다. 일본제국 식민지의 경우 조선은 '만주'보다도 훨씬 더 높은 밀도로 억압당하였다. 하지만 그래도 저항은 일어나고 있었다. 천황에 대한 직접적 반역이었던, 일본 국내에서 일어난 박열朴烈 사건의 기억은 물론 당시 생생했다. 지금 분석 중인 일주일 동안에도, 그 사건의 '후일담'이 '정치문제'로 계속되었다. 그러나 여기서 그 문제를 다룰 수는 없다. 하지만 12월 29일의 「도쿄 아사히신문」이 보도한 것을 시작으로, 일본 국내의 각 신문과 조선과 '만주'의 각 신문이 다음 30일에 일제히 전한 두 '사건'이 있다. 하나는 '일본조선노동총동맹간사장 가나카와현 조선합동노동회장日本朝鮮勞動總同盟幹事長 神奈川縣朝鮮合同勞動會長'인 김천해金天海 외 몇 명이 '불온한 문서를 지녔다'는 '음모'사건이다. 도대체 무엇이 '불온'한가, 무엇이 '음모'인가는 분명하게 주요 신문의 기사에서는 알 수 없게 쓰여 있다. 의문을 갖고 여기저기 신문을 비교해보면, 오카야마岡山의 지방신문 「산양신보山陽新報」에는 사실이 쓰여 있었다. 다시금 지방신문의 장점이 아마도 뜻밖의 부분에서 나오고 있는 것이다. 지방신문의 편집국은 만사태평인 데가 있기 때문인지 극비주의가 없으며, 알게 된 사실 그대로 기사를 쓰는 경우가 더러 있다. 그에 의하면 '불온한 음모'라고 주요 신문에서 부르고 있는 것은 '조선 독립의 계획'이었다. '독립의 음모'라는 표제로 다음과 같이 쓰여 있다. "현재 일본의 사회제도를 근본적으로 파괴한 조선독립의 음모계획을 상세하게 적은 팸플릿 수십 장을 가지고 있는 것 외에 수천 장을 반포한 것" 때문에 잡힌 것이다, 라고. 그 김천해 사건과 같은 날 각 신문에 의해 보도된 것이 의열단義烈團 나석주羅錫柱의 동양척식회사(서울京城) 습격사건이다. 「하북신보河北新報」와 그 외에 의하면, 나석주는 1920년에 '황해도 은율군'에서 소작쟁의에 관계하고 있었는데, 그 지방 농민들의 빈궁함은 동척(동양척식회사)의 '토지

겸병'의 결과라는 데서 동척을 습격하려는 의도를 갖게 되었다고 한다. 습격은 1926년 12월 28일이었다. 그 신문 기사에서 대체적인 것을 상상할 수 있다. 그러나 어째서 사건의 동기를 이런 식으로 '개인화'하는 것일까. 물론 동척은 일본제국의 수탈을 자신의 사업으로 하는 회사다. 그렇다면 나석주는 1920년의 한 지방 쟁의를 넘어선 규모의 문제를 가지고 있었으며, 그런 문제로부터 조선의 적 '동척'을 공격했음에 틀림없다. 그렇기 때문에 망명해 있던 상하이로부터 잠입해왔을 것이다. 「산양신보」는 상하이의 의열단을 '상해 임시정부'라 쓰고 있다. 나석주는 동척 습격으로 '사망자 2명'을 낸 직후에 도망갈 수 없을 것으로 보이자 스스로 권총으로 자살했다고 한다. 「하북신보」는 '차분한 흉행兇行 모습'이라 보도했다. 간토대지진 당시를 혼란스럽게 꾸며서 제도적으로 그리고 사회적으로 조선인들을 대학살한 일본제국 전체와 비교할 때, 나석주는 테러리즘에 빠졌다고는 하지만 훨씬 더 공정한 전투자였다. 동척을 습격한 같은 날 '식산은행殖産銀行'도 누군가에 의해 습격당했다. 그리고 30일의 「경성일보」는 "불령단不逞團 잠입 보도로 평양서平壤署 술렁거리다"라고 보도했다.

료안을 떠받쳐주는 주요한 받침대로서 료안 중의 근신을 명령한 경찰 자신이 상복을 벗어던지고 '술렁거리기에 이른' 것이다. 그리하여, 술렁거리는 료안이란 형용 모순에 다름 아니다. 우리는 앞에서 '술렁거리는 료안'을 일본 국내에서 한번 경험했음을 떠올릴 수 있다. 그것은 일본 자본주의의 점술사들이 료안 중에 '빠져나갈 구멍'을 찾아냈을 때의 일이었다. 그러나 지금 이곳 제국 판도의 변경에서 '술렁거리고' 있는 것은, '빠져나갈 구멍' 따위의 알랑거림은 통하지 않는다는 것을 분명하게 생각하게 된 결과였다. 오로지 검은 색의 료안은 어김없이 그 지점에서 붕괴해 있었던 것이다.

저자주

1 압록강 상류지대에서의 저항은, 일본제국의 구분에 따라서 '만주'에서의 사건으로 보도되고 있지만, 그 실체는 조선인의 그것일 가능성이 충분히 있다. 조선에서의 일본제국의 지배밀도의 높음은 조선 사회에 내재하는 저항력을 변경지역으로 결집시켰으며, 그 지대에 강한 집중성(集中性)과 조직성(組織性)을 가진 저항집단이 생겨났다는 사정을 고려할 필요가 있다. 그것은 저항의 정치역학이 지닌 역동주의(dynamism)에 다름 아니다. 그러나 그 같은 정치역학적인 측면만은 아니며 그 '사건'의 사회학적 지반 역시 고려할 필요가 있다. '간도(間島) 빨치산'으로 유명한 간도라는 지명은, 일본제국의 경찰자료『만주국경찰개요(滿洲國警察概要)』(만주국민정부경무사간행[滿洲國民政部警務司刊行])에 의하면, 예로부터 조선인들 사이에 간도(懇島)로 불리고 있던 것으로, 하류(河流)의 분맥 사이에 형성된 중주(中洲, 間島)의 "지질이 비옥한" 곳에 개간이 행해진데서 유래하는 것이 아닐까 추정하고 있다. 물론 진위의 여부는 알 수 없지만, 간도가 조선인에게 변경의 이주 개간지역이라는 사실은 인구통계를 보더라도 거의 확실하며, 그 변경의 이주 개척지라는 성격은 그 곳에 독립의 자유로운 기풍과 생기 있는 저항운동이 일어날 수 있는 사회적 조건이 되었던 것 아닐까. '만주국 경찰'은 많이 발생하는 저항에 휘둘렸기 때문에 간도성(間島省)의 지명 유래까지 조사하지는 못했으며, 그럼에도 불구하고 저항은 점점 더 활기를 띠게 되었다.

신문과 그 외에 다른 문화수단은 국가의 행정제도에 따라서 사회를 구분하지 않고서 사회 고유의 문화지도에 의해서 독자적인 구분을 해야 할 것이다. 그렇게 함으로써 인간의 사회와 경험은 국가제도의 자의(恣意)의 바깥에서 통합된다. 그 첫 걸음은 변경지대의 사회적 특수성의 발견에 있다고 하겠다. '국가를 넘어선다'는 것은 구체적으로는 그런 것이다.

서평

■ 이시다 다케시의 『메이지정치사상사연구』

1

이시다 다케시石田雄의 『메이지정치사상사연구明治政治思想史硏究』는 두 편으로 나뉘어져 있다. 전편에서 '천황제 국가라는 지배체제 이데올로기'인 '가족국가'관의 구조와 기능을 분석하고, 후편에서는 1장에서 메이지 국가로의 역사적 전개 과정에 걸쳐 있는 제 사건, 즉 교육칙어 발표, 러일전쟁, 남북조 정윤正閏문제, 삼교회동三敎會同 문제 등의 사상사적 의미를 논하면서 '권력과 사상'의 연관을 탐구했으며, 2장 나카에 조민,ᴵ 야노 류케이ᴵᴵ 등의 사상가와 러일전쟁에 이르는 여론의 형성과정을 상세하게 서술하고 있다.

ᴵ 中江兆民, 1847~1901. 사상가. 도사(土佐) 출신. 이름은 도쿠스케(篤介). 프랑스에 유학했으며, 귀국 후 불학숙(仏学塾)을 개설하고, 「동양자유신문(東洋自由新聞)」을 창간해 주필(主筆)로서 메이지정부를 공격하고, 자유민권운동의 이론적 지도자가 되었다. 루소의 『사회계약론』을 번역했으며, 저서로 『삼취인경륜문답(三酔人経綸問答)』 『1년유반』 등이 있다.

ᴵᴵ 矢野龍溪, 1850~1931. 정치가·소설가. 게이오의숙(慶応義塾) 졸업. 입헌개진당 결성에 참여, 「유빈 호치신문(郵便報知新聞)」에서 논진을 펼쳤다. 입헌정치가로서의 이상을 표명한 정치소설 『경국미담(経国美談)』이 있으며, 그 외에 『신사회(新社会)』 등이 있다.

하지만 일관된 저자의 관심은 '체제적 이데올로기'로서의 가족국가관의 구조 규정을 찾는 데 있으며, 다만 전편에서 다루어지지 못한 제 문제를 같은 문제 시각에서 다루고, 따라서 각론적 의미를 갖는 것으로서의 후편이 객관적으로 존재하고 있기 때문에, 쓰인 시기의 순서와는 반대로 (후기 참조) 이 책의 정수는 어디까지나 전편에 있다고 여겨진다.

저자가 '침략과 파시즘의 시대'가 가져다 준 '사회적 분위기'의 주체적 부정 속에서, 자기 전진의 길을 열어젖히기 위해서 그런 주제에 대결한 발상의 적극성에 먼저 우리는 마음에서 찬동하지 않으면 안 될 것이다. 게다가 그 학문적 방법에서 "조급한 반영론에 의해 규정 지워지는 것을 피하고", "사상 내재적으로 분석을 진행"시키는 것을 의도해, "종래 통속적인 의미의 정치사"나 "자칫하면 경제주의적인 공식론에 빠지기 쉬웠던 …… 예전의 마르크스주의사학의 결함을 의식해서", "상대적으로 독자적인 정치영역에서의 법칙성을 규명하여 정치사상사의 파악을 풍요롭게 하기 위해, 방법론적인 일관성을 유지保持하면서, 게다가 유효한 개념과 접근 방법을 대담하게 받아들여"서 정치학에서의 유연한 마르크스주의적 방법을 구축하려고 한 노력은 높이 평가할 만한 것이다.

종래 일본의 근대사회는 '사상'을 그 자체의 사유양식Denkweise에서 내재적으로 파악하는begriffen 것을 허용하지 않았다. 거기서는 '종교로부터 해방된 정치국가'(마르크스), 도덕으로부터 독립한 자율적 정치권력은 성립하지 않고, 따라서 중세적 신학에 대한 반대물로서의 독립과학=자기법칙적 파악도 체제 내부에서는 생겨나지 않았다. 도덕과 권력과 학문의 융합물이 천황제 체제regime에 충만한 결과, 하나의 '사상'을 대상으로 하는 사고는 학문적으로는 형이상학적 주어적主語的 논리를 가지고, 도덕적으로는 정통윤리에 기초한 정사正邪 - 선악의 처단에 의해, 정치적으로는 권력에 대한 직접적 기여 여하를 가지고, 게다가 통상 그들 3자의 융합 '논리'에서 전개되었다. 그러므로 경험에서 사유로, 감각적 표상에서 개념적 사고로의 자기발전을 걷는 '정신의 현상学die Phänomenologie des Geistes'의 객관적인 조건은 일반적으로는 없었다.

그런 학문을 가능하게 하기 위해서는 체제에 대한 정신상의 일정한 혁명적 입장의 구축을 필요로 했다. 그 때문에 위와 같은 일본사회의 학문 상황에서 단순히 격리되어 있었던 데 지나지 않으며, 상아탑 속에서도 새로운 방법은 쉽게 생겨날 수 없었다. 2차 대전 이전의 아카데믹한 학자가 '고원高遠'한 사상을 논하면서, 한편으로 자신의 일상생활의 양식에 편재한 반봉건적 가치관 도덕moral과의 투쟁을 피하고 오히려 '학문적 논의'로의 기울어짐에 의해서 반대로 후자의 안정과 온존을 보장한다는 생활구조를 지니는 것에 기초해서, 이념idee과 도덕, 사유범주와 가치관념, 사고와 행동의 양극적인 배치가, 동시에 전자에서의 자기만족과 후자에의 무관심이 '순수학문'의 방법을 관통했다. 그 때문에 '사상'을 대상으로 한 경우 그 자율적 발전, 즉 그 자신의 사유양식을 구성하는 경험 → 개념으로, '숙지된 것das Bekannte' → '사유된 것der Gedanke'의 내재적 발전연관을 문제 삼을 수 없었다.

그런 방법상의 고착된 상황을 타파하고, 앞의 과제—헤겔적인 의미에서의 '혁명'을 사상사에 가져다준 선구는 마루야마 마사오 씨의 업적이었다. 사상사에서 사유내재적 접근의 형성에 의해서, '사상'은 정사와 선악의 도학적 규준에 의해 처단되는 것이 아니라 '사상' 자체의 사회적 기능에서 고찰되고, 그 승려적 허위성의 폭로가 아니라, 이데올로기적 폭로가 가능하게 되었다. 사상사는 여기서 비로소 대항학문Oppositionswissenschaft으로서 지배체제에 대한 혁명적 무기의 하나가 될 수 있는 것이다. '사상'을 하나의 관념체계로서 다루고, 그 사유양식을 내재적으로 추적함으로써만, 도리어 '사상'을 자기상대화해서 그것을 그 기능성에서 규정하는 것이 가능하게 된다는 것은, 아직 일본에서는 충분히 이해되고 있지는 않다.

2

『메이지정치사상사연구』는, 기본적으로 위의 방법에 기초한 노작이다. 저자는 그런 방법에 의해서 먼저 '충효일치'를 기축으로 구성된 '가족국가' 관이 러일전쟁 이후 비로소 천황제의 정통적 이데올로기로 형성되어, 우리들 '신민'에게 권력적 수단과 도덕적 수단을 가지고 주입되기에 이르는 과정을 논하고, '가족국가'관의 사상적 두 계기인 유교적 가족주의와 사회유기체설의 역사적 기능과 양자의 유착을 분석한다. 그렇게 형성된 '가족국가'관은 저변의 개별 가족제도를 종합 가족제도로서의 국가로 전제적 친자관계에 의해 확대·연장하는 구조를 갖는 것인데, 그것은 '정점에서 고찰'하면, 원자론적 개인주의와 사회주의에 대한 공격에서 가족주의가 커버하는 사회유기체론에 의한 국가이론의 구성으로 나타난다. 게다가 그들 양자가 "일본의 근대국가 발전에서 전근대적 집단과, 그것의 강력한 중앙집권의 요청이라는 양자의 관계를, 나아가서는 일본의 경제구조에서 한편으로는 저변의 전근대적 생산관계와, 다른 한편으로는 정점에서의 고도의 자본제의 발전이라는 관계를, 상당히 정확하게 반영해서", 우에스기 - 미노베 헌법논쟁¹에서 볼 수 있는 것 같은 모순과 충돌을 드러내면서 서로 다른 것을

---

¹ 우에스기 신키치(上杉愼吉)와 미노베 다쓰키치(美濃部達吉) 사이에 헌법, 특히 천황의 위상을 둘러싸고서 전개된 논쟁.

매개함으로써, '가족국가'관을 구성하는 관계를 근사하게 보여준다.

그런 기본적인 테제에 대해서는 마찬가지로 연구하는 나도 같은 결론을 얻고 있으며, 전혀 이론이 없다. 게다가 우리가 고심한 끝에 겨우 손에 넣게 된 종류의 사료가 풍부하게, 그리고 충분히 구사되고 있는 점에서는 경복敬服하는 수밖에 없다. 그러나 그렇다고 해서 모든 규정이나 고찰 방법에 대해서는 전적으로 찬성이라 할 수 없는 부분이 있으므로, 그들 둘, 셋을 들어 저자를 비롯한 동학同學과 여러 선배들의 가르침을 청하고자 한다. 이 책 전반에 걸쳐서, 하나의 방법상의 의문을 말하기 위해서 하나의 예를 들어보기로 하자. 예컨대 '가족국가'에서의 지방자치의 매개적 역할을 분석한 결론은 다음과 같이 서술되어 있다.

"자치가, 시민집단으로서의 사회를 기초로 하지 않고서, 전근대적 집단으로서의 가족 및 그 확대 · 연장에 지나지 않는 생활공동체를 기초로 하는 이상, 그것은 결국은 '가족국가'의 소우주micro cosmos로서 모순 없이 국가에 결합되어야 할 운명으로 된다. 따라서 천황제 국가의 근간을 이루는 관료적 지배에 대해서도 그것을 아래로부터 떠받쳐주는 역할을 하게 될지언정, 결코 그것과 본질적으로 대립하는 것일 수는 없었다. 그렇게 해서 개별 가족제도를 저변으로 하고, 공동체 관계를 매개로 삼아 구성된 종합 가족제도는 자기와 이질적인 대립물을 그 내부에 인정하지 않으며 따라서 그 제1의 장점을 '결합일치'시킬 수 있었지만, 그러나 그것은 정치적 지배에서의 이익지향의 대립성을 가족관계의 의제擬制에 의해 덮어 가린 것에 지나지 않는다는 점에서, 어디까지나 사이비 자주적 통일에 다름 아니었다. 따라서 그 같은 의제에 의해 가족 - 촌락 - 국가라는 통합과정을 취하는 이상, 거기에는 자주적 집권, 즉 사회적 저변으로의 민주적 확산이 있기 때문에 도리어 자주적인 중앙집권이 강화된다고 하는 것이 아니라, 반봉건적 기반 위에 선 결과 생기는 다원성·할거성割據性에 고민하면서, 근대국가로서 국제무대에서 강력한 발언력을 유지하기 위해서는, 불가피하게 권력적 집권을 필요로 한다. 게다가 그것이 현실 측면에서 강화되지 않으면 안 되는 만큼, 관념 측면에서는 점점 더 가족주의를 소리 높여 주창하지 않을 수 없는 것이다"(강조는 필자, 117~118쪽).

일본 지배구조의 본질에 언급한 이 논술 속에서는, 다음에 설명하는 세 가지 차원이 구별되지 않고서 다루어지고 있다고 생각된다. ① 이론화된 이데올로기 측면에서는 '개별 가족제도'의 '종합 가족제도'로의 연장에 의해서 자치는 '모순 없이' 국가에 통합된다. ② 그러나 현실의 지배구조 속에서 관료제의 정치권력적 성격과 비정치적 자치의 충돌은, 비정치적인 가족국가적 결합의 성부成否가 그것의 해소와 관련되어 있기 때문에 그야말로 가장 깊숙이 내홍성內訌性 모순으로 축적되어 있다(그것에 관한 사료는 메이지 말기에 이미 많았다). 그렇기 때문에 태평양전쟁 말기에 천황제 파시즘의 내부적 붕괴가, 관료통제가 도나리구미[1]에 관철되지 않음으로 드러나서, 의제 가족적 공동체 내부에서의 전쟁을 싫어하는 관념의 자족적 교류에 대해서는 적나라한 권력적 억압에도 불구하고, 아니 거기에만 머물러서 '정치'는 끝내 개입할 수 없었으며, 천황제 파시즘 체제는 자기부식 작용을 하게 되었다. 그 같은 '정치'와 '비정치'의 모순은, 천황제의 정치적 자기운동의 원동력이었다. 기본적 계급대립이 천황제를 흔드는 경우도 언제나 그런 요인을 통해서이며, 계급대립이 격화되어 그 모순의 기저에 뿌리

---

[1] 隣組, 2차 대전 당시 국민을 통제하기 위해서 만들어진 최고 말단 조직. 5~10가구로 이루어져 조나이카이(町內會), 부라쿠카이(部落會) 밑에 속함.

를 내리게 되면, 국내에서는 그것의 권력적 해소를 위해서 관료제화가 가속도적으로 진행되고(러일전쟁 이후), 한편에서는 그런 대립의 다양화를 충격적으로 해소하기 위해서 침략전쟁을 기도하게 된다. 그래서 근대 일본을 일관하는 전쟁에서 전쟁으로의 순환이 가속도적으로 재생산되는 것이다. ③ 위의 '정치'와 '비정치'의 연관이, 가족국가관이 현실화하는 측면에 투영되었을 때, 먼저 이데올로기와 현실의 차이가 드러난다. 가족국가관의 구조적 모순은 정점에서는 단순히 논쟁의 형태를 띠는 데 지나지 않으며, 쉽게 통합되지만 비정치적 공동체와 관료제적 정치지배가 현실에서 충돌하는 지방자치의 수평면에서는 비정치적 이데올로기 체계=가족국가관의 조직능력을 따져 묻게 되므로, 현실의 조직을 담당하는 관료제적 지배와 비정치적 이데올로기의 차이가 여기서 드러나, 가족국가관은 자신의 이데올로기성을 폭로하게 된다. 그런 논리적 시점에서 가족국가관은 자기의 감정적인emotional 측면을 가중시킴으로써 조직수단으로 삼게 되며, 동시에 다른 한편에서 그런 방법으로는 조직 불가능한 '비국민'에 대한 적나라한 억압이 생겨난다. 그래서 현실지배 측면에서 대립이 격화됨에 따라 위의 논리적 과정이 확대 재생산된 결과, 가족국가관에서의 심정적 가족주의의 비균형적인 팽창과 현실정치에서의 권력의 폭력성이 동시에 진행되어, 마침내 황당무계한 신비주의에 이르러, 나치즘에서의 정치적 허무주의=추상적인 '힘'에 대한 신앙과 비슷한 기능을 하게 된다. 저자의 이른바 권력적 집권이 "현실 측면에서 강화되지 않으면 안 되는 만큼, 관념 측면에서는 점점 더 가족주의를 소리 높여 주창하지 않을 수 없는 것"이라는 사실fact의 내재적인 논리필연성은 오로지 그렇게 해서 나타난 것으로 생각한다.

이들 세 차원의 상호연관을 방법적으로(이 책의 장의 형식적 구분은 그들 셋을 구별하고 있지만) 구사하는 것은, 특히 천황제 분석에서는 불가결한 것이다. 무릇 천황제는 봉건적인 권위나 도덕으로부터 질적으로 해방된 자율적인 정치권력이 아니라, 정치적 상황의 변화에 의존해서 반대로 그들을 이용하면서 성립한 수동적 권력Passive authority이므로, 권력으로서의 독자적인 변증론을 갖지 못하고서, 전통적 제 관념과 외래사상의 일정한 배합에 의한 이데올로기로 치장하지 않으면 안 되었는데, 이는 위의 세 차원은 무매개적으로 분리되지 않았기 때문이다.

3

본질적인 점에 관한 의문을 끝내고, 이어 두 개의 작은 사례에 의거해 하나의 의문을 제기하고자 한다.

그 첫 번째. 아직 그 내용을 소개하지 않은 전편 3장에서, 저자는 가족국가관의 현실기능을 분명하게 하기 위해서 국가주의 단체와 반관반민半官半民 단체를 대상으로 다루었는데, 그들이 가족국가의 구조적 모순의 산물로 나타났으며, 전자는 비일상적인 대외 강경파의 운동에 의해, 후자는 관부성官府性과 가족주의를 한 몸에 갖춘 일상적 운영에 의해 가족주의와 정점의 매개자로 기능했다는 것을 밝혀내고 있다. 아무런 이론도 없으며 많은 점을 배울 수 있었다. 다만, 국가주의 운동의 사상이 '가족국가'관의 입체적stereo 유형에 기초를 두며, 따라서 그 반관료제적 언동에도 불구하고 지배계급의 사상을 보강하는 역할을 담당하고 있다는 것을 일반이론 속에 자리매김하기 위해 저자는 사회심리학적 접근을 시도한다. 거기서 근대사회에서의 인간은 자기의 전체성을 포함할 수 있는 전근대적 집단에서 해방되어 있기 때문에, 만하임Mannheim, Karl의 이른바 '껍질 없는 게'로서의 무력감을 맛보며 그 때문에 집단으로의 도피를 시도하는데, 그 도피는 한편으로는 무력화한 가족에게로, 다른 한편으로는 물리적 강제력을 독점한 국가에게로 방향을 취한다. 전자에서 인간은 애정에 의해서 감정적 욕구를 충족시키며, 후자에서의 매몰에 의해 무력감에서 구제된다. 그리고 "그들 양자는 전근대적 집단에 대한 현대인의 동경이 두 개로 분열되어 나타난 것에 다름 아니다"고 하며, 그런 전근대적 집단으로의 수렴성을 국가주의 단체가 민중을 동원할 수 있는 능력의 기초라 한다.

여기서 말하는 도피는 자본주의에 의한 자기소외에 근원을 갖는 것은 물론이지만, 그것이 정치사회에 나타나는 것은, 저자가 말하는 것처럼 근대사회 일반에서가 아니라 근대의 말기적 상황에서이며, 독점 자본주의체제의 진행에 의한 국민의 원자화atomization＝대중mass화의 결과로서다. 근대국가 국민에서의, 마르크스식으로 말하면 국가적 공민citoyen과 이기적 개인으로 분열된 양극이, 독점 자본주의의 진행과 의회주의 데모크라시의 붕괴 결과, 원활한 매개를 잃어버리고, 한편으로 정치적 허무주의(국가를 추상적인 힘으로만 간주한다)와 다른 한편으로 사생활에 대한 전면적 투입이 생겨나게 된다. 그런 역사적 과정에 대한 고려를 결여하고 있기 때문에, 말하려고 하는 주장에 이의가 없음에도 불구하고 독자들은 잠시 멈춰 서지 않을 수 없다고 생각된다.

그 두 번째. 후편에서 후쿠자와가 "우리가 크게 기대하는 바는 제실帝室, 황실에서 학교를 많이 세우고 그들을 제실의 학교라 하지 않고서 사립의 자격을 부여하고 전국의 학사들을 뽑아서 그 일을 맡게 해서 우리 일본의 학술로 하여금 정치 바깥에 독립시키게 하는 한 가지 일에 있다"고 한 「제실론帝室論」(메이지 15년)의 한 구절을 분석한 저자는, 후쿠자와가 "체제의 상징적 존재로서의 제실을 무기로 삼아 학문의 독립을 쟁취하려는 것은 지극히 위험을 함장하고 있다고 보지 않으면 안 될 것"(224쪽)이라 비판하고, 체제의 상징을 반체제 운동에 이용할 수 있는 경우를 논하고 있는데, 후쿠자와가 여기서 기대의 대상으로 삼았던 것은 아마도 계몽군주적인 제실의 학술장려운동이며, 상징으로서의 '제실'을 조작함으로써 학문의 독립을 쟁취하려고 한 것은 아니라는 점은 거의 확실하다.

정치에서의 '상징' 개념이 문제시되는 것은, 대중국가mass state가 출현한 결과 기존의 혹은 창조적인 일정한 상징의 조작에 의해서 대중을 일정한 방향으로 이끌어가는 것이, 지배체제의 유지를 위해서도, 또 그것에 대항해서 민중의 혁명적 조직화를 확대 강화하는 경우에도(이 경우에는 창조적 상징하에 민중이 자주적으로 결집한다) 필요하게 되기 때문이다. 서구적 근대국가에서는 의회주의적 데모크라시에 의한 민중과 권력의 원활한 순환이 붕괴되었기 때문이지만, 의회주의 데모크라시가 성립하지 않은 일본에서는 '국가적 사업'(전쟁과 체제의 재편)으로의 민중의 동원이, 지배자에게 필수적으로 된 러일전쟁―최초의 본격적인 제국주의 전쟁―이후였다. 그것의 사상사적 표현이 바로 '가족국가'관의 형성이었다고 생각한다. 이 같은 나의 결론 자체에는 다른 견해도 있겠지만, 그러나 위의 두 사례에 대해서 볼 수 있는, 극단적으로 말하면 비역사적인 개념의 사용은, 우리가 인접학문 영역의 성과를 배우는 경우에는 특히 주의해야 하는 것 아닐까.

이상이 군이 흠을 들춰낸 결과 겨우 발견해낸 사소한 의문점이다. 획기적인 이 책이 두루 읽히기를 기대한다.

일본에서의 조직방법론에 대하여

- 지방청년단체를 모델로 삼아

1. 왜 지방청년단체를 모델로 삼는가

· 문제 그 자체가 아니라 문제 상황을 한정하는 것의 이론적 필요성.

· 메이지 중기, 말기에 지방자치 단체가 많이 생겨난 상황적 배경. 관료제로 부터의 탈락 에너지의 광범한 발생. 그 같은 제도에서의 마이너스 에너지 를 플러스로 전화하는 전철 장치'로서 청년자치단체 발생. 그 최초의 고안 자 및 조직자 야마모토 도키노스케".

2. 그 조직과정의 4단계

· 1단계

일본문화 형태에서의 '같이 잠자는' 것과 같은 '합숙雜魚寢, 지코네 데모크라시' 의 인간결합력. 그것의 정치적 효용은 위험한 자기생활privacy에 틀어박히

I 轉轍裝置, 철도에서 레일의 방향을 바꾸는 장치. 흔히 전철수(轉轍手)라 하기도 한다.

II 山本瀧之助, 1874~1931. 지방청년 운동과 조직의 선구자. 『야마모토토키노스케 전집 山本瀧 之助全集』이 있다.

는 것을 막는 것이다(일본에서의 반제도적 불량정신과 프라이버시 성립의 양면적 이어짐).

3. 2단계

· 인간환라주의[I]적 결합에 의한 느슨한 조직의 성립과 그것의 규율집단화. 신변에 있는 가장 규범적인 관료제도로서의 학교에 관계 맺기. 여기서 보이는 자율적 규모의 확립이 아니라, 실체적 규율과 관계 맺기에 의한 반사적 자율성의 획득(일본 문화의 한 특징).

4. 3단계

· 1단계와 2단계의 모순. 다시 말해서 비제도적 조직화와 실체적 제도화에 관계 맺기 사이의 모순. 제도에서의 탈락 에너지, 관료제에 반발하는 에너지의 동원과 그 결과를 제도화하는 것 사이의 모순. 이들을 종합하고 통일하기 위한 리더십. 그것이 조직과정의 3단계다.

· 거기서 생기는 '오호충신남자지묘'[II]형 리더십. 가장 충실한 추종성을 가짐으로써 가장 유효한 리더성을 획득하는 일본 문화의 특징. 지도책임의 결여. 자각적 가해자의 결여. 원리적 잔혹성의 부재.

5. 4단계

· 반관료적 에너지의 관료제 개량단체화. 그것이 귀결. 거기에 지방자치 단체가 일본 지배체제의 위기에서 그것의 재편성을 가동시키고 추진하는 주

[I] 人間丸裸主義, 마치 벌거벗은 것처럼 서로가 서로를 잘 아는 끈끈한 정을 중시하는 것.
[II] 嗚呼忠臣楠子之墓, 아아 슬프도다. 충신 구스노키의 묘소.

요한 힘이 된 까닭이 있다. 지배체제의 특징과 관련.

■ ■ ■

(제2일) 토론. 공동보고 「일본정치에서의 리더십」(하야시 시게루[1] 사회)

마쓰다이라 나라미쓰[II]: 젊은이들의 합숙은 청년의 단련을 위주로 행하는
        것 아닌가.

후지타: 야마모토가 말하는 '유흥'은 성적인 것만을 의미하지 않는다. 합숙
        에서 생기는 연대의식을 동창회에 결합하려는 것이다.

이이자키 요시아키[III]: 방탕성이 급진성radicalism과 결합하지 않는다고 보장할
        수 있는가. 또 그런 보장과, 청년단 내부의 계층제의 관계는 어떤가.

후지타: 그 점에 대해서, 야마모토는 결합하지 않는다고 생각했다. 또한 청
        년단의 리더십은 명료하지 않으며, 실질적인 리더는 모범적인 추
        종자들이다.

사사키 아야오[IV]: '탈락 급진주의자'의 전형은 오히려 파시스트가 아닌가.

후지타: 파시스트는 체제에 편입된다.

고바야시 유키오[V]: 젊은 그룹의 리더와 추종자들의 소작쟁의에 대한 대응

---

[1] 林茂, 역사학자. 일본근현대사 전공. 도쿄대학 명예교수. 저서로『일본종전사(日本終戰史)』
(상·중·하),『공황에서 군국화로 도큐멘트 쇼와사(恐慌から軍国化へ ドキュメント 昭和史)』
등이 있다.

[II] 松平齊光, 정치학자. 저서로『근대 유럽의 정치와 사상(近代ヨロッパの政治と思想)』등이 있
다.

[III] 飯坂良明, 1926~2003. 정치학자, 정치사상, 현대정치이론 전공. 가쿠슈인(學習院)대학 명예
교수, 세이가쿠인(聖學院)대학 학장을 역임했다.

[IV] 佐佐木斐夫, 철학자. 저서로『이데아와 에스카톤: 고대 유토피아 사상사연구(イデアとエス
カトン: 古代ユートピア思想史研究一)』가 있다.

은 어떤가.

후지타: 청년단은 조정적인 역할을 수행했다. 하지만 소작조합이 생겨날 때에는 청년단의 위기다.

고바야시: 쌀 소동 때의 청년단의 움직임은 어떠했는가.

후지타: 소동을 억압하고 있었다.

고바야시: 다이쇼 데모크라시와 '합숙 데모크라시'는 어떤 관계에 있는가.

후지타: '농촌 데모크라시'는 청년단의 탈정치화이며, 다이쇼 데모크라시에 대항적으로 작용했다.

히구치 긴이치[I]: 청년단의 리더는 과연 '낙제한 수재'인가. 결론적으로, 청년단은 체제로부터의 탈락 에너지가 아니라, 예로부터 농촌에 있던 것의 조직화가 아닌가.

후지타: 체제로부터 탈락한 자가 '낙제한 수재'인데, 그들은 청년단에 들어올 수 없다. 관료제로부터의 탈락 에너지를 조직한 것이 청년단이다.

후쿠지마 신고[II]: 도시의 유흥 에너지에 대한 대착이 없었던 것이 아닌가.

이마이 세이이치[III]: 일시적인 것으로, 곧 해소될 것으로 생각되었다.

기타사와 스케오[IV]: 헌정회憲政會를 군국주의로 향하게 한 요인으로 이노우에 긴축재정을 생각할 수 없는가.

이마이: 이노우에 재정은 농촌공황을 불렀으며, 그것이 파쇼의 모태가 되었다.

V 小林幸男, 정치학자. 전공은 외교사와 태평양전쟁. 리쓰메이칸(立命館)대학 명예교수를 지냈다.
I 樋口謹一, 역사학자, 사상사학자. 관심 분야는 프랑스혁명을 전후한 시기의 역사와 사상.
II 福島新吾, 정치학자, 전공은 일본의 군사외교. 전수(專修)대학 교수를 지냈다.
III 今井清一, 1924년생. 정치학자. 쓴 책으로 『다이쇼데모크라시(大正デモクラシ)』 등이 있다.
IV 北沢佐雄, 정치학자. 쓴 책으로 The Life of Dr. Nitobe가 있다.

우치다 시게타카: 관료세력 침투에 의한 정책의 변화는 어떤가.

이마이: 동지회同志會, 헌정회에서는 1913년부터 17년까지, 원로 중심의 관료세력과 가토를 중심으로 한 그것이라는 두 개의 중심이 존재했다. 다이쇼 6년부터 12년에 이르는 동안에는 후자가 주류가 되어, 민중운동파가 대두하게 된다. 호헌護憲 3파는 이후는 금융자본에 봉사한다.

우치다: 장기적 종합적 파악이 필요하다.

가와나카 니코[II]: 부락 상호 및 부락과 행정촌과의 대립에서 생겨난 리더십은 어떤가.

후지타: 야마모토도 행정구획과 합치되는 전국적 연합체를 만들고자 했는데, 그것은 청년단 내부에 모순을 잉태시켰다. 게다가 청년단이 포괄적으로 탈정치화 했으므로, 정당은 지방에서 리더들을 조달할 수 없었다.

다구치 후쿠지[III]: 한 데 어울리는 주의라는 출발점과 제도화된 청년단 사이에는 모순이 생긴다.

후지타: 하지만 관료제와 동일화하지 않기 위해서는, '모순의 무한순환'이 아니면 안 된다.

후쿠지마: 도시노동자에 탈락 의식은 없는가.

후지타: 파업의 에너지가 그것이다.

[I] 内田繁隆, 정치사회학자. 전공은 정치사상 및 비교정치사상. 쓴 책으로『일본정치사회사상사(日本政治社会思想史)』가 있다.

[II] 河中二講, 행정학자. 전공은 정책결정과 재무행정. 세이케이(成蹊)대학 교수를 지냈다.

[III] 田口富久治, 정치학자. 전공은 마르크스주의 정치학과 일본정치학사. 나고야(名古屋)대학 명예교수. 쓴 책으로『전후일본정치학사(戰後日本政治學史)』가 있다.

소마 마사오[1]: 탈락자가 관료제를 긍정해가는 과정은 어떤가.

후지타: '국가'에 관계를 갖게 하기 위해서, '학교'와 관계를 갖게 한다.

우치다: 야마모토 이론의 적용 범위는 어떤가.

후지타: 그것은 성공하고 있는 조직에 필수적인 요소다.

---

[1] 柚正夫, 정치학자, 전공은 일본정치와 선거. 규슈(九州)대학 교수를 지냈다.

1판 후기

나는 내 책을 내놓은 것을 그다지 좋아하지 않는다. 인쇄된 내 이름을 광고에서 볼 때면 얼굴이 달아오른다는 생각을 실제로 떨쳐버릴 수가 없다. 물론 그런 생각에는 만족할 만한 작품이 아니다, 라는 생각이 들어 있지만, 더 일반적으로 '공중公衆'과 직접 대면하는 것을 좋아하지 않는다는 요인도 있다. '개인'으로 분해할 수 있는 관계 쪽이 내게는 더 좋은 것이다.

그런데 마침내 한 권의 작은 책을 내놓게 되었다. 유쾌한 일은 아니다. 하지만, 10년에 걸쳐서 참아온 미라이샤未來社의 니시타니 요시오西谷能雄 씨와 마쓰모토 쇼지松本昌次 씨에게 겨우 책임을 다했다는 것만은 기쁜 일이다. 이 책의 내용은, 말할 것도 없이, 그다지 좋지 않다. 게다가 수록한 작품은, 어느 것이나 9년에서 10년 전의 것이다. 그래서 「천황제 국가의 지배원리」라는 논문을 제외하면, 다른 것들은 전부 지금도 쉽게 볼 수 있는 인쇄물에 들어 있다. 「천황제 국가의 지배원리」라는 논문을 실은 『호가쿠시린法學志林』도 대부분의 도서관에서 볼 수 있을 것이다. 설령 보이지 않더라도, 그 논문은 10년 동안에 전문연구자들 사이에서 다양한 형태로 지양 혹은 '사용'되어 '해체'되어 왔으므로, 다시금 미숙한 악문의 원래 그것을 읽지 않아도 좋을 것이다. 이런 사정이므로, 이 책의 출판 의미는 한 가지를 제외하면 없다고 할 수 있을는지도 모르겠다.

물론 당초에는 그런 의도는 아니었으며, '천황제 국가' 논문은 3장까지 마무리하고, 그 위에 '근대' 이전의 천황제, 다시 말해서 일본의 전통적 정치양식의 '뼈대'를 써서 보충한 다음 책으로 묶을 요량이었다. 애초에 '천황제 국가' 논문 자체가 '3장'(메이지 후반의 전환) 부분을 쓰고자 해서, 그 '전사前史'에 '전사前史'로 쓰는 것을 거슬러 올라간 결과인 것이다. 따라서 아이러니하게도, 예전에 가장 열심히 공부하고 가장 열심히 자료를 모았던 부분은 쓰지 못하게 되어 그 부분도, 그리고 '옛날 시대'의 천황제 분석도 다음 기회로 맡겨버리게 되었다. 공부하지 않았다는 비난은 면하기 어렵겠지만, 그럼에도 불구하고 어떤 의미에서, 그런 과정 자체가 실제 내용보다도 흥미로운 측면을 포함하고 있는지도 모르겠다.

각 논문에 대해서는, 곳곳에 문장상 그리고 내용상 조금은 더 잘 설명할 수 있다고 생각되는 점이 있고, 또한 두 가지 미세한 잘못이 있지만, 어쨌든 원래 그대로라는 식으로 결정했으므로, 다소 친절하지 못한 혐의는 있지만 한 자 한 구절도 고치지 않기로 한다. 그 대신 보주補註를 달아서 결함 및 불충분한 점이나 각 논문의 그 때의 의도나 또 서술 가운데 매몰되어 있는 이론적인 틀(예를 들면 마르크스와 베버와 마이네케와 카시러 등이 어떤 점에서 관계를 가지고 있는가 하는 것)에 대해서 써두고자 했지만, 그 즈음에 시간적 여유가 없어서 그것도 그만두었다. 아주 무심한 것으로 되어버렸지만, 양해해주었으면 좋겠다. 만약 지금 바람을 적어 둔다고 한다면,

가능하다면 각주를 잘 읽어주었으면 좋겠다는 것, 내가 여기서 노력하고 있는 방법이, 대상 그 자체의 논리 안으로 들어가서 대상으로 하여금 스스로 논리적 귀결 앞에 서게 하고, 그로써 비판하려고 하는 것이라는 점도 아울러 기억해주면 고맙겠다.

끝으로, 전후의 '시대'와 '사우師友' 여러분께 경의와 함께 감사드린다. 거기서 흡수한 양분은, 나에게는 과분한 것이었다. 개인적으로는 특히 마루야마 마사오 선생에 대해서, 학문뿐만 아니라 널리 각 방면에 걸쳐서 실로 많은 것을 실로 깊이 배울 수 있었던 것을 진심으로 감사드린다. 그것은 아마도 내게는 그 무엇과도 바꿀 수 없을 것이다. 그리고 그런 기회를 부여하게 주게 된 최초의 계기가 전후의 민주화운동의 잡지(『조류潮流』에서 걸작 「군국지배자의 정신형태軍國支配者の精神形態」를 접한 일이었다. 그런 상황이 없었더라면 그를 직접 만날 수 없었을 것이고, 그런 운동이 없었더라면 나는 은사를 만날 수 있었을지 어떨지 알 수 없다. 마찬가지로, 전후의 '역사학연구회' 운동이 많은 친구들을 갖게 해주었다. 대학의 법학부는 그 무렵부터 대형 강의가 되어 관심 있는 주제를 특별히 공부할 수 있는 기회를 좀처럼 제공해주지 않았다. 그런데 운동은 문호를 개방하고 있어 젊은 사람도 참가할 수 있었다. 물론 일반적으로 말해서, 그것은 '좋은 것들만'을 무조건적으로 보증하는 것은 아니며, '문화운동'이 때로 보여주는 무분별함의 하나의 조건이기도 할 것이다. 하지만 지적인 목마름 상황에서 접했을 때의 '역연'에는 열광주의fanaticism는 없고, 오히려 학문적 토론의 재미를 충분히 가르쳐 주었다. 구축된 논문에서는 도저히 아 수 없던 학문적 사고의 과정이─혹은 학문의 생산과정이─'이야기'를 주고받는 가운데 생생하게 드러나고 있었던 것이다. 여기서 도야마 시게키' 씨, 이시다 다케시'' 씨를 먼저

알게 되었고, 이어 이노우에 기요시[I] 씨, 스즈키 마사시[II] 씨 등을 알게 되었다. 그때까지 문장으로는 그다지 익숙하지 않았던 이노우에 씨가 '대화' 가운데 표현되는 예리한 역사적 감각으로 많은 것을 가르쳐주었던 것도 거기서 있었던 일이다. 도야마 씨나 스즈키 씨의 젊은 세대에 대한 거의 희생적인 친절은 지금 생각해도 감동적이다. 거기서는 미래의 그러해야 할 사회에 도움이 되려고 하는 정신이 넘쳐흐르고 있었기 때문이다. 어쨌든, 온 집을 뒤져도 겨우 30엔 밖에 없었을 때 이따금 찾아가곤 했던 나를 위해서, 스즈키 씨의 부인은 3개의 만두를 사오시기도 했다. 그러면서 작지만 좋은 책 『부르주아민주주의혁명ブルジョア民主主義革命』 이야기를 했던 것이다. 누구라든가 어떤 사람이라든가 하는 것이 아니라, 전후의 민주주의 운동은 그같은 정신에 의해서 담당되고 있었다는 측면을 나는 확신한다. 이 책에 수록된 작품이 쓰인 후에도 「사상의 과학思想の科學」 운동 가운데서 주로 쓰루미 준노스케 씨의 훌륭한 발상력에서 많은 것을 배웠으며, 또한 거기서는 이미 나보다 상당히 나이어린 소박한naive 감각의 연구자와 운동 참여자들이 등장하게 되어, 그런 사람들과의 교류를 통해서 직접간접으로 얻게 된 부분도 상당히 많은데, 그것들은 그 이후의 일과 더불어 이 책의 「후기」의 범위를 넘어선 시기에 속한다.

[I] 遠山茂樹, 역사학자, 전공은 일본근대사. 근대사에서도 메이지유신과 내셔널리즘 분야에 많은 연구 성과를 남겼다.

[II] 石田雄, 1923년생. 정치학자. 전공은 일본정치사상사. 도쿄대학 명예교수. 저작으로 『메이지 정치사상사연구(明治政治思想史研究)』, 『일본의 정치문화: 동조와 경쟁(日本の政治文化: 同調と競爭)』, 『마루야마 마사오와의 대화(丸山眞男との対話)』 외 다수가 있다.

[I] 井上淸, 역사학자. 전공은 일본사. 『일본의 역사』가 한국어로 번역, 소개되어 있다.

[II] 鈴木正四, 역사학자. 저서로 『세계현대사의 구명: 전쟁과 민족해방투쟁의 제 문제(世界現代史の究明: 戰爭と民族解放鬪爭の諸問題)』 등이 있다.

전체적으로 다양한 형태로 반파쇼의 저항정신을 결정시키고 있던 '사상 세대'가 나의 직접적인 선생이었다. 면식이 전혀 없다거나 혹은 겨우 조금 알고 있을 뿐인 사람이지만 끊임없이 문장을 통해서 대화해온 사람들이 아직 몇 사람이나 있다. 그것은 본문 속에서도 얼마간 드러났을 것이라 믿는다. 그래서 문장이나 작품을 통해서 배울 수 있었던 약간의 사람들과 그들이 속한 상황과의 대화가 간접적인 선생이었다. 그들은, 유감스럽게도, 나의 정신적 역량의 작음 때문에 그야말로 지극히 좁은 범위에 머물러 있지만, 어쨌든 일본에만 국한된 것은 아니었다. 왜냐하면 어딘가의 특정한 '외국'에만 속해서 일본의 제 선학先學, 제 선례先例를 문제 삼지 않는다는 태도와도 달랐기 때문이다.

그러나 그 같은 대화 과정을 물론 혼자서 걸어가는 것은 불가능하다. 언제나 '직접'적인 제 선학과 친구들로부터 배우고 자극받으며 그들과 같이 토론하고 비판하는 과정을 통해서만 그것은 가능하다. 한 사람 한 사람의 이름은 들지 않겠지만, 지금까지 게으르다고 해도 좋을 나를 끊임없이 그런 과정으로 끌어주었던 친구들 여러분의 은혜를 잊어서는 안 된다고 생각한다.

결국 스스로 결론지어 말한다면, 아마도 나는 독자로서는 상당히 좋은 독자에 속할 것이다. 반면, 독창적인original 창조력에서는 아마도 나의 여러 선생들께 많이 미치지 못할 것이다. 하지만 독자들과의 어떤 형태로든 대화 없이는 어떠한 창조자라 하더라도 거대해질 수 없다는 점에서 독자는 무언가를 형성해 가는 데 불가결한 매개자다. 게다가 독자의 매개가 있을 때만 작품의 사회적 정착은 가능하다. 그런 의미에서 나도 역시 역사의 매개자인 역할을 다하지 않으면 안 된다. 그것을 위해서 문장이 필요하다고 한다면, '좋아하는 것'에 맡겨두고서 '문장'은 쓰지 않는다는 식으로 말하는 것이 아니라, 오히려 '문장' 쪽을 고쳐나가는 그런 노력을 해야 할 것이다.

　이상이 나의 솔직한 감상이다.

1966년 8월 6일

후지타 쇼조

2판 후기

오랫동안 1판의 '부록'으로 구노 오사무와 쓰루미 준노스케의 공저『현대
일본의 사상』에 대한 서평을 수록하고 있었지만, 이 책에 그 글을 넣어두지
않으면 안 되는 이유도 이 책의 주제로 보자면 애초에 그렇게 적극적으로
있었던 것도 아니며, 서평의 한 형식을 제출해본다는 일단의 역할도 다했
다고 생각되므로, 2판을 내면서 그 글을 빼버렸다. 앞으로 '서평'만 모아 책
을 내놓는 일도 있을 것이므로 그 때 고쳐서 다시 넣으려고 한다. 그 글을
빼버린 대신, 1959년에『근대일본사상사강좌近代日本思想史講座』(지쿠마쇼보
筑摩書房 간행)에 쓴「천황제의 파시즘화와 그 논리구조」를 수록하기로 했
다. 15년 전에 쓴 오래된 것이다. 1판도 그 당시로 보아 평균 10년 전의 오래
된 글들을 모아놓은 것이었다. 그것을 생각하면, 내게는 어떻게 하면 "오래
된 것을 오래된 것 그대로 새롭게 내놓고 싶은" 기묘한 취미가 있는지도 모

久野收, 1910~1999. 철학자, 평론가. 오사카 출생. 저작, 평론, 대담을 통해서 전후 일본의 정치
사상, 사회사상에 많은 영향을 미쳤다. 전후 민주주의에 기여한 사람들 중의 하나로 꼽힌다.

르겠다. 1판에 들어 있는 「천황제와 파시즘」쪽이 어느 쪽인가 하면 '전통적 요소의 작용력'이라는 측면에 대해 조명한 것인데 대해서, 「논리구조」쪽은 '천황제 파시즘'에서의 '근대적 요소의 작용력'에 눈을 돌린 것이었다. 따라서 애초에 이들 두 논문은 자매편으로 구상되어 쓰게 된 것이었는데, 『강좌』사정으로 인해 초특급으로, 구체적인 사례도 충분히 들지 않고서 휘갈기고 있으므로, 더 신중하게 다시 써서 책에 넣으려고 생각하고 있었다. 하지만, 귀찮아져버렸다. 그래서 또, 그것도 1판과 마찬가지로 전혀 고치지 않기로 했다. 다만 '전쟁체험'이라는 용어의 '체험'이란 단어를 '경험'으로, '좌절'이란 단어를 '실패'로 고쳤다. 그들 두 단어만은 아무래도 싫었다.

그리고 이번 기회에 「1판 후기」에서 말했어야 했는데 하고 생각했던 것을 덧붙여두고자 한다. 천황제에 관한 나의 최초의 논문은 호세이대학에서 준비되고 발표되었다. 그 과정을 통해서, 그리고 그 이후를 포함해서 이시모타 쇼, 나카무라 아키라 외에 여러 선생들, 및 마쓰시타 게이이치' 외에 여러분과의 20년에 걸친 지적인 교류에는 잊기 어려운 그 무엇이 있다. 그것의 의미에 대해서는, 내 나름대로 해석하고 있는 바를 별도의 글로 쓰게 될 것이다.

또 하나, 「1판 후기」에서 "한 사람 한 사람의 이름으로 들지" 않았던 분들 중에서, 직접적으로 그 논문에 대해서 가르침과 도움을 주셨던 분들로는 이데 요시노리," 우에테 미치아리," 오타 히로코太田弘子, 가와이 히데카

Ⅰ 松下圭一, 1929년생. 정치학자. 호세이대학 명예교수. 전공은 정치학, 지방자치론. 저서로『전환기 일본의 정치와 문화(転型期日本の政治と文化)』『현대정치: 발상과 회상』등이 있다.
Ⅱ 井出嘉憲, 정치행정학자. 전공은 지방자치와 관료제연구. 도쿄대학 명예교수, 나가노(長野)대학 학장을 지냈다.

즈,' 스기야마 도모카즈杉山知一, 마쓰자와 히로아키" 씨 등이 있다. 지금 이렇게 보면, 거의 '이상할' 정도로밖에 생각되지 않은 분도 있는데, 그것은 20년 역사의 '살아가는 방식 여하'에서 오는 것이 아닐는지. 그러나 우에테 미치아리, 마쓰자와 히로아키 씨 같은 분들은 같이 동업하는 탓도 있어서 지금도 많은 것을 가르쳐주고 있다. 다짐하기 위해서 밝혀두지만, 내가 배우고 있는 것은 대립 측면을 다룸으로써 그런다는 것은 틀림없다. 예를 들면 골수까지 차가운 나는, 달리 아무것도 배운 것이 없어서인지, '취미로서의 독설'을 '빠칭코ㅅチㅅㄱ'를 대신할만한 오락으로 좋아하는 성벽性癖을 가지고 있는데, 마쓰자와 씨의 비할 데 없는 근면함과 믿는 것에 대한 진지함을 접하게 되면, 그야말로 혼자서 자기비판하지 않을 수 없는 것은 명백하지 않겠는가. 다만 그것을 다른 사람에게 표현하는 경우에는 '그 대립 측면에 관한 독설'로써 할 뿐이다. 왜냐하면, 알다시피 나는 보편주의자므로, 아무리 취미에 지나지 않는다 하더라도 독설에서도 역시 보편주의가 아니면 안 되지 않겠는가. 그것이 반쯤은 농담이라 하더라도, 나는 모처럼 지금까지 계속 지녀온 대립측면을 해소해버리고서, 쌍방의 결합을 비생산적인 '부부선재夫婦善哉'로 하고 싶지는 않다. 저쪽이 만약 지나치게 겸손하다면 나는 무리해서라도 불손해지지 않으면 안 된다. 그것이 내가 넘어서기 어려운 부분일 것이다. 하지만 뜻한 바는 그렇게 던져버린 것이 아닐는지도 모르겠다. 우에테 씨에 대해서도 마찬가지다. 그 진지함을 접하면, '말도

Ⅲ 植手通有, 정치학자, 일본정치사상사 전공. 『일본근대사상의 형성(日本近代思想の形成)』등의 저서가 있다.

Ⅰ 河合秀和, 1933~. 가쿠슈인대학 명예교수. 전공은 비교정치, 영국정치.

Ⅱ 松沢弘陽, 정치학자, 근대 일본정치사상사 전공, 홋카이도(北海道)대학, 국제기독교대학 교수를 지냈다. 후쿠자와 유키치의 『문명론지략(文明論之槪略)』을 교주(校注)했다. 저서로 『근대 일본의 서양경험(近代日本の西洋經驗)』등이 있다.

많고 허튼 말도 잘하는ロハT嘘ハ百' 나는 금방 자기비판에 처해지게 된다. 그
것만이 아니다. 지금 이 책의 첫 번째 논문의 '전통-지향형'이라는 말은, 내
가 그 내용을 그에게 말했을 때, 그가 발명해준 것이다. "대립이 없는 곳에
관심은 생겨나지 않는다"는 의미의 말을 한 사람은 확실히 헤겔인 것으로
생각되지만, 대립면을 통해서 결합하고 있으므로, 예를 들면 위의 두 사람
의 친구와 나는, 지금까지 언제라도 같이 논의할 수가 있었던 것이다. 그리
하여, 대립을 통해서 결합하는 것에서 생겨나는, '같이 논의하는 관계'는,
천황제 사회나 '익찬체제翼贊體制'나 '찬바라곳코' 세계에 대한 반대물이다.
내가 추구해온 것 중 하나가 바로 그것이라고 해도 좋지 않을까. 그것을 토
대로 하지 않고서 무엇이 생겨날 수 있을까.

1973년 12월 31일

후지타 쇼조

チャンバラゴッコ. '찬바라'는 'ちゃんちゃんばらばら'(여러 사람이 칼 같은 것으로 같이
베는 소리나 그것을 나타내는 말)의 줄임말로서 같이 칼로 베는(斬)것을 말한다. 그것을 보여주
는 연극이나 영화를 가리킬 때도 있다. '곳코'는 명사에 붙어서, 두 사람 이상이 그런 동작, 행위를
하는 것을 말한다. 그러니까 어떤 동작을 같이 흉내 내는 것, 내지 교대로 같은 동작을 하는 것을
의미한다. 특히 어린아이들의 놀이에 대해서 많이 쓴다.

신편 후기

■ 남겨둔 부분의 초고 단편

문장을 쓰는 것에 대해서는 지극히 게으른 자(백성들이 온 힘을 다해 일하는 것에 반해서)인 나는, '월급'의 자격(전임)을 얻게 된 언저리에서 쓰는 것이 귀찮아져서, 보시다시피 「천황제 국가의 지배원리」는 1장에서 중단해버리고 말았다. 애초에는 2장, 3장까지 다 쓸 요량이었다(1953~56년).

　　남은 부분의 주제는, '천황제 국가'와는 구별되는 '천황제 사회'의 형성에 대해서였다. 이른바 '다이쇼 시대'나 '다이쇼 데모크라시'를 다소 예찬하는 듯이 논하는 사람들이 아마도 완전히 무시하고 있는 점일 것이라 생각한다. 단순한 평론가적 사상가에 이르러서는, 최근에도 아직, "근대 일본에서의 전쟁이 없었던 유일한 평화로운 시대"로 작은 축복을 보내고 있는 정도다. 그 때―그야말로 그 시대에―형성되고 있던 '천황제 사회'를 비판적으로 분해해보려 한 것이 거기서의 목적이었다.

　　'천황제 국가'로부터 '천황제 사회'로의 역사적 변화의 계기는 러일전쟁이었다(천황제가 아닌 새로운 '국가' 구상은 '천황제 국가' 형성과정이 한

참이었던 '자유민권운동' 속에 있었을 따름이다). 러일전쟁의 획기적인 성격이라는 것이 충분히 메이지 이후의 일본 근대사학자들 사이에서 이해되고 있다고는 생각하지 않지만, 러일전쟁에서 세계 최초의 '총력전'이라는 것이 일본에서 표현되었다는 점, 그런 점에 주목하는 것만으로도 러일전쟁의 획기적인 성격은, 좋은 의미인지 나쁜 의미인지는 별도로 해두고서, 역사적 시대변화의 거대함과 깊음이라는 점에서는 '메이지유신'의 획기성에 필적하는 것이었다고 생각한다. 그것은 마치 2차 대전 이후의 개혁시대와 '고도성장'이 사회생활 전체를 구석구석까지 바꾸어버린, 그런 역사적 획기성과 비슷하다고 생각한다. 정치권력의 이동이나 정치적 변화, 그것에 수반되는 사회운동과, 사회전체의 구석구석까지 미치게 된 생활양식의 변화라는 것 사이에, 일정한 차원의 차이―일정한 거리나 일정한 규모나 질의 뉘앙스의 차이가 있다는 것에 주목하는 것이, 종래 너무 지나치게 적지는 않았는가.

'천황제 국가' 형성의 시대, 바꾸어 말하면 러일전쟁 이전의 '메이지 국가' 시대는, 거기서 정치인으로서의 지배자, 지배자로서의 정치인이 사회로부터 얼마간 '초월'적으로 독립해 있었다. 일반 사회생활 속에 자신을 매몰시켜 버리는 것이 아니라, 일정한 거리를 두고서 사회인심에 대해서, 자신들의 정치적 행위의 대상으로 맞서려 했다고 할 수 있을 것이다. '사상사'나 '학자' 등도 각각 정치인에게 거리를 둔 비판자가 되어 있었으며, 그 결과, 국가와 사회, 정치와 사상 등등 사이의 대립·균형이, 청일전쟁과 러일전쟁 이전의 메이지 시대에는 어느 정도, 생겨나 있었다. 그런 점에서 본다면 정치인에게서 국가이해의 정확한 계산이 생겨나고, 거기에 따라서 정치적 행위를 취하게 한 것이 아닌가 생각한다.

그런 예를 든다면 그 시대의 정치적 감도感度를 나타내는 극단적인 한 예로 '오쓰 사건'에 즈음해서 러시아와의 사이에 국제적 긴장, 위기를 의식해서, 아직 약관에 지나지 않았던 '메이지 천황'이 담배를 입에 문 러시아 황태자에게 불을 붙여주었다는, 어떤 의미에서는 비굴한 태도조차 감히 취할 정도로, 그런 위기에 대처하려 했다는 장면이 떠오른다. '쇼와 천황'이나 그 이후의 최근의 '천황'에 그런 행동을 기대할 수 있을까. 다들 아는 바와 같이, 유신을 행한 정치인들에 의해서 '만들어진' 반쯤은 로봇처럼 행동하는 메이지 천황1조차, 그 시대에는 그 정도의 정치적 감각이나 위기의식을 가지고 자발적으로 행동하고 있는 것이다.

또 하나의 예를 들기로 하자. 메이지 시대의 정치인으로서 삼류 이하에 속하는 가쓰라 다로II조차, 러일전쟁에 즈음했을 때는 언제 전쟁을 멈출 것인지만 생각하고 있었다. 그런 건전함—이긴다는 것은 불가능하다, 이긴다고는 생각하지 않는—그 같은 판단의 확실함이라는 것이, 설령 그것이 주변에서 얻은 것이든 뭐든 간에, 가쓰라 다로라는 우둔한 인물에 체현되어 나타났다는 데에 '메이지 국가'의 특징의 하나가 표현되고 있다고 생각한다.

말할 것도 없이 초기 의회—'제국의회'라는, 제도 면에서만 흉내를 내는 뒤틀린 의회('자유민권'을 부정한 '의회제도')를 만들었을 뿐이며, '하기의 난'III이나 세이난西南전쟁이라는 내란에 필적할 만한 '메이지국가 말로의 위기'를 느끼지 않을 수 없었다는 데에, 급조된 사이비 '근대' 국가로서의

I 오쓰(大津)지켄. 1891년 일본을 방문 중이던 러시아의 황태자 니콜라이(나중의 니콜라이 2세)가 오쓰시에서 경비를 하고 있던 일본인 순사의 공격을 받아 부상을 입은 암살미수사건.
II 桂太郎, 1848~1913. 무사, 군인, 정치가. 조슈 번사(藩士) 출신. 내각총리대신, 원로, 육군대장 등을 역임했다.
III 1876년 야마구치현(山口県) 하기(萩)에서 불평사족들이 일으킨 반란.

'천황제 국가'의 취약함이 드러나고 있지만―그 의회개설의 위기에 즈음해 볼 수 있던, 이토 히로부미와 마쓰카타 마사요시' 그 외의 여러 정치인들의 위기의 자각의 정도는 이미 널리 알려져 있다.[2] 취약함을 취약함으로, 위기를 위기로 자각하는 데에만, '국가이성'의 명령에 따르는 정치인의 의무 수행이 나타난 것으로 생각된다.

그에 비하면 러일전쟁 이후의 정치인은, 정치행동자라는 점은 오히려 없어졌으며, 상징성, 사회적 지위의 높음과 권위성을 주로 나타내는 것으로 되었다. 예를 들면 '다이쇼 데모크라시'니 말하고 있지만, '다이쇼시대'의 총리대신을 거론해보면, 야마모토 고노에"에서 가토 누구加藤某에 이르기까지 '공도 없이 명성만 쌓은'[3] 군인이 압도적으로 많다는 것을 알 수 있다. 그 같은 정치인의 변질이 다이쇼 시대에 실현되어 있었다. 그 점도 역시, 역사가가 무시하고 되돌아보지 않는 부분이라고 생각된다. 기초적인 사실은 중요하다. 기초적인 사실 만을 주의 깊게 보고 있으면, 시대의 특징은 어느 정도 깊이까지는 포착할 수 있다고 생각한다. 그렇게 하지 않고서 세세한 자료적 사실만을 찾아내는 경향이 유행하는 것은, 내게는 심히 유감스러운 것으로 여겨진다.

지금 말한 것처럼, '다이쇼시대'의 총리대신의 양태는, 어떤 점에서 '메이지 천황'의 '행위성'에 비교할 경우 '다이쇼 천황'의 '오미코시神輿, 신을 모신 가마'성(특히 야마가타 아리토모와의 관계를 떠올려 보라)과 대응하는지도 모

[I] 松方正義, 1835~1924. 정치가, 가고시마(鹿児島) 출생. 1881년 대장경(大蔵卿)이 되어, 지폐정리 등의 디플레이션 정책을 실행했다. 장상(蔵相)·수상(首相)을 역임했다. 일본은행 창설, 금본위제 실시 등, 재정제도 확립에 기여했다.

[II] 山本權兵衛, 1852~1933. 군인, 정치가. 해군대장. 가고시마(鹿児島) 출생. 해상(海相)으로 러일전쟁을 수행했다. 수상이 되어 사쓰마 파벌 내각을 조직했지만, 지멘스 사건으로 총사직했다.

른다. 그렇다고 한다면 그것은 '정치인 집단' 속에 나타난 '천황제 사회'의 일단일는지도 모른다. 집단의 일체성을 보여주고 강화하기 위해서, '짊어진 자'로서의 '오미코시'가 필요한 경우는 흔히 있기 때문이다. 정치인 역시 러일전쟁의 이전과 이후에는, 그런 식으로 '정치적 행위자'로부터 행위능력을 필요로 하지 않는 '의식적 존재'로 변질해 있었다.

러일전쟁 후의, 이 같은 변화가 간단하게 행해지게 된 하나의 요인은, 러일전쟁에서 처음으로 '민권부정' '비국민의 배제'—가장 이름 높은 사건이 고토쿠 사건이지만—가 나타났기 때문에, 이미 이질적인 것을 통합할 필요가 없어졌다, 라는 사정이 있다. 물론, 그것만은 아니었다. 전환기라는 것은 복잡하므로, 다양한 역전이 그 속에 빽빽이 눌려 있다. 전형적인 한 예를 들어두기로 하자. 우리 모두가 문제 있는 것으로 알고 있는 '기미가요君が代', '히노마루日の丸'는 메이지 이후, 한 번도 정식으로 국가조직에 의해 '국가'나 '국기'로 결정된 적은 없다. 러일전쟁 당시는 일본 국민도 그것을 알고 있었다. 모두 다 알고 있는 예를 반복하자면, 1904년 8월 3일 「오사카 아사히신문」의 "천성인어天聲人語"에는 "황실에 노래가 있다. 국가에는 노래가 없는 국민은 자유롭지 못할 것이다"라는 문구가 들어가 있었다. 아는 바와 같이, 일본에서는 취학률은 거의 세계 제일이라 해도 좋을 정도로 높으며, 거기에는 '돈 벌러 나간 가족'이나 '전쟁에의 동원'이라는 사정이 이유로 작동하고 있었다. 읽고 쓸 수 있는 능력의 보급과, 신문의 발행부수의 크기가, 취학률의 높음과 비례해서 두드러지고 있었다. 그 발행 부수가 큰 신문 중에서도 대표적인 것의 '가장 눈에 띄는 칼럼'에 그런 문구가 있을 정도였으므

I 고토쿠(幸德) 지켄. 1910년 11월, 고토쿠 슈스이(幸德秋水) 등 25명에 대해서, 대심원이 24명에 대해 사형(12명은 다음날 무기로 감형)이 내려져 12명이 처형된 사건.

로, 그것은 국민 일반의 여론世論이라 해도 좋을 것이다. 여론의 세계, 다시 말해서 일반사회 속에서는 '기미가요'는 천황'가家'라는 특정한 한 가족의 노래였으며, 국가 같은 것은 아니라는 것이 읽고 쓸 수 있는 사람들의 상식이 되어 있다고 해도 좋을 것이다. 국기에 대해서도 거의 마찬가지라고 해도 좋을 것이라 생각된다. 그렇지 않으면 '제국해군'의 정식의 '해군기'가, 저런 식으로 '히노마루'와 다른 것으로 되지는 않으리라.

러일전쟁 중에는, '기미가요'나 '히노마루'를 둘러싸고서, 이렇게 건전한 사회적 상식이 있었는데, 그리고 러일전쟁 이후의 '히비야日比谷 방화사건'과, 다이쇼 데모크라시의 출발점으로 말해지는 '다이쇼 정변[I]'의 소동은, 『다이쇼정국사론大正政局史論』(소호[II])이 지적한 것처럼, 얼핏 보기에 다른 것처럼 보임에도 불구하고 같은 성질의 반정부운동이었는데, 정치인은 말하자면, 러일전쟁 후에는 이미 단순한 안온한 '지위'로 변질해가게 되었다. 그런 '지위'가 위험한 존재가 되는 것은, 3장 주제 중의 하나였다.

그러나 '정치인의 변질'이 '천황제 사회' 형성의 핵심은 아니다. '지방개량운동'의 실행과 '제국농회帝國農會'의 건설에서, 전국 규모로 정부 주도의 '사회개량'이 행해진다. 그것은 크게 '천황제 사회'의 형성에 관계되어 있지만, 그러나 이미 더 이상의 구체적인 예를 들면서 설명하는 것은 그만 멈추기로 하자. 그렇지 않으면, 메이지 이후의 일본 '근대사'를 어떻게 다시 볼 것인가에 대한 요강을 아주 길게 늘어놓는 것이 될 것이다. 애초에 그것을 말하고 싶은 기분은 아니지만, 지금 나의 체력도 그것을 감당해낼 수가 없다.

[I] 1913년 헌정(憲政)옹호 운동으로 제3차 가쓰라(桂太郎) 내각이 넘어간 정변(政變).

[II] 도쿠토미 소호(德富蘇峰), 1863~1957. 언론인이자 비평가. 출판사 민유샤(民友社)를 설립한 이래 일본 최초의 종합지 『국민의 벗(國民之友)』을 발행했다. 언론계를 주도했으며, 조선 총독의 요청으로 「경성일보(京城日報)」의 감독을 맡기도 했다.

극단적으로 가보기로 하자. '천황제 사회'는 무엇인가. 그것은 각종, 각 레벨의 집단에서 각각의 일체감이 분산되어 개별성이 그 안에서 분출하는 것에 대한 공포의 존재형식이며, 그로부터 개별화되는 것은 계속 피하는 사회집단이다.[4]

대체로 거기에는 세 가지 정도의 유형이 있다. 하나는, 일상생활 속에서 흔히 '교조教祖'라든가 '보스boss', '어른殿樣的'으로 불리는 특정 인물에게 그 존재와 그것이 떠안게 되는 문제의 결정이 의존하는 유형의 집단 내지 조직이다. 그 경우 '천황제 사회'의 '천황'에 해당하는 '대단한' 특정 인물에게, 평생, 중요한 것은 '오미코시'를 '짊어진 자'들의 위에 올라타서 언제나 싱글벙글하고 있지 않으면 안 된다는 점이다. 표정, 얼굴모양, 말과 행동에 집단 안정의 상징의 걸 맞는 안정된 '낙천성'―'세계에 자랑스러운 일본'에 대응한다―이 없으면 안 되기 때문이다. 나아가 일체여야 할 집단에 '분열될 수 있는' 그런 문제가 생기는 경우에는, 집단적 일체감을 보존·유지하거나 증대시키거나 한 사람들(개인, 혹은 무리, 혹은 전원)에 대해서, 일정한 '칭찬의 말'과 '칭찬하는 물품'을 주는 것이 중요한 일이다. 그럴 때, '짊어진 자들'이 활약을 시작하는 것이다.[5] '위에 올라탄 자'로서의 '천황'은, '의식을 위한 사람儀式人'에 지나지 않으며, 결코 행위자는 아니다.

'천황제 사회'의 두 번째 유형으로서, 첫 번째의 그것과 정반대되는 것을 들어보기로 하자. 집단을 대표하는 특정인물이 누구도 없는 경우다. 그런 유형의 '천황제 사회'는 전국 방방곡곡 어디에서나 있었다. 거기서는 일체적 집단이 '분해되는' 그런 위험을 조금이라도 느끼게 되면, 이례적으로 '변한 자'를 제외하고는 거의 전원이 문제가 되는 상황을 제거하고 개별성의 출현을 막아서, 일체의 집단이 분해되는 것을 피하기 위해 서로 행동하는 것이다. 집단에 대한 '충성' 등과 같은, 적극적이고 개인 심리적인 것도 드물게 있을지는 모르지만,[6] 오히려 분해되는 것을 막고 일체성이 무너지는 것을 피하기 위해 모두들 다 같이 소극적으로 행동하는 것이, 구성원들의 주된 정신태도였다. 그런 행동양식이, 집단 내부 전체에서 분유分有되고 있다.

그것은 말하자면, 소유관계에서가 아니라 행동양식에서의 '총유적 분유總有的分有'라 할 수 있는 것이었다. '총유'란, 입회의 자유로운 상태의 그것이며, 개인으로서의 누구에게도 소속하지 않고서(모두가 공통으로) 전원에게 소속되어 있다는, 소유권법상의 개념이지만, 사회경제상으로는 특히 '사유' 제도가 확립되어 있던 '다이쇼 일본' 사회에서도, 행동양식 측면에서는, 사유 - 공유 등과는 완전히 성격을 달리하는 '총유'성이 남아 있었던 것이다. 역사적 전통에서의 불균등 발전이라 할 수 있는 보기흉한デコデコ현상[7]의 하나다. 그것을 기막히게 기초로 삼아서 생겨난 것이, '총유적 분유형'의 '천황제 사회'였다. 그것은 전통의 일면―오늘날의 초현대사회까지 이어지고 있는 전통의 일면―을 기초로 하고 있는 만큼, 뿌리 깊은 존재였다.

여기까지 말해왔지만, 여기서 나의 체력이 다해서, 가족-친구들 그 외의 주변에 심려를 끼침과 더불어, 나의 심리적 건전함도 무너지고 말았다. 당돌하지만, 여기서 이야기를 중단하고자 한다. 이야기가 나아가던 방향은, 아마도 알아차릴 수 있었을 것이라 생각한다. 나머지는 젊은 연구자들의 공부에 기대하고자 한다. 그 이후 부분에서는, '천황제 사회'가 과격하기 짝이 없는 '운동'으로 변해서, 전국과 아시아 제 지역을 지극한 비참함으로 몰아가는, 변동과정의 구조에 대해 이야기할 예정이었다. 이 '후기'의 단편

조차도 이이다 다이조, 미야무라 하루오 두 사람의 두터운 우정의 더할 나위 없는 원조가 없었다면 불가능했을 것이다. 몇 군데의 문언文言에 관해서는, 말하고서 잊어버렸던 나를 대신해서, 나 이상의 필력으로 이어가는 문구를 말없이 써넣어 주었다. 오랜 시간에 걸친 우정에 대해서도 고개 숙여 감사드린다. 이는 그냥 하는 말이 아니다. 정말 고맙다. 진심으로 감사드린다. 특히 이이다 씨는, 자신의 일을 제쳐두고서 말 그대로 헌신적으로 이 책과 『전후정신의 경험戰後精神の經驗』 두 권을 만드는 일을 맡아 주었다. 딱히 뭐라고 드릴 말도 없고, 거듭해서, 두 손 모아 감사드린다.

또한 일을 시작할 때는 오랜 친구 나리사와 아키라¹ 씨에게도 편자 혹은 감수자를 부탁드리고 싶다고 생각했지만, 그가 몇 년간의 역작을 집필 중이라는 것을 고려하여, 그만두기로 했다. 그것과는 별개로 호세이대학에 재직하는 오랜 기간에 걸쳐 베풀어준 각별한 후의에 대해서는, 다소 어색하지만 그래도 이 자리를 빌어 감사드리고자 한다. 되돌아보면 매주 나리사와 씨와 토론을 포함한 대화가 나를 떠받쳐주었다는 것을 새삼 절실히 생각하게 된다(1995년 9~10월).

추기(追記)

이제 끝으로 자랑을 하나 하고자 한다.

난해한 악문의 전형으로 악평 높은 「천황제 국가의 지배원리」 1장의 마지막 3절에서 마지막 주(1장 3절 저자주 33번, 이 책 156쪽)에 주목한 독자는 거의 없을 것이라 생각하지만, 그 작은 글씨로 쓴 마지막 주석에 필자

| 成澤光, 1939년생. 정치학자. 호세이대학 교수를 지냈다. 저서로 『정치의 말들(政治のことば)』 등이 있다.

300 천황제 국가의 지배원리

로서 나의 비판정신의 핵심은 이미 쓸 때부터 담겨 있었다. 일부러 작은 활자의 주로 돌렸던 데에는, 소심한 사람의 다소 부끄러움과 동시에 큰 의미에서의 정치적 배려도 없지 않았다. 그 점은 여기서는 말하지 않겠다. 어쨌든, 그 각주는 카시러Cassirer, Ernst의 「자유와 형식Freiheit und Form」에서 인용한 문장을 중심으로 구성되어 있는데, 그 요점은 '주권' 개념은 역사적, 구체적으로 교회지배에 대한 세속적 왕권의 논쟁상 필요한 개념이었으며, 따라서 특별한 경우를 제외하고는 주권자가 누구인지 정하지 않으면 안 되는데, 그에 대해서 '인민'이라는 개념은 막막해서 추상성을 끊임없이 수반하고 있어서, '나도 인민'이라면 '우리도 인민', 소유 권력이 적으면 모두 '인민'이 될 수 있는 것이었다. 그 점, 오늘날 정치인들이 입에 올리곤 하는 '도민'이나 '시민' 그리고 '국민'과 닮아 있다. 따라서 '인민주권'이라는 것은, 기묘한 조합이어서, 18~19세기 서구에서는 절대군주 개인의 전제적 '주권'을 이미지로서 전제하지 않으면 성립하지 않는 것이었다. 모두가 주권자인 그런 정치사회를 상상해본다면 반쯤은 생각에 지나지 않는 바가 있을 것이다.

급히 만들어낸 국가를 위해서 특정한 가문의 세습에 의한 '천황제 국가'가 생겨나버려서, 그것을 분쇄하려고 생각한 나머지, 앞에서 말한 역설적 진리를 잊어서는 안 된다, 라는 쐐기를 나름대로 박은 것이 그 주석이었다.

나 자신, '천황제 국가'를 그런 분석을 통해서 분해해버리고 싶은 기분을 담아서 그렇게 쓰고 있었으므로, 독일어판 카시러의 한 구절을 발견했을 때의 날아오르고 싶던 놀라움은 제쳐 두더라도, 그것을 구사한 그런 억제는 나로서도 칭찬하고 싶다고 생각했으며, 지금도 그렇게 생각한다. 하지만 지금까지 어떤 서평에서도, 어떤 논의에서도 그 점에 대해 언급한 것을 듣지도 보지도 못했다. 그렇다면, 진정한 독자는 한 사람도 없었다는 것으로 된다. 일본의 독서인 사회는 그렇게도 빈약한 것일까.

"누구든지 꼼꼼하게 읽어줄 수 있는 독자가 나와 주셨으면 좋겠다" — 나이의 많고 적음이나 교사와 학생, 이라는 관계를 떠나서.

그저 칭찬하는 것만으로 좋다는 것은 아니다.

1996년 11월

후지타 쇼조

저자주

1 『일본사(日本史)』상, 백 몇 명이 등록되어 있는 '천황' 중에서, 정치적 행위자이며 동시에 권위자였던 천황은 두 사람 뿐이었다. 한 사람은, 그 제도(천황제)의 창시자였던 '텐무(天武) 천황(오아마노미코[大海人皇子])'이며, 다른 한 사람은 '고시라카와 법왕(後白河法王)'이었다. 후자는 '율령제도'(즉 천황제) 이전의 모습으로 되돌아가 호족(豪族)으로 위세를 떨쳐서, 요리토모(賴朝)로부터 "일본 제일의 큰 텐구(天狗)"라는 별명과 더불어 경계 당했을 정도의 '대호족'이었다. 그들 두 사람에 이어, 원정(院政)이라는 형태로 몰락한 '천황제' 전체를, 자신의 패배를 두려워하지 않고서, 율령 이전처럼 재구축하려고 '고다이고(後醍醐) 천황'이 중세에 있었다. 그리고 다시, 거기서 멀리 떨어진 3, 4류 부근에 '메이지 천황'이 위치하고 있다.

2 내란은 유신 당사자 제1세대에 의해 이루어졌으며, 제도 건설에 따르는 위기는 제2세대, 예를 들면 이토 히로부미에 의해 담당되었다. 그 같은 '세대'의 문제도, 하나의 중요한 문제로 다루면서 다시 생각하지 않으면 안 된다. 사회변화 속도가 빠른 급조(急造) 사회나 현대사회에서는, 특히 그러하다.

3 그것은 "진리가 있는 곳에는 정열이 없고, 정열이 있는 곳에는 진리가 없으며, 역사는 모든 사건이 없으며, 영웅에게는 모든 공(功)이 없어진 시대"(마르크스 『루이 보나파르트의 브뤼메르 18일』)의 특징이다. 다시 말해서 "세계화한 시장경제 만능시대"라고나 할까, 넓은 의미에서의 '버블시대'라고 할까, 요컨대 기원적인 시점에서의 '현대사회'의 특징이라 해도 좋을 것이다. 그것은 이른바 '마르크스주의 문헌'에 실려 있는 말인지 아닌지는 직접 관계가 없다. 그 시대

규정의 근사함은, 오히려 칸트의 '직감과 개념'에 관한 명언을 떠올리게 하는 것으로, 현대 역사가로서의 마르크스의 위대함을 보여주고 있다. 공존해야 할 사물과 공존해야 할 경우가 없어진 시대의 특질이다. 해체사회에서의 관계 소멸이라 해도 좋을 것이다.

4 홉스적인 '공포'를 떠올리고 또 비교해주기 바란다. 거기서는 개별성이 생존의 위험에 처해지는 상태에 대한 공포에서 벗어나기 위해 국가의 건설을 제안하지만, 여기서는, 거꾸로 개별성의 출현에 대한 공포가 몇몇의 사회적 존재형식과 행동양식의 양태를 안출(案出)해낸다. 서로 다른 사회의 서로 다른 발상의 전형적인 예라고 할 수 있을 것이다.

5 그런 일부 '짊어진 자들'의 활동이야말로, '천황제 사회' 이후의 군국주의화와 과격화 과정에서, '전위(前衛)'적 역할을 수행한 부분이었다. 물론 그것은 고유명사를 가진 사람에 대해서만이 아니며, 사회적 행동양식에 대한 이야기이다.

6 전통적인 '천황제 사회'에서의 '집단에 대한 충성'이라는 것은, 거의 없는 것과 마찬가지 아닌가 생각된다. 하물며 '사사로움 없는 충성' 등은 관념적으로 조성된 예외의 부당한 일반화이며, '깨끗하고, 밝고, 곧은 마음'이라는 슬로건은 신도(神道)가 이데올로기로 만든 이후에 급히 날조된, 허의위식 사의 미화에 지나지 않는다. 그것은, 일본사회 속에서 비판적으로 생활하고 사색하는 자에게는 알아차리기 쉬운, 당연한 사안이 아닐까.

7 역사적 전통의 다차원성과, 그 동안의 불균등적인 잔존은 중요한 문제이다. 그것을 알기 위해서는, 예를 들면 중국의 '도교'적 제 관념을 떠올리면 될 것이다. 중국의 의술(醫術) 방면에서 주목해야 할 것은, '기공(氣功)'이나 '원기(元氣)'의 '기'(氣)를 비롯해서, 거의 모든 도교적 차원에서 전해지고 있다. 마오쩌둥(毛澤東)의 거대한 초상에 감돌고 있는 '불로장생(不老長壽)'의 느낌은 아마도 도교적인 것에서 온 것으로, 결코 로마적인 '건국의 아버지'의 '영속해야 할 권위'나, 그 근대적 사이비라 할 수 있는 미국의 '건국의 아버지들'의 권위와는, 역시 다른 전통을 배후에 가지고 있는 것으로 다루어야 할 것이다. 현대 일본의 '회사' '동업조합'의 '담합'에서의 '총유적 분유'의 전통적 행동양식은, '천황제 사회'의 기초를 이루는 전통과 같은 것으로 생각된다. 그것이 전국적 조직 및 지방적 내지 하위집단적 소조직 쌍방에서의 사회결합의 핵을 이루고 있다고 해도 좋을 것이다.

해제

- 미야무라 하루오[1]

1

『천황제 국가의 지배원리』는, 지금까지 '1판'(未來社, 1966), '2판'(未來社, 1973), '신편新編'(影書房, 1996)의 세 개의 판이 있는데, '저작집판'으로 이 책에 수록된 것은, 다음과 같은 논문들이다.

1. 「천황제란 무엇인가」 초출(初出) 「천황제」 『정치학사전(政治學事典)』(平凡社, 1954년)

2. 「천황제 국가의 지배원리」 『호가쿠시린(法學之林)』(法學志林協會, 1956년 9월)

3. 「천황제와 파시즘」 『이와나미강좌 현대사상(岩波講座 現代思想)』 5권(岩波

[1] 宮村治雄, 1947년생. 도쿄대학 법학부를 졸업했으며, 현재 세케이(成蹊)대학 법학부 교수. 전공은 일본정치사상사. 쓴 책의 『이학자 조민(理學者 兆民)』 『개국 경험의 사상사: 조민과 시대정신(開國經驗の思想史-兆民と時代精神)』 『일본정치사상사: '자유'의 관념을 축으로 삼아(日本政治思想史: '自由'の觀念を軸にして)』 등이 있다. 『후지타 쇼조 저작집(藤田省三著作集)』(전 10권)의 편집진 중의 한 사람이기도 하다.

書店, 1957년 7월)

4. 「천황제의 파시즘화와 그 논리구조」『근대사상사강좌(近代思想史講座)』1
권(筑摩書房, 1959년 7월)

5. 「료안(諒闇)'의 사회적 구조: '쇼와 원년'의 신문에서」『월간백과(月刊百科)』
(平凡社, 1980년 5, 6월)

(어느 것이나, '신편'에 실린 논문을 저본으로 삼았는데, 거기서 행외(行外)에 나
타나 있는 정정부분은, 본문 안에 넣었다. 또한 저자의 수택본(手澤本)'을 토대
로 몇 군데에 가필, 수정했다.)

또한 새로운 '부록'으로 다음의 두 편을 수록했다.

1. 「서평_이시다 다케시의 『메이지정치사상사연구』」『시소(思想)』(岩波書店,
1955년 1월)

2. 「일본에서의 조직방법론에 대하여: 지방청년단체를 모델로 삼아」『연보 정치
학(年報政治學)』(日本政治學會, 岩波書店, 1960년)

마지막으로 『천황제 국가의 지배원리』의 '1판', '2판' 및 '신편'에서, 각
각의 '후기'를 수록했다. 그리고 '저작집판 후기'는 '신편 후기'에 '추기追記'
형태로 들어가 있다.

'사상사가思想史家' 후지타 쇼조의 탄생을 알린 논문「천황제 국가의 지
배원리」는 기묘한 성립과정을 갖는 작품이었다. 1판에 붙인 후지타의 '후

저자의 손때가 묻어 있는 책으로, 직접 보면서 밑줄 친 것, 메모한 것 등의 흔적을 볼 수 있다.

기'는 그것을 다음과 같이 서술하고 있다.

'천황제 국가' 논문은, 3장까지 마무리하고, 그 위에 '근대' 이전의 천황제, 다시 말
해서 일본의 전통적 정치양식의 '뼈대'를 써서 보충한 다음 책으로 묶을 요량이었
다. 애초에 '천황제 국가' 논문 자체가, '3장'(메이지 후반의 전환) 부분을 쓰고자
해서, 그 '전사(前史)'로 '전사(前史)'로, 쓰는 것을 거슬러 올라간 결과인 것이다.
따라서 아이러니하게도, 예전에 가장 열심히 공부하고 가장 열심히 자료를 모았
던 부분은 쓰지 못하게 되어 그 부분도, 그리고 '옛날 시대'의 천황제 분석도 다음
기회로 맡겨버리게 되었다(이 책 283쪽).

그래서 실제로 공간公刊된 것은, '서장'과 '1장 메이지 국가형성의 논리:
문제의 역사적 기점' 뿐이며, 2장·3장은 장의 명칭조차 나타나 있지 않다.
하지만 작품으로서의 '미완'성은, 그 구상의 미숙성을 조금도 의미하지 않
으며, 그에게서 그것은 분명한 상像을 맺었고, 그것으로 그의 출발점을 이
루었으며, 동시에 그의 이후의 정신활동을 방향 지워 왔다. 「천황제 국가
의 지배원리」를 둘러싼 후지타의 사색의 다양한 측면은, 본래 '논문'의 틀
을 벗어나 다양한 문장 속에 침투해서, 별개의, 새로운 주제와 연결되어 한
층 더 깊은 전개를 이루어 간다. 그리하여 「천황제 국가의 지배원리」라는
후지타의 텍스트는, 단순히 당초의 구상을 '미간未刊'의 그대로 내버려두었
다는 것만은 아니며, 그 후의 후지타의 사상사가로서의 활동 속에서 본래
'단행본'이라는 하나의 평행육면체를 갖는 물질적 통일성 속에 가두어버릴
수 없는 풍부한 전개를 보여주었다고 해야 할 것이다. 「천황제 국가의 지배
원리」라는 작품의 '미완'성이란, 애초에 그 같은 의미에서만 말해질 수 있

다. 논문과 같은 타이틀을 갖는 단행본이, 지금까지 세 번의 다른 판을 가져왔다는 것도, 이 책 본래의 그런 성격에도 기초한다고 하겠다. 이번에 저자의 '저작집'의 한 권으로 『천황제 국가의 지배원리』를 새롭게 편집하면서도, 그와 같은 사정에 기본적으로 변함은 없다.

하지만 후지타의 문장을 망라하여 수록한 '저작집'의 간행이, 다른 한편으로는 「천황제 국가의 지배원리」라는 후지타 작품의 텍스트를 물리적인 통일성으로 집약한다는 편집자의 부담을 경감시켜준 것도 분명하다. 독자들은, 저작집의 다양한 문장들로부터 필요에 따라 자신 나름대로의 텍스트를 재구성할 수 있는 조건이 주어져 있기 때문이다. 편집자의 역할은, 거기서 두 가지 사안에 한정된다. 첫 번째는 '천황제 국가'를 둘러싼 후지타의 사색에 포함된 형성과 성립과 전회의 밑그림隈取り'을 보여주는 텍스트를 제시하는 것이다. 종래 나온 판들의 중심적인 논고에 덧붙여서, 논문의 '시각'과 방법적 자각의 일단을 엿볼 수 있게 해주는 '부록'을 새롭게 덧붙임과 더불어, 후지타의 '사상사'의 '방법적 전회'(『저작집』 10권 '해제')를 거친 후에 집필된 천황제론을 본문의 1장으로 덧붙인다는 이 책의 구성은, 그와 같은 의도에 따른 것이다. 다른 하나는 『저작집판 천황제 국가의 지배원리』가, 텍스트의 물리적 제약에서 조금이라도 상대화되기 위해서, 그들 텍스트의 윤곽을 벗어나, 다양한 텍스트 속에서 독자적으로 전개되어 있는 후지타의 사색의 맥락을 비교적 드러나기 어려운, 또 놓쳐버리기 쉬운 것으로 생각되는 것을 중심으로 시사해두는 것이다. 이하, '해제'는 그 점에 집중될 것이다.

구마토리(隈取り), 동양화에서 원근(遠近), 요철(凹凸)을 나타내기 위하여 색을 발림하는 것.

2

2차 대전 이후의 '천황제론' 중에서 『천황제 국가의 지배원리』에 대해서 되돌아볼 때, 후지타는 흔히 '마루야마 학파'의 한 사람으로 묶여지면서, 그때까지 마르크스주의자들에 의해 수행되어 온 '천황제'의 '사회경제적 기초'나 '정치적 기구'의 비판적 분석에 대해서, 새로이 그 '사유양식' '정신구조' 차원에까지 들어선 비판적 검토를 하려고 했다는 점에서, 그 적극적인 의의가 드러난다. 그 같은 이해가 잘못이라 말하려는 것은 아니지만, 그러나 그 같은 개괄적인 이해가, 후지타의 논문이 갖는 독자성을 놓쳐버리기 십상이라는 점도 역시 부정할 수 없다. 그 점에서, 이 책에 처음 수록된 서평 논문이 마루야마 마사오의 사상사 연구가 수생한 획기적인 성격을 "사상사에서의 사유내재적 접근의 형성"에서 찾아내고, 그것이 '사상'을 "정사, 선악의 도학적 규준으로 처단"하는 것이 아니라, 그것 '자체의 사회적 기능'에 두고서 파악하며, 또한 '그 승려적僧侶的 허위성의 폭로'가 아니라 '이데올로기적 폭로'를 가능하게 했다는 것으로, "사상사는 여기서 비로소 대항 학문Oppositionswissenschaft으로서 지배체제에 대한 혁명적 무기의 하나가 될 수 있는 것"(이 책 269쪽)이라 한 것은, 중요하다. 그것은, 「1판 후기」에서의 후지타의 다음과 같은 겸손한 말, 즉 "내가 여기서 노력하고 있는 방법이, 대상 그 자체의 논리에 빠져 들어가, 대상으로 하여금 스스로 논리적 귀결 앞에 서게 하고, 그로써 비판하려고 하는 것이라는 점도, 아울러 기억해주면 고맙겠다"(이 책 284쪽)는 말과 더불어, 그의 방법적 독자성을 생각하는데, 놓쳐버릴 수 없는 것이기 때문이다.

하지만 그렇다 하더라도, 그 같은 추상적인 형태로 말해진 그런 '방법'이, '천황제 국가'의 분석에서 구체적으로 어떻게 일관되게 흐르고 있는가.

'독해'는 쉽지 않지만, "만약 가능하다면 각주를 잘 읽어주었으면 좋겠다"는 '1판 후기'의 또 하나의 후지타의 주문에도 따라서 생각해간다면, 문제의 윤곽은 상당한 정도로 선명하게 드러나게 된다.

> 근대 일본의 국가권력의 중핵을 이루며, 지배체제 그 자체였던 천황제는, 종종 서유럽 데모크라시와 비교해서 논해지기도 한다. 그러나 본래 봉건사회의 위기에 즈음하여 그 극복을 과제로 삼아 태어난 절대주의에 한해서는, 그 특질을 유럽 절대왕정과의 대비 위에서 검토하는 것이 타당하다(이 책 27쪽).

학생시절에 쓴 후지타의 처녀논문이라 할 수 있는 「천황제」에서의 그 같은 문제 설정의 독자성은 흔히 간과되고 있지만, 그것 자체 이미 후지타 시각의 획기성을 명확하게 보여주고 있다. '천황제'란 '데모크라시'의 단순한 대립물은 아니다. 그런 '반민주성'을 어느 정도 '폭로'하고, 그 '기만'성이나 '야만'성을 아무리 규탄하더라도, 그것을 극복하는 것으로 되지는 않는다. '천황제'는 '절대주의'로서의 그것이 수행하고자 했던 역사적 과제의 보편사적 문맥에서의 내재적 이해를 거침으로써, 비로소 그 '극복'이 준비된다―이 같은 문제설정에서, 후지타는 전후 천황제론 속에서 독자적인 위치에 서게 된다.

후지타가 지적한 '절대주의'의 역사적 과제란 무엇인가. "절대주의 최대의 역사적 역할은 국가의 건설에 있었다"(이 책 83쪽). '국가'란, 거기서는, 실체화된 봉건적 신분질서에 대한 의존성을 갖지 않으며, 거꾸로 '강력한 정치주체'로서의 군주에 의해서, '의식적, 계획 합리적으로' 조작되는 '권력의 기구Apprat'로서 성립하며, 그야말로 그것에 의해서 "'철저한' 근대성을 먼저 국가형태에서 결정시키는 경향성"(이 책 84쪽)을 전형적으로 체현한다. 하지만, 절대주의국가가 갖는 '근대성'이란 전통적, 봉건적 사회에 대한 부정성에서만 나타나는 것은 아니다. 「천황제 국가의 지배원리」에서 위의 지적부분에 붙여진 주에서 후지타는, 그것이 갖는 또 하나의 역사적 함의를 다음과 같이 지적한다.

국가를 Machtapparat(권력기구)로 파악하는 사고형태는, 말할 것도 없이, 르네상스 이탈리아의 Signorie(시의회)에 나타난 stato(국가) 개념에서 시작되어, 유럽 각국 절대주의의 국가형성 과정에서 점차로 실현되어 있던 것이다. 그런 의미에서, 그 국가 개념은 절대주의의 운동방향의 메르크말(merkmal, 지표)로 채택될 수 있다. 예를 들면, 영국 절대주의는 필머(Filmer, Robert)에 의한 가부장론적 변증에서 홉스에 의한 구성적인(constructive) 권력론적 변증으로 전환했으며, 프랑스에서는 보댕에서 동시에 국가 개념의 이중성이 존재하며('서장'의 저자주 8번 참조), 그 후 루이 14세, 리슐리외의 권력국가 개념으로 순화된다. 여기서 절대주의는 근대국가 건설이라는 자신의 역사적 사명을 완전히 수행하고 자신을 대체하게 될 부르주아 체제의 출현을 기다리는 것이다. 카시러의 프랑스에 대한 예리한 지적을 보라. "절대왕권에서 표현된 국가적 통일로부터, 비로소 프랑스 민족의 국민적 통일은 자신의 의사에 따라 생겨나는 것이다. 후자는 전자 안에 자신을 기초지워서, 전자 자체를 확신하게 되는 것이다"(E. Cassirer, *Freiheit und Form*, 1922, S. 481). 그러니 영국에서, 로크가 비판을 필머에 집중시키고 홉스를 향하지 않았던 것을 떠올려볼 수 있겠다(이 책 101쪽).

그에 따르면, 절대주의에 의한 국가적 통일이 민주주의에 의한 국민적

통일을 역사적으로 준비할 뿐만 아니라, 나아가 전자에 의한 '권력의 집중과 정치적 수평화'의 완성이, 후자에서의 인민주권의 성립을 준비한다는 '사상적 방법적인 상관관계'가 포함되어 있다. 사안에 입각해서 구체적으로 말한다면, "절대주의에 의한 근대국가의 건설은, 인민과 국가의 직접 교통기관으로 관료기구를 만들어내고, 거기에 세로의 '상하관통'을 가져다주며, 나아가 일상사회의 가로의 국가적 경계, 다시 말해서 국민사회의 형성을 준비한다"(이 책 107쪽). 그리고 "국가는 정적인static 장치이며, 사회는 동적인dynamic 운동이다"(「현대에 있어서의 '이성'의 회복現代における'理性'の回復」『전후정신의 경험戰後精神の經驗』I, 145쪽)라고 한다면, '주권'을 담당하려고 하는 '인민사회'의 자기형성은, 그런 절대주의의 질서 창출의 방향vector을 주체적으로 역전시키는 것을 의미한다. '민주주의' 확립에 대한 의욕이, 절대주의를 단순한 '타도' 대상으로 삼는 것이 아니라 '극복'의 대상으로 삼아, 바로 그렇기 때문에, 거기에 '내재'해서 질서창출과 전개의 구체적 과정을 해명하고, 비판적이긴 하지만 '계승'하지 않으면 안 되는 까닭이 그야말로 거기에 있다. "초월이란 주체의 변증법적 활동이며, 초월되는 것으로부터의 구속을 계속 받고 있는 상황에서만 생겨난 것"(『저작집』2, 23쪽)이기 때문이다.

　　하지만 '천황제'='절대주의'에 대한 후지타의 내재적 이해의 시도는, 동시에 그와 같은 역사적 및 논리적인 상관과는 별개의 문제연관에 대한 착안에서도 유래하고 있는 것처럼 보인다. 예를 들면 바로 뒤이어 쓴 「전향연구轉向研究」에서 후지타는 다음과 같이 말하고 있다.

　　제도의 건설자는, 거의 대부분, 데모크라시에 대한 일정한 단념(斷念)을 가진

자이다. 그것은 데모크라시 국가의 건설자에서도 다를 바 없다. '인민'의 자발적 활동의 결과가 제도적 결정을 갖는 데 이르기 위해서는 거의 대부분 영구적인 시간이 필요하며, 제도의 건설은 그 무한 과정의 중단 위에 성립하는 것이라는 생각은, 「사무엘기」로부터 근대국가의 건축자, 나아가서는 사회주의 국가 설립자에 이르기까지 일관되고 있다. 거대한 건설자이면서 흔히 인간 '성악설'을 채택하는 것은, 그들이 그런 단념의 질과 정도에서 강하며, 따라서 그런 단념의 원리화가 행해진 것에 따른 것이다(『저작집』 2, 105~106쪽).

그리하여 후지타가 그 같은 '제도의 건설자'의 역사적 예시로서, 「사무엘기」, 홉스의 철학, 미국 건국 아버지들의 철학, 마키아벨리즘 등과 나란히 '메이지유신에서의 국가건설자들 특히 전형적으로는 기도 다카요시'를 일본에서의 예외적 사례로 들 때, 문제는 단순하게 '역사적' 이해의 차원에만 머물지 않는다. 후지타가, 그처럼 모든 '제도의 건설자'에게 공통된 요소로서 '데모크라시에 대한 일정한 단념'을 인정하는 것은, 말할 것도 없이 '데모크라시 그 자체의 가능성의 부정'을 의미하는 것도 아니고 또한 모든 국가의 구성 원리의 차이를 무의미한 것으로 만들려는 것도 아니다. 신이 아닌 몸이 일정한 시간 내에 제도를 만들어내려고 할 때에 불가피하게 수반하는 희생과 대가에 대한 자각이야말로 인간의 제도건설에 따르는 원죄라고 한다면, 그것을 어떤 시간적 범위 안에서, 어떠한 제어 방법을 통해서, 그리고 어떤 절대적 한도의 가치적 제약하에서 억제하는가 하는 원리적인 물음이야말로, 그 만들어지는 '제도'의 내실을 규정한다. 후지타가 말하는 '단념의 원리화'란, 그 같은 보편적인 물음을 의미한다. 그 같은 '물음' 앞에, 사회주의국가의 건설자 레닌이나, 전시戰時 민주주의국가의 지도자인 처칠이 어떻게 대응하려고 했는가에 대한 분석은, 『현대사단장現代史斷章』
(『저작집』3)에 수록된 글들에 나타난 그대로다. 그렇다면 '인민주권'을 지
향하려는 자에 있어, '절대주의 국가의 건설자'들도 역시, 역사적 시간과 정
치적 가치관의 차원에서의 거리와는 거꾸로, 그런 공통된 '물음'을 앞에 둔
선행자 이외의 것은 아니다. "단순한 공격이나 바싹 마른 절망적 정신으로
부터도 행해질 수 있지만, 그 어떤 것에 대한 저항은 자신이 가지고 있는 것
에 대한 확신 없이는 행해질 수 없다"(이 책 200쪽)는 자각과, 정치적 입장
여하에 관계없이 '국가건설'이라는 경험 앞에서의 사상적 겸허함이, 무엇
보다도 거기서 요청된다. 하지만 거꾸로 말하면, 대립자의 '국가건설'이라
는 경험을 그 안쪽에서 비판적으로 끝까지 해명할 때, 인민주권은, 그때까
지 없었던 확실한 가능성이 열리게 된다. 후지타의 「천황제 국가의 지배원
리」를, 2차 대전 이후의 방대한 천황제론 가운데 구별해주는 것이 있다면,
그야말로 그 점에서의 방법적 자각의 철저함이라고 하지 않으면 안 될 것
이다.

그러나 후지타가 「1판 후기」에서, 자신의 방법을 말하면서 아울러 "각
주를 잘 읽어주었으면 좋겠다"고 함으로써 독자들에게 이해를 촉구하려고
했던 것은, 아마도 이상과 같은 문제 연관에 대한 주목 만은 아니었을 것으
로 생각된다. 왜냐하면 「천황제 국가의 지배원리」를 특징짓는 또 하나의
요소는, 앞의 문제관심에 어울리는 분석대상의 선택방식에서의 방법적 일
관성이며, 그것은 주에 타나난 인용 사료 그 자체가 무엇보다 잘 보여주고
있기 때문이다.

거기서 볼 수 있는 사료란 무엇인가. 기도 다카요시나 이토 히로부미
를 비롯한 메이지 국가의 지도자들이 정책의 선택과 의미부여를 둘러싸

고서 서로 교환한 '편지'이며, '의견서'이며, 법령원안과 그 미세한 수정점을 둘러싸고서 나눈 '초고'류이며, 중앙 관청과 지방 일선기관이 제도의 취지 이해를 둘러싸고 주고받은 '사伺'와 '답의答議'이며, 지방의 위기적 상황을 둘러싼 '탐정보고探偵報告'나 그에 대한 답변이며, 각종 의사체議事體에서의 주요 토의의 '의사록'이며, 정책 취지의 설득을 시도한 관청 내부의 주무관主務官에 의한 실무 관료에 대한 '훈시'이며, 말단에서 제도로부터의 일탈자나 그 예비군에 대해 이루어진 직접적 관리자에 의한 '훈화' 등이다. 후지타의 논문 집필 시점에서 그들 사료의 수집에 쏟아 부은 노고는 물론, 그것 자체 특기해야 할 것이 있다 하더라도, 지금 말하려는 것은 그것이 아니다. 단순한 예시가 아니라 논문 전체의 골격을 이루는 논지가 그와 같은 사료만으로 조합된다는 것 자체가 새삼 주목되어야 할 것이다. 애초에 그와 같은 '사상사'가, 그때까지, 그리고 그 후에도 후지타 이외에 달리 있을 수 있을까.

사료의 선택은, 말할 것도 없이 자의적이지도 않으며, 또한 단순한 '실증적'인 세세한 일에 대한 혹닉惑溺도 아니다. "접근방식 다시 말해서 문제의 설정 순서는 언제나 대상 그 자체에 의해 제약"(이 책 83쪽)되는 이상, 그들은 그야말로 절대주의에 의한 국가건설과 운전의 중심선에 따라서 각각의 행위자가 어떻게 해서 각각의 임무와 과제를 자각하고, 그 실현에 즈음해서 어떻게 문제를 의식하고, 그리고 어떻게 그것에 응답하고 있는지를, 문자 그대로 '안쪽에서' 포착하려고 하는 일관된 방법적 의도를 통해서 선택적으로 구성된 것이었다. 그리하여 '절대주의의 운동법칙'은 '권력의 내면'에 대한 내재적 분석을 통해서 해명된다. 말할 것도 없지만, 후지타의 방법은, '권력의 내면' 분석이지, '권력자의 내면' 분석 따위는 아니다. 개개

의 행위자의 언설이, 당연히 걸치고 있었을 사적, 개별적인 '야심'이나 '갈등' 등은, 직면하는 '사실'에 대한 응답의 의미에 비하면, 부차적인 것에 지나지 않는다. 그렇기 때문에 개개의 '대립'이나 '마찰'이나 '반목'은, 흔히 통속적인 역사소설가에서 볼 수 있는 '인물비평'적 호기심에서 벗어나서 '실사實事'에 대한 상호주체적인 연관성 속에 다시 놓여 짐과 동시에, 그것을 통해서, 권력이 껴안은 '지배원리' 그것 자체의 '모순'으로 논리적 객관적 차원에서 되돌려서 파악하는 것이다(조금 더 말한다면, 어떤 분석대상이 그와 같은 '사료'를 근본적으로 결락缺落시키고 있는 것을 특징으로 넣는다면, "그것 자체 하나의 사료로서" 고찰된다— 예를 들면『저작집』2, 129~132쪽을 보라). "'존재'로서의 비판의 대상을 바닥의 바닥까지 내재적으로 다 설명한 데에 가장 급진적으로radical 상대를 극복하는 길이 있다"(「체제의 구상體制の構想」『저작집』4, 155~156쪽). 후지타가, 마루야마의 사상사 연구에 촉발되고, 나아가 마르크스의 '대상 내재적 비판의 방법'(위와 같음)을 나아가 헤겔까지 거슬러 올라가 도달한 것은, 그야말로 그와 같은 '방법'에 다름 아니었다. 그리하여 「천황제 국가의 지배원리」에서 결실을 맺는 후지타의 '사상사'는, 그 방법 자체에서, '대항 학문Oppositionswissenschaft'으로서 그의 정치적 관여를 생애에 걸쳐서 깊숙이 규정하게 된다.

후지타 자신 '1판 후기' 이래 몇 번인가 지적하고 있듯이, 「천황제 국가의 지배원리」는 '2차 대전 이후의 민주화운동'의 경험을 무한히 살리려고 하는 가운데 태어났다. "전후의 '시대'와 '사우師友'"에 대한, 그리고 그들과의 사이에 성립한 '대화 과정'에 대한 경의와 감사는, 후지타에게 있어 일생 동안 계속해서 변함없는 것이었다. 하지만 그것은, 그의 작품이 전후의 '해방'과 '운동'의 '밀물'을 배경으로 성립된 것이라는 의미는 결코 아니다. 후

지타가 지적하듯이 "체제가 혼란스러웠던 전후에 있어서 모든 사상적 입장은 타자를 비판하기도 하고, 공격하기도 함으로써, 반사적으로 사회적 에너지를 자신에게 흡수해 조직할 수 있었다". 그것은 "사회건설 '계획의 제시'의 계기와 타자의 이데올로기 '폭로'의 계기가, 잘 균형을 취해서 유기적으로 연결되어 있던 마르크스주의에서도 '폭로'의 계기 쪽이, 전자 보다 강하게 나타나고" 있던 데에 상징적으로 드러났다. 그리하여 '사회건설'의 적극적 에너지가 '폭로'라는 '부정적 에너지와 결부되어 나타나지 않을 수 없는' 전후의 상황과는 달리, '전후는 끝났다'는 상황에서는 "사회체제가 일단 안정을 회복"한 것에 수반해서, 제도나 사상에 대한 비판성 없이 환경에 대한 무자각적 순응을 통한 일상생활의 재생산이 가능해지므로, '정신적 주체성'은, 새로운 조건을 부여받게 된다. "여기서는, 인간의 정신적 주체성은 기구적으로 소외당하는 위험에 조우하고 있다. 그래서 지성은, 언제나 자신의 위기를 자각하고, 자각적으로 끊임없이 자신을 재형성해가는 진지한 노력을 하지 않으면 안 될 것이다. 그런 문제성의 자각적 과정이, 동시에 우리의 내면적 전통에 대한 자각의 과정으로 된다"(「『현대일본의 사상』의 사상과 그 서평'現代日本の思想'の思想とその書評」 『전체주의의 경험全體主義の經驗』 I, 31쪽). 후지타 '사상사'의 방법적 자각이, 이같은 '전후 민주화운동'에 대한 내재적 비판과 표리 관계를 이루고 있다는 것은 분명하다. 그렇다면『천황제 국가의 지배원리』에서의 후지타의 의도를 '천황제'의 '병리와 위선성의 폭로'에서만 보려고 하는 한, 그의 독자적인 사상적 동기는 독자들의 손에서 빠져나가버리게 될 것이다.

3

논문 「천황제 국가의 지배원리」는 '서장'과 '1장'만으로 간행되었다. '서장'에서는, '1889년을 중심으로 하는 전후 3년'의 시기에 집중하면서, "권력국가와 공동태 국가라는 이질적인 두 원리에 의한, 천황제에 고유한 양극적 이원적 구성"의 자각적 성립 과정을 밝힘과 동시에, 그들 두 원리를 "천황제 지배의 역동성을 결정한 내부의 두 계기"로 봄으로써, 근대의 천황제 국가가 걸어간 과정을, 그와 같은 "분명히, 이질적인 두 원리의 대항, 유착의 발전관계"라는 '논리과정'으로 되돌려 파악하려는 기본적인 시각을 선명하게 내놓고 있다. 그리고 이어 '1장'에서는, 기도 다카요시를 대표로 하는 'state'smen에 의한 절대주의국가 형성과정에 초점을 맞춰서, 한편으로는 "전통, 권위 등의 역사적 비합리적 계기의 가치성"의 구속으로부터 자유롭게 '국가건설'이라는 단일목표를 향한 '목적합리적 자기통제'라는 뛰어난 근대적인 '전략전술'적 사고의 성립이 확인되면서, 다른 한편으로는 '스테이츠맨'의 다원성, '국가에 대한 자유'를 매개로한 '인재흡수'에 의한 '수평화'의 의사화, 절대권력자의 성립에 매개되지 않는 기구지배의 조숙한 성립, 국가관념에서의 대외적 공동태의 계기의 불균형적인 고양 등의 특수한 조건 때문에 반대로 부정되어야 했던 '군주의 덕' 지배의 원리가 존속되었다(1절)는 것이 지적된다. 이어 '2절' '3절'에서는 '단일의 절대권력자'를 결락한 채로, 관료기구의 창출과 '호적' 차원을 통한 기구의 사회적 정착에 의해서 통치체제가 형성되는 과정을, 매개가 되는 관료기구의 동태와 사회저변에서의 알력의 구체적 분석을 통해서 해명하며, 거기서 "권력국가적 강제가 전통적 지배에 의존하고 있는" 구조와 "전통적 윤리로의 기울어짐 속에 주체적 에너지의 모든 것을 흘려보내는 전통지향형 성격personality"의 '모범'화라는 형태에서의 "전통적 질서의 '주체적' 강화"가 생기는 경위를 지적하고 있다. 그리하여 정점의 'State'men에 의한 '국가건설' 속에서 일단 부정된 전통적 권위로서의 천황은, 여기서 '도덕적 집중'의 상징으로 사회적 바탕을 부여받게 된다.

> '근대적' 통일국가를 실현하려고 하면 할수록, 나아가 일본의 지배형태는 한층 더 근대성을 상실하고서 도덕교화를 자기의 중시원리로 삼는 데 이르지 않을 수 없었다. 일본의 근대국가가 도덕국가임과 동시에, 만방무비(萬邦無比)의 교화국가로 되는 이유는 거기에 있었다. 그리하여 집중체제의 창출은 동시에 모순의 체계성의 창출임에 분명했다(이 책 150~151쪽).

이처럼, 후지타는 1장에서 고찰한 유신 직후 천황제 국가의 집중 과정에 내재하면서 포착한 그 '사태의 사상적 연관'과 "서장에서 고찰한 천황제 국가 확립"기의 그것의 '놀랄만한 부합'(이 책 151쪽)을 확인한 부분에서 논문을 실질적으로 중단하고 있다. 자타가 모두 '미완' 논문이라 인정한 까닭이 거기에 있는 것이지만, 그러나 그것은 정말로 그 논문의 '미완성'을 의미하는 것일까.

그 논문의 '기묘함'은, 앞에서 언급한 것 같은 '소급적'으로 대상의 시기를 비켜 놓았다는 그 '성립과정' 만은 아니며, 실은 그것에 어울리는 구성도 나타나 있어, 자세하게 읽는다면, '후술'되어야 할 '2장' '3장'은, 실질적으로는 '서장'이나 '주'에서, 전부라고는 할 수 없겠지만, 그 주요한 논점과 구성상의 골격은, '미리 드러난' 것으로, 이른바 일종의 '도치법'적 구성을 취하고 있다고 보지 않으면 안 될 것이다.

예를 들면 후지타는 1장의 끝에서, 유신 직후의 집중과정과 국가확립기 사이에서 볼 수 있는 '사상적 연관'의 대응성을 지적하지만, 'state'smen에서는 "가치적으로는 완전히 부정되어야 할 것으로만 존재"하며, 따라서 또 "아직 항구적인 것으로 제도화"되지 않았던 '공동태 국가의 원리'가 최종적으로 제도 차원으로 고양해가는 과정을, "1871년부터 1888, 89년에 이르는 시기"—바꾸어 말하면 "유신의 제2단계인 폐번치현과 이후의 계몽시대, 나아가서는 민권운동이, 각각의 방법으로 필시 유신 당초의 집중형태에 대항"해가는 시기를 구획해서, 그 "체제와 운동의 구조적, 기능적 연관"을 밝히는 것을 '2장'의 과제로 예고하고 있었다. 그러나 '계몽'과 '민권'이라는 '대항운동'의 내재적 분석은 그야말로 주어져 있지 않다고 하지만, '자유민권운동에 대한 대항'이 '지방자치제도'와 '교육칙어'의 형성을 통해서 "'향당사회'에 포함된 '공동체 질서원리의 질적인 고양'"을 수행하고 있던 과정의 논리연관은, 이미 '서장'의 본문(이 책 34~66쪽) 및 주 75번에서 파악되어 있다고 해야 할 것이다.

또한, 일단 '권력국가'와 '공동태 국가'라는 이원적인 지배원리의 자각적 확립에 의해 성립한 천황제 국가가, 그런 이원성을 '국가구성의 원리'만이 아니라 '지배방법'에서도 "중앙의 '정사'와 지방의 '시치施治'"의 '범주적 구별'로서 제도화함으로써, 천황제 국가는 체제적 위기에 직면할 때마다 "정치적 국가와 촌락공동체의 비정치적 지배의 매개"를 담당하는 "체제적 중간층의 육성"에 중대한 의미를 부여해가게 되는데, 러일전쟁 이후에 심각함을 띠게 되는 그 같은 "체제의 매개와 통합의 구조적·기능적 연관에 대한 상세한 서술"(이 책 69쪽)을 해가기 위해 위치가 부여된 '3장'도, '서장'에서 제시된 러일전쟁 이후의 계통농회系統農會의 성립에서 1차 대전과 1920년대의 공황, 나아가서는 쇼와대공황과 그것에 의한 기생지주제의 전면적 붕괴 과정에서 관철되는 "중간층의 확대재생산에 의한 매개와 도덕적 절대자에 의한 통합의 체계로서의 천황제 사회가 성립해서 국가와 사회가 완전히 유착하는"(이 책 67쪽) 과정의 구조연관에 대한 지적(이 책 66~69쪽)에 의해서, 실질적으로는 그 주요한 윤곽은 주어져 있다고 할 수 있겠다. 나아가 쇼와 대공황 이후 국가기관의 원조를 받아서 전개된 청년단, 농민학교農民塾, 산업조합 등에 의한 체제적 중간층의 하강적 육성과정과, 거기서 "천황제 내부에 존재하는 근대국가로서의 합리적 기구화와 전근대적 공동태로서의 전통적 심정의 가치화라는, 두 개의 경향이 낳게 되는 심각한 모순을, 다시금 매개하고 봉합하는" 정신이 무엇인지를 분석한 논문 「천황제와 파시즘」, 또한 그 같은 "농촌조직화를 원형으로 삼아 전국의 '근본적인 다시 세우기를 도모'"할 것을 추구하려고 했던 '혁신관료'의 논리와 그 파탄을 해명한 논문 「천황제의 파시즘화와 그 논리구조」를 참조한다면, 후지타가 '3장'에서 본래 논하려고 했던 문제의 기본적 골격은 거의 떠올랐다고 해도 지나친 말은 아닐 것이다.

뿐만 아니라, 조금 더 집필 시기의 범위를 넓혀서 후지타의 다양한 논고에까지 시야를 확대한다면, 「천황제 국가의 지배원리」의 실질적 '각주'는, 한층 더 풍부한 것으로 될 것이다. 예를 들면 '2장'의 'state'smen에 의한 '집중'과 '계몽'의 대항관계에 대해서는, 논문 「유신의 정신維新の精神」(『저작집』 4, 수록)이 풍부한 시사를 던져준다. 거기서는, 한편으로는 기도에게서 전형을 볼 수 있는 '전략·전술적 사고'(그것은 그들의 '권력국가' 원리를 떠받쳐주는 계기였다)의 역사적 모태가, 막부 말기의 '지사志士'로서의 '횡의橫議, 횡행橫行' 경험 속에 준비된 경위를 보여줌과 동시에, 그들에게 실행되지 않았던 전통적 가치체계의 돌파가 후쿠자와 유키치라는 사상적 개성에서 방법적으로 달성된 내면적 근거가 지적되고 있다. 그 지적은, 뒤집어 보면, '천황제 국가의 지배원리'의 확립과정에서 '전통적 질서원리'에 대해 그것을 비판할 수 있었는가 하는 문제('서장' 저자주 34번, 이 책 73쪽)에 대한 결정적인 시사를 던져줄 것이다.

메이지 말기에 찾아든 '천황제 사회의 성립'에 수반하는 사상사적 변화에 대해서는, 참조할 수 있는 것들은 한층 더 풍부하다. 『정신사적 고찰精神史的考察』에 수록된 에세이 「어떤 역사적 변질의 시대或る歷史的變質の時代」는, 그런 변화를 정치사회의 정점에 위치하는 정치적 지도자의 정신의 변질을 통해서 선명하게 포착하고 있다. "'입국立國'의 시대는 끝나고, 국가는 혼돈 속에서 만들어야 할 것으로서가 아니라 그곳에 선험적으로 주어진 것이 되었다. 그것은 이미 기존의 자동적 존재여서, 안에 들어가 운용한다든가 부분적 수선을 한다든가 하는 것만을 필요로 하는 것에 지나지 않게 되었다. 만약 그것을 수긍하지 않는다면 외부로부터 압력을 가하든가 타도하든가 아니면 무시하든가 해야 할 것이다. 국가에 대한 정신태도는 그런 안팎의 양극으로 나뉘어져야 할 조건이 여기서 발생했다. 국가와의 긴장은 이미 내셔널리스트 측으로부터는 완전히 있을 수 없게 되었던 것이다"(『저작집』 5, 147~148쪽). 그렇다면, 새로운 '국가와의 긴장'은 어떤 형태를 띠고 나타났는가. 우리는 그 같은 관심에서 논문 「다이쇼 데모크라시 정신의 한 측면大正デモクラシ-精神の一側面」(『저작집』 2, 수록)을 참조할 수 있다.

러일전쟁 이후의 '소집해제'에 따르는 국가적 긴장감의 이완과 '천황제 사회의 성립'에 의한 사회로의 매몰 가운데서, '단독자'의 자각과 새로운

세계구상 방법을 확립하려고 한, 자연주의 문학자에서 우치무라 간조를 거쳐 『일본 자본주의발달사 강좌日本資本主義發達史講座』의 성립에 이르는 정신의 계보는, 그러나 '다이쇼 데모크라시' 상황 속에서는 예외적 소수자의 길이었다. 그에 대해서 '다이쇼 데모크라시의 정치사회적 귀결'을 전형적으로 담당하는 '조정법주의調停法主義'가 '공동체사상'을 "새로운 법제도의 이름을 빌어 재편성"해가는 과정은, 후지타의 「전향연구」에서, 혹은 '후쿠모토이즘'과의 대조를 통해서(『저작집』 2, 8~15쪽), 혹은 「협조회의 사상사와 그 사회적 기초 상황과의 관련協調會の思想史とその社會的基礎狀況との關聯」(앞과 같음, 128~163쪽)의 분석을 통해서 해명되고 있다.

이처럼 『천황제 국가의 지배원리』를 확장된 텍스트 속에서 되돌려 파악해보면, 후지타의 구상은 '태만'이나 '공부안함'이라는 자신의 과도한 겸손과는 거꾸로, 다양한 기회를 통해서 구체화되어, '천황제 국가'가 걸어간 역사과정의 복잡하고 또 착종된 문맥이 포함하는 논리과정의 중층적인 구조분석이 이루어지고 있다고 해도 좋을 것이다. 그런 의미에서, 후지타가 "'존재'로서의 비판의 대상을 바닥의 바닥까지 내재적으로 다 설명"하는 것을 통해서 "가장 래디컬하게" '천황제 국가'를 극복하는 길을 제시할 수 있었다고 자부했다 하더라도, 그것은 결코 불손하다고 할 수 없을 것이다.

4

하지만 '1판 후기'에서 '장래의 기회'에 맡겨놓았던 "'근대' 이전의 천황제, 다시 말해서 일본의 전통적 정치양식의 '뼈대'"의 해명작업이 구체적인 성과의 형태를 띠고 나타나기 위해서는, 보다 많은 시간과 곡절을 필요로 했다. 그 작업의 단서는, 물론 '역사학연구회歷史學硏究會'를 조직한 학생시대로

까지 거슬러 올라가지만, 그러나 고대 이래의 천황제에 대한 사상적 해명에 본격적으로 착수하게 되는 것은 마루야마 마사오, 이시다 다케시와의 '정통과 이단'의 공동연구를 기연機緣으로 한다. 그 성과와 경위는, 이번 저작집에 처음으로 수록된『이단론 단장異端論斷章』과 그「해제」에 나타난 그대로다. 그리고『이단론 단장』에서의 '중단'을 넘어서, 또한 그 새로운 방법적 전회를 밟고서 후지타가 열어젖힌 새로운 세계는,『정신사적 고찰』에 실린 글들에서 선명하게 드러나게 된다. 과잉이라 할 정도의 인공적인 의례체계로서의 '고대 천황제 국가'의 성립을, 신화와 성년식을 중심으로 해서 통합된 고전적 구조체의 해체와 변질 과정 속에서 포착하는 시각을 제시한「어떤 상실의 경험或る喪失の經驗」이 그것이며, '고대 궁정의 질적 전락'을 극적으로 묘사한 작품『호겐모노가타리保元物語』[1]의 분석을 통해서, 고대에서 일단 성립한 인공적 기구로서의 국가의 해체과정 속에서 분출해 나오는 다양한 '일개一介의 존재'들에 짐지워진 '사회전체의 복잡한 역사적 전변'을 해명하려고 한「사극의 탄생史劇の誕生」이 그것이며, 또한 '율령국가'와 '근대 천황제 국가'의 대비라는 시좌時座에서 '원호'가 갖는 이데올로기적 기능을 분석하고, '쇼와'라는 원호를 둘러싼 일본인들의 '지적 비평력의 여부'를 통렬하게 비판한「'쇼와'란 무엇인가'昭和'とは何か」가 그것이다. 그런 의미에서 이 작품은『이단론 단장』이하의 제 편을 참조해가면서 읽지 않으면 안 될 것이다.

　'쇼와 원년'은, 겨우 일주일에 지나지 않는다. "일주일을 1년으로 계산

---

[1] 가마쿠라(鎌倉) 시대의 군기(軍記) 이야기. 3권. 작자 미상. 1219~1222 무렵에 성립된 것으로 보인다. 미나모토노 다메모토(源為朝)의 활약을 중심으로, 호겐(保元)의 난의 경위를 일본어와 한문을 섞어서 쓴 책.

한다"는 그야말로 불편한 사태가 도대체 왜, 그리고 어떻게 있을 수 있는 가. 「료안'의 사회적 구조」는 그런 단적인 물음부터 시작한다. 답은 얼핏 보기에 간단하다. "천황 개인의 사망으로 시간이 구분되며, 그 시간의 척도 가 전 국민의 생활에 적용되기 때문"이다. 그러나 왜, 그리고 어떻게 해서 그것이 가능했는가 하고 다시 되돌아 묻는다면, 답은 쉽게 주어지지 않는 다. 거기에는, '원호' 성립의 근거와 의미를 고대 율령제국가의 형성기로 거 슬러 올라가서 확인하고, '쇼와'의 역사적 경위를 확정하는 장대한 역사적 상상력을 필요로 하기 때문이다. 『이단론 단장』 이후의 후지타는, 모든 '사 안'의 근원을 향해 소급하면서 그 숨겨진 함의를 되돌리려는 태도를 방법 화하려고 했는데, 여기서도 후지타는 기죽지 않고서 그 과제에 도전하려 하고 있었다.

'원호'는, '천황호'와 '국호'와 "한 조를 이루는 것으로 성립하며, 존재해 왔다"(「'쇼와'란 무엇인가昭和'とは何か」『저작집』 5, 170쪽)는 단적인 사실의 '발견'에서부터 후지타는 문제를 설정한다. '천황호' '국호'와 나란히 율령 국가라는 "새로운 인공적 세계를 구성하는 하나의 큰 계기"인 '원호'를, 자 신이 아니라 "중화제국에서 배운 국가제도의 시간 척도"의 수입으로 성립 시켰다는 것 자체, 우월한 세력의 "장난감 규모에서의 모방"을 동기로 하 는 일본에서는 '국가건설'의 기본적 모티브를 상징하는데, 하지만 그것 이 상으로 중요한 것은 '원호'가, "그 이전의 세계의 시간적 규준을 질적으로 는 부정한 것 위에 성립하게 되었다"(앞과 같음, 171쪽)라는 점이다. "원호 가 속하는 국가제도의 평면에까지 떠오르지 않는 마을村, 무라 사회에서는, 수확제를 중심으로, 그것에 부수附隨하는 것으로서의 마을의 대표長, 오사나 마쓰리祭의 책임자나 각 집안의 가장家長 등의 우두머리들諸王의 교체 의식

이 행해지는 것이 보통"(위와 같음, 172쪽)이었으며, 또한 '해年, 토시'는 "오로지 수확제와 같이 바뀌는 것"이며, 그 "해의 바뀜"에 따라서, "사회의 대표자인 오사王의 교체, 다시 말해서 왕의 성년식으로서의 즉위식이 그 때에 맞춰 행해졌던"(위와 같음) 것이다. 율령국가의 성립이, 그 같은 사회의 구조체와 밀접하게 연결되어 존재했던 다양한 작은 왕국들을 병합해서 공간적으로 확대된 '판도'를 영유하게 되었을 때, "그 제정국가는, 제국 통치의 필요상, 동서남북에 걸치는 여러 지방 왕국들의, '시차'에 의해 서로 분산, 독립하고 있는 사회적 시간을 통일적으로 제정하고자 해서 '사회의 위로부터' 시간에 대한 지명권을 행사하기 시작했던"(위와 같음, 173쪽) 것이다. "이미 우주적 천체나 자연적 계절이나 사회의 수확제 등에 직접 의거하지 않고서, 기구 체계의 정치적 '자의'에 의해서 자유로이 결정되고 또 '원호를 바꿀' 수 있는"(위와 같음) 기구적 지배의 인위적 수단의 하나로서의 '원호'는, 그렇게 성립했다. 하지만 국가가 인공적인 기구로서 사회로부터 우뚝 서려고 하면, 그 정치적 통합체에 조금이라도 변동을 가져올 수 있는 경향과 사태와 징후에는 가장 민감하게 반응하지 않으면 안 된다. 그런 의미에서 '원호'는 "천체, 대지, 사회의 모든 것에서의 미세한 변화"에 부응한 "조짐子兆의 측정과 그것에 대한 민감한 반응의 끊임없는 반복의 결과"로서만 존속하며, 또한 그런 한에서 인위적 지배의 수단일 수 있었다. 그렇다면 '메이지' 이후의 원호가 지니고 있던 특이함은 분명할 것이다. 오로지 "천황 개인의 재위의 표시"라는 것으로까지 의미를 축소한 그 원호는, 일찍이 '해年'가 가지고 있던 '사회적, 자연적 포괄성'도 '보편적 역사성'도, 나아가서는 "제국적 기구의 원호에서의 불안에 가득 찬 세계에 대한 응답성"(175쪽)조차 가지고 있지 않다. 그런 의미에서 근대의 '천황제 국가'의 원호는, '사회'

로부터 완전히 소외된 기호로서만 존재했다는 점에 그 역사적 '개성'을 갖는 것이었다고 할 수 있겠다. 그렇다면 그 같은 '원호'가 어떻게 해서 "일주일을 일 년으로 계산한다"는 그런 불편함을 수반하면서, 왜 그리고 어떻게 해서 국민의 일상생활을 관철할 수 있었을까. 그 '일주일'에 담긴 몇 개의 상징적인 측면을, 각종 신문, 특히 '지방신문'의 기사를 실마리로 삼아 끌어내면서 문제의 사상사적 의미를 해명하려고 한 것이 「료안'의 사회적 구조」에 다름 아닌 것이다.

내용은 어수선한 요약을 허용하지 않으며, 또 그럴 필요도 보이지 않는다. 그러나 그것이 가진 '예언'적 의미에 대해서는 짚어두어야 할 것이다. 그 작품은, 1980년 5월에 발표되었다. 따라서 그것이 '헤이세이平成의 료안'을 예기하고서 쓴 것이 아니라는 점은 말할 것까지도 없다. 하지만 그 작품을 '헤이세이의 료안'과 겹쳐서 읽을 때, 후지타의 그 시기 이후의 정신의 방향은 또렷하게 떠오를 것으로 생각되기 때문이다.

'쇼와의 료안'을 성립시키기 위해서는, "국가기구와 교육기관과 강제장치와 보도수단을 완전히 가동해서, 첫째로 세간의 표면적인 행동양식이라는 점에서 '료안' '천조'를 의례적으로 받아들이게 하고, 둘째로 '교훈'과 '선전'과 '의례적 행위가 가져다주는 내면에의 조건반사'에 의해서, 국민의 식의 표층에 그 구분을 심어주는 수밖에 없었다"(이 책 232쪽). 모든 '강제장치'가 '교훈기관'과 일체화하고, 또 모든 '보도수단'도 역시 스스로 '교훈기관'으로 바뀌어가면서 전개된 '가무음곡'의 정지를 비롯한 '료안'의 '근신조치'를 받아들이는 기반이 되었던 것은, 이미 러일전쟁 이후부터 형성되어온 '천황제 사회'에서 준비되어 오고 있었다. "명령이라면 명령으로 분명

⎸ 헤이세이(平成)는 1989년부터 쓰기 시작한 연호. 쇼와 천황이 1989년 1월 7일 세상을 떴다.

하게 해준다면, 이쪽은 반대라면 반대라고 분명하게 하기 쉽지만, '가르침'이라는 구실로 '명령'하면, 반대하는 쪽도 애매하게 되기 쉽다. 그런 애매함이 습관이 되면, 이쪽의 정신구조 자체가 애매하게 되어, 의식의 표면상으로는 '가르침'을 율의로 받아들이면서, 생활을 결정하는 심리와 지혜 부분에서는 원칙 없는 자연주의적 이기주의로 된다. 그것이, 천황제 국가와 대응하면서 그것과 차원을 달리하는 천황제 사회의 정신구조의 핵심인 것이다"(이 책 233쪽). 그렇다면 '헤이세이의 료안'을 '장엄'하게까지 '검정 일색'으로 꾸몄던 것은, 그것과 과연 어디가 다른가.

후지타가 '헤이세이의 료안'에 대해 직접 언급한 것은 없었다. 하지만 후지타가 「료안」의 사회적 구조」에서, 앞에서 인용한 '천황제 사회의 정신구조'에 언급한 후에 이어서 쓴 다음과 같은 문장은, 큰 시사를 담고 있을 것이다. "그런 애매함을 타파하고, 다면적인 지혜와 감각을 토대로 하는 중층적인 결정능력을 우리가 몸에 갖출 때, 바로 그 때 인민주권은 확립된다. 내가 계속 추구하는 것은 그런 것이다"(이 책 233쪽). 그것은 『이단론 단장』이후의 후지타가 보여준 방법론적 전회를 넘어서, 후지타의 '천황제론'의 근본적인 동기의 지속을 명확하게 말해주고 있다고 하겠다. 하지만 그것만으로 '헤이세이의 료안'에 나타난 사태 속에서 후지타가 무엇을 보았는지 반대로 말해주고 있다고 해도 좋겠다. 애초에 "사물에 대한 교감적 대응을 방기하고, 그 내실에서는 무기적無機的 기호로 변한" '메이지' 이후의 원호 중에서도, '쇼와'라는 원호에는, "세계대전의 개시와 패배 그리고 '전후'라는 한 덩어리의 큰 사건을 거치면서 다시 또 유야무야 하는 사이에 연속된 '지루한ダラダラ'성격性(『저작집』 5, 185쪽)으로 가득 차 있어서, 그에 대한 대응 여하에는 "국가의 '전후 처리'와는 별개로 우리 사회의 전후 정신이

존재하였는지 어떤지가 거기서 시험되는"(위와 같음, 186쪽) 시금석적인 의미가 부과되어 있었다. 그런 '쇼와'가 "천황 개인의 재위의 표시"라는 기호성을 온전히 해서 종언을 맞이하고, 새로운 '기호'가 '쇼와' 이상의 대규모 '근신조치' 속에서 정착할 때, 후지타 안에서 '전후'는 '인민주권'에 이르는 정신사적 과정에서의 '획기'로서의 의미를 최종적으로 끝냈던 것이다.

5

'전후'를 획기로 하는 역사의식이 배경으로 물러나는 것에 대응해서, 후지타의 역사의식 속에서 중요성을 늘려가는 것은 '러일전쟁 이후'였다. 바꾸어 말하면, 그것을 '역사적 시점'으로서 오늘까지 지속해서, '전후'의 '획기'로서의 함몰 속에서 점점 더 강화되어가는 '천황제 사회'로서의 일본사회라는 의식이 후지타 안에서 크게 앞으로 나오게 된다. 그래서 후지타에 있어서 '대결'해야 할 대상은, '천황제 국가'로부터, 그로부터 생겨나면서 독립해서 일본사회 속에 뿌리를 내리게 된 '천황제 사회'로 바뀌게 된다. 1996년의 『신편 천황제 국가의 지배원리』의 '후기'에, '천황제 사회'에 대한 비판이 등장하는 것은, 당돌도 아니며, 단순한 '써서 남긴 것'에 대한 '회상' 등이라 말하는 것으로 끝나는 것도 아니다. 그것은, 그야말로 직장암이라는 '아수라장' 속에 있는 후지타에게 '쓸 것'을 다그치고 있는 눈앞에 최대의 '적'에 다름 아닌 것이다. 그리하여 그 같은 역사의식은, 후지타의 『전체주의의 시대경험全體主義の時代經驗』 속에 깊이 그림자를 드리우고 있다고 생각된다. 물론 그 책은 '천황제 국가'를 논한 것은 아니다. 그러나 그 시각은 '러일전쟁 이후'를 이어지는 시대로 보고, 게다가 거기서 생겨난 일정한 경향성이 점점 더 앙진하고 있던 시대로서의 '현대'를 포착하는 역사의식 없이

는, 있을 수 없을 것이다. 오히려 그 책의, '전쟁의 전체주의'(러일전쟁은 그야말로 일본에서의 최초의 '전체전쟁全體戰爭, 총력전'이었다), '정치지배의 전체주의'('총동원체제'는 불완전하나마 경험한 일본에서의 '전면지배'였다)의 연장선 위에서 '생활양식의 전체주의'='안락으로의 전체주의'를 위치지우고, 그와 같은 '20세기의 경험'의 전체적인 문맥 속에서 "그것과의 연관 속에서 전체주의화 경로의 특징을 아울러 아주 거칠게나마 시사해"(『저작집』6, 44쪽) 두고자 하는 의도는 명백했다.

죽을힘을 다해 썼음에도 불구하고, 그 책은 그 마지막 의도를 다하는 데까지 이르지 못하고 있다. 하지만, 일본에서의 '전체주의의 최종형태'가 방자하기 짝이 없는 '시장경제사회'로 앙진하는 '천황제 사회'의 제 경향과의 공진共振 속에서, 20세기의 어떠한 '전체주의' 보다도 심각한 위기를 경험하고 있는 것은 아닌가 하는 후지타의 우려危懼를 행간에서 읽어내는 것은 어렵지 않다. 하지만 여기서의 문맥에서 볼 때 그 책에 담긴 관련성은 거기서 다하지 않는 것으로 보인다.

'천황제 국가'는, '사회'와의 구별 위에 성립하는 것이 아니라 그 이데올로기적 수탈 위에 성립했다. 그리고 그 모순은 '국가'를 안에서부터 부식시키면서, 게다가 '천황제 사회'라는 '비슷한擬似 사회'를 낳게 되었다는 역설적 역할을 수행했다. 그리고 그 역사적 과정이 초래하는 위기적 상황에 오늘날 우리가 놓여 있다고 한다면, '벗어나는' 길 역시 그런 논리연관을 역전시켜 우리 자신이 '사회'의 근본原質을 재발견하고, 소규모지만 우리 자신의 일상생활 속에서 다시금 재조직해가는 수밖에 없을 것이다. 『정신사적 고찰』은 이미 역사의 다양한 국면에서 나타난 '사회'를 구성하는 제 계기의 재발견에 바쳐져 있었다. '놀라운 이야기와 가쿠렌보'는, '성년식'을 중심으로 성립해 있던 사회가 정치적 기구에 의해 '제식祭式'의 형식적 측면이 수탈당하는 것과는 대극에서 그 본래의 '사회의 존재형식'을 지속시키려 했던 방향에서 성립한 것이었다. 「호겐모노가타리의 사극保元物語の史劇」은, 고대 율령국가라는 "질서정연한 일의적인 '통신체계'"가 해체하는 가운데 등장하는 "이질적인 형식과 이질적인 요소가 모험적으로 결부된 생산적인 '혼신현상混信現象'"(『저작집』 5, 79쪽)의 일환으로 성립했다. 이미 나타나 있던 그 같은 관심의 방향은, 『전체주의의 시대경험』에서는, 보다 선명한 형태를 띠고서 드러난다. 다시 말해서 '제도'라는 말을 '국가제도'나 '회사제도'나 '학교제도'와 같은 "전체적으로 관료제적 조직체"의 점유로부터 되돌려서, '가족제도'나 '동족제도'나 '무라사회'와 같은 "사람들의 개인적personal '결합'(대화, 싸움을 포함해서)하에 이루어지는 사회생활"에 포함된 "'변증법적' 복잡함"에 대한 주시를 요청하며, 그런 "근간적 제도, 인류의 근간적 제도 내부구조"의 그야말로 '반성적 고찰'에, "오늘날 현대사회 속에서 용기의 있고 없음"이 달려 있다고조차 잘라 말한다(『저작집』 6, 59~61쪽). 『천황제 국가의 지배원리』에 의해 탄생한 '사상사가思想史家' 후지타 쇼조는, 그리하여 '사회의 묵시록'을 남기는 것으로, 그가 당초부터 추구하려고 했던 '인민주권에 대한 정신사적' 도정道程에서 오늘날 참으로 새로운 '이정표'를 우리들에게 보여주고 있는 것이다.

おどろき話と隱れん坊, 가쿠렌보는 어린아이들 놀이로서, 귀신(鬼)을 한 사람 정하고, 다른 사람들이 숨어 있는 것을 귀신이 찾아내고, 제일 먼저 찾아낸 아이를 다음의 귀신으로 하는 놀이.

이 책은 후지타 쇼조의 『천황제 국가의 지배원리』를 온전한 우리말로 옮긴 것이다. 후지타 쇼조는 2003년에 타계했으므로, 한국어 번역판 서문을 기대할 수는 없겠다. 하지만 『후지타 쇼조 저작집藤田省三著作集』(みすず書房, 10권)과 『후지타 쇼조 대화집성藤田省三對話集成』(みすず書房, 3권)의 편집자의 한 사람이기도 한 이이다 다이조飯田泰三 교수가 특별히 「한국어판 서문」을 써주었다. 후지타 쇼조의 '불초한 제자'라 자임하는 그는, 개인적으로 후지타 쇼조와 가까웠을 뿐만 아니라 한 동안 호세이대학 법학부 정치학과의 동료이기도 했다.

지금까지 『천황제 국가의 지배원리』는 같은 제목으로 모두 네 개의 판본이 나왔다. 초판본(1966), 재판본(1973), 신편(1996), 저작집(제1권) 판본(1998)이 그것이다. 한국어 번역판에서는, 당연히 최근에 나온 집대성이라 할 수 있는 저작집판을 선택했다. 실제 번역 대본은 2006년에 나온 3쇄본. 저작집판이 이전의 판들과 확연히 구별되는 가장 큰 차이점은 유익한 「해제」가 달려 있다는 것이다. 「해제」는 『후지타 쇼조 저작집』과 『후지타 쇼조 대화집성』의 또 다른 편집자의 한 사람인 미야무라 하루오宮村治雄 교수가 쓴 것이다. 그 「해제」까지 우리말로 번역해서 덧붙였음은 물론이다.

깊이 있는 「해제」 그리고 「한국어판 서문」을 감안한다면, 『천황제 국가의 지배원리』에 관한 한, 지금까지 나온 판본들 중에서 한국어 번역판이 가장 좋은 구성과 내용을 가지고 있다고 감히 말할 수 있지 않을까. 번역은 원본 보다 어딘가 더 나아야 한다는 것이, 옮긴이의 솔직한 생각이다. '해제'와 '서문'을 통해서, 우리는 후지타 쇼조라는 사상가와 그의 대표작 『천황제 국가의 지배원리』 자체에 대한 이해를 넘어서, 그 책과 거기에 담긴 내용이 후지타 쇼조의 일생에 걸친 연구와 작업에서 어떤 의미와 위상을 가지고 있는지도 가늠해볼 수 있을 것이다.

후지타 쇼조는, 자타가 인정하는 학문적·사상적 스승이기도 한 마루야마 마사오丸山眞男, 1914~1996의 뒤를 잇는 '사상가', 그래서 흔히 "현대 일본의 최후의 사상가"(아사히신문)로 불리기도 한다. 「한국어판 서문」을 써준 이이다 다이조 교수는 자신의 저서 『전후정신의 광망: 마루야마 마사오와 후지타 쇼조를 읽기 위해서戦後精神の光芒: 丸山眞男と藤田省三を讀むために』(みすず書房, 2006)에서, 마루야마 마사오와 함께 일본의 '전후정신의 광망光芒: 빛줄기'으로 자리매김하고 있다. 예컨대 "패전에서 고도성장, 그 이후 일본사회의 변용을 근저에서부터 생각하고, 전후정신을 체현한 '최후의 지식인' 마루야마 마사오와 후지타 쇼조". 지난 해 나온 마쓰우라 히사키松浦寿輝의 『크로니클クロニクル』(東京大學出版會, 2007)에서는 「후지타 쇼조 혹은 지식인의 품위藤田省三あるいは知識人の品位」라는 제목의 한 챕터를 두고 있다.

마루야마 마사오 문하에서 배웠으며, 그와 더불어 '전후정신의 광망'
으로 여겨지면서, 일생 동안 '지식인의 품위'를 지키면서 살아간 '현대 일본
의 마지막 사상가' 후지타 쇼조. 그가 우리 사회에 소개된 것은, 거슬러 올
라가보면 1995년 겨울로 여겨진다. 1995년 겨울호『창작과 비평』(통권 90
호)에「전체주의의 시대경험」이란 제목의 글이 번역되어 실렸으며, 이어
그의『전체주의의 시대경험』(이순애 엮음, 이홍락 옮김, 창작과 비평사,
1998)이 단행본으로서는 처음으로 한국어로 번역·소개되었다. 한국어 번
역판에는 이이다 다이조 교수가 쓴「후지타 쇼조의 시대와 사상」와 재일조
선인 학자 이순애 교수가 쓴「재일 조선인의 눈으로 본 후지타 쇼조」도 실
려 있다.

그로부터 10여 년이 지난 후, 마르크스주의자들의 전향轉向,덴코 문제를
다룬 그의『전향의 사상사적 연구』(최종길 옮김, 논형, 2007)가 우리말로
번역되어 나왔다.『후지타 쇼조 저작집』의 제2권에 해당하는 것이다. 그
뒤를 이어─어쩌면 그 순서가 조금 뒤바뀌었다고 해도 좋을는지 모르겠
다─후지타 쇼조의 학문과 사상의 출발점이라 할 수 있는『천황제 국가의
지배원리』(저작집 제1권)의 한국어 번역본이 선보이게 된 셈이다.

후지타 쇼조와 옮긴이의 '사적인' 만남은, 그의 저작이 우리 사회에 소
개되기 이전으로 거슬러 올라간다. 일본의 정치사와 사상사에 관심을 갖
기 시작할 무렵, 우리 학계에 '천황제'와 '명치유신'에 대한 연구가 거의 없
다시피한 것을 알고서 새삼 놀랐던 적이 있다.[1] 그러다 도쿄의 간다神田 헌

---

[1] 다행히 1990년대 후반부터 천황제 관련 서적이 나오기 시작했다. 스즈키 마사유키/ 류교열옮
김,『근대 일본의 천황제』(이산, 1998); 야스마루 요시오/ 이원범옮김,『천황제 국가의 성립과
종교변혁』(소화, 2002); 다카시 후지타니/ 한석정옮김,『화려한 군주: 근대 일본의 권력과 국가
의례』(이산, 2003); 박진우,『21세기 천황제와 일본: 일본지식인과의 대화』(논형, 2006); 고토

책방에서, 그의 초판본(1966)『천황제 국가의 지배원리』(未來社)를 만났다. 구체적인 내용에 들어서기에 앞서, 그가 자유자재로 동원·구사하고 있는 메이지 유신을 전후한 시대의 사료史料의 해독 자체가 무척이나 어려웠다. 당시로서는 뭔가 단단하고 묵직한 벽 하나에 부딪힌 듯 한 느낌이었다. 그 후 천황 및 천황제가 이슈가 되거나 할 때면 가끔씩 서가에서 꺼내보곤 했다.

그러다 한 걸음 성큼 다가서게 된 것은, 후지타 쇼조의『전체주의의 시대경험』이 한국어로 번역되면서였다. 간행된 직후인 1999년 1월,『출판저널』로부터 그 책에 대해서 짤막한「서평」을 써달라는 의뢰를 받았기 때문이다. 일찍부터 사상사와 방법론을 사숙(私淑)하고 있던 마루야마 마사오와 후지타 쇼조 두 사람의 마치 소설과도 같은 인연, "많이 읽고 많이 생각하고 적게 쓰는 은둔의 사상가", 주류사회에 대해 한 번도 비판의 눈길을 거두지 않은 꼿꼿한 비판적 지성, 일본사회의 주류 지성계에 대한 이단자라는 평판과 위상, 나아가 1970, 80년대 고도성장을 구가하던 일본 자본주의 사회에 대한 거의 예외적인 신랄한 비판 같은 것들이 신선하게 다가왔다. 그 때 썼던 그「서평」을 그대로 가져와 보는 것도 그리 나쁘지는 않을 듯하다. 10년이라는 시간차를 염두에 두고서 읽는다면, 나름대로 약간의 도움이 되지 않을까 하는 생각도 든다.

일본의 지성계 혹은 지식인 사회에 대해서, 우리는 얼마나 알고 있는가? 최근 들

야스시(외)/ 이남희옮김.『천황의 나라 일본: 일본의 역사와 천황제』(예문서원, 2006). 역시 근대 천황제와 관련된 것이 상대적으로 많다고 하겠다. 거시적인 일본사를 통해서, 천황제가 어떻게 변천해왔는지 아는 데에는 고토 야스시(외)/ 이남희옮김(2006)이 좋은 참조가 된다.

어 소개되고 있다지만, 아직도 멀었다는 생각을 떨쳐버릴 수 없다. 우리의 '일본 알기'가 그만큼 표피적인 데에 머물러 있었다는 말도 되겠다.

그러던 참에 접하게 된『전체주의의 시대경험』은 관심을 끌기에 충분하다. 우리는 거기서 '현대 일본의 마지막 사상가'로 불리는 후지타 쇼조를 만나게 된다. '논리의 강인함'과 '이론적 박력'이 담긴 그의 글들을, 재일조선인 2세 학자 이순애가 엮고, 이홍락(한일대) 교수가 우리말로 옮겼다.

고교시절, 그는 마루야마 마사오의 「군국지배자의 정신형태」를 읽고 자신의 대학 진로(도쿄대 법학부)를 결정했다. 마루야마 세미나에서 정치사상사 및 사상사 방법론을 배웠으며, 군국주의, 천황제 파시즘, 그리고 사회주의자들의 전향(轉向) 등에 관심을 가지고 연구했다. 이 책에 실린「천황제」「이론인의 형성」그리고『천황제국가의 지배원리』『전향의 사상사적 고찰』등이 초기의 대표적인 논저에 속한다.

일본 사회가 풍요로움을 누리게 될수록 많은 지성들이 전향(?)하거나 침묵을 지킨데 반해, 오히려 그는 비판의 칼날을 더 세웠다. 70년대와 80년대를 "나갈 길이 완전히 막혀버린 사회" "혈색은 좋으나 죽어 있는 사회"라 규정했다. 그는 '고도성장과 회사주의'에 절망한 나머지, 절망에 대해 쓰고 또 설명했다. 거기서 '생활양식에서의 전체주의'를 읽어냈다. 지식인들의 '논단에서의 지적 퇴폐'를 질타하고, '안락을 위한 전체주의' 하에 정신적으로 왜소해진 일본인들을 야유했다. 인간에게는 윤리적 제동장치가 필요하며, 그것은 '반성과 자기비판' 능력에 기초하는데, 그런 능력이 가장 결여되어 있는 국민이 바로 '일본국민'이라는 것. 금기와도 같은 '상징천황제' '종전조칙(終戰詔勅)' '원호(元號)' 등에 대해서도 과감하게 칼을 들이댔다. 마침내 그는 '현대문명에 대한 레퀴엠(Requiem)'을 노래하기에 이르렀다.

그는 역사의 가장 아픈 곳, 인류사회의 가장 고통스러운 부분, 따라서 거기서 나오는 행동이 사회를 움직이는 원동력이 된다는 데 동의한다. 자연히 소수자(마이너리티)를 바라보는 시선은 따뜻하다. 언젠가 재일조선인 관련 집회에서는 "할 수만 있다면 사라져버리고 싶다"는 말로 자신의 심정을 표현했다. "후지타만큼 자신의 인식과 존재, 그리고 정념의 절박한 존재양식을 통해 재일조선인의 영혼 부분에까지 다가서려 했던 일본인 지식인은 별로 없었다."

비판을 통해 존재해온 그를 말할 때면, 흔히 '외로움' '고독의 영역으로의 퇴거' '이탈' 등이 동원되며, 심지어 '이단자'로 불리기도 한다. 하지만 그를 통해서, 우리는 일본사회의 또 다른 측면과 아울러 비판적 지성인의 고뇌를 읽을 수 있다.

서평에 주어진 지면이 제한되어 있던 만큼, 미처 쓰지 못한 이야기가 없지 않았다. 무엇보다 한글번역본 『전체주의 시대경험』에는 엮은이와 옮긴이가 따로 있다. 엮은이는 "번역할 글을 선택하는 과정에서는 이것이 최초의 한글번역임을 고려하여 마땅히 소개되어야 할 귀중한 글이라 할지라도 한국의 일반 독자들이 읽기 힘들 것으로 생각되는 것들은 빼기로" 했던 것이다. 나중에서야 안 사실이지만, 이미 그 무렵, 후지타 쇼조는 병석에 있어서 집필이나 사회적 활동을 제대로 할 수가 없었던 것이다. 글의 성격상 해제에 가까운 이이다 다이조 교수의 「후지타 쇼조의 시대와 사상」 역시 우리에게 그다지 알려지지 않은 1970, 80년대의 고도성장 일본 사회와 지성계·사상계를 연관시켜 생각해볼 수 있도록 해주었다.

그런데 흥미롭게도 그 서평을 쓰고 두어 해가 지난 후, 한국과 일본 정치사상 연구자들의 교류가 시작되면서 학회에서 이이다 다이조 교수를 만나게 되었다. 옮긴이가 마루야마 마사오 저작들의 한국어 번역자라는 것

을 알고서, 그는 반가워하면서 많은 학은을 베풀어주었다. 옮긴이가 후쿠자와 유키치에 대해서 쓴 논문을 『후쿠자와 유키치 년감福澤諭吉年鑑』에 번역·수록되도록 주선해주었다.[1] 또한 그렇게 번역, 소개된 논문이 다시 징검다리가 되어, 일본 정치사상학회로부터 초청을 받아서 발표할 수 있는 자리를 만들어주기도 했다.[2] 언젠가 『전체주의의 시대경험』이 화제에 올랐을 때, 실은 우리가 만나기 전에 짤막한 서평을 썼다는 사실을 말해주자, 무척이나 반가워하고 또 고마워했다. 그 후 자신이 내놓은 책 『전후정신의 광망: 마루야마 마사오와 후지타 쇼조를 읽기 위해서』(みすず書房, 2006)에서는, 그 서평에 대해 구체적으로 언급한 것은 물론이고(381~382쪽 참조), 저서를 직접 보내주기도 했다.

그 같은 학문적인 교류를 통해서, 이이다 타이조 교수가 같은 호세이대학에 재직하는 등, 개인적으로 후지타 쇼조와 아주 각별한 사이였을 뿐만 아니라—이는 신편 『신편 천황제 국가의 지배원리』 후기에서 확인할 수 있다—, 편집자의 한 사람으로 『후지타 쇼조 저작집』과 『후지타 쇼조 대화집성』 간행에 주도적으로 관여했다는 것을 알게 되었다. 그래서 『천황제 국가의 지배원리』의 번역 작업이 거의 끝나갈 무렵, 옮긴이는, 저자인 후지타 쇼조를 대신해서 한국인 독자들을 위한 '한국어판 서문'을 써달라고 요청했다. 한국인으로서의 옮긴이가 후지타 쇼조와 『천황제 국가의 지배

---

[1] 일본어로 번역된 논문의 제목은 「福澤諭吉の‘自由’と‘通義’: ‘獨立不羈’の政治學」, 『福澤諭吉年鑑』 28호(2001)에 수록되었다.

[2] 2003년 5월 일본 정치사상학회. 제 10회 연구대회. 큰 주제는 『アジアの中の日本政治思想』(아시아 속의 일본정치사상), 그리고 옮긴이에게는 「한말 개화사상과 일본」이라는 주제로 발표해달라는 요청이었다. 옮긴이는 후쿠자와 유키치와 유길준이라는 두 사상가의 사상적 교류와 차이점에 주목해서, "韓末開化思想と日本: 兪吉濬, 『文明論之槪略』を讀む?"라는 제목의 글을 발표했다. 그 글은 수정을 거쳐 『福澤諭吉年鑑』 30호(2003)에 「兪吉濬, 『文明論之槪略』を讀む?」라고 게재되었다.

원리』에 대해서 알고 싶은 몇 가지 사항을 담아주었으면 좋겠다는 개인적인 바람까지 덧붙여서. 이미 예순을 훌쩍 넘기고서도 여전히 연구하고 글쓰기에 바쁜 그였지만, 아주 흔쾌히 받아들여주었다. 이 책 앞에 실리게 된 「한국어판 서문」은 그렇게 해서 나온 것이다. 국적과 나이를 넘어서 열린 마음으로 대해준 이이다 다이조 교수에게, 이 자리를 빌려 다시 한 번 깊이 감사드리고 싶다.

아울러 이 책을 번역하게 된 계기와 관련해서 중요한 사항 하나를 덧붙여 두지 않을 수 없다. 『전체주의의 시대경험』 서평을 쓰면서, 내심 후지타 쇼조 학문과 사상의 출발점이자 에센스라 할 수 있는 『천황제 국가의 지배원리』를 누군가가 번역해주면 좋겠다고 생각했다. 도쿄의 간다 헌책방에서 구했던 그 책의 초판본(1966)을 꺼내서 여기저기 읽어보면서……. 그로부터 몇 년이 지난 어느 날, 나는 『천황제 국가의 지배원리』를 우리말로 번역해서 내놓고 싶은데 그 작업을 맡아줄 수 없느냐는 내용의 이메일을 하나 받았다. 도서출판 논형의 소재두 사장님이 보낸 것이었다. 그런 클래식함은 "『천황제 국가의 지배원리』를 누군가가 번역해주면 좋겠다"고 생각했던 나를, 순식간에 그 '누군가'로 만들어버렸다. 그야말로 자신을 알아주는 기분 좋은 만남이었다. "사람들이 자기를 알아주지 않더라도 화내지 않으면, 또한 군자가 아니겠는가人不知而不慍, 不亦君子乎"라고 하는 『논어』「학이」편의 한 구절을 떠올리면서, 지금도 고마워하고 있다.

이렇듯이 이 한 권의 책에는, 이름 없는 한 서생이 공부와 글쓰기로 한 세상을 살아가면서 만날 수 있는 아름다운 인연들이 몇 겹으로 어우러져 있다. 그런 만큼 우리말로 옮기는 작업은 그야말로 '경쾌'하게 이루어질 수 있었다. 다만 경쾌하다는 것이 곧 쉬웠다는 것을 의미하지는 않는다. 역시 인용된 수많은 1차 사료의 번역이 제일 까다로웠다. 옮긴이에게는, 그야말로 오랜만에 사상적인 예리함과 더불어 학문적 묵직함을 동시에 느낄 수 있었던 의미 있는 작업으로 기억될 것이다. 그리고 메이지 유신 전후한 시대를 다루고 있는 만큼, 등장하는 수많은 인명이나 사항 등에 대해서 '역주'를 충실하게 많이 붙이려고 했다. 그래서 한층 더 까다로워진 편집과 교정 작업을 맡아서 진행해준 논형의 편집부에도 고마움을 전하고 싶다.

아무쪼록 이 책이 근대 일본의 천황제 메커니즘에 대한 비판적 이해와 더불어 '사상사' 보다는 '정신사'를 더 좋아했던 후지타 쇼조의 학문과 사상을 이해하는데 조금이나마 도움이 될 수 있다면, 나아가 그의 다른 저작들에 관심을 갖도록 해주는 작은 징검다리 역할을 할 수 있다면, 옮긴이로서는 더 이상 바랄 것이 없겠다. 끝으로 무척이나 시대적 어려운 상황하에서도 기꺼이 사상가로서 살아가면서 끝까지 '지식인의 품위'를 잃지 않았던 그에게 경의를 표하는 것으로 「옮긴이의 말」을 마치고자 한다.

2008년 6월 15일
김석근

찾아보기